本书为深圳市哲学社会科学规划课题（编号：SZ2019B0公司股权变动理论与实践研究——以深圳地方法院裁判为样本 的最终研究成果；并为国家社会科学基金重大项目（编号：20ZDA044）"营商环境法治化的制度架构与实现研究"的阶段性研究成果。

TUANTIFA SHIYUXIA YOUXIAN GONGSI GUQUAN
ZHUANRANG DE LILUN YU SHIJIAN

团体法视域下有限公司股权转让的理论与实践

基于深圳市中级人民法院2009—2020年司法判决观察

林一 著

知识产权出版社
全国百佳图书出版单位
——北京——

图书在版编目（CIP）数据

团体法视域下有限公司股权转让的理论与实践：基于深圳市中级人民法院 2009 – 2020 年司法判决观察 / 林一著 . —北京：知识产权出版社，2021. 8

ISBN 978 – 7 – 5130 – 7615 – 9

Ⅰ. ①团… Ⅱ. ①林… Ⅲ. ①股份有限公司—股权转让—公司法—研究—深圳 Ⅳ. ①D927. 653. 229. 191. 4

中国版本图书馆 CIP 数据核字（2021）第 138274 号

责任编辑：彭小华　　　　　　　　　　责任校对：谷　洋

封面设计：刘　伟　　　　　　　　　　责任印制：孙婷婷

团体法视域下有限公司股权转让的理论与实践
——基于深圳市中级人民法院 2009—2020 年司法判决观察
林　一　著

出版发行：**知识产权出版社** 有限责任公司	网　　址：http：//www. ipph. cn
社　　址：北京市海淀区气象路 50 号院	邮　　编：100081
责编电话：010 – 82000860 转 8115	责编邮箱：huapxh@ sina. com
发行电话：010 – 82000860 转 8101/8102	发行传真：010 – 82000893/82005070/82000270
印　　刷：北京九州迅驰传媒文化有限公司	经　　销：各大网上书店、新华书店及相关专业书店
开　　本：720mm×1000mm　1/16	印　　张：19. 25
版　　次：2021 年 8 月第 1 版	印　　次：2021 年 8 月第 1 次印刷
字　　数：400 千字	定　　价：98. 00 元

ISBN 978 – 7 – 5130 – 7615 – 9

序 言 *Preface*

　　有限责任公司股权转让问题是一个独具中国特色的公司法重大理论问题，更是一个重要的司法实务问题，在司法实践中占据特殊重要的地位。一直以来，由股权转让所引发的纠纷高居各类公司法律纠纷榜首，其所引发的理论研讨范围之广、分歧之大、持续时间之长，也非其他公司法问题所能企及。尽管不断地有各高级人民法院推出适用本审域内的指导意见，最高人民法院出台的数部公司法司法解释也都多多少少与此相关，但似乎都没能从根本上解决股权转让纠纷在法律适用上的诸多困惑，反而有"被现实的不规范行为'绑架'"之嫌。究其根源，众说纷纭，这也正是该问题研究的理论价值与司法实务价值之所在。

　　有限责任公司股权转让问题的困境在于难以在个体自由与团体自治、个人权利与团体利益之间寻求平衡的妥善度，背后则是组织法（团体法）和行为法（契约法）之间的理论与规范交织。比如，每一个研究者都认同，有限责任公司股权转让需要兼顾个体财产自由与团体秩序维持，但是在二者存在冲突时，如何确定优先级，更准确地说是如何确定优先的"度"，难免见仁见智。基于不同的理论范式、制度理念和规则框架，结论却可能大相径庭。

　　应该指出，尽管有限责任公司股权转让纠纷离不开合同这一合意基础，但终究这首先是一个商法问题，而非民法问题。尽管这种买卖行为可能不具有营业的特征，也可能并不发生在典型意义上的商主体之间，但是，所有这个交易结构与模式下的概念，包括"有限责任公司""股权""股东资格""股东权利变动""第三人保护"等都首先应从商法的立场加以审视检讨，发掘其特殊性，并在这个特殊性上面建构独有的理念、理论与规则。

　　由于股权转让涉及公司组织的成员变动，所以组织法及其背后的团体性不可回避；股权作为一种典型的商事权利，其背后的商业属性也应该得到重视。比如，股权转让不仅是转让双方之间的一个交易，不可避免地也会涉及公司这一组织体（股权的义务方）的利益，也涉及其他股东的利益，所以公司及其他股东的表意参与具有合法性、合理性基础。甚至，在出资认缴制的背景下，存在出资瑕疵股权转让与公司债权人之间也有显然的利益纠葛，公司债权人如以某种渠道参与到股权转让事件，也是不令人惊奇的。此外，资本的逐利性决定其天生具有"抱团取暖"的本能。马克斯·韦伯在《经济通史》中将"商业"定义为种族集团之间的事务，华夏商业的肇始也以民族部落为基础，及至现代商业的发展，无不表明人财物集合的力量才是商业得以生存和发展的保障。也正是在这个意义上，作为调整商事关系的专门法，商法将主客观营业作为理论制度建构的核心要素，以彰显其相对于民法的特殊性。但遗憾的是，似乎也就到此为止。在很多场合下，商法的研习者又习惯性地回到民法，在民法的理论体系和逻辑框架里寻找解决商法问题的答案，从而忽略了商法因着营业的逻辑所具有的组织法（团体法）的本质，以及因此应该从团体法的视角去观察解决包括有限责任公司股权转让问题在内的商法问题。

受林一副教授委托，我曾经以专家身份参加她主持的深圳市哲学社会科学基金规划课题"有限公司股权变动理论与实践研究——以深圳地方法院裁判为样本"的项目开题评审工作，得以有机会对其成果先睹为快。现在，经过对该科研项目的进一步整理而形成的《团体法视阈下有限公司股权转让的理论与实践》一书，我个人认为其难能可贵地在上面所讲的方面进行了有益的探索和尝试，得出了一些具有启发性的结论。这可以从以下三个方面得以体现：

其一，团体法在协调团体与成员关系方面的价值理念。从团体法的角度观察，有限责任公司是具有团体偏向的社团法人，股东（成员）具有特殊的团体性价值，股权具有控制团体的力量，股权转让将产生控制权变动使团体变质，而团体是全体成员个体自由意志的结晶。因此从团体法的角度，自然得出公平保护成员个体权利的重要性与必要性来奠定个体与团体权义平衡之度的判断基础，即在不偏颇性损害成员个体性权利的前提下，保护团体自治。这是一个建立在个人主义方法论基础上的结论，但它构成了团体法的基准，否则团体将不复存在。

其二，团体法对股权变动模式的特殊影响。股权转让或变动的本质既是个体的财产性权利的变动，也是团体运营秩序的变动。既对世也对人，因此这种变动必经由公司意志而发生对世效力。在个体的财产自由得以满足的条件下，必须充分尊重团体秩序的维护需求，减少成员个体性权利对团体意志的干预和对团体稳定性的破坏。

其三，权利外观制度在成员权表彰和第三人保护上的特殊性。成员权基于成员与团体之间的合意而设立，而团体的意思表示具有迥异于自然人的"天然离散性"。因此成员权的权利设定与权利表彰之间存在多重外观的可能。这些权利外观因其形成条件和形成过程不同而具有差序性，在团体内外不同的交易关系中产生不同的信赖基础，为第三人提供不同程度和不同层次的信赖保护，且因为团体在外观形成中具有的控制力而分担成员对第三人的外观责任风险。

　　此外，本书将经济学家张五常关于"县际竞争"的观点从经济领域延伸到法律领域，也是一个非常有趣的想法，在某种意义上，也不失为一种通过促进地方法治竞争推动整体法治完善的有效路径。

　　我近年来致力于公司法裁判实务的实证研究，建树不多，但自我收获感很强，认为对于有限责任公司股权转让纠纷这样极具中国特色的法律问题进行理论与实务紧密结合的研究，确乎具有理论与实践的双重意义。这不是落入俗套的说法。通览全书，理论与实践并举，观点不乏独到之处，透射出作者努力创新的学术追求和求真务实的学术品格。相信本书的出版将推动这一领域的研究进展，对司法裁判实务也有参考价值，并寄望于对正在进行的公司法修改有所助益。正基于此，林一请我作序，我顿感惶恐，因为这是学界先进的分内工作，我显然远不能胜任，但架不住其反复的说服工作，我想以研究同道的身份答应请求作此序，也不失为对学界同辈所作的认真的研究工作的一种共勉。

　　是为序。

李建伟①

2021 年 8 月 21 日

---

　　①　中国政法大学钱端升讲座教授，博士研究生导师，兼任中国法学会商法学研究会秘书长。

目 录 *Contents*

绪　论

‥‥

　　股权是与公司制度相伴而生的概念，具有独特的权利属性和财产价值。伴随社会经济发展，股权逐渐成为民商事主体最重要的财产形式之一，股权转让纠纷亦成为公司纠纷中占据半壁江山的主要案件类型。尤其是有限责任公司股权转让，因其人合性、封闭性特征，产生财产自由与团体约束之间的冲突，成为有限公司法律制度中的焦点问题，引起理论界和实务界的高度重视。虽然《中华人民共和国公司法》（以下简称《公司法》）及随后颁布的《最高人民法院关于适用〈中华人民共和国公司法〉若干问题的规定（三）》（以下简称《公司法司法解释三》）和《最高人民法院关于适用〈中华人民共和国公司法〉若干问题的规定（四）》（以下简称《公司法司法解释四》）建构起较为完整的股权转让制度规则体系，很大程度上改善了股权转让纠纷在法律适用依据上的模糊和匮乏。但是无论是法学理论界还是司法实务界，对诸如股东资格或身份的确认问题、股权变动模式问题、同意权与优先购买权的性质问题、侵害同意权或优先购买权的法律后果问题、股权转让的法律限制与章定限制的效力边界问题、股权善意取得问题等，都没有形成确定统一的认识。在面对具体而复杂的公司股权转让案件时，仍然需要裁判者在解释和适用法律时发挥个体智慧，妥当解决个性化案件。因此，研读案例、比较分析裁判观点、发现疏漏、提炼精要，进而完善规则，提高裁判质量，成为法律理论和应用研究的重要方法和路径。

　　地方法院尤其是中级人民法院在案件审理中具有承上启下的重要作用；而不同区域因其经济发展水平和能力不同，所面对的股权转让类型以及争议问题也有所不同。深圳是我国改革开放的最前沿，经济活跃程度高，商业创新能力强，因此法院在处理股权转让争议方面，也在一定程度上体现出裁判理念的前沿性和开放性。本书通过对深圳市中级人民法院 2009—2020 年以来审理的股权转让纠纷案件以及与之密切关联的股东资格确认纠纷案件的梳理分析，总结出深圳地区法院针对股权转让纠纷的主要类型和裁判观点，针对集中存在的问题进行理论研判，既强化对股权转让相关法律规则的准确理解和正确适用，从而提高裁判质

量，切实保护股东、公司、债权人等市场主体的合法权益，为司法服务经济提供
助力；亦为当前正在进行的《公司法》的修订完善奠定理论和实践基础。

一、国内外研究现状

有限公司股权变动问题，是公司法学界关注最广、研究最多的重要理论问
题，也是公司实务与司法实践中，纠纷量最大、裁判意见分歧最多的重大实践问
题。各地高级人民法院以及最高人民法院虽然不断推出审理意见和司法解释，仍
然问题层出不穷，讨论历久弥新。

（一）国内观点梳理

国内学者对有限公司股权变动的研究主要集中在以下领域并形成以下主要
观点：

第一，股东资格或身份的认定问题。此为股权变动研究的基础，已经形成实
质要件说（虞政平，2003；税兵，2010）、形式要件说（范健，2006）以及区分
说（马强，2010），区分说逐渐成为理论和实践之主流，但又有分歧。晚近有学
者支持改造"股东名册"（汪青松，2014；胡晓静，2016），也有学者欲重塑
"工商登记"的效力（刘凯湘，2019）。

第二，股权变动模式问题。此为股权变动研究的核心问题，向来有"债权
形式主义"（合意＋形式生效）和"意思主义"（合意生效）之争，新近又有学
者主张"修正意思主义"的公司认可对抗和公司认可生效（李建伟，2012，
2021）。但也有学者对此表示反对并重申"意思主义"（张双根，2019）。

第三，侵害股东同意权和优先购买权的法律后果。此为股权变动研究的重点
问题。主要涉及对股权转让合同效力的影响、优先购买权性质、股权转让限制模
式选择等问题，学界对每个领域都进行了集中讨论，并形成各种不同观点（曹
兴权，2012；赵旭东，2013；蒋大兴，2012；葛伟军，2018；王军，2017；张其
鉴，2018）。《公司法司法解释四》赋予转让人"反悔权"，引发对优先购买权性
质的新讨论（于莹，2020；赵磊，2021）。同时以优先购买权吸收同意权，对侵
害同意权和优先购买权的股权转让合同效力问题采取"搁置"的态度，仅在其
他股东同时主张优先购买权救济时对合同效力进行定性，与法律逻辑相悖，需要
进一步检讨。

第四，公司章程对于股权变动的自治边界，构成股权变动的核心问题，并落
入章程自治效力的经典讨论范畴。早期关于章程效力二分法（公司事务内外有
别）的设计（朱慈蕴，2007）以及以章程形成时间区分效力的构想（罗培新，
2007），不能完全满足章程限制股权变动的效力判断需要，有观点进而秉持"物
债二分"理念主张违反章程不影响股权变动合同效力，但影响股权变动（宁金

成，2012）；有观点认为章程的"另有规定"须区分为"程序性规定"和"处分权规定"，并叠加"初始章程"和"修订章程"条件进行具体效力判断（钱玉林，2012）。但也有观点对此表示反对，并主张以"决议行为"定性章程（吴飞飞，2016），以"合理性审查"确定限制效力（陈彦晶，2017；楼秋然，2019）。

第五，股权的善意取得问题。此为股权变动新问题，由 2011 年的《公司法司法解释三》提出，并迅速在司法实践中得以适用，但学界对此普遍持质疑态度，认为无论在"股权代持"还是所谓"一股二卖"中都不存在适用空间（王涌，2012；郭富青，2013），也有观点主张只有在股权变动意思主义模式下，可能适用股权善意取得（林懿欣，2013；张双根，2016）。

此外，该领域还涉及瑕疵出资股权变动、股权回购、国有企业股权转让、非基于法律行为而发生的股权变动等问题，均在理论与实务中存在各种认识和适用分歧。

公司的社团属性使其具有适用团体法的妥当性。但团体法在我国的研究尚处于起步阶段（蔡立东等，2018），已有研究多从个人法角度出发进行规则解释和制度建构，仅少数学者发现并坚持团体法的重要意义（叶林，2010），并从团体法的角度强调公司介入股权转让的合理性（叶林，2013；李建伟，2021）。总体看来，有限公司股权变动问题无论在理论方面还是在实践方面都具有广阔研究空间和持续深入的研究价值。

（二）外国和我国台湾地区发展动态

股权转让在各国公司法制度体系内的发展各有特点。英美公司法强调成员同意对公司结社的重要意义，并以股东名册为中心建构股东身份制度体系（保罗·戴维斯等，2016）。德国在 2008 年通过《德国有限责任法律现代化和滥用斗争法》，对有限公司股权转让问题进行调整，强调股东名册相对于公司的合法性证明地位，承认身份取得与相对于公司合法存在的可分离性，并在此基础上创设了股权善意取得制度。同时承认公司合同对股权变动具有限制权，并不排除极端限制。德国学界对此存在各种争论（格茨·怀克，等，2010；托马斯·莱塞尔，等，2019）。《日本公司法》（2005 年）以"股东名册对抗主义"构建非公开公司的非限制让渡股权的股权变动模式，即股东名册可以对抗公司和外部第三人，除非公司不正当拒绝变更登记。对于限制让渡的股权则需要得到"公司承认"。此外，在 2014 年《日本公司法》修改时，新创设了特别股东的股东转让请求权制度，承认具有绝对支配地位股东以现金为对价强制挤出少数股东（近藤光男，2016）。我国台湾地区所谓的"公司法"，在 2018 年进行了重大修订，涉及股权变动的有两项值得注意：第一，将股权外部转让的同意权的计数基准由"人数多数决"转变为"资本多数决"，第二，降低董事股东出资转让的同意门槛。上述发展，对我们对股权变动问题的研究有重要启发意义。

二、本书的观点与价值

（一）基本观点

受科斯的企业契约理论影响，越来越多的学者偏向以契约理论解释公司现象和公司法，而忽视了公司的"组织体"本质，进而忽视了公司法作为团体法的功能、价值和独特属性。本书认为"团体以及团体行为具有不同于个体和个体性行为的法律调整诉求"；股权不仅是私法主体的个体性权利，也是表彰营利性团体成员身份的团体性权利，因此股权变动必须同时契合团体法的要求；在团体法的框架内进行股权变动的解释和调整时，应遵循团体法的理念处理股权变动中成员个人意思自治与团体自治之间的冲突，协调二者之间的利益关系。

从法教义学的角度观察，现行《公司法》所遵从的正是团体法的思想，以其他股东过半数同意（成员合议）拟制公司同意，并以其对股权转让合同或行为的影响使股权发生变动。尽管《公司法》建构了股东身份的多重外观，但从未确立任何意义上的形式主义，无论是作为对抗要件，还是生效要件。所有外观差序排列，均从维护动态交易安全、保护善意第三人信赖利益的角度，为外观责任配置奠定基础。《公司法》的这种安排体现了对个人法上的自治（当事人合意）与团体法上的自治（成员关系合意）的充分尊重，并协调了与第三人的关系，兼顾了公司内外部交易秩序与安全，值得肯定。

唯在解释论上，"公司同意"的拟制规则存在"结构性两难"，因此应借鉴比较法的做法，继续沿着成员关系建立的团体法思路，将同意权的对象单一锁定为对"新成员进入"的同意。同时，改变现行立法中以股东个人的优先购买权阻断团体意志的做法，发挥同意权自带的"议价"功能，进行定价权的重新分配，促进价格发现机制形成，均衡维护股权转让中的转让方与其他股东的各方利益。此外，应将"公司同意"作为（解释为）股权转让合同的生效要件并同步股权变动，以"复合意思主义"的股权变动模式、"公司通知并合章性审查"的程序模式，助益于股权转让合同各方的成本效益、风险利益的均衡配置。章程"另行规定"应作为"公司同意"的所附条件，一体发生对股权变动的效力影响。

股东身份多重外观所形成的差序格局，为与股东或公司存在各种交易关系的第三人提供了信赖利益"差序保护"的基础；根据外观责任的基本原理，非登记外观的信赖合理性应优于公司登记外观。立法或司法实践可基于"就近原则"，以交易内容和对象为根据进行法政策上的"差序"判断与选择。同时，善意取得是外观责任的对应体现，在股权代持、一股二卖、让与担保以及冒名处分等情形下各有不同的适用条件；鉴于股权相对于物权的特殊性，应对股权善意取得制度进行特殊建构。

需要强调的是，本书观点仅针对有限责任公司。公司类型对成员身份得失条件或股权变动模式具有重大影响。根据商主体法定原则，公司法基于对市场需求的假设，提供不同类型的公司供市场选择，也就提供了各类型公司内外部结构法律安排的不同模版。有限责任公司的基本假设是：成员紧密性强、自治性高、流动性弱、具有封闭性特征，那么就应当提供与之相适应的成员变动制度安排，以降低此种公司类型使用者的缔约成本。如果使用者期望在成员变动问题上更加自由，或者可以继续选择有限责任公司，并通过章程自治加以改变；或者可以选择其他类型公司，如非公众的股份有限公司或者其他。当然这些都以《公司法》对公司类型配置的精细化和科学化为前提。《公司法》修订在即，一切可期。

（二）核心关注问题

第一，如何认定股东身份。股东身份认定标准是公司法的基本问题，像一个巨大漩涡，将各类公司法问题纠结于此，不得解脱。形式主义标准无法与公司社团法人属性形成逻辑自洽，外观主义无法解决不涉及外部动态交易安全的公司内部秩序安定。意思主义标准或可彰显结社自由的团体法价值，实现实质正义的终极追求。

第二，如何揭示股权的性质。股权在传统民法的权利体系内无法准确定位，"独立的民事权利说"更像一个权利"箩筐"，根本无法准确描摹股权的属性和特点，必须另辟蹊径。股权产生的根源或者说公司的营利性目的和社团性本质或可成为一条揭示股权属性的思考路径。

第三，如何协调股权变动模式中的"意思"和"形式"。股权变动中存在"当事人双方合意"与"公司同意"（其他股东同意），以及"出资证明书、公司章程、股东名册"与"公司登记"的内外"多重外观"。如何确定各要素在股权变动中的功能和效力，缺少有说服力的判断标准。从团体法提高效率兼顾公平的角度，或可为重新定位"公司章程""公司登记"及二者关系提供解决思路。

第四，如何诠释同意权与优先购买权的地位和关系。同意权和优先购买权"并行结构"背离成员关系建立的团体法原则，需要从立法论和解释论角度进行重新检讨。就限制模式而言，"同意权吸收优先购买权"还是"优先购买权吸收同意权"，或可从团体法逻辑中获得妥当选择。

第五，如何建构股权善意取得制度。股权具有多重外观。如何理解善意取得与外观之间的关系，如何确定第三人信赖利益的保护程度和范围、善意的判断标准，是否需要对股权善意取得制度进行特殊构造，股权的特殊性及其外观的形成过程，或可为此提供答案。

（三）可能存在的创新

虽然团体法尚未在私法体系中受到足够的重视，但其与天然具有团体性倾向的商主体制度高度契合，故而，一方面从公司社团观角度对股权变动中的相关问题进行阐释有助于强化和丰富团体法的研究，另一方面，以团体法的理念和原则研判股权变动的相关问题，有助于获得更为妥适的结论。基于公司社团观和团体法的视角，有以下发现：

第一，公司的社团法人属性决定股东身份认定标准应建立在公司与股东之间"成员关系合意"的基础上。公司意思与表示的"天然离散性"决定应以"成员合议"为"公司同意"的意思和表达。股东身份的特殊价值和公司及其意思表示的特殊构造，使"意思主义"作为股东身份的认定标准，仍需借助特定的形式外观加以固化和识别。基于商事交易的效率与安全考虑，应重新发现并充分重视公司章程在有限公司股东身份表彰方面的重要价值，以"公司章程与工商登记"为重心从实然和应然两方面完善股东身份外观的内外双层建构。

第二，股权是以资本权为核心的社员权；其转让具有与一般财产权转让不同的涉他性特质。故股权转让合同的成立与生效应满足特别法定要件，表现为：以书面形式成立并以公司同意生效。此外，股权价格在股权转让合同中具有重要地位，应作为合同的成立要素。判断股权转让合同效力时，应注意区分"维权性回购"及"融资性回购"与抽逃出资之间的区别，妥当认定合同效力；在满足《公司法》对股东提供担保的法定程序条件下，承认公司对股权回购提供财务协助的有效性。

第三，股权变动应采取"复合意思主义"模式独立建构。基于股东身份认定的意思主义标准，以及股权转让合同的生效要件设置，股权转让应将"公司同意"作为"当事人合意"的复合要件，使合同发生效力的同时发生股权变动的法律效果。同时须充分重视公司在股权转让中的地位，以"公司通知模式"和"合章性审查"重构股权转让的实践流程和法律规则，并在改造"同意权与优先购买权规则"的基础上完成"公司同意"的法律拟制，实现股权变动。

第四，重构"公司同意"的拟制规则。"公司同意"的拟制以"同意权规则"为基础，但同意权在股权转让问题上存在结构性两难。我国的同意权和优先购买权并行结构导致个体性优先购买权绑架团体意志。应建立同意权的单一结构，将"同意权"锁定于"第三人进入"，并发挥其议价权功能，以"强制购买"义务触发定价权的重新分配，以此促进价格发现，涤除"反悔权"这一机制性不诚信的无奈。侵害同意权和优先购买权应导致股权转让合同不生效，转让双方当事人以"合同成立"所产生的法律约束力实现救济；其他股东通过行使优先购买权或议价权获得救济。

第五，公司章程对股权转让的限制性规定以不违反法律"底线"为效力判断的基本标准。"强制转让"与"禁止转让"是团体自治的极端现象，借助帕累托最优的反向效应，"禁止转让"产生双向损害，原则应被禁止。从团体法的角度，修订章程的限制转让条款对反对股东有效，但极端性措施的效力必要时应当接受法院的合理性审查。公司章程对股权转让的限制应当被认为是"公司同意"的所附条件。

第六，股东身份（权利）多重外观内外有别的差序谱系，奠定了善意第三人信赖利益保护的差序格局。立法或司法实践可基于"就近原则"，以交易内容和对象为根据进行法政策上的"差序"判断与选择。善意取得是外观责任的对应体现，在股权代持、一股二卖、让与担保以及冒名处分等情形下各有不同的适用条件，应考虑在善意取得构成要件中引入真实权利人可归责性，平衡真实权利人与善意第三人之间的权益关系；同时，强化股权交易第三人的谨慎交易义务，并因公司在外观形成中具有控制地位，应使其适当分担外观责任损失，以此完备股权善意取得制度。

第七，中国经济发展的动力是"县域经济竞争"。以地方性司法实践为实证研究对象，发现地方特色和地方经验，因地制宜，强化地区性营商环境法治化建设。

（四）学术价值与研究方法

1. 学术价值

本书在全面梳理、系统研究已有学术观点的基础上，对有限公司股权变动的相关问题进行了理论反思和制度重构。具体体现为

第一，深化团体法理论。传统民法以自然人为主体模型建构制度，但商法的调整对象——商主体呈现出强烈的团体特征，产生团体法调整需求。公司现象是个人结社行为所致。股权变动本质上是股东成员性权利和义务的概括性变动，应归入团体法调整范围。本书以公司社团观为视角，强调"成员关系合意"的股东身份认定标准，以及"成员合议"的公司同意拟制，助益团体法研究，夯实商法理论基础。

第二，丰富权利变动理论。权利变动模式归根结底由权利属性并权利客体所决定。股权与物权、债权相比性质殊异，故其变动模式自成一体。本书以"复合意思主义"模式建构股权变动模式，并重点关注公司在权利变动中的特殊地位，以此协调意思与外观之间的关系，丰富权利变动理论。

第三，探索公司意思表示理论。公司意思表示的特殊构造对传统意思表示理论提出挑战。现行"同意权规则"作为"公司同意"的拟制规则面临结构性两

难，从团体法而非个人法视角，解构同意权的主体、内容及其背后的强制购买义务，重新配置同意权与优先购买权在股权变动中的功能和作用，促进形成股权转让中的价格发现机制，再造"公司同意"的拟制规则。

第四，完善公司自治理论。个人法上的意思自治与团体法中的团体自治虽同属私法自治范畴，但存在本质不同。股权变动章定限制突显个体利益与团体意志的冲突，建立在个人法基础上的公司契约理论存在解释论上的局限性，团体法中成员权利保护原则为重释章程限制条款效力奠定基础；同时以章定限制条款为"公司同意"的所附条件，有效实现公司章程对成员关系变动的自治效力。

第五，丰富权利外观责任理论。股东身份外观的差序谱系以及受控于公司行为的法律现实，使外观责任风险具有在真实权利人与不同类型第三人之间进行不同程度配置的正当性。股权的资本性社员权属性决定其善意取得规则应特殊建构，并使公司分担外观责任风险，以均衡交易各方利益。

第六，优化地区性营商法治环境。发现地区性司法竞争对经济发展的影响，提高司法服务质量，促进地区经济安全发展。

2. 研究方法

本书综合采用理论分析方法、规范分析方法、价值分析方法、逻辑分析方法、案例分析方法、实证分析方法、法经济学分析方法、法社会学方法、比较分析方法等研究方法。其中案例分析和实证分析以深圳地方法院裁判为主要样本并兼顾其他。

第一部分

团体法视域下有限公司
股权转让的理论研判

第一章

股东身份的认定标准：
基于团体法的成员身份合意

　　股权转让的主要目的是使受让人取得股东身份①，享有股东权利。而这一目的实现以转让方具有股东身份、享有股东权利为前提。因此，股东身份判断问题是研判股权转让目的能否实现的基础，是确定股权变动模式的决定性因素。但是股东身份判断问题却是我国公司法中最"扑朔迷离"的问题，是一个极具中国特色的公司实务问题②。迄今未能在理论界和实务界达成共识。从深圳市中级人民法院的案例统计数据中，可以发现涉及此类问题的纠纷数量最多，尤其在涉及股权代持（隐名股东）或一股二卖、让与担保、执行异议等情形时，该问题显得更为重要；而从其裁判观点看，对于该问题的认识仍然存在较大分歧。因此，股东身份的认定标准构成本书理论研判的起点。本章重点回应以下问题：（1）股东身份与股东权利能否分离；（2）股东身份认定究竟采取意思主义标准还是形式主义标准；（3）意思主义究竟是以"出资"为依据还是"股东与公司合意"为依据，当"合意"与"实际出资"不一致时该如何判断股东资格；（4）其他股东过半数同意、参加股东会议、参与公司经营管理、参与分红、实际控制公司等法律事实对于股东身份确认或股东权利取得具有何种法律意义，在诸多情形不同时具备时，以何者为核心判断要素。

　　本章的基本观点是：股东身份的认定标准应该具有实质条件上的唯一性，复合性或无序性将导致判断标准的异化和丧失。股权转让是指基于法律行为而发生股东身份和股东权利的变动，实质是使受让人取得公司的成员地位。因此，对股

---

　　① 股东身份，理论与实践中亦称之为股东资格，最高人民法院的《民事案件案由规定》第242项即为股东资格确认纠纷。但鉴于"资格"一词的表达易生歧义——一为条件，二为地位，为表意清晰，本书以"股东身份"指涉股东的法律地位，以"股东资格"指涉取得股东地位的条件，即取得股东地位所应具备的资格或条件；在尊重引文并不引起歧义的前提下，可能交叉使用。

　　② 李建伟：《公司法学》，中国人民大学出版社2015年版，第214页。

东身份认定要件或判断标准的选择，应建立在对公司作为社团法人所具有的团体人格的正确理解，和对股东与公司之间法律关系的基本认识上。从这个角度出发，股东身份取得应采取意思主义标准，将公司与拟议股东（拟成为公司股东的人）之间就"成员地位取得"所达成的"合意"作为实质要件，并以"成员合议"为公司同意的意思和表达。股东身份的特殊价值和公司及其意思表示的特殊构造决定，意思主义作为股东身份的认定标准仍需借助特定的形式外观加以固化和识别。基于商事交易的效率与安全考虑，应重新发现并充分重视公司章程在股东身份表彰方面的重要价值，以"公司章程与工商登记"为重心从实然和应然两方面完善股东身份外观的双重建构。

一、公司的社团法人属性与股东的成员身份

公司的社团法人属性不仅表明公司具有有别于成员的独立主体资格，也表明成员在公司中的重要地位。成员关系是公司内部关系中最重要的关系。尤其对于有限责任公司而言，它不仅是公司与成员之间的，也是成员与成员之间的。成员身份及其变动对公司及成员具有重要意义。

（一）公司的社团法人属性与有限公司的团体偏向

公司是一种组织，是私法主体以自由意志结社而成的团体，是为实现一定的共同目的而由法律行为设立的私法上的人的联合体。[1] 因此，公司法作为调整长期团体协作关系的法，它所要规范的，不是一次性的确定给付义务，而是能够满足团体协作要求的程序规则、行为规则和职权划分；它所要调整的，不是为个体利益实现而发生的个别关系，而是为团体协作而产生的团体关系；它所要保护和满足的，不是单个人的个人利益（个体利益），而是多个人的共同利益。[2] 公司法是团体法，这一点不仅对正确认识和理解公司法所调整的公司内外部关系——成员相互之间的关系、成员与公司之间的关系及成员与公司债权人之间的关系——及其所遵循的理念、原则和规则至关重要，也对公司法相关制度规则的制定和完善至关重要。

而更为重要的是，公司法所调整的公司是一种社团法人，是被赋予法律人格的独立主体。尽管社团法人在广义上属于团体的范畴，但从法学史方面考察，团体和社团法人在概念上的区别反映了两种不同类型的、重要的人类组织。这一分

---

[1] ［德］格茨·怀克、克里斯蒂娜·温德比西勒：《德国公司法》，殷盛译，法律出版社2010年版，第1页。

[2] ［德］格茨·怀克、克里斯蒂娜·温德比西勒：《德国公司法》，殷盛译，法律出版社2010年版，第1页。

类起源于罗马法中 societas 与 universitas。在德国法学史上，共同共有团体和社团法人是两个相对应的概念。19 世纪法学家奥托·冯·奇克系统地研究了团体和社团法人的特征，总结了两者之间的区别，由此形成了学界公认的团体和社团法人理论。[1] 根据奇可的理论，社团法人是数人为了实现共同利益而组成的人的联合体，其成员的变更对该联合体的存在没有任何影响。社团法人的内部组织机构是根据其组织章程的规定组建的，而章程并不是根据个别成员的个人意志，而是根据所有成员的共同意志规定的。法人意思是由成员大会根据多数票原则形成的。董事会由成员大会选举产生。与社团法人不同，团体尽管也是一个人的联合体，其成员也追求着共同的目标，但是每个成员也都借此追求和实现各自的目的。在团体中，其成员具有重要的法律地位。因此在这里，实现的是多面性原则而不是同一性原则。团体没有章程，其成员相互之间的关系是通过合同确定的。任何成员的死亡或者退出都会导致团体的解散。团体的业务由所有成员或者部分成员负责经营管理。这就是所谓的自我管理机构原则。[2]

从社会学的角度看，团体和社团法人的主要区别在于：社团法人的成员数量较多，而且经常发生变动；而团体则规模较小，成员人数有限，而且基本保持不变。[3] 从法学的角度，尽管理论界对法人的实质是什么仍有争议，但是与团体相比，法人被表述为一个超越个人的组织及其行为的统一体。社团法人，与其说是"人的联合体"，不如说是"联合体人"。[4] 作为具有法律人格的团体，社团法人呈现出一个"活"的法律主体所应具备的基本要素：第一，具有区别于其他法律主体的特征；第二，能够作出独立的意思表示。这是团体能够产生良性秩序的基础。[5]

有限公司被法律塑造为社团法人。尽管与典型的社团法人——资合公司（股份公司）相比，有限公司在"社团法人—团体"的制度谱系中呈现出"团体"的偏向，但这并不减损其作为社团法人具有的、与其成员相区别的独立意志，只是强化了成员与团体之间以及成员与成员之间更紧密的关系。而这也正是立法者对不同利益主体的承诺——有限公司的出现已使立法者清楚地意识到，任何一个发达的法律体系中，团体都不可或缺，更进一步认识到，法律的本质是对

---

① ［德］托马斯·莱塞尔：《德国资合公司法》，高旭军等译，法律出版社 2019 年版，第 12 页。
② ［德］托马斯·莱塞尔：《德国资合公司法》，高旭军等译，法律出版社 2019 年版，第 13 页。
③ ［德］托马斯·莱塞尔：《德国资合公司法》，高旭军等译，法律出版社 2019 年版，第 13 页。
④ ［德］托马斯·莱塞尔：《德国资合公司法》，高旭军等译，法律出版社 2019 年版，第 15 页。
⑤ 蔡立东等：《团体法制的中国逻辑》，法律出版社 2018 年版，第 195－197 页。

财产加以组合、分割并服从特殊目的。① 有限公司的有关成员身份的判断标准的法律规范的正当性也由此决定。

（二）股东的成员身份

股东，是指持有公司股份或出资份额（股权）的公司构成人员。具有以下含义。

1. 股东是公司的成员

公司是一个由股东自愿组成的团体。② 在股东与公司的关系中，股东居于公司成员的地位，具有成员的权利和义务；股东作为公司的成员保持着其社团法人的基本属性。这一观点被大陆法系国家普遍接受。即使在将股东与公司的关系解释为合同关系的英美法系国家也承认——"然而，极度重要的是，要注意法律不仅将股东看作是与公司有着各种合同权利的一群人，而且将其视为公司的'成员'；是公司的发起股东通过在公司注册处注册成立公司并成为如此创建的组织的首批成员"③。股东是公司成员，这一点在理论上，甚至在观念上，具有重要意义。因为将股东视为公司成员的思想观念，使股东取得与其他众多公司利益相关者不同的法律地位，并自然推演出股东权利在公司法中占主导地位的结论。事实上，这正是公司法的核心，即使在社会责任理论日盛的今天，只要股东的成员地位不变，股东权利就仍旧是公司和公司法关注的焦点。

股东是公司成员，意味着股东与公司之间、股东与股东之间存在着以意思表示为基础建立的固有的、紧密的、长期稳定的"成员性"关系。这种关系具有以下特征：

第一，股东与公司之间必然存在着以取得"成员身份"为目的要素的意思表示合致，这种意思表示合致可以同时形成，也可以分别以同意的形式形成合意。同意的特殊法律问题就在于，一方面，法律秩序将其作为独立的法律行为加以规范，另一方面，它仅构成需经同意法律行为的辅助行为，其法律效果始终仅涉及需经同意法律行为的效力。④ 因此，同意不仅单独发生法律效力，也可以与其他单方的"同意"或法律行为共同发生法律效力。2006 年《英国公司法》在对公司成员（股东）进行界定时，特别强调了股东"同意"的重要意义。第 112 条

---

① 蔡立东等：《团体法制的中国逻辑》，法律出版社 2018 年版，第 190 - 191 页。

② 团体有两类，一类是自然结合的团体，如血缘团体与地域团体。一类是个人自愿结成的团体，公司和各学会同属于后者。参见谢怀栻：《外国民商法精要》（增补版），法律出版社 2006 年版，第 274 页。

③ 谢怀栻：《外国民商法精要》（增补版），法律出版社 2006 年版，第 7 页。

④ ［德］维尔纳·弗卢梅：《法律行为论》，迟颖译，法律出版社 2013 年版，第 1065 页。

规定：（1）公司备忘录（memorandum of association）上的签署人（subscribersa）①视为同意成为公司股东（member），并且基于公司登记而成为股东；并以此身份记载于股东名册（register of member）。（2）任何同意成为公司股东并且其名称被记载于股东名册的其他人，是公司股东。而该法第 8 条规定，公司备忘录是载明签署人以下事项的备忘录：①希望根据本法组建公司，以及②同意成为公司成员，并对具有股本的公司认购至少一个股份。因此，股东同意是其取得股东身份的基本要素，当然这也同时表明公司愿意接受股东成为公司成员，否则股东没有机会认购股份并被记载于股东名册。

第二，股东的权利义务直接指向公司，也向其他股东衍射，发生成员与成员之间的关系。一般而言，成员自加入团体后，它作为私人拥有的权利就发生了改变。成员权利是在与团体的相对关系中享有的权利，具有相对性。而不涉及团体成员与团体外部人的关系。②因此，基于成员与团体的组织关系而产生的股东权利和义务，是股东对公司主张的权利、向公司履行的义务。但是，从公司社团性的角度出发，尤其对于具有封闭性的有限公司来说，团体的维系需要依赖成员之间的信赖关系，股东异质化与投资权益的非自由转让性，使成员之间产生离心倾向，有碍于团体稳定与经营秩序安定，因此很有必要承认其股东之间的法律关系。③一个重要的体现就是股东成员身份的取得需经其他股东同意，这种同意可以经由法律规则的作用拟制为公司的同意。因为就社团法人而言，成员的意志正是公司意志的来源，公司意思是成员意志经法律拟制的结果。

2. 股东是公司股份或出资份额的持有人

股东的成员身份是建立在股份或出资份额基础上的。公司是营利性组织。公司目的的实现以公司资本为物质基础。股份或出资份额是公司资本的表现形式，也是成员身份的物质载体——"股份代表着股份有限公司的成员资格。它既体现着持有者与公司之间的一种永久关系，也代表着许多具体的权利与义务"④；

---

① 也有翻译为"签署章程"。参见［英］丹尼斯·吉南：《公司法》，朱羿锟译，法律出版社 2005 年版，第 220 页；或翻译为"认购公司备忘录的人"，参见林少伟：《英国现代公司法》，中国法制出版社 2015 年版，第 144 页。根据 2006 年《英国公司法》原文，相对于"constitution"，"articles of association"，memorandum of association 更宜翻译为"公司备忘录"；从语义逻辑的角度，备忘录应被"签署"，而不是"认购"，故本书翻译为"签署公司备忘录的人"或"公司备忘录的签署人"。参见［英］保罗·戴维斯，莎拉·沃辛顿：《现代公司法原理》，罗培新等译，法律出版社 2016 年版。

② 叶林："私法权利的转型——一个团体法视角的观察"，载《法学家》2010 年第 4 期。

③ ［德］托马斯·莱塞尔、吕迪格·法伊尔：《德国资合公司法》，高旭军等译，法律出版社 2019 年版，第 128 页。

④ ［德］托马斯·莱塞尔、［德］吕迪格·法伊尔：《德国资合公司法》，高旭军等译，法律出版社 2005 年版，第 99 页。

"每一股份都代表了一个独立的成员权。谁同时拥有几个股份，就在法律上同时获得了几个成员身份。"① 因此，股东是公司股份或出资份额的持有者；反过来，只有同意持有股份或出资份额的人才能成为公司的股东。这是具有营利性质的公司与非营利性团体相比所呈现出的显著不同的法律特征。

股东持有股份或出资份额一般是基于对公司出资。但是这并不表明股东身份是建立在实际缴付出资的基础上。

一方面，单纯的出资行为并不能取得股东身份。极端的例子是债权人向公司提供借贷资本。即使在提供自有资本的意义上理解出资，也是如此。② 在隐名出资或股权代持的情形下，实际出资却不以自己的名义持有股份或出资份额的实际出资人，因为欠缺与公司之间的成员身份取得的意思合致，并不能当然取得股东身份。③《公司法司法解释三》第 24 条第 3 款明确表达了这一意旨。

另一方面，未向公司实际缴付出资不影响股东身份的取得。如果在 1994 年《公司法》采取资本实缴制的情境下，还可以认为股东必须基于实缴资本方能使公司成立并因此取得股东地位，那么在 2005 年《公司法》修订后，这一判断就已经开始发生改变。而在 2013 年年底《公司法》完成认缴资本制度改革后，从实证法层面承认"认而不缴"即可成立公司，从而使股东身份的取得可以完全建立在"允诺"出资——负担出资义务的基础上（《公司法》第 26 条、第 28 条、第 30 条）。即使未履行出资义务或抽逃出资的股东，也不必然丧失股东身份。而在继受取得的情况下，出资义务的履行甚至是间接性的，与观念交付相似，即继受股东并不直接向公司履行出资义务，而是通过向原股东支付对价间接承受原股东出资义务履行的结果，进而取得股东地位。如果原股东并未履行或未完全履行出资义务，该义务将由继受股东继受。因此，确定谁是出资义务人比确定谁是实际出资人更重要。

股东地位的取得不以向公司实际缴付出资为前提，这并不否认实际缴付出资可以取得股东身份——2013 年资本制度改革后，仍然有 27 类行业以及以募集方式成立的股份有限公司保留实缴资本制。这意味着这些公司从公司人格形成的角度要求认股人通过实际缴付出资取得股东身份。只是，与实际出资相比，更为重

---

① ［德］托马斯·莱塞尔、［德］吕迪格·法伊尔：《德国资合公司法》，高旭军等译，法律出版社 2005 年版，第 67 页。

② 2012 年 7 月 18 日，国务院国有资产监督管理委员会、国家发展和改革委员会、财政部联合下发了《关于进一步做好中央级财政资金转为部分中央企业国家资本金有关工作的通知》（国资发法规〔2012〕103 号），根据这一通知，中央企业在规定期限内未能通过确认企业出资人权益的方式将中央级财政资金转为中央企业国家资本金的，该部分资金将作为贷款准予请求返还。

③ （2017）粤 03 民终 10374 号－深圳市金研微科技有限公司、李某股东资格确认纠纷二审民事判决书。

要的是向公司投入资金的人有明确的成为公司股东的意思表示，而公司亦有明确的意思同意接纳该投资人为其成员。这种成员与公司之间的意思表示，或者体现在某种形式文件中，或者就体现为出资的实际缴付行为和接受行为本身——交付作为一种物权行为本身即构成一种意思表示。

3. 股东基于成员身份享有成员权利

股东是公司的成员，享有法律所规定的股东权利。股东权利不同于公司财产权，后者是公司以法律上的所有人身份对公司财产享有的权利，而前者则是股东以经济上的所有人（事实上的所有人）身份得对公司主张的权利①。股东权利包括股东身份的保有权（不受非法剥夺）、知情权、管理权（参加股东会议并行使表决权、质询权等）、资产权（分红权、优先认股权、剩余财产分配权等）以及退出权（转股权、退股权或回购请求权等）。股东有权在其股东权利受到损害时诉请侵权保护。成员身份是一个主体权，同时也是法律关系的一个客体，它可以转让，即具有一定的物权性，当然也可以继承②。在股东将其成员身份作为法律关系客体进行处分时，即使其与成员身份之间的关系呈现准物权的性质，但根本上行使的仍然是成员性权利，需要遵循团体法原则。股东权利的具体内容在不同类型的公司中，甚至根据不同公司的章程安排，可能有不同的表现，但是，作为股东向公司负担出资义务的对价，通常具有上述基本权能。

成员身份对每个股东而言意义并不相同。一些股东可能希望通过成员身份获得在公司中的投资收益（投资股东），另一些股东则仅仅希望通过成员身份参与股市投机而获利（投机股东）。从某种意义上，这样的股东与其他向公司投入资金的人（如债权人或者债券持有人）没有本质区别。但是还有一些股东，他们希望在更完整的意义上行使成员权。如果他拥有足够的表决股，甚至可以对公司的经营施加重大影响（经营股东）。成员身份正是在这个意义上受到法律的重视。法律对成员身份的调整表现为两个维度：其一是对作为主体权的成员身份的保护，因其从属于较强的社会联合关系而着力保障其管理权的享有和行使；其二是对作为客体的成员身份的保护，因其具有财产权的属性而充分保障其基于意思自治所发生的流转关系。

在股东与公司的关系中，成员身份并不是唯一的连接纽带。除了成员身份外，公司和股东之间还会存在着独立的债权关系或者物权关系（即第三者关系），如股东与公司之间的商品买卖关系，或者专利许可关系或者借贷关系等。

---

① 英美法系国家以信托理念解构股东与公司对公司财产的关系，公司是公司财产法律上的所有权人，而股东则是衡平法上的所有权人，享有衡平法上的利益。

② ［德］托马斯·莱塞尔、［德］吕迪格·法伊尔：《德国资合公司法》，高旭军等译，法律出版社 2019 年版，第 128 页。

即使章程对这些权利和义务做了规定，从这种关系中引申出来的权利和义务本身也并不是成员身份的组成部分。因此，如果不进行特别的转让，这些权利和义务并不随着成员身份的转让而转让给其获得者，对于转让的履行或者违约的法律后果，也不适用《公司法》的规定，而是直接适用合同法或民法的一般性规定。然而公司与股东之间的关系也可能影响到有关合同的订立和执行。根据《公司法》第21条规定，如果通过股东根据上述合同秘密地从公司资产中获得利益，股东要对公司承担赔偿责任。

4. 股东基于成员身份负担成员义务

股东义务是股东法律地位的另一种体现，与股东权利对应。一般认为，股东主要承担以下两项义务：①

（1）出资义务。股东作为公司股份或资本份额的持有者，其与公司之间的关系是以出资为纽带的，因此股东对公司一定负担出资义务。但是这不意味着股东身份的取得以股东已经实际履行出资义务为前提。也就是说，如果可以将股东与公司之间的关系理解为合同关系，那么这种合同不是实践性的，而是诺成性的。这一点对于理解股东身份认定具有重要意义。与出资义务相关的是，有限责任公司的股东在公司成立后，不得抽逃出资；股份有限公司的发起人或认股人在出资后、公司成立前不得抽回其股本。如果股东没有按照公司章程的规定履行出资义务，将承担相应的出资填补责任。

（2）遵守公司章程义务。公司章程对股东具有约束力，股东依照公司章程的规定享有权利和承担义务。因此，遵守公司章程应当是股东最基本的义务。但是，如果公司章程给股东规定出资以外的附属义务或特别义务，如要求股东必须购买公司的产品，这种规定原则上是被禁止的，因为它有悖于公司的资合性特征。当然这一结论并非绝对，特别是对于具有一定人合性的有限责任公司。如德国公司法认为，有限责任公司可以通过公司合同的规定让股东承担任何其他义务，对此没有任何限制。

（三）股东身份的取得方式

就取得股东身份的时间和原因而言，可将股东身份取得方式分为原始取得、继受取得和善意取得。依据不同方式取得股东身份时，股东身份确认的标准不尽相同。理论与实务中，引发股东身份认定难题的主要是通过股权转让而继受取得股权或善意取得股权。

（1）原始取得。原始取得是指直接向公司认缴股份或出资额而取得股东地

---

① 比较法上，股东义务还可能包括对公司债务承担责任（附加担保义务）、忠诚义务等，但主要且基本的义务为出资义务和遵守章程义务。

位。主要包括两种情形：一是在公司设立时向公司认缴出资或认购股份而取得股东地位，一般被称为原始股东，包括有限责任公司的设立人或股份有限公司的发起人，以及虽非从事设立或发起行为，但其认购股份的行为使公司成立，如募集设立的股份公司的认购人。二是在公司运营过程中通过认购公司新增资本或发行的新股而取得股东地位。

（2）继受取得。持有公司股份或出资份额者虽未直接向公司投入资本，却可以因为受让、受赠、继承、合并或分立以及税收等原因发生股权变动，取得股东身份，这类股东被称为继受股东。在继受取得方式中，受让取得最为常见。这是因为股权自由转让是公司法的一项基本原则，任何股东都可以通过转让其股权而退出公司，也可以通过受让股权进入公司。除此之外，股权作为一项财产权也可以被继承或赠与或者作为冲抵税款的替代物。唯须注意，在上述继受取得过程中，有时继受取得人只是取得了股权的部分权能，能否在公司成员意义上成为公司的股东，尚需要公司作出特别的意思表示。特别是在具有人合性的有限责任公司中，继受取得必须遵守法律或公司章程的规定方能发生取得股东地位的法律效果。在公司合并时，具有合并公司关系的两个公司可以通过交换或置换股份成为对方的股东，具体条件和程序以合并协议为依据。

（3）善意取得。除上述两种取得方式外，还有一种方式亦发生股东地位取得的法律效果，即善意取得。[1] 所谓善意取得，是指股份的受让人，依据公司法所规定的转让方法，善意地从无权利人处取得股票，从而享有股东权利。一般认为，善意取得仅适用于股份有限公司以股票作为表现形式的股份的转让。[2] 这是因为，与股份相比，股票是其法定的表现形式或者权利外观，只有保证信赖这种权利外观而受让股票的人拥有完全的权利，才能促进股票的流通性并形成高效的融资市场。但是《公司法司法解释三》将善意取得制度扩大适用到有限责任公司股权代持情境下的名义股东对股权的处分行为（第 25 条）以及一股二卖行为（第 27 条），引起了许多学者的质疑。[3] 善意取得人一旦受让股票或股权，其上一切权利负担均归于消灭，权利人取得完整的股份权利。

二、股东意思的表达形式与公司意思表示的特殊构造

公司是结社自由的产物。公司与股东之间的成员性关系是建立在公司与成员的自由意志基础上的。因此，股东身份认定应该以公司与拟议股东之间就"成员身份取得"达成意思合致为唯一要件。如何判别公司与拟议股东双方各自的

---

① 施天涛：《公司法论》，法律出版社 2006 年版，第 225 页。
② 沈贵明：《股东资格研究》，北京大学出版社 2011 年版，第 156 页。
③ 王涌："股权如何善意取得"，载《暨南学报》（哲学社会科学版）2012 年第 12 期。

意思表示及其合致成为关键。本节主要讨论股东与公司各自的意思表达形式和特点。

（一）股东意思的表达形式

在股东与公司之间的成员身份关系建立中，股东意志常常在先发生，占据引导地位。因为公司常被股东视为实现营利目的的工具。虽然成员关系建立在股东与公司之间合意的基础上，但是实践中，这种合意通常并不表现为双方之间经由要约与承诺形成的意思合致，而是更多隐含在分别表达"同意"的法律文件或行为中。具体而言，拟议股东"同意"或"意欲"取得股东身份的意思表示通常表现在以下形式中：①股东协议；②公司章程；③增资协议；④股权转让协议；⑤代持协议；⑥认缴或实缴出资额；⑦行使股东权利。

（1）股东协议。股东协议特指股东为设立公司而达成的先期协议。在此协议中，股东以彼此之间明确的意思表示，表达了共同设立公司并成为成立后公司的股东的同意。虽因此时公司尚未成立，无法与公司建立成员关系的合意，但是根据公司设立理论，这种同意奠定了其作为设立股东参与设立中公司意思决定的基础，因此除非公司设立失败或股东以明示或默示的方法表达相反的意思，否则成员关系因公司成立而建立。

（2）公司章程。公司章程是公司设立运营的基本法律文件，在公司设立之初由股东共同制定。因此，参与章程制定的人应被认为具有成为股东的意思表示。公司法规定有限公司股东应当在公司章程上签名、签章。因此在公司章程上签名、盖章应被认为具有成为股东的意思表示。但是仅仅被章程记载为股东，并不表明被记载人具有成为股东的同意。

（3）增资协议。增资协议是极少数直接通过投资人与公司之间"合意"建立成员身份关系的方式。一般先由公司作出增资决议，形成增资"意思"，然后与投资人签订增资协议，以双方之同意使其取得股东身份。因此增资协议是对增资人同意取得股东身份的表达。

（4）股权转让协议。股权转让协议是使公司以外的人取得股东身份的主要且重要的途径。股权转让协议是转让人与受让人之间就股东身份移转达成的合意。但是股东身份关系需与公司建立，在无公司同意之前，受让人并不因股权转让协议而取得股东身份。但是股权转让协议确实表达了受让人愿意成为股东的自由意志，构成了股东身份取得的单方同意。

（5）代持协议。代持协议是一种欲借他人名义取得股东身份的协议。代持协议一般发生在实际出资人（委托人）和名义股东（受托人）之间，双方约定以名义股东的名义取得股东身份，但将基于该身份产生的权利义务归属于实际出资人。因此，在代持协议中，实际出资人具有取得股东身份的真实意思表示，但该意思表示并非向公司作出；名义股东虽无取得股东身份的真实意思，却同意借名或代为持有，并因此向公司表达取得股东身份的同意。

（6）认缴或实缴出资。出资额是成员身份的表彰，认缴出资额是指同意向公司负担出资义务，购买股东身份，通常在股东协议或增资协议中表达。在缺少这种协议时，单纯向公司提供资金，并不必然取得股东身份；但这种意思表示，有时可能隐藏在"实际出资"的行为中，因为"交付"本身就构成了意思表示行为。

（7）实际行使股东权利。股东权利是股东身份和法律地位的重要体现。向公司行使股东权利，意在表达行为人对公司股东身份的追求，是一种以默示方式表达的同意。

上述行为，无论以明示或默示方式作出，都具有表达同意的功能，但是是否为公司所接受，则取决于公司的意思表示。

（二）公司意思表示的特殊构造与多元化表达

公司是社团法人，是法律拟制的人格主体。与自然人基于生理属性和心理动机而产生意思并表征于外不同，公司的意思表示是法律构造的结果，具有意思形成复杂性、可视性、程序性以及意思与表示分离性等特征，[1] 导致公司意思表达方式的多元化，并产生意思表示的判识困难。

1. 意思形成的复杂性

与自然人意思形成的单一个体决定性[2]相比，公司意思具有复数性或复杂性。其一，公司意思是由作为意思决定机关的成员的多个个体意思（法律行为）按照一定规则共同决定的结果。《中华人民共和国民法典》（以下简称《民法典》）第 134 条第 2 款将团体的决议行为归入法律行为——法人、非法人组织依照法律或者章程规定的议事方式和表决程序作出决议的，该决议行为成立——使公司意思形成建立在双重法律行为的基础上（尽管严格意义上，决议行为并非意思表示直接作用的结果）。法律在将公司机关成员个体意思拟制为公司意思的过程中，以满足决议规则为要件（资本多数决或人数多数决），不追求各个意思表示的一致性；故而，在满足决议规则要求的前提下，个体意思瑕疵原则上不对公司意思形成效力产生直接性或牵连性影响。与一般民事法律行为在主体为双方或多方时须以"意思表示一致"方能成立相比，公司意思与其说是成员个体间

---

[1]　蒋大兴："公司组织意思表示之特殊构造——不完全代表/代理与公司内部决议之外部效力"，载《比较法研究》2020 年第 3 期。

[2]　毫无疑问，自然人在形成个体意思或选择时常受到那些"已经存在的""正在形成的"以及"因此可能发生"的各种关系的影响，但是这些影响最终都隐藏或化解于自然人的个体意志和独立意思中。

的"合意",不如说是"合议";① 这种特殊的法律安排,目的在于促进组织运行效率。其二,公司内存在数个意思决定机关,不同意思决定机关根据法律规定所能决定的公司意思内容不同。公司治理理论将公司意思决定权分配给股东会和董事会,使其依照法律和章程规定在各自职权范围内进行公司意思决定,超出职权范围内的意思决定,根据《公司法》第 22 条规定,将导致公司意思决定的无效或可撤销。其三,公司意思形成方式多元。一般情况下,公司意思通过意思决定机关的会议体方式形成,在特殊情形下,可以通过非会议体方式进行意思决定,以简便程序,提高效率。例如,《公司法》第 37 条第 2 款规定,股东会可以不召开股东会会议直接作出决定。一般情况下,公司意思由"资本多数决"决定;特殊情况下,亦可采取"人数多数决"决定。例如,公司对于股权转让导致的成员关系变动,不必采取特定的股东会议形式,可直接由其他股东过半数同意形成公司意思。因此,公司意思形成既非由单一个体决定,亦非由单一机关决定;既受决议规则制约,亦受分权机制影响,具有复杂性。

2. 意思形成的可视性

与自然人生理性意思形成的不可观察性相比,公司意思形成过程是法律安排的结果,因此有迹可循。那些由决议形成的公司意思,不仅要经过复杂的决议程序,而且需以书面方式记录,甚至还需以特定方式公示(如上市公司公告)。可以说,自然人的思维是无形的,而公司的思维是有形的。此种意思形成的"可视性",使公司意思表示过程中的不确定性大大降低,② 也大大提高了公司意思的可识别性,模糊了公司意思和表示的界限。例如,在股权转让中,根据章程规定,股东会会议同意该转让并且放弃优先购买权,虽然没有变更股东名册或以其他文件表达,但是受让人已经通过该程序知悉公司意思。

3. 意思形成的程序性

与法律对自然人意思形成的不可介入性相比,公司意思是法律拟制的产物,法律有足够的作用空间使公司意思决定机制符合立法者的期待。程序的本质特点是过程性和交涉性,③ 最适宜集体决策场景下,通过促进信息对称、增进意见疏通、加强理性思考、扩大选择范围、排除外部干扰来保证决定的成立和正确性。④

---

① 蒋大兴:"公司组织意思表示之特殊构造——不完全代表/代理与公司内部决议之外部效力",载《比较法研究》2020 年第 3 期。

② 蒋大兴:"公司组织意思表示之特殊构造——不完全代表/代理与公司内部决议之外部效力",载《比较法研究》2020 年第 3 期。

③ 季卫东:"法律程序的意义——对中国法制建设的另一种思考",载《中国社会科学》1993 年第 1 期。

④ 季卫东:"法律程序的意义——对中国法制建设的另一种思考",载《中国社会科学》1993 年第 1 期。

在股东异质化、公司内部利益冲突常态化的现实条件下，对不同利益主张的恰当回应和有机整合无法通过公司法的实体性规定实现，程序性规范提供了不同利益相互竞争、相互作用的场所，能够根据不同的条件和场合对各种利益加以相机调整，形成相对均衡的结构，① 构成决定合法性的最有力支撑。因此，公司组织的意思形成不是一个"只看结果不关注过程的问题"；程序，在公司组织意思形成过程中有独立意义。就公司意思形成而言，"程序可能决定实体"，不同的决议程序可能直接影响到决议的结果。因此，意思形成程序正当性/合规性就显得极为重要。这和通常认为的公司组织的意思表示重外观而轻过程有明显的不同，② 也由此产生了对过程信赖的基础。

4. 意思与表示的分离性

与自然人意思形成与对外表达的一体支配性、每个"意思"都必须借助"表示行为"进行表达不同，公司的意思形成和意思表达通常情况下由不同主体形成或控制，尽管每个意思都可能形成外部性，但又必须借助特定形式被表达。一方面，如前所述，公司的意思形成是在程序规则的作用下双重法律行为实施的结果，因此，该意思形成的同时已经产生外部识别性，不仅可以为公司内部相关主体（股东、董事、高管及公司其他内部主体）所识别，也可能直接为公司外部主体所识别，从而构成真正意义上的意思表示行为。另一方面，公司治理机制要求由特定机关或授权主体以特定形式对公司意思加以表达。例如，董事会原则上作为公司对外表意机关存在；股东会决议或董事会决议必须通过会议记录或其他公司文件表达。这种意思形成与外在表达的分离或分层，产生代理成本和时间成本，进而影响各方利益的实现。例如，其他股东过半数同意接受受让人为股东，但执行机关迟迟不对股东名册进行变更记载。

公司意思表示的特殊构造产生公司意思形成和意思表达的多元化效果，并且由于意思形成本身具有可表达性，使意思表示更为复杂。就本章所研究的主题而言，公司对拟议股东取得成员身份的意思表达至少存在以下明示或默示方式：

①其他股东过半数同意；②股东会决议通过；③接受行使股东权利；④签发出资证明书；⑤修改公司章程；⑥变更股东名册；⑦变更工商登记。其中，①②③三项行为构成公司的内部意思决定行为，产生将成员集体的明示或默示意思行为拟制为公司同意的法律效果，④⑤⑥⑦四项行为则构成外在表示行为并通过形式文件形成权利外观。

---

① 龚浩川："公司法程序转向论——以股东（大）会制度完善为例"，载《法制与社会发展》2021 年第 2 期。

② 蒋大兴："公司组织意思表示之特殊构造——不完全代表/代理与公司内部决议之外部效力"，载《比较法研究》2020 年第 3 期。

一般而言，当股东通过各种协议或行为向公司表达其建立成员关系的意思时，公司通过自己的意思表示行为进行回应即可形成意思合致。但是公司意思表示的特殊构造，大大增加了外界观察公司内部意思和质疑外在表示的可能性。当这些可以为外界所观察的"意思表示"，在现实经济生活中彼此冲突时，究竟哪一种可以作为股东身份认定的意思表示，《公司法》没有提供确切依据，引发理论界和实务界的广泛争议。

三、股东身份认定的意思主义标准与形式外观建构

理论界和实务界在股东身份认定问题上存在严重分歧；尤其在隐名出资（股权代持）和股权转让的情境下，曾经形成三种主要观点：实质主义、形式主义和区分主义，即区分公司内部关系与外部关系，分别适用实质要件主义与形式要件主义。[①] 其中"区分主义"虽然获得普遍接受，但是仍然无法解决多种情况糅杂在一起时的股东身份认定难题。[②] 晚近又有学者主张建立统一的股东资格认定标准，但是对于究竟采取股东名册标准还是工商登记标准仍旧莫衷一是。[③]

股东身份认定困难的根本原因在于没有厘清"意思"与"表示"或者"权利"与"外观"之间的关系，或者说在公司内部意思具有外部可观摩性，"意思"本身具有"表示"效果，并形成意思和表示的多元化表达时，没有形成"股东身份取得合意"的"内部意思"与"外在表示"的协调规则。成员身份既关涉公司内部稳定与外部交易安全，也关涉成员个体政治权利与经济权利实现。基于公司的社团法人属性和团体法建构成员关系的规范要求，并从商事交易效率与安全角度出发，应坚持以"合意"为内核的意思主义标准为股东身份认定的唯一标准，并以"公司章程和工商登记"建构股东身份的"双重外观"。

（一）权利与外观的"因变关系"：形式主义与意思主义的分野

理论界和实务界关于股东资格认定的分歧实质主要集中于公司内部确认股东身份时究竟应依据"实际出资"（意思）这一实质要件，还是以"股东名册"或"工商登记"（表示）等形式要件进行判断。而对于涉及外部第三人时的股东身份判断，无论形式主义还是实质主义均承认外观主义原则，即以工商登记作为对

---

① 范健："论股东资格认定的判断标准"，载《南京大学法律评论》2006 年秋季卷，第 66 - 73 页。

② 曾祥生、苏沂琦："论隐名股东资格认定法律制度之重构"，载《江西社会科学》2019 年第 1 期。

③ 汪青松："财产权规则与外观法理的冲突与协调"，载《东北师大学报》（哲学社会科学版）2014 年第 2 期；胡晓静："股权转让中的股东资格确认——基于股权权属与股东资格的区分"，载《当代法学》2016 年第 2 期。刘凯湘："股东资格认定规则的反思与重构"，载《国家检察官学院学报》2019 年第 1 期。

抗要件保护善意第三人的信赖利益，以维护动态交易安全。这不仅基于《公司法》的明确规定、商法的价值取向，也基于意思表示理论对经济生活和交易秩序的适应性发展。问题在于，能否将"看似真实"认定为"实际真实"，或者说能否将第三人信赖的"外观"作为"真实权利"认定的标准。究竟是"外观"决定了"权利"、"表示"决定了"意思"，还是相反？二者存在怎样的因变关系？

权利作为一种不具有可识别性的存在，一般须依赖于某种权利外观彰显于外，使第三人能够加以识别。例如，不动产物权借助于登记簿，动产物权借助于占有，约定之债借助于特定形式（如票据、债券）等。"权利外观"一词首现于1906 年德国学者 Jacobi 雅各比的著作 *Das Wertpapier als Legitimationsmittel*，并探讨了它在债券领域的重要作用。① 虽然在静态条件下，权利人并不需要外观证明权利的存在，但是一旦进入交易状态，如果不借助权利外观，第三人无法确定交易标的的权属，则无法实现交易安全和交易目的，因此权利必须依存于权利外观得以实现。例如，不动产物权在依据自建而取得时，不需要借助登记簿表彰权利，但若要进行交易，则必须先行登记以彰显权利。"在人们的相互交往中，法处处都在保护着那些通常的、可认知的、可公示于外部的权利表象的典型形式"，被德国学者视为整个民法的一项主导性原则。②

尽管如此，权利外观不是权利本身，而只是权利的推定。权利外观的形成基础或者基于法律规定，或者基于自然事实，所产生的权利推定效果或范围不同。例如，不动产登记簿基于法律规定成为不动产物权的外观，占有基于自然事实成为动产物权的外观；登记簿作为不动产物权的法定外观所产生的权利正确性推定效果，强于占有作为动产物权的自然外观的权利正确性推定效果。即使都基于法律规定，法律对于权利与外观之间关系的设定也可能不同，例如，法律规定不动产物权登记生效，特殊动产物权登记对抗，则登记簿对于不动产物权的权利正确性推定效果，强于登记证书对于特殊动产的权利正确性推定效果；法律规定票据为设权证券，机动车的登记证书仅为证权而存在，则票据表彰债权的效果，就强于登记证书表彰机动车所有权的效果。在权利与权利外观的表彰与被表彰关系中，有的权利只与一个外观建立联系，如票据；有的权利与多个外观建立联系，如股权（可以有公司章程、股东名册、工商登记等）；有的一个外观与多个权利建立联系，如占有可以作为若干动产物权（所有权、用益物权、担保物权等）

---

①　［德］Jacobi, Das Wertpapier als Legitimationsmittel M' nchen：Beck, 1906. P13, 转引自丁晓春："权利外观原则及其类型研究"，载《安徽大学学报》（哲学社会科学版）2009 年第 9 期。

②　转引自丁晓春："权利外观原则及其类型研究"，载《安徽大学学报》（哲学社会科学版）2009 年第 9 期。

的外观。尽管这些外观的权利正确性推定效力有强弱之分，但均存在权利外观所反映的不是权利真实状态的可能。

权利与权利外观可分离的事实，催生出对交易中的第三人信赖利益保护的制度需求。但显然，即使第三人根据权利外观错认为 B 是所有人，真正的所有人仍旧是 A。即使为了保护第三人的合理信赖而使之发生如同 B 是所有人一样的法律效果，却不能因此就歪曲了权利原本的归属。权利与权利外观不一致导致第三人对权属的错误认识是一回事，权利本身归属错误是另一回事。权利与权利外观之间在逻辑上的因变关系如同周期函数，权利是自变量，外观是因变量；[1] 权利决定权利外观，权利状态变动，权利外观的状态应随之发生变动，但是因特殊情形，权利外观未发生变动，也不表明权利本身未变动。

形式主义以坚持外观主义的商法价值为根据，将外观证据作为公司内部股东资格认定的标准。但是就外观主义或权利外观责任的制度目的而言，并不具有确认权利真实归属的功能；只是在"权利"与"外观"不一致，或"意思"与"表示"不一致时，"外观被视为真实情况，在第三人知悉真实法律状态的情况除外"。[2] 换句话说，权利外观责任的存在恰恰说明"外观"可能不是"权利"；"表示"可能没有反映真实的"意思"，只是"为善意第三人利益，将一个事实上并不存在的法律状态视为存在"。[3] 因此，即使设权性外观，如票据或不动产登记簿，也存在无权处分及善意取得的适用空间。而从公司法的相关规则来看，既没有对表彰股东身份的股权配置法定的设权性外观，甚至没有确定唯一的证权性外观，所有外观都仅在涉及动态交易关系时发挥为"善意"第三人利益而推定权利正确的效力，不具有认定股东身份/权利的效力。

意思自治从来就是私法世界的基本原则和核心价值追求。一项民事权利的取得，不管是原始取得还是继受取得，都需要借助法律行为来完成。[4] 意思表示是法律行为的灵魂，当事人的自由意志是权利变动的根源所在。当意思与表示相脱离或者不一致时，固然可从动态交易安全的角度，演绎出对外观所具有的公示公信力的倚重，但这不应该影响意思主义在静态意义上的权属确认方面占据支配地位。也就是说，在涉及第三人交易行为时，可依权利外观承认第三人的信赖利益；但不应该因此否认以意思主义确定权利的内容及归属，特别是这种权利确定关系到公司组织体的内部稳定。因为交易秩序并非只由第三人构成，动态的交易

---

① 林巍欣、魏国君："有限公司股权无权处分辨识——兼析商法上的外观主义"，载王保树主编：《中国商法年刊》，法律出版社 2013 年版，第 322 – 327 页。

② ［德］C. W. 卡纳里斯：《德国商法》，法律出版社 2006 年版，第 81 页。

③ ［德］C. W. 卡纳里斯：《德国商法》，法律出版社 2006 年版，第 81 页。

④ 税兵："在表象与事实之间：股东资格确定的模式选择"，《法学杂志》2010 年第 1 期。

安全也并非只有第三人利益需要维护；只有在静态意义上将股权权属厘定清楚，才能更好地保护动态意义上的交易安全。以牺牲事实本来的面貌来换取交易安全之维护，可能导致更大的不安全。因此，不能单纯依据外观来判断真实权利状态，外观当然极有可能反映的就是真相，但权利的真实归属只能由事实真相来决定。

（二）意思主义标准的正确解读与区分适用

意思主义标准，是指对表现于外的民事法律行为效力的判断依赖于当事人内心真实意思。在确认股东资格时，应当探求公司构建股东关系的真实意思，而不能以外在的表示行为作为判断股东资格的基础。[①] 因此，股东与公司的意思合致——"成员关系合意"是认定股东身份的唯一标准。未获得公司接受的"出资"和冒名股东登记，都不产生股东关系建立的法律效果。

1. 成员关系以"成员合议"为基础：公司同意的意思与表达

（1）"成员合议"是建立成员关系的公司意思。成员关系通过股东与公司之间的真实意思合致建立。从公司社团法人属性和有限公司的人合性看，成员关系不仅是公司与成员之间的关系，也是成员与成员之间的关系。在成员变动问题上的公司意思，只能也必须是公司成员意思的法律拟制——股东合议，而不是其他具有意思决定权的机关（如董事会）的意思。《公司法》对此作出了明确的规定。

从公司设立来看，股东身份关系就是建立在拟组建公司的成员之间的意思合致之上的。这种成员之间的意思构成了设立中公司的意思，并由成立后的公司当然继受。无论是签订股东协议、制定或签署公司章程还是认缴或实缴出资，都在成员彼此之间的印证下完成，体现了各方建立成员与成员之间的团体关系和成员与公司之间的成员关系的真实意思合致。

在公司存续过程中，成员变动同样由成员集体意思决定——成员合议。1994年《公司法》非常明确地表达了这一思想，不仅在第 35 条规定，股权对外转让必须经全体股东过半数同意，还在第 38 条股东会职权中，将成员变动的决定权赋予股东会，"对股东向股东以外的人转让出资作出决议"。虽然这种立法安排可能引发公司意思拟制过程中的逻辑冲突，即同样的成员群体，按照不同的拟制规则，在同样的问题上做两次表意，可能产生相反的效果——既根据第 35 条将"人数"过半数拟制为公司意思，又根据第 38 条将"资本"过半数拟制为公司意思；甚至由于股东会会议更具有公司意思决定的法定性，最终导致"资本意思"取代"成员意思"。但是无论如何，成员变动应由以成员意思为核心的公司

---

① 马强："有限责任公司股东资格认定及相关纠纷处理"，载《法律适用》2010 年第 12 期。

意思决定的立法意旨一览无遗。

2005年《公司法》修正了这个逻辑错误，并且从降低成本、提高效率的角度，将成员集体意思拟制为公司意思的过程由会议体方式调整为非会议体方式，毕竟相对于召开股东会进行决议所需要的程序成本，直接由其他股东分别独立表意更为简便高效。同时，这一修正也至少在两个方面更加符合公司法的逻辑：第一，股东会会议可以以非会议体的方式召开；第二，成员变动应当由"成员意思"决定，而非"资本意思"决定，这一点应显著区别于股东会决议的其他事项。

《公司法司法解释三》也非常明确地表达了这一理念。第24条第3款规定，实际出资人只有在经过其他股东半数以上同意，也就是公司同意时，才有权基于股东身份向公司请求在形式文件上表彰其股东身份。2019年12月23日发布的《全国法院民商事审判工作会议纪要》（以下简称"九民纪要"）第28条对此再次确认：实际出资人能够提供证据证明有限责任公司过半数的其他股东知道其实际出资的事实，且对其实际行使股东权利未曾提出异议的，对实际出资人提出的登记为公司股东的请求，人民法院依法予以支持。公司以实际出资人的请求不符合《公司法司法解释三》第24条的规定为由抗辩的，人民法院不予支持。

另一个涉及成员关系建立的是增资，尽管决议规则不尽相同，但同样由成员合议决定。因此，就股东成员身份取得的公司同意而言，无论在理论层面还是法律实证层面，都以成员合议为基础。唯需注意，"公司同意"的不仅是老股东的退出，更重要的是新股东的加入。我国《公司法》第71条关于"同意权"的设计，实质导致"同意权"被分解在两个行为中——"同意"并"放弃优先购买权"。因此，在涉及股权受让时的所谓"公司同意"，实指"股东过半数同意并放弃优先购买权"，但更准确地说，是经过法律规则"拟制的同意"——这正是《民法典》对法律行为理论的新贡献。下文如无特别说明，均以此作为"公司同意"的含义。

接下来的问题是，这种"同意"意思形成之后如何表达，是否存在"将效力意思使外部认识之行为"[①] 表达？

（2）"成员合议"是建立成员关系的意思表达。这是由公司意思表示的特殊构造决定的。从《公司法》的规定看，以股东会议的方式作出的"成员合议"，通常由会议的决议记录为意思表达。而对于非以会议体方式作出的"成员合议"，如何认定意思表达尚无明确的法律规定。从经验主义的角度，应以对"征询同意通知"的"回复"为意思表达（沉默推定为同意）。但是理论上，第一种

---

① 马俊驹、余延满：《民法原论》，法律出版社2010年版，第190页。

意思表达仅在公司内部发生效力，在未向公司外部的拟议股东作出之前，并不发生表示行为的效力。第二种意思虽然向拟议股东表达，但属于其他股东个人的意思表达而非公司的意思表达，也就是说，未经公司表意机关进行的表达，不应视为公司的表达。因此这两种表达，都很难作为"公司同意"的表示行为发生表示效力。

除在增资的情形下，公司在成员合议的基础上通过与增资股东签订增资协议表达其同意外，根据《公司法》的规定，能够作为公司同意表达方式的主要有：签发出资证明书、修改公司章程、变更股东名册和变更工商登记。这四种表达均由公司向拟议股东作出并产生公示效力。由此引发两个问题：其一，当这四种表达发生冲突时，以何者效力优先？其二，如果公司"不表达"，能否确认股东身份？

理论上，在《公司法》对这些表达的效力范围缺乏明确规定的情形下，应根据《民法典》第 137 条有关意思表示生效时间的规定，[①] 以"到达在先"的表达作为同意的意思表达。从《公司法》规定的数种表达方式看，只有"签发出资证明书"能够产生到达效果。但如前所述，实际出资是股东身份取得的必要不充分条件，因此在不符合签发出资证明书条件时，公司同意的意思表达应该参照《民法典》第 484 条[②]规定，按照公司实践惯例，以修改章程、变更股东名册或变更工商登记的行为作为同意的意思表达。并且为使股东身份得到尽快确认，应以"发生在先"为原则，即在先表达的意思已经使成员关系成立，排斥在后的意思表达。

但事实上，从意思主义标准出发，上述公司的表达对于股东身份认定而言并非必要；即使没有公司表意机关的表达，亦不影响基于"成员合议"认定股东身份。因为"成员合议"本身自带表达效果，无论是集体性的决议记录，还是分别性同意的集合（这种方式在以非会议体方式进行股东会决议时被经常采用），均足以发生使外部（拟议股东）知悉公司同意的真实意思的法律效果。这是公司意思表示的特殊构造决定的。因此，除非存在股东身份取得的禁止性法律障碍，应以"成员合议"认定股东身份。根据《民法典》第 134 条，公司决议行为属于法律行为，自法律行为成立时生效，产生设立、变更、终止公司内部法律关系的法律效力。如对股东资格的解除，自股东会决议作出时即可发生效力，无须公司表意机关另为表示行为；对公司机关成员的任免，也发生同样的效力。

---

① 《民法典》第 137 条规定，以对话方式作出的意思表示，相对人知道其内容时生效。以非对话方式作出的意思表示，到达相对人时生效。

② 《民法典》第 484 条规定，以通知方式作出的承诺，生效的时间适用本法第 137 条的规定。承诺不需要通知的，根据交易习惯或者要约的要求作出承诺的行为时生效。

虽然新成员加入并非纯粹的公司内部问题，但是这种由外而内的内化过程，应当准予参照适用决议的内部效力，旨在防止成员关系被成员意思之外的因素控制，奠定拟议股东要求公司对其股东身份进行表彰的权利基础。

总之，"成员合议"作为公司同意的"真意"，是股东身份取得的决定性因素，公司的表达只发生权利外观的效力。在外观与权利相一致时，表彰权利；在外观与权利不一致时，外观只发挥保护善意第三人的功能，而不作为真实权利确认的依据。

2. 意思主义与实际出资的关系：实际出资人、隐名股东和名义股东的身份界分

股权代持是导致股东身份确认困难的重要原因。理论界与实务界均长期困扰于究竟是实际出资人还是名义股东是公司的股东。这部分与理论界与实务界长期对"实际出资人"与"隐名股东"这两个概念不加区分、随意混用有关，① 但其根本原因则是将意思主义与出资主义相混同。

长期以来，理论界与实务界都过分强调"意思主义"与"出资"的关联性——股东意思最重要的外部表示行为是履行出资义务，当事人的出资行为因为具有意思表示的法律机能，自然成为股东资格确认的最终判断标准；② 甚至将"意思主义"等同于"实际出资"——无论公司名义上的股东是谁，事实上向公司作出出资行为，并愿意加入公司行使公司权利承担公司义务的人才是公司股东；③ 因为自公司制度出现以来，以出资或认购股权作为获取股东资格的方式，从来就是最为主要、最为核心的方式。④ "实际出资乃股东的基本义务，也是该出资人取得股东资格的必要条件。这是因为股东的股权是产生于出资人所转移的财产权利，即出资财产是股东权利的基础和权源，没有该出资的财产权利作为基础，股东权利无从发生。皮之不存，毛将焉附"。⑤

但是，正如叶林教授洞见，公司股东就是投资者的观点，过分倚重缴纳出资

---

① 有学者认为隐名股东是指虽然实际出资认购公司的股份，但在公司章程、股东名册和工商登记中却记载为他人的投资者；有学者认为隐名股东是指依据书面或口头协议委托他人代其持有股权者；有学者认为隐名股东是指虽然向公司实际投资，但在公司章程、股东名册和工商登记等公示文件中却将出资人记载为他人者；也有学者认为，隐名股东与显名股东作为一组互为对应的概念，我们可以将其定义为：在有限责任公司中，出于双方合意，一方虽直接或间接向公司出资，但将另一方名字或名称登记在股东名册、工商登记等公司公示文件中，该一方即为隐名股东，另一方为显名股东。参见曾祥生、苏沂琦："论隐名股东资格认定法律制度之重构"，载《江西社会科学》2019年第1期。

② 税兵："在表象与事实之间：股东资格确定的模式选择"，载《法学杂志》2010年第1期。

③ 马强："有限责任公司股东资格认定及相关纠纷处理"，载《法律适用》2010年第12期。

④ 虞政平："股东资格的法律确认"，载《法律适用》2003年第8期。

⑤ 高永周："认而不缴何以生成股东权利"，载《私法研究》2016年第2卷，第169页。

的事实，忽略了投资者可能没有公司股东资格的事实，是错误的有害观点。[1] 从法律逻辑的角度，出资作为股东的义务，必然要以当事人事前通过合意进行义务设定为前提。没有当事人之间通过法律行为设定权利义务，出资义务如何产生？这才是真正的"皮之不存，毛将焉附"。没有协议约定，何来协议履行。当事人实际出资，也不过是通过行为表达其成为股东的意愿；而公司接受实际出资实质也是通过行为表达同意的意思。因此意思主义的正确解读是：公司与拟议股东之间以"合意"建立成员关系。

"出资"确实构成了出资人欲成为股东的意思表示，但是它既不是出资人意欲取得股东身份的意思表示的全部方式，也不代表该意思表示一定为公司所接受，典型如新股申购。因此，出资取得股东身份，必须满足以下两项判断意思合致的前提条件：第一，出资以出资人的名义向公司作出——意思向公司表示；第二，公司接受出资人的出资——公司对该意思表示同意。换言之，投资者的出资意思表示与公司同意其加入的意思表示达成一致，构成股东身份取得的实质依据。反之，股东以外的其他人仅凭其已向公司缴纳出资的事实，不足以取得公司股东身份，自然也不享有股东权利。[2]

根据意思主义标准，实际出资人在仅提供"出资"而不满足前述意思合致的条件时，就只能是实际出资人。只有实际出资人向公司表达其成为股东的意图，并取得公司同意，他才取得公司的身份。《公司法司法解释三》第 24 条第 3 款，明确表达了此种意旨。当然公司也可能拒绝实际出资人成为公司的股东，实际出资人应承受被拒绝的风险。

实际出资人在取得股东身份后，可以选择将其名义彰显于外，或者隐藏于内。当其选择继续隐藏于内时，即为隐名股东，同时也承受因隐名而带来的风险；当其选择彰显于外时，即享有请求显名的权利，可进一步请求公司将其名称表彰于各种形式文件中，成为显名股东。隐名股东是真正意义上的股东。

名义股东是在存在隐藏的委托关系或其他关系时的一种对称，在一般意义上就是公司的股东，因为其符合与公司达成意思合致的条件；唯有在同时存在隐名股东的情形下，名义股东与公司都清楚知道其所达成的意思合致存在虚假，而根据《民法典》第 146 条，以虚假意思成立的成员关系应归于无效，其背后隐藏的成员关系在无其他效力瑕疵时得以承认。因此，在存在隐名股东的情形下，名义股东非为股东，可能构成隐名股东的代理人；在不存在隐名股东时，公司与名义股东之间无适用虚假意思行为无效之可能，公司接受名义股东为股东的意思表示

---

[1]　叶林："公司股东出资义务研究"，载《河南社会科学》2008 年第 7 期。
[2]　李建伟："瑕疵出资股东的股东权利及其限制的分类研究：规范、解释与实证"，载《求是》2012 年第 1 期。

真实，名义股东仍然为公司股东。

简言之，根据意思主义标准，实际出资人不是公司股东；隐名股东是公司股东；名义股东在通常意义上是公司股东，但也可能被证明不是公司股东。

3. "出资"在股东身份认定中的作用："投资权益"与"股权"辨析

"出资取得"原则，即股东身份的取得以实际缴纳出资为前提，[①] 只有履行出资义务的人才能取得股东资格，出资行为才是创设股东资格的行为[②]的观点，即使在1994年《公司法》背景下也备受批评；[③] 2005年及2013年《公司法》认缴制改革后更是被彻底颠覆。从深圳市中级人民法院的样本看，主流裁判观点是，股东资格取得不以是否实际缴纳出资以及出资款项是否来源于本人为判断依据。如王某与郑某华股东资格确认纠纷案〔（2015）深中法商终字第815号〕、深圳市康达尔（集团）运输有限公司、深圳市先达泰运输有限公司股东资格确认纠纷案〔（2017）粤03民终14506号〕等案件中，法院认为，名义股东是否实际缴纳了出资，以及出资的款项来源于本人财产还是由他人提供，并不影响名义股东的公司股东身份。

但是"出资"对股东身份取得仍然具有重要意义。如前所述，在缺少出资人与公司之间其他明确的意思合致的情形下，出资行为本身构成了"合意"的基础：若"出资"行为直接向公司作出，则可能构成要约，一旦公司对此予以同意或接受，就发生建立成员关系的法律效果。若"出资"行为非直接向公司作出，则在出资人与相对人之间可能建立"投资委托"关系——如果双方之间存在明示或默示的相关意思表示（如代持协议）。此时，出资人取得投资权益，该投资权益使出资人享有两项权利：第一，作为委托人要求受托人按照委托人的指示行事；第二，向公司披露委托投资的事实，并请求公司同意其取得股东身份——股东身份请求权。在股权外部转让时，即使受让方向转让方支付了股权转让款，在未取得公司同意之前，也只是在转让方与受让方之间建立了实质上的投资委托关系，受让方取得的只是投资权益。

实际出资人享有投资权益（股东身份请求权）与出资人享有股权具有本质区别：其一，前者是实际出资人作为委托人与受托人之间就股东身份取得作出的约定，享有约定权利；后者是出资人与公司之间的股东身份确认，享有法定权

---

① 江平、方流芳主编：《新编公司法教程》，法律出版社2003年版，第137页；张开平："有限责任公司设立人的出资义务与责任分析"，载《中国社会科研究院研究生报》1998年第3期。

② 刘凯湘："股东资格认定规则的反思与重构"，载《国家检察官学院学报》2019年第1期。

③ 因为这种观点，既没有考虑到因继承、合并、赠与等原因无偿取得股东身份的场合，也没有考虑到不同阶段股东身份取得的特殊性，更没有注意到不同公司形态股东身份取得的特殊性。参见蒋大兴：《公司法的展开与评判》，法律出版社2001年版，第448页。

利。其二，前者的股东身份取得尚须公司同意，是一种请求权；而后者的股东身份已经获得确认，是成员权。《公司法司法解释三》第 22 条和第 24 条对"享有股权"和"享有投资权益"进行了明确区分；但遗憾的是第 22 条[①]未能像第 24 条那样将"合意取得"原则贯彻到底，错误采取"出资取得"标准，造成股东身份认定规则体系的内在逻辑冲突，即在实际出资人证明其已经出资，但不能证明经过其他股东过半数同意时，依据第 22 条，可以被认定为享有股权，但根据第 24 条，不能被认定为取得股东身份。

有学者据此提出股权归属与股东资格分离的观点。[②] 但是这会产生更大的逻辑冲突：其一，如前所述，股权本就是股东身份或地位的权利化表彰，股东权利与股东身份实质是一体两面；享有股权即具有股东身份，具有股东身份即享有股权。享有股权但不具有股东身份，与具有股东身份但不享有股权一样，在逻辑上难以自圆其说（享有股权与行使股权是两个不同的概念）。因为，根据"成员身份与成员权分离之禁止"（Abspaltungsverbot）规则，不存在有股东资格而无股权，也不存在无股东资格却享有股权的情形。[③] 其二，正如前文反复论及，成员关系应建立在当事人之间合意的基础上，不能以一方当事人"出资"的事实裹挟公司的意志；除非出资一方证明公司同意接受该出资，否则不能仅以"出资"事实确认出资人享有股权。这在根本上背离私法体系的意思自治原则。

上海市高级人民法院早在 2003 年发布的《关于审理涉及公司诉讼案件若干问题的处理意见（一）》［沪高法（2003）216 号］中就曾明确表达不能单独依据出资认定股东身份的观点。该意见第 1 条规定，有限公司半数以上其他股东明知实际出资人出资，并且一直认可其以实际股东身份行使权利的，如无其他违背法律规定的情形，人民法院可以确认实际出资人对公司享有股权。《九民纪要》第 28 条亦有类似规定。该两规定均明确表达决定股东身份取得的不是实际出资人的出资，而是公司对出资的接受或同意；即使公司知道出资的事实，也不必然发生股东身份承认的法律效果，还需要通过接受其行使股东权利进行确认。

因此，"出资"使出资人享有了投资权益，符合"谁投资谁受益原则"；但该投资权益不是股权，也不是股东身份，只是取得股东身份的"台阶"；基于投资权益，委托出资人依约享有请求公司同意其股东身份的请求权。

---

① 《公司法司法解释三》第 22 条规定，当事人之间对股权归属发生争议，一方请求人民法院确认其享有股权的，应当证明以下事实之一：（一）已经依法向公司出资或者认缴出资，且不违反法律法规强制性规定；（二）已经受让或者以其他形式继受公司股权，且不违反法律法规强制性规定。

② 胡晓静："股权转让中的股东资格确认——基于股权权属与股东资格的区分"，载《当代法学》2016 年第 2 期。

③ 参见 K. Schmidt, Gesellschaftsrecht, 4. Aufl2002, S. 560 ff。转引自张双根："论有限责任公司股东资格的认定——以股东名册制度的建构为中心"，载《华东政法大学学报》2014 年第 5 期。

4. 成员合意的默示表达：股东权利的行使与接受

实践中引发大量争议的是：公司能否以接受拟议股东向其行使股东权利的方式表达对股东身份的同意，以及究竟接受行使哪种股东权利具有股东身份确认的效力。

（1）成员权属性决定股东权利与股东身份存在充要条件关系。对于第一个问题，理论界存在不同认识。支持者认为，在隐名投资的情况下，若隐名投资者未直接以股东名义行使权利，则以显名投资者为股东；若隐名投资者直接以股东名义行使权利，则以其为股东。① 反对者认为，股东身份是股东享有权利和履行义务的基础，"享有股东权利是取得股东资格的结果，而不是取得股东资格的条件或原因"。② 司法实践中也有不同做法。深圳市中级人民法院的样本显示，在涉及股权代持、股权转让合同履行及解除等纠纷时，主流观点是以实际出资人或受让人实际行使股东权利确定股东身份取得或/并股权转让目的实现。例如，在陈某、深圳市鑫辞进出口贸易有限公司股权转让纠纷上诉案〔（2019）粤03民终20458号〕中，法院认为，股权受让人已实际参与公司的经营管理（履行审批职责、听取经营汇报和财务情况），已实际享有股权和行使股东权利。不能以未变更登记构成根本违约为由要求解除合同。③ 在李某华、林某霞股份转让纠纷上诉案〔（2018）粤03民终21565号〕中，法院认为，转让方未按约定办理股权及章程变更手续，也未提交诸如股东名册、出资证明书、林某霞参加股东会、获取分红等证明林某霞履行股权转让款支付义务后已参加云华酒店经营管理并实际享有股东权利，受让方有权解除合同。但是也有相反意见，在深圳市康达尔（集团）运输有限公司、深圳市先达泰运输有限公司股东资格确认纠纷案〔（2017）粤03民终14506号〕中，法院认为，先达泰运输有限公司是否参与公司经营以及公司管理人员的任免均属于公司治理中股东间的问题，不是确定能否成为公司股东的前提条件。广东省高级人民法院对徐某选、深圳市海川电商咨询有限公司股份转让纠纷上诉案〔（2018）粤03民终10538号〕的再审裁定中〔（2019）粤民申8228号〕认为"即使受让方实际参与公司经营管理和重大决策，已行使了股东权利，亦非阻碍合同解除的充足事由"。④

股东权利的成员权属性，决定股东权利与股东身份的"禁止分离原则"。鉴于股东身份（A）与股东权利（B）之间满足"如果有A，则必然有B，如果没

---

① 赵旭东主编：《公司法学》，高等教育出版社2006年版，第280-281页。

② 胡晓静："有限公司股东资格确认标准的思考"，载《国家检察官学院学报》2012年第3期。

③ 同类案件参见统计报告，如（2019）粤03民终8554号，（2018）粤03民初2382号。

④ 该案中转让方未按照约定办理变更章程和工商登记手续，但《股权转让协议》也未将办理变更登记作为约定解除的条件，故仍然判断是否符合法定解除条件。广东省高级人民法院的意见实际表明，即使受让方行使股东权利，也不能认为取得股东资格，实现合同目的。

有 A，则必然没有 B"的充要条件关系，那么若受让人以"已经行使了股东权利，怎么可能还不是股东"反诘，亦不失其正当性。① 根据《民法典》第 140 条，行为人可以明示或者默示作出意思表示。因此，当某个主体对公司行使股东权利而被公司接受，既意味着该主体具有成为股东的意思，也意味着公司有同意该主体享有股东权利的意思，也就表明其与该主体之间已经以"行为"达成股东身份取得的合意。简言之，具有股东身份的人必然享有但不一定行使股东权利，但是行使股东权利而被公司接受的人，应当被认为取得股东身份。沪高法（2003）216 号意见以及《九民纪要》相关规定支持"接受行权标准"，值得赞同。

（2）成员权属性决定应以表决权为核心确认股东权利。对于第二个问题，实践中存在较大分歧。《公司法》第 4 条规定"公司股东依法享有资产收益、参与重大决策和选择管理者等权利"。究竟以哪一种股东权利的行使作为股东身份认定的依据？深圳市中级人民法院样本显示，多数判决以"实际参与经营管理"和"获得分红"作为享有和行使股东权利的依据，进而认定股东身份。也有判决持完全相反的观点，认为：公司的经营管理权与股东权利并非同一概念，参与实际经营管理和分配经营所得，并不代表受让方取得股权。②

即使认同"实际参与经营管理"作为行使股东权利的判断依据，对其具体内容也有不同理解。有的判决以"直接行使经营管理权"为标准［（2019）粤 03 民终 20458 号］，有的判决以"参与股东会会议决策"为标准。

在将"实际参与经营管理"和"获得分红"作为享有和行使股东权利的依据时，对于二者是并存条件还是择一条件，如果是择一条件，以何者具有决定意义，也无定论。例如，在黄某锦、深圳市庞源投资集团有限公司股东资格确认纠纷案［（2017）粤 03 民终 20925 号］中，法院认为，如果公司其他股东已知晓隐名股东系实际出资人，隐名股东亦参与公司经营管理且其他股东长期以来并未提出异议，应视为其他股东认可其股东资格，隐名股东有权要求确认其股东资格。但不同意见认为，虽然参加股东会会议，但是没有证据证明其分过红利，因此有权解除合同［（2011）深中法民四终字第 312 号］；暂停分红权相当于取消股东资格［（2019）粤 03 民终 1037 号］。而在有关员工持股会代持纠纷的裁判中，较为一致的观点是，员工仅参与分红并且从未以股权参与公司决策，员工"股权"实际上为分红权，不为公司法意义上的股权。③ 虽然持股会章程规定员工享

---

① 李建伟："公司认可生效主义股权变动模式"，载《法律科学》2021 年第 3 期。

② （2017）粤 03 民终 12920 号－申某雨、曹某镇股权转让纠纷上诉案。

③ （2013）深中法商终字 1385 号－深圳市核达中远通电源技术有限公司等与陈某股东资格确认纠纷上诉案；（2013）深中法商终字 1387 号－深圳市核达中远通电源技术有限公司等与顾某将股东资格确认纠纷上诉案（2013）深中法商终字第 361 号－彭某安等诉深圳市安泰创新科技有限公司股东资格确认民事二审上诉案；（2017）粤 03 民终 1638 号、（2018）粤 03 民终 18664 号同样为此观点。

有股权的收益权等权能，但不得以其享有股权部分权能为由主张其享有股东权利。①

股东权利是一个集合性权利，具有诸多权能，甚至因某项权能意义重大，可以同时独立为一项权利。② 因此，股东权利内容丰富，如资产收益权、参与重大决策权、选择管理者权，知情权、监督权、诉讼权等。这些权利，根据行使目的和方式不同被分为自益权和共益权。其中自益权是投资的目的，共益权则是实现投资目的的手段，二者均体现股东权利的价值。但是，就股东权利的成员权属性而言，共益权相对于自益权更能反映其权利特性或本质。因为任何一种财产权均具有使其权利人获得收益的能力，但是只有股东权利是权利人通过行使共益权实现收益目的。资产收益权或红利分配权的本质不是具体的红利分配请求权，而是红利分配决定权。这种决定权是通过共益权实现的。如果一个主体仅享有红利分配请求权，而不享有红利分配决定权，那么这个主体并不真正享有股东权利。这也是深圳市中级人民法院认为员工持股会代持关系中的员工虽然参与分红但并非享有公司法意义上的股权的原因。如果一个主体享有红利分配决定权，那么他必然要参加股东会会议，以行使表决权参与重大决策。因此，参加股东会会议并行使表决权是股东的核心权利，也是股东权利的核心体现，不仅能够彰显成员身份，也是公司社团法人——而非财团法人——属性的根基所在。

而就共益权而言，表决权是其根本。现代各国公司法对股东权益的保护，无一不是围绕表决权的规则完善和修改完成的。③ 表决权是股东参与公司经营管理或公司治理的重要途径。一个主体如实际参与公司经营管理或者进行经营管理决策，不能排除其董事、高管或其他受托受聘身份的可能，因为经营管理决策本就部分属于董事、高管的职权范畴；但是一个主体参与股东会会议并行使表决权进行重大决策，则必然表达其成员身份已经获得公司（其他股东）认同。因此，就以"接受行权标准"认定股东身份而言，"参与股东会会议决策"或曰"参与重大决策"并为公司（其他股东）所接受是首要条件。其基本逻辑是：股东可以不出席股东会会议行使表决权，但是出席会议行使表决权的一定是股东，即使在表决权委任时也是如此。若一个声称为公司股东的人却从未被通知、也未主动参与过股东会议决策，则不应以其行使其他股东权利认定其股东身份（成员身

---

① 刘某、深圳市鹤韵投资有限公司股东资格确认纠纷上诉案［（2019）粤 03 民终 15275 号］［（2019）粤 03 民终 15271-74 号］［（2019）粤 03 民终 9339-43 号］系串案（共 10 件）。

② ［德］卡尔拉·伦茨：《德国民法通论（上册）》，王晓晔等译，法律出版社 2003 年版，第 289 页。

③ Jean J. du Plessis ect, German Corporate Governance in International and European Context, Springer-Verlag GmbH Germany, 2017, pp. 2-5. 转引自许中缘："论公司法第 42 条但书条款的规范解释"，载《现代法学》2021 年第 2 期。

份未被认同）；但若至诉讼时公司不具备召开股东会会议的客观条件，此时可以其他数项证据呈现出完整证据链支持股东身份的判断，如实际从事经营管理并且参与分红等。单纯的控制公司公章或主要业务合同，并不表明公司接受其行使股东权利，[①] 除非公司实质上是一人公司。在公司确立不以会议体的方式进行股东会决议时，应当有相关程序性证据证明其参与股东会决策。股东会会议记录上的签名构成形式外观。唯考虑到有限公司人数较少，管理不规范等特点，只要能证明是在股东会层面上"参与重大决策"即可，不以形式外观为要件。

　　另一个相关问题是，以"接受行权"认定股东身份时，是否必须同时满足"知悉出资"条件。沪高法（2003）216 号意见以及《九民纪要》，均将过半数其他股东"知悉出资"与"接受行权"作为股东身份认定的并存条件。但如前所述，股东身份取得既然不以实际出资为条件，那么即使缺少"知悉出资"的条件，仅凭其他股东过半数对实际出资人行使股东权利表示认可或者不表示异议，也应该产生股东身份认定的法律效果。"知悉出资"可以作为其他股东判断是否接受实际出资人实际行使权利的条件，但是在其他股东过半数已经对实际出资人行使股东权利表示认可或不表示异议，再以其不知悉实际出资人是否出资，或者实际出资人不能证明其他股东过半数知悉其实际出资进行抗辩，该抗辩应为无效。

　　概言之，意思主义标准下，股东身份取得的"合意"可以是明示方式，也可以是默示方式。股东权利与股东身份互为充要条件。公司接受某个主体对其行使股东权利，是以双方行为成立的默示"合意"，具有成立成员关系的法律效力。股东权利是成员性权利，以共益权为基本特征，表决权为核心表彰。因此，"参与股东会会议决策"并为公司所接受，构成认定股东身份的决定性条件；只有在该条件客观不具备时（如在章定召开股东会会议时间之后取得股权，又在下一次会议召开时间之前将股权转让出去），方以其他证据链判断股东身份。公司是否"知悉出资"不影响股东身份认定。值得注意的是，以"接受行权标准"认定是否享有股东权利，一般适用于新人加入的情形；在股权内部转让时，受让方的股东身份无须认定，但是可以通过参与重大决策时的行权比例，确定是否发生权利变动，除非存在代持等相反意思表示。

　　（三）形式外观的双重建构：以公司章程与工商登记为重心

　　意思主义将"成员关系合意"作为股东身份的认定标准或股东权利变动的

---

　　① 在西某英诉汪某股权转让合同纠纷案 [（2012）深中法商终字第 563 号] 中，深圳市中级人民法院认为，转让方已向受让方移交公司公章及重要业务合同并退出公司，受让方实际控制公司，因此受让方已经取得股东权利。这一理由并不充分。根本原因在该股权转让系股东之间的内部转让，转让方移交公章及主要业务合同后退出公司，并仅余受让方一人为股东。

生效要件，仍需借助特定的形式外观加以固化和识别。这是由股东身份的特殊价值和公司及其意思表示的特殊构造决定的。问题在于《公司法》提供了多种股东身份的权利外观或表达方式，这些外观如何取舍，是否需要内外区分，能否确立唯一外观，以减少辨识困难。本小节探讨《公司法》在股东身份外观选择上的实然与应然，并认为无论从《公司法》的实然还是应然角度，都应该客观评价股东名册的地位，重新发现公司章程在股东身份形式外观建构方面的重要价值。

1. 股东身份形式外观的建构理由与效力性质

（1）股东身份形式外观的建构理由：公司秩序与成员保护。如前所述，权利需要借助外观加以识别，既是权利保护的需要，也是交易安全的需要。海因·克茨指出，所有的绝对权必须公示，使得每个社会成员（在民事活动中）考虑到这些权利关系，避免侵害他人权利。① 股东身份是股东权利的基础，兼具相对性和绝对性特征，对公司秩序稳定和交易安全具有特殊价值，需要通过形式外观建立识别和对抗机制。

股东是公司的成员，股东身份是相对于公司取得的，因此股东身份具有相对性。这种相对性在公司与股东之间发生效力，原则上不需要通过形式外观加以公示。但是，公司并不只由一个股东组成，在股东与公司之外还有其他股东，股东的成员身份相对于其他股东仍有识别的必要。这是作为成员共同参与公司治理的基础，也是维护公司秩序的需要。一方面，正如学者洞见，有限责任公司作为一种具有独立法律人格的人合性组织，其成立、运作乃至存在的目的，须臾离不开成员或股东要素，股东资格确认问题实际上贯穿于其运行的全过程。由此也决定了在公司内部就股东资格的认定，必须选择一个其正确性能有程序保障、易于为各股东以及公司所接受、操作便利、易于确定且成本又不会太大的形式化标准。② 另一方面，公司作为法律拟制的主体，其形式上的统一性无法阻挡实质上的变动性——股东、董事、高管等的身份变动，甚至股东之间的信任关系变化等。这种变动将在不同程度上影响公司意思表示的延续性和一致性，进而在不同程度上影响对已经建立的成员关系的识别和判断。因此，考虑到公司治理的效率与成本以及公司内在变动的可能性，仍然有必要借助外观记录并彰显股东身份，以保证股东身份和权利在历次公司内变中获得识别和延续。这不仅有利于公司秩序稳定，防止公司因难以识别成员身份产生纠纷并遭遇法律风险，也有利于股东

---

① ［德］梅因·克茨：《德国私法与商法》，第 69 页。转引自董安生，《民事法律行为》，法律出版社 2002 年版，第 64 页。

② 张双根："论有限责任公司股东资格的认定——以股东名册制度的建构为中心"，载《华东政法大学学报》2014 年第 5 期。

权利保护，避免承受权利损害风险。在深圳市金研微科技有限公司、李某股东资格确认纠纷［（2017）粤03民终10374号］中，深圳市中级人民法院在承认屈某实际出资人身份（实际出资，存在代持关系、参加股东会议行使权利）的前提下，以缺少权利外观、增资股东善意为由，认定增资股东取得权利无瑕疵，并要求实际出资人在面对增资股东时须再次获得公司同意以取得股东身份，正是权利外观必要性的体现。

此外，股东对公司营业能力具有重要决定意义，构成公司信用评价的重要组成部分，直接影响交易效率和安全。虽然股东对公司债务承担有限责任，但是对于市场而言，股东是判断公司资信能力的重要指标——债权人显然更愿意与拥有"富爸爸"的公司进行交易。股东不仅对公司具有很强的增信作用，也构成债权人权利主张的直接对象。《公司法司法解释三》第9-14条以及第17条均规定债权人有权对未履行出资义务或未完全履行出资义务的股东直接行使出资缴纳请求权；《公司法》第20条以及第63条规定了公司法人人格否认制度，使债权人得以向股东要求承担无限责任。根据《九民纪要》的相关规定，认缴制情形下，债权人也可以向股东请求加速到期责任。甚至不排除在破产时要求股东债权人劣后受偿。如此诸多请求，都建立在对股东身份识别的基础上，因此形式外观对于维护交易安全和效率至关重要。

更为重要的是，股东身份的核心价值在于凭此享有股东权利。股权是一项特殊的权利财产。股东对该财产享有准物权，也因此具有对世效力。在股东对股权进行处分时，既需要借助特定外观使交易相对人判别其权利的合法性，也需要借助特定外观使权利变动结果得以公示。

（2）形式外观不具有股东身份认定效力：公司单方控制与意思表示的天然离散。既然权利外观如此重要，为何不将其作为股东身份认定的要件，或者说采取权利变动的债权形式主义模式？直接原因是股东权利外观的形成过程主要单方面受控于公司这一私人主体，缺乏权威性和可靠性；更深层次的原因则可归于公司意思表示的特殊构造。

形式外观实质是当事人意思表示的外部延伸，一般是由权利人本人参与形成的。在一般性涉及财产权利变动的交易中，无论登记还是交付，都基于当事人直接且唯一的意思表示而发生，如自建房屋的所有权人申请房屋登记表彰其所有权，房屋买卖双方当事人基于自主意志直接向登记机关申请并办理登记，基于双方的自主意志进行直接或间接的交付等。在这些情形下，作为权利变动一方的权利人直接参与到外观形成过程中，对外观形成负有责任。这也是外观责任选择牺牲真实权利人保护善意第三人信赖利益的原因。但是就公司成员变动而言，虽然在股东与公司之间建立成员关系，其外观形成却主要单方面受控于公司。无论出资证明书、股东名册还是公司章程（初始章程除外），都由公司制作完成；即使工商登记，看似经由第三方行政机关审查确认，但从法律规定和实践操作看，仍由公司主导和控制：一则申请是由公司提出并提交相关法律文件，法定代表人签署相关文件，不需要股东直接参与[①]；二则行政机关仅进行形式审查，即使公司存在文件伪造或内容虚假，在股东不直接参与提交核验相关文件的情形下，行政机关亦无从判识真伪。公司是一个私人主体，其本身可能受控于某些特定主体，或受到各种利益关系影响，极易丧失客观性立场。若以形式外观为股东身份确认要件，在公司不制作外观或延迟制作或提供虚假信息的情形下，拟议股东甚至可能因没有取得股东身份而缺乏要求其制作或矫正的法律基础。这将置拟议股东于更加不利的风险地位。

不能以形式外观为股东身份确认要件更深层次的原因是公司意思表示构造的特殊性。虽然每一个形式外观都可以视为公司的表示行为，但是一方面，作出这些表示行为的具体主体，常与作出该意思行为的主体并非同一主体，例如，作出股东变动意思表示的主体是成员集体，但是控制名册变更的主体可能是董事会或执行董事或其授权的主体（便于召集股东会）；另一方面，同一个意思可能存在诸多表示行为，这些表示行为的具体执行主体也常常不是同一个主体，所遵循的规则常常也不是同一规则。如公司设立时的章程制备与公司运营中因股东变动发生章程修改的行为主体和所遵循的规则不尽相同。因此这些形式外观虽然看上去都是公司的意思表示行为，但是其内涵本质可能有重大差别。

公司内部意思与表示之间、表示与表示之间存在的"天然离散"导致其表示过程存在较大的代理成本和时间成本，具有一定的不连贯性或不稳定性。实践中存在大量因各种形式外观彼此冲突或者虚假造成的纠纷，充分验证了由公司单方面控制形成的形式外观的不可靠性。更重要的是，以形式外观确认股东资格将使本应由公司成员集体意思决定的成员关系变动，最终被控制在成员以外的第三方手中，背离公司的社团属性。

因此，在公司单方面控制形式外观形成过程的情形下，形式外观不适宜充当股东身份确认或股东权利变动的生效要件。但是这并不妨碍公司建构股东身份的形式外观，以便于公司识别股东身份，维护公司运营秩序。

---

① 参见《公司登记管理条例》第27条，第34条。实践中可能有不同做法，只是缓和而不是根本改变。如在深圳工商部门注册公司时，不需要全体股东前往工商部门办理，这就滋生很多借用、冒名股东的情况。更重要的是，股权若要转出，必须要股东本人到场签名，也就是说，做股东审查不严格，退出股东时审查严格［参见（2019）粤03民终34803号-陈某与深圳文华泰富基金管理有限公司股东资格确认纠纷上诉案］。

2. 形式外观的实然与应然：股东名册的地位"祛魅"

《公司法》至少规定了四种对外表彰股东身份的形式文件：出资证明书、公司章程、股东名册和工商登记。其中"股东名册"和"工商登记"引发的争议和讨论最多。时至今日，绝大多数关于"工商登记"的认识已经趋于统一，即它是股东身份的形式外观，在涉及公司以外的第三人时发挥外部对抗效力。但是对于"股东名册"的法律地位或效力，仍然存在诸多争议。

一种观点认为，股东名册是公司内部股东身份的认定依据。如在陈某林、吕某富股权转让纠纷案〔(2018) 粤 03 民终 8317 号〕中，深圳市中级人民法院认为，股权转让，内部以股东名册为准，外部以公司登记为准，不登记不对抗善意第三人。在杨某平、高某娣股权转让纠纷上诉案〔(2019) 粤 03 民终 8554 号〕中，深圳市中级人民法院认为，股权转让生效时点以股东名册变更为准。

另一种观点认为，股东名册只是股东资格确认的标准之一。在各种表面证据发生冲突时，应当坚持股东名册优先的原则处理，但同时应当按照争议当事人的具体构成确定各类表面证据的选择适用规则。[1] 在朱某 2、周某股东资格确认纠纷上诉案〔(2019) 粤 03 民终 13802 号〕中，深圳市中级人民法院认为，股东出资证明、公司章程、工商登记均是确认股东资格的重要依据，最终依据哪一标准确认股东资格主要取决于争议当事人的不同而有所区别。股东内部发生的股东资格争议，都应侧重审查投资的事实。在卢某荣等诉阳江市新大荣置业投资有限公司股东资格确认纠纷案〔(2014) 阳中法民二终字第 44 号〕中，法院认为，在确认股东身份的相关依据中，常见证据有出资证明、股东名册和工商登记资料。出资证明则是股东据以证明股东身份并可向公司主张相关权利的源泉证据。因此，在各种证据发生冲突的情况下，应当认定出资证据的效力相对高于股东名册和工商登记资料。

一种观点支持赋予股东名册以股东身份认定的效力，主张将"股东名册"作为确认股权归属的根据，[2] 通过改造现行的股东名册制度，赋予其"股东资格证明功能"，[3] 将股东名册作为唯一记载股东情况的文件并提交工商备案，同时在立法上确立登记备案的股东名册对公司和第三人的对抗效力。[4]

---

[1] 蒋大兴：《公司法的展开与评判》，法律出版社 2001 年版，第 493 页以下。

[2] 汪青松："财产权规则与外观法理的冲突与协调"，载《东北师大学报》（哲学社会科学版）2014 年第 2 期。

[3] 张双根："论有限责任公司股东资格的认定——以股东名册制度的建构为中心"，载《华东政法大学学报》2014 年第 5 期。

[4] 胡晓静："股权转让中的股东资格确认——基于股权权属与股东资格的区分"，载《当代法学》2016 年第 2 期。

另一种观点则对此表示反对，认为股东名册本身亦非创设股东资格的根据，而只是形式上的证明文件，即凡是记载于股东名册的人推定为享有股东资格，即所谓推定效力，如果有人对其股东资格提出异议，则异议者须负举证责任以证明其不是真正的股东。① 也有观点主张将工商登记作为唯一的股东资格认定依据，认为在发生股东资格纠纷时，工商登记具有最优的法律效力，作为判定股东资格的法定依据，除非有相反证据证明登记内容不实。公司应当依据工商登记的股东信息再设置股东名册。② 从实用主义的角度，以外部登记模式为优。③

前述观点无论从实然角度还是应然角度都存在对立。那么股东名册在实证法意义上究竟居于何种法律地位，具有何种效力，其在应然发展方向上又该何去何从，值得研究。

《公司法》第 32 条是理解股东名册法律地位的主要依据，但从判断股东名册对股东身份的影响看，其并不是唯一的依据，而应该结合《公司法》第 23 条、第 25 条、第 29 条、第 31 条、第 33 条、第 73 条等与股东身份判断有关的整个法律规整，以及《公司登记管理条例》等相关规定综合研判。

从《公司法》第 32 条第 1 款和第 2 款规定看，股东名册是公司成立后以书面形式记载全体股东信息的法律文件，具有以下法律特征：第一，置备股东名册是公司的法定义务；第二，公司是股东名册的置备和记载主体；第三，表达公司对记载于股东名册上的股东的身份承认；第四，被记载于股东名册的股东，有权利行使股东权利。

从规范分析和语义逻辑的角度，《公司法》第 32 条只能得出：被记载在股东名册上的人一定是被公司视为股东并享有股东权利的人，公司对记载在股东名册上的股东依股东名册主张行使股东权利，不能拒绝或否认。但不能得出：第一，被记载在股东名册上的人一定是公司的股东，因为股东名册仅是公司单方意思的表达，如存在冒名股东的情形；以及第二，未被公司记载在股东名册上的人就不是股东，因为第 32 条第 2 款表述为"记载于股东名册上的股东，可以依股东名册主张行使股东权"，也就意味着可能存在未被记载于股东名册上的股东，如公司存在无记名股东。

但是，一般认为记名股东与无记名股东的划分为股份公司的做法，有限公司不作此种划分，全体股东均为记名股东。因此就自然可以得出，股东名册是股东行使股东权利的准据，公司通过股东名册确认谁是股东的结论。也就自动忽略了

---

① 参见施天涛：《公司法论》，法律出版社 2015 年版，第 248 页。
② 刘凯湘："股东资格认定规则的反思与重构"，载《国家检察官学院学报》2019 年第 1 期。
③ 徐式媛、李志刚："股权变动模式法律问题研究"，载《北京工商大学学报》（社会科学版）2014 年第 4 期。

《公司法》其他法律条文所规定的其他表彰股东身份的文件，如出资证明书或公司章程。也同时忽略了《公司法》并没有规定，在出资证明书、公司章程与股东名册记载不一致时，以股东名册为准；也没有规定，股东名册是股东身份或权利取得的根据，或者股东身份或权利自被记载于股东名册时取得；或者如 2008年《德国有限责任公司法》改革后第 16.1 条表述的那样，（在与公司的关系上，在股东变更或者其参股大小变化的情况下）只有作为营业份额持有人被载入商事登记簿中的股东名单上的人，才是营业份额的持有人。①

事实上，从《公司法》的相关规定看，公司同样具有签发出资证明书以及置备修改章程的义务。出资证明书具有债券或股票的外观价值；而公司章程则是全体股东共同制定并签署的公司必备文件，甚至构成股东名册编制的根据。因此，在《公司法》存在多种表彰股东身份的形式文件，又没有明确规定股东名册具有身份认定的优先效力的情形下，将股东名册作为股东身份认定的依据，缺乏实证法上的支持。股东名册实然的法律地位就是：公司为便于内部识别股东而为股东身份制作的形式外观，即只在公司内部产生公示效果，发生权利推定效力，股东可以凭此对抗公司和其他股东否认其股东身份的主张，但公司不能以未记载对抗股东。

这也部分解释了为什么股东名册在公司实践中普遍不被重视，甚至很多公司中根本没有股东名册，更谈不上记载或变更。因为它只是诸多股东身份证明中的一种，不具有不可替代性。股东名册所发挥的股东身份识别功能，都可以通过公司章程的记载得到实现。尤其对于有限公司而言，股东人数的有限性使其对股东名册几乎没有需求。可以说，除非《公司法》强制规定"股东名册是股东身份取得的根据"，否则即使没有股东名册，也并不影响公司的运行。因此，股东名册只是股东身份诸多外观之一种，在公司内部，当与其他外观性证据发生冲突时，除非有相反证据，可依"发生在先"原则确定证据效力——离事实越近的证据越能够反映事实真相，或直接以"成员合议"为股东身份认定根据。

3. 形式外观的实然与应然：股东名册"神化"溯源与公司章程的功能复兴

那么是什么原因使学界在缺乏《公司法》的实证法依据和公司现实需求的情形下，热衷于将股东名册塑造为股东身份认定的根据或赋予其股东身份认定的效力，"神化"股东名册的地位？原因可能有两个方面：其一，比较法借鉴；其二，对我国公司章程股东身份表彰功能的忽视，后者可能更为根本。

----

① 《德国商事公司法》，胡晓静、杨代雄译，法律出版社 2014 年版。

　　股东名册常被认为是记名股东行使股东权的准据，如韩国和我国的香港、台湾地区所谓的"公司法"都将股东名册视为证明记名股东股东身份的表面证据，记名股东可以股东名册的登记对抗公司。日本学者也认为，公司通过股东名册确认谁是股东。一旦名义得以更换，该名义更换人就可以行使股东权利，公司应将更换人视为股东，并作为股东进行处理。[①] 根据《英国公司法》的规定，股东通过以下途径取得股东身份时，只有登录到股东名册，才能实际成为股东：（1）按照招股说明书和分配股份的销售要约申购股份；（2）受让现有股东的股份；（3）继承已故或破产股东的股份。[②]《德国有限责任公司法》在2008年改革时，也通过对股东名册的改造，提升了股东名册的公信力与法律效能。具体体现为：一是在股东名册需要记载的内容上，增加"编制股权编号"的要求，借此编号以"清晰地标识各股权"，从而尽可能清晰地对外公示各股东的股权参与关系。二是股东名册需储存于商事登记法院，股东名册无论是初始名册还是每一次变动的新名册均需向商事登记法院提交，并因该储存发生效力。三是由公司执行人或公证人负责股东名册之制作与呈交，为避免执行人擅自更改股东名册，陷股东于不利，要求执行人对股东名册之变更，须基于相关股东（即变更事项所涉股东）的通知，以及该股东所提交的确实可信的证据。公证人也可以替代公司执行人从事上述行为。四是对异议登记的植入。技术改造后的股东名册被赋予了新的功能，一为股东资格证明功能，二为股权之权利外观基础功能。[③]

　　股东名册确实在各国公司法律体系中发挥了较大的作用。但是这显然不是我国必须借鉴并植入有限责任公司制度体系中的理由。一个更基本的前提应该是，我国有限公司制度体系中缺少发挥股东名册功能的法律文件或制度配置——一个其正确性能有程序保障、易于为各股东以及公司所接受、操作便利、易于确定且成本又不会太大的股东资格识别标准。但是，事实并非如此。

　　如果仔细观察我国公司章程在我国《公司法》上的构造以及实践中的操作，就会发现，我国的公司章程其与比较法上许多国家和地区的公司章程在法律规则配置上存在很大差异，完全可以替代比较法上的股东名册制度，甚至都不需要进行太多改造。

　　根据《公司法》第23条、第25条、第29条、第33条以及第73条的规定，公司章程是公司设立和运行的基本文件，公司组织和意志的根本体现。公司章程记载与公司组织体有关的所有重要信息和事项。与一些国家的公司法仅要求公司

---

① 蒋大兴：《公司法的展开与评判》，法律出版社2001年版，第486页及脚注3。

② ［英］丹尼斯·吉南：《英美法数学书系·公司法（原著书第十二版）》，法律出版社2005年版，第220页。

③ 张双根："德国法上股权善意取得制度之评析"，载《环球法律评论》2014年第2期。

章程记载发起人①不同，我国《公司法》规定，公司章程要记载全体股东——无论初始股东还是新进股东——的个人信息和出资信息，包括股东的姓名或者名称，股东的出资方式、出资额和出资时间，完全可以满足公司与股东对于股东身份表彰和识别的需要，甚至比股东名册的记载还要详细。此外，与股东名册相比，公司章程至少在以下四方面具有相对优势：

第一，必备效力性。与名为公司必备文件却实则在公司实践中被虚化的股东名册不同，公司章程作为公司的宪法性文件，是公司设立和运营不可或缺的必备文件，也是公司自治性的基础。尤其作为公司设立文件，章程缺失或章程不符合法律规定，都将导致公司无法设立成功。因此，与股东名册相比，公司章程的必备是效力性的，其表彰股东身份更具可靠性。《德国有限责任公司法》中，股东名册与公司合同都是设立文件，② 正是股东名册能够发挥功能的保障。

第二，股东参与性。这一点对于外观建构以及外观责任承担非常重要。与股东名册完全由公司记载不同，公司章程在诸多股东身份的形式外观中，是唯一一个股东有机会参与形成的外观。《公司法》第 23 条、第 25 条规定，"股东共同制定公司章程""股东应当在公司章程上签名、盖章"。因此，公司章程上的股东不只是被动的被记载，而是可以主动参与外观的形成：初始股东不仅是章程的签署者，更是章程的制定者；新进股东也有权在公司宪法性法律文件上表达同意。甚至从《公司法》的表述看，签署章程是股东的一项义务，而非权利。因为公司章程将对新进股东产生约束力，新进股东查阅并签署章程也是其同意遵守章程义务的意思表达。因此，在公司章程上签名的人，都应被认定为公司股东。这是一个可以真正直接反映股东与公司"合意"的形式外观。尽管对于新进股东而言，章程修改和签署的主动权仍然由公司控制，能否在取得"成员合议"的第一时间签署章程也具有不确定性，但由于章程修改后还要送交登记机关备案，因此，通常情况下，新进股东会签署章程，使其股东身份得以在其自主意思支配下得到表彰。这也使公司章程在股东身份表彰方面更加可靠。2008 年《德国有限责任公司法》改革时，特别要求执行人须基于变更事项所涉股东的通知以及该股东所提交的确实可信的证据而更改股东名册，以避免执行人擅自更改名册，所表达的也正是股东名册变更需要股东意志参与的意旨。只有这样，才能与德国法上外观责任制度相互协调。

---

① 《美国示范公司法》2.02 节第 4 项；2005 年《日本公司法》第 27 条第 5 项；《英国公司法》规定得更为笼统。

② ［德］托马斯·莱塞尔：《德国资合公司法》，高旭军等译，法律出版社 2019 年版，第 517 页。

第三，内外公示性。与股东名册的内部公示不同，公司章程是一个对内对外同时公示的法律文件。对内，根据《公司法》第 33 条，股东可以随时查阅公司章程；对外，根据《公司登记管理条例》第 20 条、第 23 条和第 27 条规定，公司章程作为设立文件需要提交公司登记机关审查备案；同时，因股东姓名和名称属于登记事项，因此，当公司变更登记事项涉及修改公司章程的，也应当向登记机关提交由公司法定代表人签署的修改后的公司章程或者公司章程修正案。也就是说，每一次股东信息发生变更，公司章程都要随之修改并提交备案，从而保证公司内外公示的一致性。这一点，与 2008 年《德国有限责任公司法》改造股东名册使其在商事登记法院存储，本质相似。

第四，程序在先性。从《公司法》的规定以及公司设立运行的经验逻辑看，公司章程先于股东名册产生，是股东名册制作的基础。初始章程中包含所有股东信息，甚至在出资证明书之前就已经开始表彰股东的身份。股东名册是公司成立后为便于识别股东身份而制作的文件，只能根据公司章程和出资证明书制作。虽然根据《公司法》第 73 条，修订章程在出资证明书换发之后修改，却仍然先于股东名册表彰股东身份，其逻辑在于：公司确认其为股东，将之记录在册。这与先确认录取资格，再发录取通知书是一个道理。《公司法司法解释三》第 24 条第 3 款有意无意地调整了实际出资人显名化时请求公司变更形式文件的顺序，将"股东名册"前置于"公司章程"。① 虽然不知道最高人民法院是否有意将股东名册变更作为公司章程修改的根据，但是即使不考虑它与《公司法》的规定相悖，也不符合公司实践的经验逻辑。因为，一旦经过"成员合议"表示同意后，成员关系已经建立，不需要再行召开股东会议就可变更公司章程记载并提交备案——这也符合"成员合议"变更章程的法律逻辑，从而完成法定义务。变更名册作为公司内部行为并无时间要求。在《公司法》没有明确规定的情形下，公司为什么要先变更股东名册再修改公司章程呢？因此，公司章程作为股东名册的制作根据，是比股东名册更加可靠的股东身份证明文件。

综上所述，我国现行《公司法》对"公司章程"的构造已经初步具备 2008年《德国有限责任公司法》对股东名册进行改造后的基本技术特征。甚至实践中，公司为便利因股东变更而发生的修改章程提交备案，而将股东信息汇集起来单列一页。如此一来，也实质上实现了股东名册作为汇集股东信息的"专门性"文件的功能。公司章程比股东名册更能反映公司内部股东的真实情况，具有更强的股东身份表彰效力。正是在这个意义上，山东省高级人民法院民二庭在 2018

---

① 《公司法司法解释三》第 24 条第 3 款规定：实际出资人未经公司其他股东半数以上同意，请求公司变更股东、签发出资证明书、记载于股东名册、记载于公司章程并办理公司登记机关登记的，人民法院不予支持。

年 7 月发布的《关于审理公司纠纷案件若干问题的解答》以"是否签署公司章程、是否实际出资、是否享有并行使股东权利等实质条件作为公司内部确认股东享有实际权利的主要依据"值得赞同。

有观点对此表示反对，认为公司章程在成立后无法通过其自身的逻辑与程序来保障股东记载的正确性与真实性，因为公司章程股东记载变更或修改的依据，并非基于股东会决议，而是基于股权变动的结果及其程序设计，也就是本文所主张的股东名册记载，自然也就不适合充当确立股东资格之一般性的形式标准。[①]这种观点既欠缺法律依据，也存在明显逻辑错误。一方面，公司章程的变更记载并非基于股东名册的记载，恰恰相反，根据《公司法》的规定，股东名册是依法建立在公司章程基础上，因此公司章程若不能保证股东记载的正确性与真实性，股东名册又凭借什么保障其正确性与真实性？另一方面，《公司法》未将股东名册记载作为股权变动的基础，该观点以论证的结论为前提，犯了先定结论、循环论证的逻辑错误。

因此，从实然的角度，公司章程已经担负了表彰股东身份的外观功能，并且比股东名册更加可靠。而从简便公司实践以及修法成本最小化的角度，应该减少具有法律意义的形式外观，避免识别混乱。公司章程是公司不可或缺的宪法性文件，而股东名册则是实践中即使没有也不影响公司运作的法律文件，孰轻孰重，一目了然。因此，从应然的角度，在有限公司中，也应该重新发现并充分重视公司章程在表彰股东身份方面的功能和价值，以公司章程取代股东名册，并在现有制度规则基础上进一步精细完善。例如，简要记载新股东取得股东身份的时间和来源（王＊＊，20＊＊年＊月＊日，受让李＊＊／继承张＊＊／增资等）。同时，应简化有限公司内部股东身份的证明文件，减少产生各种证据的链条。或者将"股东名册"回归至公司内部的管理性文件本质，由公司选择适用；或者将股东名册并入公司章程，成为股东名单附录，与公司章程发生一体性效力。在 2008年《德国有限责任公司法》改革时，也做过类似的设计，增设简易设立程序，提供模范章程，将普通设立程序必须具备的三种文件，即公司合同、股东名册、经公证人公证的设立纪要，合并为一份证书文件。这份证书文件需要确定公司的商号、住所、营业范围、初始资本的额度。此外还必须列明公司的股东和执行董事，并且写明股东各自认购的股权面值。[②] 该种做法值得借鉴。

---

① 张双根："论有限责任公司股东资格的认定——以股东名册制度的建构为中心"，载《华东政法大学学报》2014 年第 5 期。

② ［德］托马斯·莱塞尔：《德国资合公司法》，高旭军等译，法律出版社 2019 年版，第517 页。

4. 公司章程与其他形式外观的关系协调

公司章程作为股东身份的形式外观，并不排斥出资证明书的外观功能。根据《公司法》第 31 条和第 73 条的规定，有限责任公司成立后，应当向股东签发出资证明书；转让股权后，公司应当注销原股东的出资证明书，向新股东签发出资证明书，并相应修改公司章程和股东名册中有关股东及其出资额的记载；出资证明书上除记载公司和股东基本信息外，还要记载"编号和核发日期"。因此，出资证明书是股东身份的重要外观，也是唯一股东个人持有的表彰其股东身份的权利外观，几乎具有与债券或股票同等的外观价值。同时，出资证明书虽然由股东个人持有，但是并非如学者所言"非由公司集中管理，以此为标准无疑会增加辨伪成本"。① 从《公司法》规定看，出资证明书的签发权在公司，签发时有出资证明书编号可供检索，签发后有存根可供公司和股东查阅。公司并不是凭股东个人所持有的出资证明书判断其股东资格，从出资证明书的换发规则看，股东不能凭借交付出资证明书实现股权转让目的；公司控制出资证明书的签发，以自身留存的出资证明书存根为依据，确定股东，这在本质上与查阅公司章程、股东名册没有任何区别。加上"出资证明书在时间上最接近出资关系"②，也能间接反映公司与股东的"合意"，因此从某种意义上，出资证明书既能满足公司确认股东的便利，也能满足股东个人随时向外界表彰其股东身份的需求，是比公司章程、股东名册更优的外观选择。唯有考虑到，出资证明书以"实际出资"为基础取得，而《公司法》承认不实际出资亦可取得股东身份，无法表彰"认而未缴"股东的股东身份；加上实践中常有公司不签发出资证明书，或者换发出资证明书时，不注销原出资证明书。因此出资证明书可以在个案中作为"源泉性证据"被认为具有优于股东名册和工商登记的证据效力，却不能以没有出资证明书否认其股东身份，更不能作为股东身份外观的一般表现。在公司章程记载与出资证明书相冲突时，在公司内部，可直接以"成员合议"的事实作为身份认定的根据。

工商登记与公司章程之间的关系是需要重点考量的问题，是延续"双重外观，内外有别"的状态，还是择一而定？有学者主张工商登记具有最优的法律效力，作为判定股东资格的法定依据，不仅具有对抗第三人的效力，同时具有对抗公司和原股东以及所有利益相关方的效力。③ 如前所述，从公司章程的现有法

① 张双根："论有限责任公司股东资格的认定——以股东名册制度的建构为中心"，载《华东政法大学学报》2014 年第 5 期。

② 张双根："论有限责任公司股东资格的认定——以股东名册制度的建构为中心"，载《华东政法大学学报》2014 年第 5 期。

③ 刘凯湘："股东资格认定规则的反思与重构"，载《国家检察官学院学报》2019 年第 1 期。

律构造看，其与工商登记之间彼此衔接。从公司设立登记看，"公司章程"和"股东的主体资格证明或者自然人身份证明"同时作为提交登记的文件，[①] 受行政机关的形式审查，可以保证二者的一致性；从变更登记看，根据《公司登记管理条例》第 34 条，有限责任公司变更股东的，应当自变更之日起 30 日内申请变更登记，并应当提交新股东的主体资格证明或者自然人身份证明。而根据第 27 条，"公司申请变更登记，应当向公司登记机关提交法定文件。[②] 公司变更登记事项涉及修改公司章程的，应当提交由公司法定代表人签署的修改后的公司章程或者公司章程修正案"。因此，公司在向公司登记机关提请变更股东信息的工商登记的同时就必须提交与之相关的修改后的章程修正案。也就是说，变更股东信息的工商登记实际是将章程修正案直接提交工商登记机关予以公示。因此，原则上公司章程与工商登记的信息是完全一致的，选择一个即可。

但是这里仍然可能存在内外区分的必要。因为所有的登记文件都是依赖公司内部信息作出来的，而这些信息必然已经先于外部登记簿在公司内部形成记录。只要有内部信息的外部化过程，因公司内部意思具有可观察性特征，就会有内外之别。即使不考虑其他因素，按照《公司登记管理条例》的规定，从变更事项发生之日到变更申请提交之日有 30 天的时间空隙，在此期间内股东身份发生变动的交易风险分配，仍然与"内外统一"还是"内外有别"的制度配置密切相关。如股东 A 在 3 月 1 日将股权转让给 B，经成员合议，在内部完成了公司章程的修改，随后 A 在 3 月 5 日又将股权转让给了 C，最终办理了工商登记。若以公司章程修改为股东身份外观（暂不考虑"成员合议"为身份变动根据），C 取得股权是基于善意取得；若以工商登记为股东身份认定唯一标准，则 C 为一般意义上的股权受让，继受取得。此时 B 和 C 的交易风险配置存在明显不同。在第一种情形下，C 需负担善意的证明义务，以平衡保护 B 的权利；但在第二种情形下，则 C 不需要负担任何证明义务，B 的交易风险完全操控在具体提交登记的人手中。因此，考虑到工商登记是股东身份变动所有环节中的最后一环，中间存在大量的时间成本和代理成本，将工商登记作为唯一的股东身份认定标准并不可行。这不仅是法律分析的结果，归根结底也是利益衡量的结果。

以公司章程与工商登记为重心对股东身份外观进行双重建构，既是我国现行公司法的实然状态，也是有关股东身份形式外观问题的应然选择。事实上，关于这个问题，许多国家都在探索当中，并且因为各国的法律传统、人文环境、社会经济运行的基础不同、相关的制度配套不同，因此，并没有一个当然可供借鉴的

---

① 《公司登记管理条例》第 20 条。

② 法定文件包括：（一）公司法定代表人签署的变更登记申请书；（二）依照《公司法》作出的变更决议或者决定；（三）国家工商行政管理总局规定要求提交的其他文件。

模式，应从本国法律制度传统和现实出发，结合本国公司实践，作出适合自身发展需求的制度安排和选择。从这个角度看，未来应该更加关注企业信息公示机制在股东身份表彰方面的外观作用，特别是其与公司章程与工商登记之间的协调关系。根据 2014 年国务院颁发的《企业信息公示暂行条例》第 10 条、第 11 条规定，① 股东身份的信息变动应当通过企业信息公示系统随时公示，信息公示义务人对信息的真实性、及时性负有法定义务和责任。理论上，如果这个机制足够完善的话，也可以替代公司章程和工商登记，构成股东身份的形式外观。但就目前来看，其存在各种内外不协调，尚无法发挥此项功能。

---

① 《企业信息公示暂行条例》第 10 条规定，企业应当自下列信息形成之日起 20 个工作日内通过企业信用信息公示系统向社会公示：（一）有限责任公司股东或者股份有限公司发起人认缴和实缴的出资额、出资时间、出资方式等信息；（二）有限责任公司股东股权转让等股权变更信息。……第 11 条规定，政府部门和企业分别对其公示信息的真实性、及时性负责。

第二章

股权转让合同的成立与效力判断

股权转让合同是股东权利发生变动的重要法律基础。与一般买卖合同标的不同，股权不仅兼具财产权和身份权属性，并且存在较大价值波动风险。因此股权转让合同的成立要件与效力判断相对于一般买卖合同具有一定程度的特殊性。从深圳市中级人民法院关于股权转让合同成立与效力的判断看，主流观点是：未变更工商登记不影响合同的效力；不支持当事人以股权价格与股权价值严重背离为由主张合同存在效力瑕疵。但仍有以下问题值得关注：（1）股权价格与价值在何种情形下可能对股权转让合同产生影响；（2）单纯的口头协议，能否作为股权转让协议的成立形式；（3）股权回购协议的效力判断，即《公司法》第74条以及第35条的规范性质，究竟是公司回购股权协议效力的影响因素还是协议履行效力的影响因素？公司能否对股东回购股权提供财务协助——为股权转让款支付提供担保？如何认定此种约定的效力？

本章的基本观点是：股权是以资本权为核心的社员权，股权转让的结果不仅导致财产权主体发生变化，还将对公司的成员结构、股权分布，甚至公司的控制权产生影响。因此无论在人合性颇重的有限责任公司，还是在贯彻资本平等的股份公司，股权转让合同具有与一般财产权转让合同不同的特质。这种特质会在一定程度上对股权转让合同的效力产生影响。股权转让合同具有涉他性，其成立与生效应满足特别法律要件，表现为以书面形式成立并以公司同意生效。建议《公司法》修订补正。股权价格是合同的成立要素；出资瑕疵不必然导致股权转让合同效力瑕疵，受让人只有在决定股权价值的基础信息受到欺诈时有权请求撤销合同。股权回购协议即使违反《公司法》第74条，也不导致无效。应注意区分"维权性回购"及"融资性回购"与抽逃出资之间的区别，妥当认定合同效力；在满足《公司法》对股东提供担保的法定程序条件下，承认公司对股权回购的财务协助。

一、股权的特征与性质：社员权及其异化

（一）股权的概念和特征

股权，在狭义上，是指股东基于其股东身份和地位而享有的得对公司行使的各种权利的集合；而广义上，则是股东具体权利义务的抽象概括，与股东的法律地位或身份同义。股东正是在行使股权的过程中，表现了其在公司中的法律地位，揭示了其与公司的法律关系。① 股权具有以下特征：

（1）股权是成员性权利。所谓成员性权利是指基于成员资格而享有的权利。股权承载并表彰成员关系，具有以下特征：第一，股权主体的特定性，即股权的主体只能是公司的股东；非股东依法不能享有股权。第二，股权行使对象的特定性，即股权只能向公司行使，股权体现于股东与公司之间的法律关系之中，是股东相对于公司享有的权利。第三，股权内容的集合性，辅之以特定的决议规则，使股权具有控制公司的力量。

（2）股权是集合性权利。所谓集合性，也指综合性或复杂性，是指股权作为一项成员权具有丰富的权能。一般而言，可以将股权的权能区分为管理权和资产权两大类。管理权主要是指参与公司决策的权利和防止他人对公司的决策施加不正当影响的权利。《公司法》第 4 条规定的参与重大决策权和选择管理者权即是对管理权的规定。除此之外，涉及公司利益的股东诉权也是管理权的重要组成部分（《公司法》第 22 条和第 151 条）。股权的管理权权能是股权成为控制权的基础。资产权是指股东要求参与分配以及优先购买股份的权利。《公司法》第 4 条规定的资产收益权即属于此类权利。此外，股东享有的损害赔偿请求权（《公司法》第 152 条）也应该属于资产权的范畴。可见，股权是集体性权利与个体性权利的集合，是私法上的权力与权利的集合。

（3）股权是整体性权利。所谓整体性，是指股权内容与股东身份具有不可分割性。"与成员权相关的各个权利的一个最重要的特征是，这些权利不能与成员资格相分离，也就是说，这些权利既不能单独进行转让，也不能用于抵押"②。例如，虽然股东可以通过转让附着有投票权的股票来实现投票权的转移，但却不能将投票权独立于股票这一载体而单独转让③。这被德国公司法称为"禁止分离原则"或者"一并转让原则"。只是在涉及资产权中的某一个具体请求权时，如要求在某一年度中按照一定比例进行分红，这种分红请求权被例外允许与股东身份相

---

① 赵旭东：《公司法学》，高等教育出版社 2006 年版，第 276 页。

② ［德］托马斯·莱塞尔：《德国资合公司法》，高旭军等译，法律出版社 2005 年版，第 103 - 104 页。

③ ［美］弗兰克·伊斯特布鲁克：《公司法的经济结构》，北京大学出版社 2005 年版，第 72 页。

分离而单独处分。虽然，我国《公司法》中没有"禁止分离原则"的明确规定，但是从股权是成员权的基本判断上我们应该能够得出这样的结论。股权的整体性特征实际表明，一方面，股东身份与股权具有统一性，具有股东身份即享有股权，享有股权即拥有股东身份；另一方面，股权中所包含的各个具体内容具有完整性，股东享有股权意味着享有股权的全部内容，而不只是其中的某个部分。

（4）股权是可交易性权利。"股权可以自由转让"是公司法的一项基本原则，同时也是股权作为成员权区别于其他成员性权利的显著特征。股权可以作为交易的标的而存在，是基于股权所具有的价值和交换价值。股权在终极意义上是一种剩余价值索取权，这使得股权天然具有财产的属性；而股权的管理权权能使其具有对资本的控制权，同样构成了具有交换价值的稀缺性资源。股权具有可交易性的公司法基础在于：第一，公司具有独立的法律人格。建立在这个概念之上，公司法的观点是，企业拥有的资产属于公司而不是股东，即便是股东的集合体也不拥有公司资产。[1] 因此，股权转让其实是股东对其在公司中的权益的处分，对公司的实际资产没有任何实质性影响。第二，股东成立或加入公司的目的。股东取得成员资格的根本目的在于获取收益，如果转让成员资格能够带来更大价值，那么毫无疑问他们会这样做；如果禁止股东身份转让，那么将没有人愿意成为股东。因此在公司法的理论中，股东身份不仅是一项主体权，也是"法律关系的一个客体。它可以转让，既拥有一定的物权性，而且也是可以继承"。[2] 成员权的可交易性与人格权商品化具有本质共通性。

（二）股权的性质：以资本权为核心的社员权

股权性质问题是我国公司法学界长期关注并讨论的问题，这不仅是因为大陆法系概念法学的传统，使学者们习惯于将某种权利进行类型化的定性分析，更重要的是学者们试图用股权性质来说明国家（股东）与企业（公司）的财产关系。这就使得对这个问题的争论具有了某种价值取向。就股东权利而言，法学界向来有物权说、债权说、社员权说以及独立民事权利说四种主要学说。从目前我国学界对股权性质进行研讨所得出的结论看，基本排除了所有权说和债权说，比较倾向于社员权说[3]和独立民事权利说[4]。

---

① ［英］保罗·戴维斯：《英国公司法精要》，樊云慧译，法律出版社2007年版，第25页。

② ［德］托马斯·莱塞尔：《德国资合公司法》，高旭军，等译，法律出版社2005年版，第100页。

③ 刘凯湘："论股东权的性质和内容"，载《北京商学院学报》1998年第4期；王保树主编：《商法》，法律出版社2004年版，第168页；叶林："私法权利的转型——一个团体法观察的视角"，载《法学家》2010年第4期。

④ 王平："也论股权"，载《法学评论》2000年第4期；赵旭东：《公司法学》，高等教育出版社2006年版，第292页；冯果：《公司法要义》，武汉大学出版社2012年版，第82页。

比较而言，独立的民事权利说虽然彰显了股权的"与众不同"，但因其没有确切的内涵和外延，任何一种在现有权利类型框架下不能妥当安放的权利，都可以被认为是一种独立的民事权利，因此这种备胎式或兜底式的表达，与股权在权利体系中的重要地位并不相称。而社员权说则反映了股权天然具有的成员权特征。因为股权是在公司这种社团法人中蕴育的。股权表彰的是成员与公司之间的关系。虽然这种关系在不同类型的公司中有较大差异，如在股份公司中，股权的成员性较弱，而在有限责任公司中则恰恰相反。但是公司的社团法人属性决定，股权永远不能摆脱成员身份的要素而成为纯粹的财产权。因此，在既有权利体系分类中以最相接近的社员权定性有限公司股权，是为妥当。

但股权又明显区别于传统社员权。股权表现出财产性诉求：第一，股权所依据的股东身份是基于出资义务的承担而取得，而传统社员权所依据的社员资格的取得不以该义务的负担为条件；相应地，第二，股权的重要目的是确认和保护股东得到应有的投资回报，这就使股权具有浓重的财产权色彩，而传统社员权的主要目的在于谋求社团法人章程所确定的共同利益，并不单纯关注经济利益，因而具有身份权的色彩；第三，股权的财产权特征使其具有较高的流通性，而传统社员权因其身份权属性一般不具有可转让性。

因此，股权异化为一种以资本权为核心的社员权。股权是资本权的含义是股权表现为对抽象资本的控制权。资本权与传统意义上的财产权不同，更强调财产增殖。资本是一种创造剩余价值的价值，资本权是一种有营利目的的财产权。置换股权所投入的资金不是作为一般的借贷资金，而是作为承受巨大经营风险的公司资本存在的。这使得股权拥有了其他任何权利均不具备的能力——投票权（表决权），也使得股东具有了其他公司资金提供者所不具备的法律地位——成员。之所以提供这样的制度设计，不仅因为资本构成了股东设立公司的源动力，也因为只有股东，永远站在最后一线与公司兴衰与共。①

二、股权转让合同的法律性质

股权转让合同是指以成立请求股权给付法律关系为目的的合意行为。此合意行为的目的在于发生债的法律关系，仅在履行该合同时，发生股权变动的准物权行为。股权的特殊性质决定股权转让合同应当具有以下属性：

（一）诺成性合同

诺成性合同与实践性合同的区别在于合同成立的条件不同，前者以意思表示一致作为合同成立的条件，后者则以完成交付或给付作为合同成立的条件。

---

① ［美］弗兰克·伊斯特布鲁克：《公司法的经济结构》，北京大学出版社 2005 年版，第 75 页。

股权转让合同是以股权作为交易对象的买卖合同，除法律另有规定或当事人另有约定外，买卖合同自双方当事人意思表示一致，即双方达成协议之时起成立，属于诺成性合同。[①] 实践中存在将股权转让合同作为实践性合同的认识，认为如果没有办理股权过户手续，股权转让合同就不成立，进而也不存在生效问题。但是鉴于法律对于实践性合同采取类型封闭的态度，在《公司法》及相关法律对股权转让合同无特别规定的情形下，该观点并不成立。但是如果当事人将办理股权过户手续作为合同成立之要件，则应遵从当事人的意思自治。唯在此情况下一方未办理股权过户手续，对方得追究合同不成立之缔约过失责任。

（二）具有涉他性

股权转让合同是一种关涉他人利益的合同，这由股权的成员权性质决定。传统合同法上的涉他契约主要包含两类合同，一为由第三人负担，另为向第三人给付。前者为第三人负担契约，后者为第三人利益契约。[②] 股权转让合同显然不是第三人利益合同，但也不是传统意义上的第三人负担契约；股权转让合同的涉他性并非在当事人双方缔结的合同中为他人创设权利、设置义务，而是基于法律的规定产生了对第三人的效果，并在合同目的实现时需要第三人同意。

股权转让合同所涉及的第三人利益相对复杂，既包括公司，也包括公司内转让人以外的其他股东。股权转让意味着公司成员或股权结构的变化，随之而来的公司组织体也会发生变化，这无论对于公司还是其他股东都是一项不容忽视的影响。就股权转让合同目的——取得股东身份——的实现而言，正如前文反复论证的，需要倚赖于第三人即"公司同意"，并且正是"公司同意"最终发生股权转让合同履行的法律效果。这种同意在股权转让合同在股东之间成立时，其表现是消极的；但在股权外部转让时，其表现就是积极的。也就是说，股权转让合同实质是由公司同意来实现的。否则，受让方即使取得财产权意义上的股权，也无法全部实现股权转让合同的目的。于此时，受让人只能请求转让人承担合同不能履行之损害赔偿责任，而非代为继续履行的责任。

（三）负担行为而非处分行为

股权转让合同旨在成立以股权给付为目的的债的关系。此种债务关系系由负担行为设立。负担行为与处分行为之间的区别是[③]：第一，法律效果不同。负担行为生效只是使当事人负担债务，或者使债权债务发生变更。处分行为则直接导致权利的移转和消灭。负担行为主要产生请求权，处分行为则是直接完成权利移

---

① 崔建远：《合同法学》，法律出版社 2015 年版，第 322 页。

② 林诚二：《民法债编总论》，法律出版社 2003 年版，第 467 页。

③ 孙宪忠：《中国物权法总论》，法律出版社 2003 年版，第 164 页。

转的行为。第二，对标的是否特定的要求不同。对于负担行为的生效而言，并不要求标的物特定化。对于处分行为来说，以客体特定为原则，要求最迟在处分行为生效之时，处分行为所涉及的具体客体应当确定。所以处分行为必须以标的物的确定为生效要件。第三，对行为人是否有处分权的要求不同。从事负担行为的人即使不具有处分权，负担行为也可以有效。在从事处分行为时，处分人必须具有处分权，处分行为才能生效。所以处分行为的效力不受负担行为效力的影响。第四，法律行为是否需要公示的要求不同。对于负担行为来说，一般不要求进行公示。但对于处分行为来说，处于维护交易安全的需要，一般都要求依法公示。

负担行为是产生请求权的法律行为，而处分行为是产生支配权变动的行为。股权转让合同是一个负担行为，是转让人为自己确定义务向受让方给付股权的行为，根据该行为，转让方承担了给付义务，受让方则享有了一项请求给付的权利。由于转让方该给付义务是否履行取决于公司同意的特定行为，如果公司不同意，则转让方不能履行其给付义务，须依股权转让合同承担法律责任。因此股权转让合同仅仅产生了一项请求权，而不直接发生股权变动的法律效果。股权转让合同与股权变动行为相分离，此为区分原则在股权转让中的体现。深圳市中级人民法院在甘某宝、谢某生股权转让纠纷［案（2018）粤03民终1778号］中认为，即使转让人在签订股权合同时未取得股东资格，也不影响转让合同有效成立，正是体现了对这种负担行为的认识，值得赞同。

三、股权转让合同成立要件的特殊性

合同的成立，是指合同因符合一定的要件而客观存在。[①] 合同的成立，在合同法中具有重要意义：[②] 第一，作为一种客观存在，合同的成立旨在解决合同是否存在这一事实判断问题。如果合同不成立，即合同不存在，就不会发生合同的履行、变更、解除、转让、终止等一系列问题。第二，合同的成立是认定合同效力的前提，如果没有合同成立，就不存在合同的有效或无效问题，也不存在生效与否的问题。第三，合同成立对于当事人具有一定的约束力。如经批准生效的股权转让合同，当事人在合同成立后即负担了申报批准的义务，此外保密、协助等附随义务也随之产生。

作为客观存在的判断标准，合同的成立应当具备一定的条件。主要有：（1）缔约人。缔约人是实际订立合同的人，既可以是未来合同关系的当事人，也可以是合同当事人的代理人。由于合同系多方法律行为，缔约人必须是双方以上的人。（2）意思表示一致。缔约人须就合同条款至少是主要条款达成合意，合同才成

---

① 马俊驹、余延满：《民法原论》，法律出版社2010年版，第514页。
② 翟云岭：《新合同法论》，大连海事大学出版社2000年版，第60页。

立。（3）标的及其数量。[①]

股权转让合同的成立应当满足合同成立的一般性条件。但是鉴于股权的资本性社员权属性，股权转让合同的成立条件应具有一定的特殊性，主要表现在书面形式要求和价格确定性方面。

（一）股权转让合同成立的书面形式

一般认为，为尊重合同自由，除法律有特别规定以外，均为不要式合同。就一般意义上的股权转让合同而言，由于《公司法》及相关行政法规并没有规定必须以书面形式作出，理论界多认为其并非要式合同。但是从应然性上，股权转让合同应该为要式合同。从合同法的历史发展看，在合同的形式上明显体现出从重形式到重意思的变化规律。这是在交易安全运行的前提下，适应不断发展的社会经济越来越强烈地要求交易便捷的结果。但是，重意思并不等于完全否定形式。法律难以评价纯粹内容的意思，只有意思以一定形式表现出来，能被人们把握和认识时，法律才能准确地评价。所以在任何社会，合同形式都不可或缺。现代合同法兼顾交易安全与交易便捷两项价值，已经不同程度地将要式合同的运用范围加以扩大，对于某些重要的合同、关系复杂的合同强调采取书面形式。股权转让合同即属此类合同。

股权转让合同所涉及的标的具有复杂性。股权转让不仅产生财产权变动的法律效果，也对公司社团的稳定性以及既有股权结构、成员成分产生影响，进而影响相关当事人的利益，更重要的是，股权转让合同目的的实现需要借助当事人以外的公司意志方能实现。因此股权转让需要通过特定形式明确呈现当事人的缔约意图和内容，以使相关利益当事人有确定依据表达对该股权转让意思表示的态度，即依此书面文件为同意与否的意思表示。比较法上，《德国有限责任公司法》第15条第3项规定，"股东转让股份必须有以公证形式签订的合同"，以维护交易安全。我国司法实践也支持"股权转让合同比较重要，根据《合同法》关于合同形式的规定精神，该类合同不应当采用口头形式，而应当采用书面形式"。[②] 从公司实践看，《公司法》规定股权对外转让须取得其他股东同意，而其他股东所为同意与否的意思表示，应建立在已经成立的股权转让合同上。如果该合同非以书面形式订立，其他股东将缺少"是否同意转让""是否行使优先购买权"以及"将以何种价格行使优先购买权"的明确的判断依据。此外，公司在履行股权变更手续以及登记机关在进行股权变更时，也要求以书面形式的股权转让合同作为依据。因此，股权转让合同宜遵循要式性，未以书面形式订立的股权

---

① 崔建远：《合同法学》，法律出版社2015年版，第30页。

② 杜万华主编：《最高人民法院公司法司法解释四理解与适用》，人民法院出版社2017年版，第445页。

转让合同不成立。

从深圳市中级人民法院的裁判意见看，在邹某军与尚某股权转让纠纷上诉案 [(2016) 粤 03 民终 13775 号] 以及田某、戴某清股权转让纠纷上诉案 [(2019) 粤 03 民终 14326 号] 中，深圳市中级人民法院依据争议双方的自认或《交接清单》，在没有书面形式的股权转让协议的条件下确认存在股权转让关系。尽管这一认定符合法律的规定，但是对于公司秩序的动态维护无益，即便该类协议得到履行也将导致公司内外部相关程序的诸多缺陷，不利于交易安全，不值得提倡。相反，尽管没有书面形式，但是可以通过其他书面形式文件确认股权转让的合意，并据此认定股权转让关系存在，是一个相对妥适的做法。例如在赵某与樊某等股权转让纠纷上诉案 [(2014) 深中法商终字第 1175 号] 中，深圳市中级人民法院认为股东会决议记载股东转让的合意的，标的、数量及价款明确，可以视为股权转让协议成立。虽然现行《公司法》没有规定股权转让合同必须以书面形式做成，但是这样规定显然是必要的。

（二）股权转让的价格要素在合同成立中的特殊意义

合同成立须以缔约双方当事人意思表示一致为前提。意思表示合致的内容或范围，一般认为是针对合同的必要条款或主要条款，并通常体现在要约与承诺中。故合同法要求要约内容应明确具体。但是何谓"明确具体"，并未有明确的判断标准。一般认为，只要要约中规定了标的物及数量或者确定数量的方法，就可以认定是有效的要约，可以在此基础上有效成立合同。至于标的物的价格要素并非合同成立的绝对必要条件。《民法典》第 510 条、第 511 条（原《合同法》第 61 条、第 62 条）的规定，也支持了这样的观点，即当价款没有约定或约定不明的，可以协议补充；不能达成补充协议的，按照合同有关条款或交易习惯确定，不能确定的，按照订立合同时履行地的市场价格确定。根据最高人民法院原《关于适用〈中华人民共和国合同法〉若干问题的解释二》（法释（2009）5 号，以下简称原《合同法司法解释二》）第 1 条的规定，除法律另有规定或当事人另有约定外，法院能够确定当事人、标的和数量的，一般应当认定合同成立。[①]

就股权转让合同而言，如果在转让协议中没有明确约定股权转让的价款，是否也可以按照《民法典》的前述规定处理呢？实践中存在不同观点。赞同的观

[①] 虽然《民法典》颁行后该司法解释被废止，但《全国法院贯彻实施民法典工作会议纪要》（2021 年 94 号）第 12 条规定，"除上述内容外，对于民通意见、合同法解释一、合同法解释二的实体性规定所体现的精神，与民法典及有关法律不冲突且在司法实践中行之有效的，如民通意见第 2 条关于以自己的劳动收入为主要生活来源的认定规则等，人民法院可以在裁判文书说理时阐述。上述司法解释中的程序性规定的精神，与民事诉讼法及相关法律不冲突的，如合同法解释一第十四条、第二十三条等，人民法院可以在办理程序性事项时作为参考"。该条仍有重要实践指导意义。

点认为，只要双方就一定份额的股权转让达成意思表示一致，即使没有约定股权转让款，也可以按照《民法典》第510条、第511条的规定加以确定，不影响合同的有效成立。但是反对的观点认为，股权转让的对价应为该类合同的必备条款，缺少该条款，合同将无法履行。因此股权转让合同不仅应该符合合同成立的一般要件，而且应特别强调其核心条款——股权转让款在合同成立中的决定性地位。"由于股权转让双方在股权转让合同中未约定股权转让价款，且事后未能达成补充协议，应认定合同未成立"。① 深圳市中级人民法院在袁某波、洪某股权转让纠纷上诉案［（2019）粤03民终20820号］中，更为详细地阐释了股权转让价格作为合同成立要素的理由。深圳市中级人民法院认为，股权转让合同属于有偿转让合同，转让标的的对价即股权转让价格是该类合同的必备条款。股权的交易只是股权价值的变现，公司股权的价值由多种因素组成，除了公司净资产这一价格基础外，还包括企业经营状况、知识产权以及人员素质等多方面因素，因而公司的净资产额不能全面反映公司经营的实际状况及股权的价值，公司股权的价值亦不可能按照交易习惯和订立合同时履行时的市场价格来确定。因欠缺股权转让协议的必备条款而不具有可履行性，合同不成立。

股权转让合同中股权定价的复杂性和市场的有限性决定第二种意见值得赞同。从合同成立的条件来看，必须要有当事人的意思表示合致。而意思表示中包含要素意思、效果意思和表示意思。其中要素意思用来确定合同订立的目的。如果要素意思欠缺，那么当事人订立合同的意图就无法实现。现实生活中，每一个合同的要素意思可能各不相同，因此以法律进行调整时，必然要求将最基本的，对于实现合同目的不可或缺的一些要素提取出来，而将可以通过其他方法加以推定的要素搁置起来，目的在于尽可能地促使合同成立或者有效成立，并使当事人通过履行合同实现合同目的。如果法律的这种抽象无法满足当事人订立合同的目的，就需要对这些要素进行扩充。股权转让合同就是这样一类合同。虽然当事人对拟转让的股权以及数量达成了意思合致，但是如果没有股权转让价款的明确约定，将使合同无法履行。由于缺少有效的形成价格或发现价格的途径，有限责任公司的股权价值的确定非常复杂，不但受公司资产构成及比例的影响，还受公司经营能力和经营前景的影响，特别是股权转让可能改变成员结构以及持股比例，由此引发的控制权偏转以及对公司经营能力影响的不确定性，将直接导致股权价值确定上的模糊性。因此，对于无法依据市场加以确定的股权价格，如果当事人既无明确约定，又达不成补充协议，必然产生合同无法履行的后果。故有必要将股权转让价格作为股权转让合同的绝对必要的要素意思来对待，缺少该要素将产

---

① 张某某等与杨某某等股权转让纠纷上诉案，（2007）沪一中民三（商）终字第471号。

生合同不能成立的法律后果。当然，如果股权转让价格可以通过当事人的意图加以推定或者合同解释的方式获得确定，例如，当事人约定"按照原值转让股权"，则虽未明确约定数额，仍可以通过原始投资额确定股权转让价值，并不妨碍合同成立。深圳市中级人民法院在申某雨、曹某镇股权转让纠纷上诉案〔（2017）粤03民终12920号〕中认为，"未明确约定转让份额及价款的股权转让意向书，因当事人的履行行为符合认定合同成立的条件，涉港股权转让未经批准不影响合同成立"。该观点值得赞同。

四、股权转让合同生效要件的特殊性

合同生效是指已经有效成立的合同发生法律效力的事实状态。合同依法成立后正式生效前，因合同尚未正式生效，当事人有权不履行合同义务，但依然要接受合同的约束力，表现为：第一，不得擅自变更或者解除合同；① 第二，需依法定或约定履行使合同生效的义务。② 原《合同法司法解释二》第 8 条规定对此予以确认。

合同生效的条件依其来源可分为法定生效要件和约定生效要件。约定生效要件得以当事人意思自治。法定生效要件又分为一般生效要件和特别生效要件。根据《民法典》第 502 条第 1 款规定："依法成立的合同，自合同成立时生效。但是法律另有规定或当事人另有约定的除外。"据此，合同生效的法定条件如下：一是一般生效要件，即合同有效成立，并且一般情况下有效成立的合同在成立时生效；二是特别生效要件，即根据法律规定和当事人的约定的条件和期限生效。

一般认为，股权转让合同，除当事人约定生效条件外，于有效成立时生效。但是股权的特殊性以及股权转让合同的涉他性决定，股权转让合同应当以"公司同意"为特别生效要件。此外，对于涉及外商投资企业或国有企业的股权转让合同，也存在生效要件的特别规定。唯须注意，"批准"对外商投资企业股权转让合同与国有企业股权转让合同的效力产生不同的影响。

（一）公司同意作为股权转让合同的特别生效要件

股权转让合同是关涉公司/股东利益的合同，必须在公司意志与合同行为之间建立恰当的联系，以平衡各方利益。如果使"公司同意"作为股权转让合同无效或可撤销的理由，将会严重破坏现行法中有关合同无效和可撤销的法律条件的体系性规定，故更优的选择是将其作为影响合同或行为生效的要件。

《公司法》第 71 条第 2 款规定，"股东向股东以外的人转让股权，应当经其

---

① 杜万华：《合同法精解与案例评析（上）》，法律出版社 1999 年版，第 13 页。
② 翟云岭：《新合同法论》，大连海事大学出版社 2000 年版，第 106 页。

他股东过半数同意"，即股权转让应取得"公司同意"，但是该条款没有明确将"公司同意"作为股权转让合同的生效要件，还是股权转让行为的生效要件。学界多将其作为后者的影响要素，或股权转让合同履行的影响要素。① 即违反该条款将发生阻却合同履行、权利变动的法律效果。二者之间最显著的区别是，后者使受让方在合同无法履行时仍然能够依据有效且生效的合同追究转让人的违约责任；前者只能请求缔约过失救济。

但是如果综合考量"股权转让合同不生效力"与"合同不能履行"二者所牵涉的诸方利益，将"公司同意"作为股权转让合同的生效要件是更妥当的选择。也就是使"公司同意"这种私权意义上的同意，产生与公权性同意，即"批准"相似的法律效果。

因为如果将"公司同意"作为影响合同履行的要素，则受让方与转让方将处于不对等的履行地位，在转让方的法定履行条件尚未成就前，受让方就须按照合同约定履行支付义务，一旦最终未获得公司同意，转让方无法履行合同，受让方虽然有权依据生效的合同追究违约责任，但一则资金成本已经被占用；二则也有可能因此发生争议、徒增诉累。

相反，如果将之作为合同的生效要件，那么合同双方处于同等的等待履行的地位，受让方不会发生价款支付以及因此可能产生的经济成本支出，一旦最终公司未同意，也不会发生对已经支付价款的返还请求以及相关的诉争。同时，将公司同意作为生效要件，意味着此时合同已经成立，对双方当事人已经产生了相应的法律约束力，双方各自负担先合同义务或附随义务，以促成合同生效。尤其对转让方而言，为获得受让人的价款支付，会尽快完成取得"公司同意"的各项程序。因此将"公司同意"作为股权转让合同的生效要件能最大限度地符合各方利益要求，并与现有法律体系保持和谐。深圳市中级人民法院在九九实业股份有限公司诉深圳市天悦投资发展有限公司等股权转让纠纷案［（2015）深中法商终字第 2897 号］中认为"《权益和风险转让协议书》须在蒙帝公司其他股东同意转让并放弃优先购买权的情况下才能实际生效并得到双方当事人的履行。受让方对其他股东是否放弃优先购买权负有注意义务。其他股东未放弃优先购买权的情形下，股权转让协议不生效，受让方不能据此主张违约责任"的观点值得赞同。事实上，股权转让合同与一般的买卖合同相比所具有的特殊性，使拟制合同即时生效并无实际意义，可能徒增公司秩序的混乱。

因此，建议《公司法》修订时，将"公司同意"作为股权转让合同的特殊生效要件，使其等列于"批准等手续"中，发生《民法典》第 502 条第 2 款规

---

① 钱玉林："股权转让行为的属性及其规范"，载《中国法学》2021 年第 1 期。

定的法律效力。"公司同意"作为股权转让合同的特别生效要件，其规范性质可为缺省性规则，其规范构造可以是：在《公司法》第 71 条第 2 款中增加一句：除章程另有约定外，未经其他股东过半数同意，股权转让合同不生效力。

此外，股东之间的股权转让合同是否需要公司同意，值得关注。《公司法》第 71 条第 1 款规定股东之间可以自由转让股权，不需要其他股东过半数同意。从解释论的角度，是因为内部转让不发生新成员进入的问题，也就不具备需要"公司同意"的前提条件。但事实上，股权内部变动可能涉及股权结构的改变与控制权的转移，对公司秩序和经营可能产生重大影响，仍然具有"公司同意"（具体内涵与股权外部转让时略有不同）的正当性与合理性基础。这也是《公司法》第 71 条允许章程自治的立法目的所在。而在章程没有另行规定的情形下，公司对股东之间的股权转让表示"同意"的意思已经被预设在法律意志和成员意志当中，于股权转让合同成立时同时生效。

"公司同意"作为股权转让合同的生效要件，不影响当事人另行约定生效要件。

（二）"批准"不再一般性作为外商投资企业股权转让合同的特别生效要件

在 2016 年《外资企业法》《中外合资经营企业法》《中外合作经营企业法》（以下合称"三资企业法"）修订之前，"批准"在一般意义上构成外商投资企业股权转让合同的生效要件。根据最高人民法院《关于审理外商投资企业纠纷案件若干问题的规定（一）》［法释（2010）9 号］第 1 条和第 2 条的规定，与外商投资有关的股权转让合同均须依法批准生效。2016 年全国人民代表大会常务委员会第二十二次会议审议通过三资企业法的修改，规定"举办外资企业不涉及国家规定实施准入特别管理规定措施的"，对相关法条所涉及的"审批事项，适用备案管理"。根据这一修改意见，只有涉及"国家规定实施准入特别规定措施"的外商投资企业的股权转让合同才需要特别生效要件，其他外商投资企业的股权转让合同取消批准制，改用备案管理。根据《民法典》第 502 条的规定，"法律、行政法规规定应当办理批准等手续生效的，依照其规定"，或可认为"备案"将取代"批准"成为"国家规定实施准入特别规定措施"以外的外商投资企业的股权转让合同的特别生效要件。

2019 年 3 月 15 日通过的《外商投资法》采取了"负面清单"与"内外资一致"原则，根据第 28 条以及最高人民法院《关于适用外商投资法若干问题的解释》（2020 年 1 月 1 日）第 1 条和第 2 条规定：外国投资者在中国境内进行投资形成的相关协议，包括设立外商投资企业合同、股份转让合同、股权转让合同、财产份额或者其他类似权益转让合同、新建项目合同等协议，对于负面清单规定禁止或限制的领域，当事人以违反限制性准入特别管理措施为由，主张投资合同无效的，人民法院应予支持。但是，如果属于外商投资准入负面清单之外的领域，当事人以合同未经有关行政主管部门批准、登记为由主张合同无效或者未生效的，人民法院不予支持。也就是说，外商投资企业在负面清单之外签订的股权转让协议，不仅是有效的，并且原则上无须批准即可生效，或者更准确地说，是与内资企业采取同等的生效条件，不因为是"外资"而履行特别的批准生效手续。香港特别行政区、澳门特别行政区投资者、定居在国外的中国公民在内地，台湾地区投资者在大陆投资形成的合同，亦可参照适用。

（三）"批准"对国有企业股权转让合同生效的区别性影响

国有企业股权转让需遵照《企业国有资产法》的特别规定。根据《企业国有资产法》第 53 条，国有股权转让时，"由履行出资人职责的机构决定。履行出资人职责的机构决定转让全部国有资产的，或者转让部分国有资产致使国家对该企业不再具有控股地位的，应当报请本级人民政府批准"。此时，该批准是否构成股权转让合同的生效要件，抑或是股权转让行为的生效要件，又或者产生其他的法律效力，司法实践中对此有不同认识。有的法院认为批准是股权转让协议的生效要件。如（2016）苏 09 民初 15 号。也有的法院认为，《企业国有资产法》第 53 条虽然规定转让全部国有资产应当报请本级政府批准，但该规定并不是合同法中有关合同应当报请批准才生效的必备要件，故是否经过本级人民政府批准应属上诉人自行履行行政报批程序范畴，而不是其与被上诉人之间签订股权转让协议的生效要件。如（2015）延中民一终字第 00880 号。还有的法院认为未履行批准义务，违反原《合同法》第 52 条第 5 项的规定，应认定合同无效。如（2014）温鹿商初字第 564 号。

《企业国有资产法》第 53 条就性质而言虽为强制性规定，不容当事人约定排除，但并非属于效力性强制性规定，故违反之并不导致股权转让合同无效。

根据原《关于适用〈中华人民共和国合同法〉若干问题的解释（一）》［（法释（1999）19 号］第 9 条，"依照合同法第四十四条第二款的规定，法律、行政法规规定合同应当办理批准手续，或者办理批准、登记等手续才生效，在一审法庭辩论终结前当事人仍未办理批准手续的，或者仍未办理批准、登记等手续的，人民法院应当认定该合同未生效；法律、行政法规规定合同应当办理登记手续，但未规定登记后生效的，当事人未办理登记手续不影响合同的效力，合同标的物所有权及其他物权不能转移。"第 53 条规定的"批准"将被认为是股权转让合同的生效条件，未经批准的法律效果，是使合同不生效，而非无效。但是根据法释（1999）19 号的规定，将"批准"作为合同生效要件的前提是法律规范本身规定"合同"应当办理审批手续，若法律规范本身并未明确规定应当办理审批手续的是"合同",是否同样将"批准"认定为"合同"的生效要件呢？从最高人民法院的相关规定看，答案应是肯定的。如原《中外合作企业法》第10条规定，"中外合作者的一方转让其在合作企业合同中的全部或者部分权利、义务的，必须经他方同意，并报审查批准机关批准"。该规范表述并不涉及"转让合同报审查批准机关批准"，但是最高人民法院法释（2010）9号在进行解释的时候，仍将"批准"作为"转让合同"的生效要件进行规定。因为尽管处分行为得依独立的意思表示而为之，但是在实践中，绝大多数处分行为是被纳入负担行为中一体实现的，因此在法律规范表达中，极少明确区分是影响负担行为效力还是影响处分行为效力。在陈某树与云南红塔集团有限公司股权转让纠纷案中，最高人民法院认为，本案所涉《股权转让协议》依法属于应当办理批准手续的合同，需经财政部批准才能生效。但因红塔集团有限公司上级主管部门中烟总公司不同意本次股权转让，报批程序已经结束，《股份转让协议》已确定无法得到有权机关批准，故应依法认定为不生效合同［最高院（2013）民二终字第42号］。实践中多数法院也是如此理解并适用的。

但是，从解释论的角度，将第53条规定的"批准"理解为国有股权转让方的内部决策程序更具有合理性。根据《企业国有资产法》第53条的规定，"国有资产转让由履行出资人职责的机构决定。履行出资人职责的机构决定转让全部国有资产的，或者转让部分国有资产指示国家对该企业不再具有控股地位的，应当报请本级人民政府批准"。该规定实质上是对国有股权转让的决策机构进行的规定。即原则上，国有股权转让应由履行出资人职责的机构决定。所谓履行出资人职责的机构，根据《企业国有资产法》第11条，是指国有资产监督管理机构以及其他国务院和地方人民政府授权的代表履行出资人职责的机构。但如果股权转让涉及全部股权或者失去控股地位时，则履行出资人职责的机构则无权代表国务院和地方政府做决定，而必须报请国务院和地方政府批准决定。这种决策机构的递次安排，与公司法中对公司经营管理决策权的递次安排没有本质区别。如公司章程规定，公司对外投资由董事会决议，但总额超过5000万元的报请股东会批准。这一规定实质是在公司机关内部分配决策权。在国有资产管理中，履行出资人职责的主体是各级人民政府，包括中央人民政府和地方人民政府，各级人民政府可以授权代表具体履行职责，但是保留了特殊情况下的决定权。根据《企业国有资产法》第12条第3款规定，履行出资人职责的机构对法律、行政法规和本级人民政府规定须经本级人民政府批准的履行出资人职责的重大事项，应当报本级人民政府批准。而《企业国有资产法》第53条所规定的情形，恰属于依法须经本级人民政府批准的事项。因此，第53条规定情形下的人民政府批准，是对特定事项代表权行使的批准，是对履行出资人职责的机构的一种特别授权，与交易相对人无关，也与将与交易相对人订立的合同无关。

从逻辑上讲，当履行出资人职责的机构决定转让全部股权或转让控股权时，应该先报请政府批准（授权），再与第三人订立股权转让合同。但是，现实交易中，常常是履行出资人职责的机构在与第三人订立国有股权转让合同后，才向政府报请批准。这就使许多人对政府的批准行为的性质和效力产生了误解。

政府的批准是一个内部授权，该授权应该在国有股权转让合同订立之前获得，如果没有在之前获得，也可能在之后获得追认，如果既没有在事前取得授权，也没有在事后获得追认，那么履行出资人职责的机构作为政府的代表或者代理人，就是在从事无权代理或代表行为，该行为的法律后果应参照《民法典》第504条和第61条确定。也就是说，在没有获得批准（授权）的情况下与第三人订立国有股权转让合同，该合同对于被代理人不产生合同法上的约束力，不发生根据国有股权转让合同履行国有股权转让行为的法律效力，同时也不产生违约责任。因此，给第三人造成损失的，应由行为人——履行出资人职责的机构——自行承担。这里履行出资人职责的机构所承担的责任并非合同责任，而是缔约过失责任。履行出资人职责的机构在明知未取得授权的情况下，仍与第三人磋商订立合同，导致合同不成立，应承担缔约过失责任。

需要特别注意的是，缔约过失责任本质上是一种侵权性质的损害赔偿责任。根据《民法典》第1173条的规定，"被侵权人对同一损害的发生或者扩大也有过错的，可以减轻侵权人的责任"。在第三人与履行出资人职责的机构订立可能导致国家丧失控股地位的国有股权转让合同时，第三人负有一项谨慎交易的义务，即应当主动了解履行出资人职责的机构是否已经获得政府批准。因为可能导致国家丧失控股地位的国有股权转让须经本级人民政府批准是一项法律明确规定的特别授权，并非《民法典》第61条第3款所规定的法人章程，因此，第三人有义务了解与之订立合同的履行出资人职责的机构是否已经获得该特别授权。在第三人没有履行该义务时，对于因未获批准而导致合同无法产生约束力的不利后果，应分担损失。

在前述陈某树与云南红塔集团有限公司的股权转让纠纷中，就属于双方明知该股权转让尚未经批准，首先陈某树不能主张案涉股权的转让，因为履行出资人职责的权利主体——人民政府——根本没有意思表示成立合同；其次，即使向行为人主张承担责任时也应该按照其过错分担相应责任。

五、股权转让合同效力判断的特殊问题

合同成立、合同有效与合同生效三者之间是互有联系却相互区分的法律概念：合同成立是判断合同有效、生效的逻辑前提；已经成立且有效的合同，才依据法律规定或当事人约定而生效。合同成立是对当事人意志合致的体现，是事实判断问题；而合同有效，则是依照法律对成立的合同进行法律效果判断，涉及的

是国家意志对当事人意志的评价，是价值判断问题。正是在这个意义上，合同成立后，在国家对于构成合同的各个要素依法进行判断时，才会有有效、无效、效力待定、可撤销等各种法律评价。

《民法典》第六章第三节规定了民事法律行为的有效要件，无效判断以及其他效力瑕疵的各类情形，股权转让合同作为民事法律行为的一种，自当依此判断。鉴于股权转让合同的特殊性，对以下问题进行特别研讨。

（一）股权价格与价值背离时的股权转让合同效力判断

股权价值以公司整体财务经营状况和发展潜力为基础。受股权资本性社员权属性影响，股权转让合同中的价格与一般买卖合同的价格确定机制有重大差别，经常表现为价格与价值的不确定性和价格与价值的严重背离。受信息不对称性影响，实践中，股权受让方经常以财务欺诈或隐瞒公司经营信息、出资不实、抽逃出资、价格与价值严重背离等理由主张股权转让合同存在欺诈或显失公平，进而请求认定合同无效、可撤销或解除合同。理论界和实务界对此有不同认识。深圳市中级人民法院的主流裁判意见是不支持上述请求，但是亦有例外，总体体现了以是否构成"商业判断"为标准分配交易风险的思想，值得赞同。

1. 出资瑕疵原则上不导致合同效力瑕疵

出资瑕疵也作瑕疵出资，是指未按照公司法或公司章程的规定履行出资义务，包括完全未履行出资义务和未完全履行出资义务，后者又包括部分出资不到位和出资不实。[①] 瑕疵出资可能因违反出资期限、违反出资履行方式、未按照法定或约定进行价值评估或者抽逃出资等原因而产生，但是这些均不影响股东身份取得，即使在资本实缴制下，也只发生股东权利行使部分受限（表决权与分红权）的法律效果。《公司法司法解释三》第17条规定了瑕疵出资的除名规则。因此，瑕疵出资只有在被公司除名的情形下，才导致股东身份丧失。值得注意的是，资本认缴制下，未届出资履行期限时股东的出资状态不构成瑕疵出资。

瑕疵出资对股权转让合同效力的影响，曾经受到理论界和司法界的讨论，并主要形成无效说、可撤销说和有效说三种观点。[②]

无效说将股东资格与实际出资联系在一起，认为不实际出资就不能取得股东资格，也就无股权可以转让。这种观点的错误之处在于，一是误解了实际出资与股东资格取得之间的关系；二是混淆了标的物存在对负担行为与处分行为效力的不同影响，也就是说，即使在签订合同时未取得股东身份，也不影响合同的效

---

① 出资不实，是指股东以实物、知识产权、土地使用权以及其他财产性权利出资时，其评估价值明显高于出资财产的实际价值。

② 肖海军："瑕疵出资股权转让的法律效力"，载《政法论坛》2013年第2期。

力，只是产生无法实际履行的违约责任。因此，无效说的观点逐渐被抛弃。在石某华与新疆信友能源投资有限公司、奇台县富凯矿业开发有限公司股权转让纠纷案［最高人民法院（2014）民二终字第121号判决］中，最高人民法院认为，即便信友公司主张的石某华虚假出资的事实属实，也不必然导致双方签订的《股权转让协议书》无效。股东股权的取得具有相对独立性，只要被载入公司章程、股东名册或者经过工商注册登记的股东，非经合法的除权程序，即具有股东资格并享有股东权利，因而亦有权处分股权。深圳市中级人民法院在张某文、缪某股权转让纠纷上诉案［（2019）粤03民终15号］中也明确表达：出资不实不影响股权转让协议的效力。

撤销说者认为，判断瑕疵出资股权转让合同是否有效，关键不在于是否存在出资瑕疵因素，而是要看出让人的意思表示是否存在欺诈，如出让人在签订股权转让合同时如实告知出资瑕疵等事实，受让人知晓后仍然受让该股权，则该股权转让合同应为有效；若出让人隐瞒不报，受让人也不存在明知或应知之情形，则受让人有权以受到欺诈为由要求撤销或变更该股权转让协议。[①] 山东省高级人民法院在《关于审理公司纠纷案件若干问题的意见（试行）》（2007年）第50条中支持了该观点："瑕疵出资股东转让股权的，人民法院不得以出资存在瑕疵为由认定股权转让合同无效。股东转让股权时隐瞒瑕疵出资事实的，受让人可以受欺诈为由请求撤销股权转让合同"。

上述观点，实质承认瑕疵出资股权转让合同有效，导致其可撤销的理由是转让方对瑕疵事实的隐瞒使受让人受到欺诈。这已经溢出了瑕疵出资对股权转让合同效力判断的范畴。因为任何买卖合同中，如果存在若出卖方告知标的物瑕疵买受方将不会订立合同；或者出让方隐瞒或者虚假报告标的物质量信息导致受让人产生错误认识订立合同的情形，受让人当然有权以受到欺诈为由撤销合同。问题在于，就股权转让合同而言，如果受让人仅以不知道存在出资瑕疵或转让方隐瞒或未告知瑕疵出资的事实为由，主张受到价格欺诈而撤销合同，应否支持？

实践中，法院对受让人以虚假出资主张撤销的主要有3种意见：

第一，以超过撤销权行使时间而不支持撤销。如受让方不知转让方出资存在瑕疵的情况下，股权转让合同属于可撤销合同，股权受让人可在法定期间内决定是否行使撤销权，如果受让人知道后不愿意撤销，则转让合同的效力得到追认。[②] 深圳市中级人民法院在赖某纯、赵某茹股权转让纠纷上诉案［（2019）粤03民终9586号］中认为，尽管并不能排除蓝设公司原股东赵某茹、叶某瑶、周某等人共同实施了民事欺诈的可能，但赖某纯作为智力健全的成年人，

---

① 刘俊海：《新公司法的制度创新：立法争点与解释难点》，法律出版社2006年版。
② 参见韩某志等诉刘某海等股权转让纠纷案［（2016）吉08民初20号］。

在进行本案商业投资行为之时，事前商业调查不充分，事后最迟于 2011 年 7 月 21 日，也知道或应当知道蓝设公司资产状况及股东出资不实的情况，但其没有及时行使撤销权，相反仍然决定向蓝设公司出借款项，故可以视为以自己的行为放弃撤销权。

第二，以转让人隐瞒瑕疵出资事实与受让人受让股权之间不具有因果关系为由不支持撤销。核实受让股权是否存在瑕疵是受让人的基本义务，如果转让方向其转让股权时故意隐瞒了出资瑕疵的事实，受让方做出有偿受让瑕疵股权的意思表示并不是基于错误，而是基于自身的原因，故认定不构成《合同法》上的欺诈。①

第三，以出资情况并非确定转让价格的决定因素，不能以出资不实构成欺诈为由主张撤销合同。如深圳市中级人民法院在刘某伶与深圳昊天昊投资有限公司股权转让纠纷上诉案〔（2016）粤 03 民终 16475 号〕中认为，在有偿的股权转让中，转让价格系由双方在对转让时的企业经营状况以及资产状况进行评估的基础上协商一致确定的，其中不仅包括对企业现有资产的估值，也包括对企业未来发展可能带来的预期利益的估值，公司的出资情况并非确定转让价格的决定因素。因此即使转让方未履行出资义务，也不成立欺诈。出资不实与股权转让纠纷是两种不同的法律纠纷，受让人主张出资不实，应另寻法律途径。在受让人已取得核心资产并开始经营管理公司条件下，公司财物移交等问题不影响《协议书》的合法有效，受让方无权以抽逃出资请求撤销合同。②

第一种观点，实质是支持受让人在不知道瑕疵出资的情形下有权撤销合同，只是因未在法定期间内行使撤销权而导致撤销权丧失。受让人对未能及时行使撤销权承担法律风险。

第二种观点，是从欺诈行为构成要件的角度，对欺诈行为与欺诈结果之间的因果关系进行法律评价，要求受让人对此承担证明责任。实质亦是支持受让人有撤销权的。

第三种观点，则完全是从出资瑕疵本身是否对合同效力产生瑕疵性影响的角度，认为出资不实不构成欺诈的理由。因为对于股权转让合同而言，受让人所关注的不只是股权价格所对应的现实价值，因公司的实际资产会随经营状况而发生变化，除了依据股权对应的资产份额外，还会综合考虑该公司的后续盈利能力、市场认可度、品牌价值等隐形因素，③ 因此，瑕疵出资并不构成价格欺诈的表现

---

① 韩某志等诉刘某海等股权转让纠纷案〔（2016）吉 08 民初 20 号〕。

② （2018）粤 03 民终 8526 号 – 冯某荣与贾某铮、深圳市长白山商贸有限公司股权转让纠纷上诉案。

③ 瑞聘（上海）实业发展有限公司诉郭某浩股权转让纠纷案（2016）沪 01 民终 5964 号判决书，一审法院意见。

形式。

比较而言，第三种观点值得赞同。这是由"股权"的特殊性决定的。如前所述，股权不同于一般的买卖合同标的物，其价格和价值并不完全由实际出资决定，并且始终处于变化当中，具有不确定性。这种不确定性导致，以转让人隐瞒虚假出资行为认定股权转让合同为可变更和可撤销合同，并不符合合同法将欺诈行为作为合同可变更可撤销构成要件的立法宗旨。因为理论上，欺诈是指故意告知对方虚假情况，或者故意隐瞒真实情况，诱使对方基于错误判断作出意思表示。因欺诈而订立的合同之所以可变更可撤销，在于它违背了当事人的意思自由，是一种意思表示不自由的表现。但是在股权转让合同中，转让人未将其瑕疵出资的事实告知受让人，常常并不实质性地影响当事人的自由意思。① 这是因为，在股权转让合同中，受让人通常关注的是股权所代表的成员权及其潜在的投资价值，而瑕疵出资股权的转让，并不影响成员权的取得，同时因为出资是否实际到位对转让时的股权价值并无影响，因此也不影响股权现时和潜在的投资价值。在股权已然发生变动，或在实质上发生股东权利转移的情况下，允许受让人撤销合同，有害于公司的稳定性，亦不利于公司利益相关方的保护。即使在股权未发生变动的情况下，不赋予受让人撤销权，亦不减损受让人的权利。受让人同样能够获得相应的救济，表现在可以依有效合同追究转让人瑕疵担保的违约责任。即使在瑕疵出资导致公司不成立或被撤销的情况下，瑕疵出资者所订立的合同也并非无效，只不过因为客观上已经丧失了履行合同的可能性，因此守约方可以在合同有效的前提下请求履行不能的违约救济。

此外，股权转让是一个较为复杂的商事交易过程，受让人作为商事交易的一方当事人自然承担谨慎交易的义务，有权利亦有义务了解与股权价值和价格有关的相关信息，因此除非受让人能够证明其了解相关信息时被不正当的阻挠或欺骗且股权瑕疵与否实质性决定其交易意愿，否则不应单纯因转让方隐瞒瑕疵出资而撤销合同。受让人若主张自己不知道也不应当知道瑕疵出资，则表明其未尽谨慎交易义务，应自行承担商业风险。

2. 隐瞒重大事实与违反信息披露义务或可构成撤销理由

尽管出资瑕疵原则上不导致股权转让合同的效力瑕疵，或者说即使转让人隐瞒了出资瑕疵，也不必然引致合同可撤销，但是这应该建立在以下基本前提基础上：其一，受让人有机会了解与股权价格与价值决定相关的基础信息；其二，转让人就该基础信息没有隐瞒并进行如实披露。因为，对股权价值判断产生根本影响的，不是出资是否按照法定或约定履行，而是公司的经营状况、财务状况、市

---

① 北京华阳鸿基旅游投资有限公司等诉李某平等股权转让纠纷案［（2017）最高法民申 1333 号］。

场前景等综合因素。因此，受让人在对相关信息作尽职调查的时候，转让人应当对该等相关信息负担询问告知的义务，以利于受让人对是否签订合同进行商业判断。如果转让人未能履行该等义务，则受让人有权以欺诈请求撤销，或者在符合约定或法定条件时请求解除合同。

最高人民法院在周某奇诉江苏火炬创业投资公司等股权转让纠纷案[（2014）民申字第1184号再审民事裁定]中认为尽管火炬创业投资公司作为专业投资公司，亦应对奥泰公司的资产状况进行尽职调查，尽到合理谨慎的注意义务，但并不能因此免除周某奇、奥泰公司等签约主体披露真实信息的合同义务，由此可认为周某奇、奥泰公司等隐瞒了签订股权投资协议的重要事实前提，火炬创业投资公司基于错误认识签订协议进行投资，构成欺诈，可行使撤销权。总结该裁决支持撤销的理由：一方面，是因为《股权投资协议》中明确将相关重大信息与投资意愿结合起来，表明相关信息可能实质性决定其交易意愿；另一方面，是因为虚假陈述的内容涉及对前期《合作协议书》及《补充协议书》①的违反，动摇了其签订股权投资协议的事实前提。因此，当基础信息构成了受让人的投资意愿的决定因素时，受让人有权因转让方的隐瞒或不实披露主张撤销合同。

深圳市中级人民法院在审判实践中特别强调受让人在商业活动中的审慎注意义务。在深圳前海明珠投资管理有限公司、深圳市福生生态农业科技有限公司股权转让纠纷案[（2019）粤03民终4231号]中，深圳市中级人民法院认为，受让人作为专业的投资管理公司，应通过合理途径对转让方就公司经营状况的陈述及公司其他情况进行审慎调查后，再作出是否受让股权的意思表示，否则应自行承担价值风险。

如果受让人有机会了解决定股权价值的各种基础信息，如经营、财务状况等，那么不能以转让人未如实告知主张撤销，如股东之间的股权转让。②但是如果转让人有意虚构大股东出资和持股情况等事实吸引受让人签订合同受让股权，③则受让人有权撤销合同。

就转让方未履行披露义务对合同效力的影响而言，深圳市中级人民法院认为，在转让公司股权的过程中，转让方有义务向股权拟受让人披露对公司经营和

---

① 案涉《股权投资协议书》明确约定："声明和保证：公司、公司原股东及实际控制人确认，未有任何未披露的可能形成在任何重大方面进行误导的信息或合理地影响甲方按照本协议提供投资款和本次投资意愿的事项。"但周某奇、奥泰公司等却存在未披露奥泰公司虚假出资及未将火炬创业投资公司投入资金全部用于购买设备和公司生产经营等事实（载于之前的《合作协议书》和《补充协议书》）。

② 李某与梁某友等股权转让纠纷上诉案[（2015）深中法商终字第232号]；张某文、缪某股权转让纠纷上诉案[（2019）粤03民终15号]。

③ 林某军、谢某成股权转让纠纷上诉案[（2020）粤03民终3174号]。

股东权益具有或可能具有重大影响的重要事实，以避免对方当事人作出不真实的意思表示，影响股权转让协议的效力。但若不足以导致受让人作出错误意思表示，① 也就不具备支持撤销合同的条件。

实践中，受让人有时并不请求撤销合同，而是基于财务经营信息的未充分披露，在合同有效的基础上主张解除合同。对此深圳市中级人民法院认为，受让方的尽职调查不免除转让方的信息披露义务，在股权转让交易时，出让人需要对目标公司交易之前的债务、对外担保及其他潜在可能严重影响经营的情况进行披露；尤其涉及企业名称权、品牌名声等重要无形资产，必然影响该企业股权价值，是股权购买和股权价格的决定性因素，更应当进行充分客观的披露。违反与之相关的信息披露义务，应当承担相应的违约责任。但是否构成根本违约进而导致合同解除需根据具体情况来判断。从维系公司经营稳定的角度，在股权实际过户的条件下，可以通过损害补偿的方式解决。②

3. 价格与价值背离不适用显失公平

股权价格与价值的偏离，导致受让人经常以合同签订后目标公司出现经营困难，股权价值大幅减少为由主张合同显失公平，并请求撤销合同。对此，深圳市中级人民法院的一致意见为不予支持。深圳市中级人民法院认为，虽然股权转让的交易价格与股权实际价值存在巨大差距，但股权转让时公司股权的实际价值或者公司资产现值非确定股权交易价格的唯一依据，当事人出于对公司发展潜力或预期发展价值等因素的考量，确定的股权转让价格可能会高于公司股权实际价值。受让方通过投资经营公司获取利润，也要承担风险，双方签订股份转让协议时，受让方对公司的商业前景进行判断考察，最终确定股权转让系受让方自己的商业判断，即使其判断失误，亦应自行承担风险。双方签订股份转让协议后，公司持续亏损，不属于订立合同时的情况，不能作为确定股份转让协议显失公平的理由。③ 这一理由充分表达了股权交易各方主体商业风险自担的商事裁判理念。

股权交易作为一项典型的资本性资产交易，要求其交易主体应具备相应的专业经验、商业判断能力和商业风险承受能力，鲜有适用"显失公平规则"的可能性。《民法通则》以及《合同法》将"乘人之危"与"显失公平"分立，导致"显失公平规则"在商业上适用的误解。《民法典》第151条对此进行了矫

① 深圳市膳庭餐饮管理服务有限公司、刘某股权转让纠纷上诉案［（2018）粤03民终15869号］。
② 贺某义、严某球股权转让上诉案［（2019）粤03民终2974号］；占某水、吴某胜股份转让纠纷上诉案［（2019）粤03民终8825号］。
③ 严某诉刘某新等股权转让纠纷案［（2013）深中法商终字第1809号］同类案件：［（2018）粤03民终20873号］叶某星、潘某生股权转让纠纷；［（2013）深中法商终字第1864号］盈信投资集团股份有限公司与陈某股权转让纠纷。

正。根据《民法典》第 151 条规定，显失公平，是指一方利用对方处于危困状态、缺乏判断能力等情形，致使民事法律行为成立时显失公平。其适用条件，不仅要符合受让人处于"危困状态""缺乏判断能力"的情形，还要转让人对此情形加以"利用"。因此，单纯以价格与价值的背离主张显失公平，难以具备被支持的基本前提。

股权是一种质量识别成本极其高昂的"信任型"产品。① 股权交易双方当事人应当充分认识到股权交易的复杂性与风险性，各自承担谨慎交易义务，除非有充分证据证明当事人意思表示真实遭到破坏，否则法律不应对双方当事人的商业判断进行干预。

（二）签章的外观效力与冒名股权转让合同效力判断

意思表示真实是合同有效的基石。但实践中经常发生伪造股东签章或冒充股东签订股权转让的纠纷②。北京市朝阳区人民法院在 2006—2008 年三年间所受理的股权转让案件中，因假冒股东签名而导致的纠纷约占 30%；③ 大连市在 2011—2018 年间统计的 75 件股权转让纠纷案件中，伪造签名与冒名股权转让纠纷合计也约占 24%。深圳市中级人民法院的样本案件中，虽然所涉不多，但也有公司伪造签名转让股东股权的情形。关于签章的外观效力以及冒名股权转让合同的性质，值得关注。

1. 股权转让合同中签章的外观效力

合同为一种合意，它不仅在形式上要求具有意思表示的构成要素，而且还要求实质上的品质合格，即意思表示真实。意思表示真实的前提是"有"意思表示，但是意思表示的存在与否已经作为合同成立的构成要件，故在合同有效性判断问题上，意思表示真实，仅包括"意思自由"与"意思表示一致"两个方面的含义。

在法律的视野中，意思与表示行为并非天然一体密不可分。意思，是指追求特定法律效果的意思；而表示，同样的也是指向该特定意思的特定行为。意思与表示的区分，其根本原因就在于：在"意思表示"的综括笼罩下，很难制定规则和适用法律，也与民法的精致性不符。④

---

① 罗培新："抑制股权转让代理成本的法律构造"，载《中国社会科学》2013 年第 7 期。

② "冒名"与"伪造签名"虽在严格意义上存在差异，但因实践中二者经常交错并存，故本书不做区分，视为等同，并统称为"冒名股权转让"。

③ 巴晶焱："审理股权转让案件相关问题的调查——涉及工商登记中交叉问题研究"，载《法律适用》2009 年第 4 期。

④ 韩光明："论作为法律概念的'意思表示'"，http：//www. civillaw. com. cn/article/default. asp？id＝30514，2018 年 12 月 1 日访问。

意思与表示之间的分立或距离，产生了对意思表示进行解释的必要。最值得探讨的是：究竟是意思真实还是表示真实对合同的有效性产生实质影响。意思主义、表示主义、折中主义被认为是三种研究"意思表示制度"的基本进路。在意思表示的解释中，通常也认为存在这样三种不同的解释路径，而在不同的主义下，解释的目的和对象也存在很大的差异。意思主义与表示主义之间的区别比较明显，前者"把尊重个人的意思放在首位"，着力强调行为人的意思自治；后者则更关注相对人的信赖利益，以交易安全作为主要理由。而折中主义认为"合理的规范应该是既不单方考虑表意人的需要，也不单方考虑相对人，而是致力于公平的均衡"。①

意思主义与表示主义在价值取向方面的差异，在不同性质的法律关系中得到不同的体现。在传统民事领域，意思主义具有主导性地位，它表达了法律对作为民事主体的人的自由意志的尊重；而是在商事领域，以表示主义为核心的外观原则成为主导，它表达了对交易效率和安全的法律追求。不仅如此，传统民事领域的法律关系主体多以具有意思表示能力的自然人为主导，具有探求内心真意的物质基础，而商事领域中，其法律关系主体多以抽象的法律拟制人为主导，机关分化式的构造与法定程序的结合，使民法对于内心真意的关注难以实现，表示主义更具有可行性。就股权转让合同而言，因系典型的商事交易，其法律行为的有效性得依表示主义而确定；尤其在采用法定交易系统进行交易时，更应依表示主义加以确定。

在依表示主义对意思表示的真实性进行判断并进而决定合同的效力时，实践中产生了通过鉴别"签章"真实与否判断合同效力的裁判路径：如果签章是真实的，则认为当事人的表示是真实的，合同是有效的；如果签章是伪造的，则认为当事人的表示是虚假的，合同是无效的。最高人民法院（2013）民申字第1785号民事裁定书称，"合同书上盖章的意义在于确认当事人通过书面形式作出的意思表示的真实性及其所享受权利和承担义务的具体内容"。虽然乙公司主张王某某持有的签署系争《最高额抵押合同》所用印章系伪造，股东会决议上的6位股东签名均非6名股东所为，否定系争《最高额抵押合同》和抵押登记的效力，但最高人民法院裁定书认为，根据SH市公安局出具的鉴定结论，系争《最高额抵押合同》上加盖在合同上的公章与该公司2007年度工商行政管理部门年检报告上所加盖的公章一致。根据商事登记的公示原则，年检报告作为工商部门对公司的年检材料具有公示性，对外代表乙公司的意思表示。因此认定《最高额抵押合同》上加盖的公司的公章是乙公司对外正常使

---

① "德国民法典立法理由书，I，106f"，转引自黄立：《民法总则》，中国政法大学出版社2002年版，第232页。

用的公章，能够代表乙公司的意思表示，且乙公司及其股东对此是知晓或应当知晓的，并无不当。①

签章（签名或盖章），通常是合同当事人在合同签订后对所签订的合同进行确认的最后步骤，在签章前，当事人一般会反复核对合同内容，确定自己的权利和义务，因此，签章不仅具有确认合同主体和权利义务归属的作用，同时也具有对合同内容真实性和自身意思表示真实性加以确认的功能，因此在通常情况下，签章作为一种意思的表达形式构成了当事人的意思表示真实的外观。但是，在一些特殊情况下，合同上的签章真实也不一定意味着该签章就是合同当事人所为，或者以该签章为外观的意思表示真实。例如，当事人受到胁迫而签章或受到欺诈而签章，或者签章被盗用，或者基于特殊考虑而事先签章却被他人用于非本人意愿的交易中等，实践中经常发生的"黑压红"（先签章后打印）即为典型。因此，签章作为一种意思的外在表示，其仅仅对意思起推定作用。不能在有证据否定或质疑合意形成行为真实性的情况下，仍然坚持根据印章的真实性直接推定协议的真实性。在内蒙古昌宇石业有限公司诉陈某浴合同纠纷案〔（2014）民提字第178号〕中，最高人民法院认为，协议形成行为与印章加盖行为具有相对独立性，在证据意义上，印章真实一般即可推定合意形成行为真实，但在有证据否定或怀疑合意形成行为真实性的情况下，即不能根据印章的真实性直接推定协议的真实性，也就是说，印章在证明协议真实性上尚属初步证据，人民法院认定协议的真实性需综合考虑其他证据及事实。② 因为归根结底，意思表示真实要求意思与表示一致。从解释论的角度，表示主义是在意思与表示不一致时以表示真实推定意思真实，"因内部之意思如何，非外人所得窥知，故应以其所表示于外部者为准，即认为此种表示应有效力"，③ 目的在于提高交易效率、维护交易安全、保护相对人的信赖利益。但是既然是"推定"，则当然可以由相反证据推翻。因此，在以签章真实作为意思表示真实的外观时，应结合合同订立过程中的其他因素，综合判断对合同效力的影响。

2. 冒名股权转让合同的性质和效力

冒名合同的性质和效力问题目前在理论界争议不断。德国学者主要将冒名行为置于无权代理的制度框架；④ 我国学者则在不动产冒名处分上出现严重分歧，

---

① 崔建远："合同解释语境中的印章及其意义"，载《清华法学》2018年第4期。

② 浙江省高级人民法院（2016）浙民申33号民事裁定书、浙江省高级人民法院（2015）浙商提字第51号再审判决书、大连市中级人民法院（2014）大审民终再字第143号民事判决书都体现了这样的观点。

③ 董安生：《民事法律行为》，法律出版社2002年版，第173页。

④ ［德］维尔纳·弗卢梅：《法律行为论》，迟颖译，法律出版社2013年版。

部分学者主张冒名处分行为系无权处分行为,[①] 部分学者认为仍应在无权代理制度下理解冒名处分行为。[②]

　　冒名行为严格意义上既非无权处分,也非无权代理。就无权处分而言,通常认为是以行为人(冒名人)自己名义所订立之合同,但冒名行为中,系冒名人以他人名义订立合同;就无权代理而言,须有行为人(冒名人)为他人代理之意思表示,并传达至相对人,但冒名行为中,冒名人不仅没有为他人代理的意思表示,反而努力将自己伪装成被冒名人,使相对人误以为其就是被冒名人。因此,冒名行为只能类推适用无权代理规则或者无权处分规则。

　　无权代理规则与无权处分规则表面看均关涉行为人在无他人授权的情况下处理他人事务(为法律行为),但实际上二者解决的是两个不同层次的问题。无权代理规则解决的是"负担行为"后果归属的问题,无权处分规则解决的是"处分行为"后果归属的问题。原《合同法》中第51条规定的无权处分所产生的负担行为的效果,只是因为原《民法通则》以显名代理构建代理制度,因此将行为人以他人名义所为之无授权行为命之为无权代理,而将行为人非以他人名义而以自己名义所为之无授权行为命之为无权处分。《民法典》已经将该条从合同法编移除,彻底归入物权法编。因此就解决负担行为意义上的冒名行为,宜类推适用无权代理规则。同时,无权代理规则并不排斥无权处分规则,无权代理之外,仍然可能成立无权处分。在冒名行为下,相对人误认为冒名人为被冒名人,自不会再向被冒名人主张权利,或者要求追认,而是要求冒名人履行合同义务,在冒名人有机会处分被冒名人的财产时,自然构成无权处分。

　　在对冒名合同类推适用无权代理规则时,需注意:

　　(1)对被冒名人效力待定。就狭义无权代理规则而言,无权代理人所签订之合同效力待定,系指对被代理人的效力由被代理人的意思决定,若被代理人追认则有效,若被代理人不追认,则对被代理人不发生效力,因该被代理人从未授权签订合同或在合同上为意思表示,因此应为对被代理人的合同不成立而不生效力。

　　(2)可能在冒名人与相对人之间成立有效合同。无权代理合同是否在行为人与相对人之间有效?原《合同法》第48条与《民法典》第171条的规定略有

---

① 王利明:"善意取得制度若干问题研究——从一起冒名顶替行为说起",载王利明主编:《判解研究(2009年第2辑)》,人民法院出版社2009年版;戴永盛:"论不动产冒名处分第法律适用",载《法学》2014年第7期;石一峰:"再论冒名处分不动产的私法适用——类推适用的视角",载《现代法学》2017年第3期。

② 郭明龙:"不动产冒名处分中善意第三人权益之保护",载《武汉理工大学学报》2012年第5期;金印:"冒名处分他人不动产的私法效力",载《法商研究》2014年第5期;冉克平:"论冒名处分不动产的私法效果",载《中国法学》2015年第1期。

不同。原《合同法》第 48 条规定，在被代理人不予追认时，由行为人承担责任，但未予明确是否为合同责任，抑或缔约过失责任。《民法典》对此作了明确规定，相对人有权请求行为人履行债务或者就其受到的损害请求行为人赔偿。据此，若相对人请求行为人——冒名人履行债务，则认为该合同在冒名人与相对人之间有效；若相对人发现合同系他人冒名签订，且无意与该冒名人建立合同关系，则有权以主体认识错误撤销合同。唯于此时，《民法典》要求相对人系"善意"。若相对人知道或应当知道行为人无权代理或冒名的，则从文义解释和目的解释角度，不应享有第 3 款所规定的权利，而应根据过错原则各自承担责任。

（3）相对人享有合同撤销权。根据无权代理规则，在被冒名人追认前，相对人有权撤销合同；在被冒名人拒绝追认后，相对人未向行为人主张履行债务或承担合同责任的，合同在相对人和行为人之间不成立，无须撤销。

在中建三局第二建设工程有限责任公司、福建新华夏建工有限公司买卖合同纠纷案中［（2018）最高法民再 23 号］，武汉新华夏公司及胡某伟等人冒用福建新华夏公司名义签订并实际履行涉案合同文件。最高人民法院认为：合同如系假冒他人名义签订，相关当事人依法可以请求人民法院判决予以撤销或宣告无效，当事人不请求撤销或宣告无效的，冒用人应当自行承担因相关合同签订与履行引发的法律责任。

但是，在涉及股权转让纠纷的司法实践中，有一种较为普遍的观点认为，冒名合同不成立。重庆市高级人民法院在陈××诉李某伟等股权转让纠纷再审案［（2017）渝民再 10 号］中，详细阐释了冒名与无权代理的区别，认为：冒名顶替是指冒用他人身份并以他人的名义处分财产或者从事其他民事活动的行为。无权代理是指代理人不具备代理权而实施代理行为。二者具有如下区别：首先，冒名顶替所从事的活动自始至终仅存在双方关系，而无权代理存在的是三方关系，即被代理人、代理人，相对人三方关系；其次，无权代理的代理人一定程度上是为了被代理人的利益，而冒名顶替则并非为了被冒名人。本案中胡某元受李某伟指示，其虽以陈××名义签字订立合同，但其并没有由此产生的法律后果由陈××承担的意思，其不符合《合同法》第 48 条规定的无权代理行为，陈××不能依据该规定进行追认进而使《股权转让协议》成立生效。因此，本案中《股权转让协议》不因陈××的追认而成立并有效。

重庆市高级人民法院认为冒名股权转让合同不成立的观点，在浙江省高级人民法院审理的×××与王某等股权转让纠纷上诉案［（2014）浙商外终字第 65号］、许某俊诉陈某娥等股权转让纠纷案［（2015）浙民申字第 868 号］中，以及上海市第二中级人民法院审理的王某恩与史某飞股权转让纠纷二审民事判决书［（2020）沪 02 民终 2633 号］中都有所体现。不过与重庆市高级人民法院"禁止被冒名人追认"不同，浙江省高级人民法院与上海市第二中级人民法院都承认被冒名人有权追认。浙江省高级人民法院在许某俊案中认为，虽然在协议签订时，该《股权转让协议》因缺少当事人合意要件而未成立，但二审人民法院就这一冒名行为类推适用无权代理制度，认为被冒名人陈某娥享有追认权，是妥当的。

比较冒名股权转让合同类推适用无权代理与不成立两种观点，可以发现，类推适用无权代理实质给了被冒名人追认使合同得以有效成立的机会。这对于各方当事人而言均构成新的交易机会。若被冒名人不追认，如前所述，那么对于被冒名人而言，相当于合同不成立；对于相对人而言，有权依据有效的冒名合同追究冒名人的责任或其他责任，也不失对各方利益的均衡维护。因此，从法政策选择的角度，类推适用无权代理规则更有利于交易的效率与安全。

（三）违反《公司法》第 74 条和第 35 条的股权回购合同效力判断

合法性是民事法律行为的本质特征。合同得以产生法律效力的根本原因在于当事人的合意不违反法律的规定。根据《民法典》第 143 条第 3 项的规定，有效的合同是指不违反法律、行政法规的强制性规定和公序良俗而成立的合同。《民法典》第 153 条对此做了进一步解释限定。实践中，股权转让合同经常涉及对《公司法》的强制性规定的违反，尤其在对赌协议或公司股权回购问题上，引发争议最多。从深圳市中级人民法院的审判实践看，对股权回购协议的效力及相关问题始终存在分歧，值得探究。

1. 效力性强制性规定的内涵与外延：与社会公共利益或公序良俗的关系

理论上认为，与民事行为效力相关的规定主要是指强行性规定，包括强制性规定和禁止性规定，"强制规定者，指命令当事人应为一定行为之法律规定。禁止规定者，指命令当事人不得为一定行为之法律规定"[①]。《民法典》所指涉的"强制性规定"应具有强行性规定的语义内涵，违反强制性规定既包括"应为而不为"或"不应为而为之"。但是违反强制性规定是否会必然导致合同无效或法律行为绝对无效，则不可一概而论。《民法典》第 153 条规定，违反法律、行政法规的强制性规定的民事法律行为无效，但是该强制性规定不导致该民事法律行为无效的除外。因此只有违反效力性强制性规定才会导致合同或法律行为绝对无效。如何识别、区分，成为基本前提。

效力性强制性规定，是指违反将导致合同或法律行为绝对无效的强制性规定。那么如何识别效力性强制性规定？

其一，法律规范本身预设违反无效的法律效果。这是较为直观的判断方法。例如《合伙企业法》第 25 条规定，"合伙人以其在合伙企业中的财产份额出质

---

① 王泽鉴：《民法实例研习（民法总则）》，三民书局 1996 年版，第 234 页。

的，须经其他合伙人一致同意；未经其他合伙人一致同意的，其行为无效"；《保险法》第 55 条规定，"保险金额不得超过保险价值。超过保险价值的，超过部分无效"。

其二，结合社会公共利益或公序良俗加以判断。司法实践中大量面对的是不附设明确效力后果的强制性规定，若认为违反这种不附设无效效力后果的强制性规定的合同或法律行为有效，其结果可能导致社会公共利益受损。因此，有学者认为，在判断效力性强制性规定的时候，不能仅考虑立法对效力后果的预设，而应结合社会公共利益或公序良俗加以判断。① 当一些强制性规定虽然没有预设无效的法律后果，但却反映了维护社会公共利益或公序良俗的内在要求时，也应该被认为是效力性强制性规定，违反该规定而订立的合同或发生的法律行为无效。正是在这个意义上，在判断原《合同法》第 52 条第 5 项所规定的强制性规范是否属于效力性规范时，最终应诉诸社会公共利益的考量，考察该违法行为是否损害了社会公共利益，只有损害社会公共利益的合同才归于无效。② 《民法典》第143 条和 153 条扩充了对合同效力产生影响的范围，以更具有普遍接受度的内涵与外延更宽泛的 "公序良俗"③，替代了 "社会公共利益"：公序即公共秩序，是指国家社会的一般利益，良俗即善良风俗，是指社会一般的道德观念。④ 这一规定为强制性规定的判断添加了公序良俗的基因。

为什么要将社会公共利益或公序良俗与效力性强制性规定的判断结合起来共同支撑 "违法无效规则"，而不直接适用《民法典》第 153 条第 2 款 "悖俗无效规则" 或 "社会公共利益" 规则？这是因为，第一，"悖俗与违法性的关系是矛盾的：有时候悖俗被视为比违法性多一些的东西，有时候又视为比违法性少一些的东西。"⑤ 与具体的强制性规定的确定性相比，悖俗其实是一个较为模糊难以确定的概念，悖俗无效的裁判需要更加深入的论证和说明，更难以控制和把握。第二，悖俗无效是一个更为抽象、更为原则的规范，构成了效力判断的一般条款。适用悖俗无效规则的前提是找不到相对应的具体法律规则，如果能够发现具体的规则可供适用，就不应适用悖俗无效规则，即法律规则适用顺次应遵循

---

① 王利明：《合同法研究（第 1 卷）》，中国人民大学出版社 2002 年版，第 658 – 659 页。

② 刘贵祥：《合同效力研究》，人民法院出版社 2012 年版，第 58 页。

③ "社会公共利益" 的表述较为普遍地存在于我国法律体系，《民法总则》则吸纳比较法和理论界的观点，采用 "公序良俗" 的表达，有学者认为公序良俗是涵盖了社会公共利益、国家利益和善良风俗、伦理道德等更具有包容性的概念。参见刘贵祥："社会公共利益与合同效力"，载刘贵祥：《合同效力研究》，人民法院出版社 2012 年版。

④ 郑显文："公序良俗在中国近代民法转型中的价值"，载《法学》2017 年第 11 期。

⑤ ［德］埃尔温·多伊奇，汉斯－于尔根·阿伦斯：《德国侵权法》，叶名怡、温大军译，中国人民大学出版社 2016 年版，第 111 页。

"从具体到一般"。否则，任何违反具体的强制性规定的行为都可能为悖俗行为所取代，立法也就失去了它的功能和价值，更可能被无限演绎。

其三，结合法律规范所调整的行为或关系性质和规制方式进行判断。王泽鉴教授认为，取缔规定与效力规定的区分，应综合法规的意旨，权衡相冲突的利益加以认定。① 王轶教授认为，效力性禁止性规范禁绝特定交易行为的发生，以此来维护国家利益或社会利益不受侵害；管理性禁止性规范并不指向特定交易行为本身，该交易行为仍是法律以及行政法规所允许的，仅仅从市场准入资格、交易时间、交易方式、交易地点等方面进行规制。② 王轶教授的观点，进一步限制了效力性强制性规定的范围，也就是说，即使某个强制性规定内在反映了对社会公共利益的维护，但是它的规制方式不是在任何情况下都严格禁止某一特定行为，而是从具体的行为方式上施以限制，那么此类强制性规定也不属于效力性强制性规定，以此来促进法律行为的有效性，尊重当事人的意思自治。比较而言，这一观点值得赞同。法律行为无效意味着行为的当然无效、自始无效、绝对无效，是对法律行为最严重的消极评价，是对当事人意志最彻底的否定，是对所有缔约成本最大的浪费，因此应该慎用无效。正是在这个意义上，《公司法》第 16 条有关公司对外投资和对外担保的规定虽属强制性规范，但属于管理性强制性规范而非效力性强制性规范，其功能在于规范公司内部管理而非认定公司担保合同效力的裁判规范。这也构成了司法实践的主流观点。③

值得注意的是，无论是原《合同法》还是《民法典》都对"违法无效规则"中的"法"进行了严格效力层级限制，即必须是"法律、行政法规"的强制性规定，如果某个强制性规定并非来自于法律或行政法规，那么就不能通过适用"违法无效规则"判断合同或法律行为的效力，而应该直接适用悖俗无效规则。在福建伟杰投资有限公司、福州天策实业有限公司营业信托纠纷案 ［（2017）最高院民终 529 号民事裁定书］ 中，最高人民法院认为：《信托持股协议》的内容违反保监会制定的《保险公司股权管理办法》禁止代持保险公司股权的规定，虽然该管理规定属于部门规章，但在规范目的、内容实质以及实践中允许代持保险公司可能出现的危害后果进行综合分析，违反该管理办法的协议，有损社会公共利益，当属无效。在杨某国、林某坤股权转让纠纷再审审查与审判监督民事裁定书 ［（2017）最高院民申 2454 号］ 中，最高人民法院认为代持协议虽未违反法律、行政法规的效力性强制性规定，但根据上市公司监管相关法律法规，损害社会公共利益的，协议无效。在上述案例中，最高人民法院无一例外地从部门规

---

① 王泽鉴：《民法总则》，中国政法大学出版社 2001 年版，第 281 页。
② 王轶：《民法原理与民法学方法》，法律出版社 2009 年版，第 250 页。
③ 王毓莹："公司担保规则的演进与发展"，载《法律适用》2021 年第 3 期。

章与法律、行政法规之间的关系、部门规章的规定与相关法律、行政法规立法目的之间的关系以及部门规章的规定何以被确认为损害社会公共利益的具体理由的角度，对悖俗无效规则的适用进行论证和说明，以求妥当。

2.《公司法》第74条的辩证思考：以维护成员权为核心

广义上，股权转让包括股权向公司的转让，即股权回购。对股权回购效力产生重要影响或引发股权回购协议效力认定分歧的是《公司法》第74条和第35条。前者规定了异议股东回购请求权，后者则在一般意义上禁止股东抽逃出资。二者都涉及股东与公司之间的股权交易，不过一准一禁，共同构成了资本维持原则的重要体现。因此，实践中多不严格区分二者之间的边界，笼统以违反第74条和/或第35条认定股权回购协议无效或可能产生回购效果的协议无效。

例如，深圳市中级人民法院在深圳市极水环境技术有限公司与叶某股权转让合同纠纷上诉案［（2013）深中法商终字第193号］中认为，尽管目标公司与股东签订《股权转让协议》回购股权，并召开股东会议决议"用公司分配利润回购叶某10%股权"，但是目标公司未提供充分有效证据证明其收购股东的股权符合《公司法》第75条的法定情形，故原审认定《股权转让合同》中受让股权的主体不适格，属于无效合同，并无不当。在张某与涂某纯，深圳市威捷机电技术有限公司股权转让纠纷［（2013）深中法商终字第1603号］等案件中认为，股东的股权转让款由公司承担，可能导致公司回购本公司股份，造成公司资本不当减少的结果，既违反了《公司法》有关回购本公司股份的禁止性规定，亦损害了公司资本维持原则和资本不变原则，对公司债权人和交易安全造成损害。故该约定无效。在许某、顾某波股权转让纠纷上诉案［（2018）粤03民终18490号］中认为，如果公司为股东之间的股权转让提供担保，就会出现受让股权的股东不能支付股权转让款时，由公司先向转让股权的股东支付转让款，导致公司利益及公司其他债权人的利益受损，形成股东以股权转让的方式变相抽回出资的情形，有违公司法关于股东不得抽逃出资的规定。

由此则引发以下问题：此类股权回购协议究竟是违反公司法资本维持的一般法律原则，还是违反具体的法律规范？如果是后者，二者是否均为效力性强制性规范？是否任何违反该规定的股权回购协议均为无效？

就《公司法》内的强制性规定识别而言，能够采取前述第一条判断标准，只有两个规范，即《公司法》第22条以及第146条第2款，前者规定，"公司股东会或者股东大会、董事会的决议内容违反法律、行政法规的无效"；后者规定，"公司违反前款规定选举、委派董事、监事或者聘任高级管理人员的，该选举、委派或者聘任无效"。其中，第22条导致违反无效的"法律、行政法规"究竟是指何种性质的规范，尚无明确指向。如果遵循《民法典》的一体性解释，适用第 153 条，那么仍然需要继续识别。可以肯定的是，如果决议选任一名具有消极任职资格的人作董事，该决议必然无效。除此之外，则需要进一步借助其他标准，即"结合公序良俗"或者"根据所调整的行为关系或规制方式"。

就《公司法》第 74 条而言，其主要目的在于维护中小股东的退出权，给中小股东建立法定的退出机制。公司是一个以资本多数决建构的法律架构，多数派暴政被不可避免地内化在公司治理机制中，为了避免中小股东被过度剥削，或者为了维系公司社团法人对成员的公平保护，必须为中小股东建立退出机制。这一价值的重要性远远超过资本维持原则，因为后者更多面对的是债权人利益维护，而公司法的首要价值是维系公司制度始终具有竞争力。如果中小股东"只能进、不能出"，"只能忍受，不能放弃"，那么公司制度的吸引力就会大大降低，尤其对于缺少公开性市场退出机制的有限责任公司而言，将会面临被淘汰的风险。正是在这个意义上，《公司法》第 74 条是效力性强制性规范。因为它所表彰的是中小股东的权利保护，是对公司资本多数决造成的股东压制的抵制，是对公司法公平价值取向的维护，是一种公序良俗，因此，那些违反第 74 条，剥夺异议股东回购请求权的约定——特别是通过修改章程来实现的，应该被认为是无效的。这也正是不将第 74 条视为缺省性规则的理由，因为后者仅在当事人不进行约定时起补充适用的作用，而不在当事人有意排除的时候，发生认定排除无效的效果。即使支持公司契约理论的学者也认为，异议股东股份回购请求权应是一个强制性规则，理由是：一个允许股东在公司章程修改时退出公司的规则是非常有吸引力的，因为它实际上为公司内部人作出的不提出减少股东财富的章程的修改的承诺进行了担保。[1]

但是，第 74 条不应该因为具有效力性强制性规定属性，而使中小股东成员权保护成为封闭状态。《公司法》第 74 条仅规定了 3 种情形，但事实上，对于股东权利侵害更为严重的情形并没有被概括其中。如对公司增减资决议表示反对，或者公司章程除存续期限之外的其他修改表达异议的股东，是无法通过第 74 条获得救济的。甚至因为第 74 条是一种强制性封闭性状态，股东也不能在初始章程中对未来可能发生的需要退出的情形进行预设。这实际妨碍了公司法保护中小股东权利的初衷。因此，如果出于成员权保护的目的，由股东与公司在第 74 条之外形成股权回购的协议，那么不应仅仅因为不符合第 74 条的规定，认定股权回购协议违反第 74 条的规定而无效。因为这样做将在根本上背

---

[1] Jeffrey N. Gordon, Mandatory Structure of Corporate Law, The, 89 COLUM. L. REV. 1549 (1989)，转引自［美］弗兰克·伊斯特布鲁特等：《公司法的逻辑》，黄辉译，法律出版社 2019 年版，第 98 页。

离第 74 条的价值取向和所维护的公序良俗。当然无论公司通过初始章程，还是经历与股东的谈判通过协议这样做时，均应属于艰难情形下的选择，在通常情形下不应支持股东通过退出权与债权人进行竞争。法院具有这方面的裁断权。如果股权回购不符合第 74 条的立法目的，那么不宜适用第 74 条认定回购合同无效，而应该诉诸第 35 条或资本维持的一般规则。正是在这个意义上，《九民纪要》没有将违反第 74 条作为认定股权回购合同无效或履行障碍的依据。

3. 《公司法》第 35 条的理解与适用：融资性回购的例外

《公司法》第 35 条是对股东抽逃出资行为的禁止性规定。所谓抽逃出资，就其文义，是指股东将其投入公司的出资额（股本）在未经公司同意的情形下，采用非正常的方式取回，发生对公司财产权益的损害。但是，结合《公司法司法解释三》第 12 条的规定可以发现，"抽逃出资"具有两重不同于其文义的含义：其一是指公司向股东的不正当的利益输送，并且这种转移导致公司资本或股本的减少，如制作虚假财务会计报表虚增利润进行分配；通过虚构债权债务关系将其出资转出；利用关联交易将出资转出"等。其二是指未经法定程序（减资程序）将出资抽回的行为。因此，我国公司法中的抽逃出资实质与比较法的"返还资本""返还股本"或"返还股本相当的财产"没有本质区别。[①]

从比较法看，禁止"返还出资"或"禁止公司购买自身股份"是一项体现资本维持原则的基本法律规则，其背后所代表的是对股东道德风险的遏制、公司资产价值的维护以及债权人利益的保护。违反该规则同样将导致公司制度的崩塌。因为显然公司的资本和资产在根本上是控制在股东手里的；允许抽逃出资无异于允许监守自盗。不仅如此，"抽逃出资"或"返还出资"模糊了股东财产与公司财产的界限，将使公司人格独立的价值彻底丧失。因此，《公司法》第 35 条是一个效力性强制性规定。违反该规定将导致协议无效。

问题在于，实践中如何识别抽逃出资？是否所有存在于公司与股东之间的交易都会被置于抽逃出资的范畴，或者所有可能存在不正当利益输送的公司与股东之间的交易都构成抽逃出资。

遵循"资产 = 负债 + 所有者权益"的关系逻辑，抽逃出资有两条基本路径：一是直接取回出资或获得出资的返还；二是给公司增加负债。具体表现为股东与公司之间发生的直接或间接的交易，如公司承诺偿还股东的个人债务，甚至为此在公司资产上设定了担保。[②] 这些交易有些直接与股权交易有关，如前述张某案、许某案等，有的非与股权交易直接相关，如公司以不合理高价向股东购置资

---

① 刘燕："重构'禁止抽逃出资'规则的公司法理基础"，载《中国法学》2015 年第 4 期。
② 刘燕："重构'禁止抽逃出资'规则的公司法理基础"，载《中国法学》2015 年第 4 期。

产或者商品，或者为股东的债务提供担保。这些不能一概被认为存在抽逃出资。否则，《公司法》第 16 条第 2 款和第 3 款将失去其法律意义。因此，在对抽逃出资进行认定时，应符合其基本前提和合理边界。

认定抽逃出资的基本前提是公司的股本被侵蚀。从抽逃出资的本意以及从《公司法司法解释三》第 12 条的规定看，应该将行为边界严格限制在"出资"的范畴内。"出资"在我国公司法上具有特定含义，即指有限责任公司股东认缴的资本额。这些资本额的总和构成了公司的"注册资本"或"股本"。不考虑更加复杂的公积金制度，抽逃出资，仅意味着使公司的"注册资本或股本"受到侵蚀和减损。由此使债权人丧失对注册资本产生的初步信赖。虽然公司资本制度改革导致的重大理念转变是从资本信用转向资产信用。但是注册资本仍然有其存在的价值，即向市场或债权人宣告股东承担有限责任的边界。当股东与公司之间的交易导致利益输送已经打破了股东向债权人的承诺时，这样的行为彻底损害了债权人的合理期待，自当被认定为抽逃出资而予以严厉遏止。正如英国 1887 年 Trevor v Whitworth 案判决书中对"资本维持原则"的经典表述："毫无疑问，资本会因投入到公司的正常业务范围而消耗掉；其中的一部分也可能在公司被授权经营的业务中损失掉。所有信赖公司并与公司进行交易的人们对于这些风险都知晓且愿意承担。但是，他们有权依赖，且公司立法也打算让他们依赖公司做出如下保证：公司资本不会超出上述商业目的而被消耗，也不会因返还给股东而减损。"[①] 但是，如果公司与股东的交易没有触及股本，则不应单纯以公司与股东之间的交易存在利益输送而认定抽逃出资，并进而认定合同无效。因此，在深圳市中级人民法院审理的前述案件中，缺少一个重要的判断条件，就是这些交易是否导致公司股本的减损。如果没有达到这样的程度，则不宜认定协议无效，而应该依其本来应该适用的规则判断是否有效。如适用《公司法》第 21 条认定关联交易合同或其他不正当利益输送性交易合同的效力；或者适用第 166 条违法分配规则判断行为的效力。

因此，在不涉及侵蚀股本的前提下，出于融资目的进行的股权回购安排应当被认定为有效。只要公司用的是可分配利润来为回赎或回购股份提供财务资助，债权人就没有抱怨的理由，因为公司本来也可以用它们发放股利。[②] 实践中最典型的就是对赌协议。在深圳市中级人民法院审理的另一起涉及公司为股东履行回购义务提供担保的案件中，深圳市中级人民法院作出了与前述许某、顾某波案不同的裁判意见，认为对赌协议中关于"目标公司同意根据公司法第 16 条的规定

---

① 刘燕："重构'禁止抽逃出资'规则的公司法理基础"，载《中国法学》2015 年第 4 期。

② ［英］保罗·戴维斯，莎拉·沃辛顿：《现代公司法原理》，罗培新译，法律出版社 2016 年版，第 319 页。

为原股东履行回购义务承担连带保证责任"的约定，因该协议系由其他股东全体签署而有效；而且，深创投公司、红土公司的投资款已全部投入大牧场标的公司账户，并用于公司经营发展使用，符合公司全体股东的利益。① 这实质体现了对公司融资性股权回购安排的尊重。因为在根本上，公司只有能够顺利融资才能够获得发展，才有对债权人提供债权保障的基础。

事实上，比较法上，公司向股东购买本公司股票提供财务协助也经历了相当长时间的从禁止到同意的历史演变。直到 1985 年《英国公司法》第 151 条还在规定，公司不能向以获取其股票为目标的人提供财务协助；并规定，当一个人借钱来购买公司股票时，公司随后不能采取任何措施来减少或免除其责任。尽管禁止财务协助的第 151 条是一条强制性规则，但是该条还是被第 153 条的相关规定减弱了。其中就包括第 153 条第 1 款和第 2 款规定了一个通用的例外原则，即当公司提供财务协助是为了一些"很大的目的"时，这种交易受到保护。这个"更大的目的"，在 1988 年 Brady. v. Brady 案中得到体现，上议院对这个家族公司集团分割企业后，双方同意由经营公路运输的公司为购买该公司自己的股票提供财产协助的做法，作出判决认为，该计划对集团的股东和雇员是有利的，因为分家打破管理的僵局，两兄弟的计划也没有对债权人产生不利的影响。② 2006 年《英国公司法》第 678 条延续了对禁止财务资助的例外规定，并进一步强调这样做应是"本着公司利益而善意给予的"。③

承认对赌协议中的股权回购条款的效力已经成为各国公司法普遍接受的做法。我国公司法也对此作出积极回应。2019 年底出台的《九民纪要》规定，在涉及目标公司与股东之间的对赌协议效力问题时，特别强调要平衡目标企业融资需求与债权人保护之间的利益关系，"当投资方与目标公司订立的'对赌协议'在不存在法定无效事由的情况下，目标公司仅以存在股权回购或者金钱补偿约定为由，主张'对赌协议'无效的，人民法院不予支持，但投资方主张实际履行的，人民法院应当审查是否符合公司法关于'股东不得抽逃出资'及股份回购的强制性规定，判决是否支持其诉讼请求"。这实质表达了对资本维持原则的缓和与坚持，即在履行法定程序或者不损及股本或不涉及违法分配的情形下，应该允许对赌协议得到履行。至少从减资的角度，对赌协议具有一般意义上被履行的可能性。而从合同效力判断与履行之间的关系上，即使最

---

① 深圳市创新投资集团有限公司、内蒙古红土高新创业投资有限公司等与王某峰等股权转让纠纷一审民事判决书 [（2019）粤 03 民初 4084 号]。

② ［加］布莱恩·R. 柴芬斯：《公司法：理论、结构与运作》，林华伟、魏敏译，法律出版社 2001 年版，第 248 - 249 页。

③ ［英］保罗·戴维斯，莎拉·沃辛顿：《现代公司法原理》，罗培新译，法律出版社 2016 年版，第 358 页。

终不能履行，也不应当影响对赌协议的效力。因为就签订对赌协议的本意而言，是为了使公司获得融资机会，得到更好的发展。融资失败不能构成融资性对赌协议无效的理由。因此，审判实践中一定要注意区分"维权性回购与融资性回购"与抽逃出资的区别，正确适用法律，妥当认定股权回购合同的效力。

第三章

股权转让中的权利变动模式建构：
复合意思主义

　　股权于何时发生变动，或者说受让方于何时取得股权，究竟界定为股权转让合同生效之时，公司将买方载入股东名册之时，抑或公司登记机关办理股东名册登记之时，众说纷纭。[①] 理论界和实务界对此莫衷一是。从深圳市中级人民法院的裁判看，除在杨某平、高某娣股权转让纠纷上诉案中明确表达"股权转让生效时点以股东名册变更为准"外[②]，绝大多数判决对该问题采取模糊处理，通常采取是否实际行使股东权利作为合同是否得到履行的判断依据；即使以未办理工商登记认定股权转让目的不能实现，但也没有明确表达将办理工商登记作为股权变动生效要件的意图，相反主流裁判意见认为工商登记仅具有外部对抗效力。股权变动的判断标准关系到受让人能否取得股东身份、股权转让合同目的是否实现，受让人是否有权解除合同或者寻求其他救济，必须予以明确。

　　本章的基本观点是：股权变动实质是股东身份的得失，其判断标准或者生效要件与股东身份认定标准，一体两面。股权相对于物权与债权的特殊性决定了股权变动模式不可能遵循物权法或合同法上所规定的任何一种物权变动或债权变动模式，必须独立建构。基于第一章关于股东身份认定的意思主义标准，以及第二章股权转让合同的生效要件设置，股权转让应采取"复合意思主义"模式，以"公司同意"作为股权转让双方当事人合意的生效要件，复合在"当事人合意"之上，使其生效同时发生股权变动的法律效果。同时重视公司在股权转让中的地位，以"公司通知模式"和"合章性审查"重构股权转让的实践流程和法律规

[①] 刘俊海："论有限责任公司股权转让合同的效力"，载《法学家》2007年第6期。

[②] 昆明兰花演艺（集团）有限公司、广东海印集团股份有限公司股权转让纠纷上诉案［(2018) 粤03民终8411号］以及(2019)粤03民终5712号－赵某庆、刘某平股权转让纠纷上诉案；(2019)粤03民终9241号－王某、深圳希思医疗美容医院股份有限公司股权转让纠纷上诉案等案件中，深圳市中级人民法院认为确定股东资格的标准是公司股东名册的记载。

则，并在改造"同意权与优先购买权规则"的基础上完成"公司同意"的法律拟制，实现股权变动。

一、股权变动模式建构必要性与方法：公司在股权变动中的特殊地位

股权的转让毋宁说是纯粹权利的转让，还不如说是身份的概括继受。[①] 股权转让是成员权利的整体变动，由此决定股权变动模式独立建构的必要性。

（一）股权转让的内涵与特征：成员权利的整体性变动

股权是一种复合性权利，具有综合性和整体性，因此股权变动与一般的财产权变动相比具有显著不同，具体表现在：

1. 股权变动是股东权利的整体性变动。

股东权利具有成员性、集合性、整体性以及权利义务一体性的特征，因此股权变动的结果不仅导致财产权主体发生变化，也使得股东身份或地位发生变化：或者使转让人失去股东身份（全部转让），或者使受让人取得股东身份（外部转让），或者使股东在公司的地位发生变化，即控制权或者持股比例发生变化。股份的让渡实质是股东地位的移转，股东的自益权和共益权均会随股份的移转而移转。[②] 因此，股权变动是股东财产权与身份权的双重转让，或整体转让。由于股权性质的复杂性，导致股权变动模式与一般意义上的物权变动模式有显著不同，并非依赖股权转让双方当事人意志就可发生。

2. 股权变动是具有涉他性的权利变动。

虽然股权变动是转让人对其个人财产权和资格权的处分行为，但是这种处分行为不仅导致股东成员资格发生变化，也将导致股权结构和公司控制权的变化，影响公司其他股东利益以及公司社团的整体稳定性。因此，股权变动不是单纯的个体权利变动，而是涉及他人甚至团体利益的权利变动，这使得股权变动无法完全适用个人法上有关财产权变动的一般规则，而需要从团体法的角度进行特别规制。因此即使在典型的资合性公司——股份公司中，也并非绝对奉行自由转让原则。允许对股权转让进行适当限制是各国公司法的普遍做法。

（二）股权变动模式独立建构的必要性

股权变动模式，实质是立法者对发生股权变动法律效果的法律条件的设置。理论上，股权变动是物权变动的一种体现，可以准用物权变动模式。因为股权可作为物权的客体。凡是存在于人身之外，能够为人力所支配和控制、能够满足人

---

① 罗培新："抑制股权转让代理成本的法律构造"，载《中国社会科学》2013 年第 7 期。
② ［日］近藤光男：《最新日本公司法（第 7 版）》，梁爽译，法律出版社 2016 年版，第 69 页。

们某种需要的物，都能够成为物权特别是所有权的客体。① 因此《民法典》第 440 条，将股权作为质押权的标的。正如有学者指出的"物权客体的抽象化趋势扩张到股权领域。股权就是地道的集合化、观念化、无体化的产物：股权是公司整体财产的价值化体现，而非公司财产的具体实物形态；记名股的普遍化，不记名股的式微，体现了股权的无体物特征；股权是将股东共同所有的财产进行观念上的分割。随着现代国民经济证券化的发展趋势，股权发展到上市公司的证券所有权的阶段，已经凸显了所有权的全部权能。这些趋势让我们可以准用物权变动的有关原则，解释和解决有关股权变动的理论和实践问题"。② 基于这样的认识，似乎并无单独建构或研究股权变动模式的必要。

但是，物权变动模式在立法论和解释论上的复杂性以及股权变动自身的特殊性决定股权变动必须建构独立的变动模式。

一方面，物权变动究竟应采何种模式，在理论界仍旧莫衷一是；即使在《物权法》颁布后，对《物权法》中究竟对物权变动模式采取何种立法态度仍旧存在解释学上的诸多争议。③ 另一方面，《物权法》本身所确立的物权变动模式尚存在一般与特殊的区分，甚至在特殊模式中还存在诸多差异。例如，一般物权变动以"交付"和"登记"为生效要件，特殊动产（机动车、船舶、航空器）基于特殊原因，采取"登记对抗主义"，即"外部性的登记"不产生物权变动的效力；而对于土地承包经营权、地役权等权利性财产的物权变动模式的规定，又各有不同，前者以"土地承包经营权合同生效"为权利变动要件，无须登记；后者以"地役权合同生效"成立，未经登记不得对抗善意第三人。因此，股权变动究竟应"准用"何种物权变动模式，既无确切之物权变动模式可供遵循，亦无遵循之可能。

更为重要的是，与一般物权变动相比，股权变动具有显著差异，即所谓"涉他性"。一般物权变动，仅关涉两个层次的法律关系：其一是当事人之间的关系，其二是当事人与当事人以外的人——不特定第三人之间的关系。但是股权变动却关涉三个层次的法律关系——增加了"当事人与公司之间"的法律关系。股权变动的这一特点是由"股权"的特殊性所决定。如前所述，股权，是以资本权为核心的社员权。股权转让，大致相当于股东与公司之间关系的概括转让，并因此改变了股东与股东之间的关系。④ 因此，在股权变动中，除当事人和第三人外，"公司"地位至关重要。股权变动的结果不仅导致公司组织体的成员构成

---

① 王利明：《物权法论》，中国政法大学出版社 1998 年版，第 4 页。
② 傅曦林："试论股权变动的统一公示"，载《学术论坛》2009 年第 6 期。
③ 葛云松："物权行为：传说中的不死鸟"，载《华东政法大学学报》2007 年第 6 期。
④ 叶林："公司在股权转让中的法律地位"，载《当代法学》2013 年 3 月。

发生变化，更导致股权结构甚至是控制权发生改变，而这种改变最终将影响团体内其他股东预期利益的实现。因此，与一般物权变动模式相比，在股权变动中，必须妥善处理好当事人之间的股权变动与特定第三人——公司之间的关系，否则将可能导致该变动的目的落空。

有观点因此建议采取债权转让模式。因为股权具有相对性，与债权相似，可以参照"债权转让"的模式，以"通知"使股权变动对公司发生效力。《山东省高级人民法院关于审理公司纠纷案件若干问题的意见（试行）》（鲁高法发［2007］3 号）就曾在第 35 条规定，股权转让合同生效后，受让人的股东资格自转让人或受让人将股权转让事实通知公司之日取得。但是股权转让实质是成员权利义务的一体转让，并非单纯的权利转让。比较而言，债权债务的概括性转让，与股权转让最相类似，其变动模式，更值得借鉴。尽管如此，与基于个人法而产生的合同法律关系相比，团体法上的成员关系殊为复杂。公司作为成员关系的相对人，是一个凝聚各方利益的综合体，"公司同意"与债权债务概括性转移的"相对人同意"具有本质不同。

因此，股权相对于物权与债权的特殊性决定了股权变动模式不可能遵循物权法或合同法上所规定的任何一种物权变动或债权变动模式，必须独立建构。正如罗培新教授洞见，作为社员权的应有之义，股权受让方在继受权利的同时也继受了义务，其义务来源于股权行使外部所产生的代理成本。股权转让与物权或债权转让的理路判然有别。[①]

（三）股权变动模式的建构方法

1. 权利变动模式的几种基础模型：物权变动与债权变动的不同关注

（1）物权变动的二维构造：以"第三人"为关注中心。就一般意义上的物权变动模式而言，核心问题在于如何协调当事人的意思自治与绝对权保护之间的关系。德国一民法教科书写道：法律对绝对权关系必须采取权利法定原则这一限制原则与绝对权可以对抗一切人的事实相联系。所有的绝对权必须公示，使得每个社会成员（在民事活动中）考虑到这些权利关系，避免侵犯他人权利。[②] 因此，物权变动不仅关注物权在"当事人之间"的权利变动，更加关注"当事人与第三人"之间的利益平衡，物权变动模式由此呈现二维构造特征：以当事人之间的"权利变动意思"与具有外部性的"公示方法"（形式）为工具，通过协调二者之间的关系，以保护物权人的权利不受第三人的侵扰，亦同时维护第三人

---

① 罗培新："抑制股权转让代理成本的法律构造"，载《中国社会科学》2013 年第 7 期。

② ［德］海因·科茨等：《德国私法与商法》，第 69 页。转引自董安生：《民事法律行为》，中国人民大学出版社 2002 年版，第 35 页。

的交易安全。其规范结构和内容表达均建立在以下问题基础上，即"意思"和"公示方法"，究竟是物权变动的"成立要件"还是"对抗要件"；何者在当事人之间发生效力，何者在与第三人之间的关系上发生效力，以及各自发挥何种效力。以此定分止争。

我国《物权法》所规定的物权变动模式，均呈现出以第三人为核心关注的二维构造特征。

其一，债权形式主义，即当事人之间的物权变动合意仅发生债性效果，而将公示方法作为物权变动的生效要件，并同步发生"权利变动"和"外部对抗"效力。债权形式主义是我国物权法所确立的一般性物权变动规则。[①] 根据《民法典》第 214 条、第 216 条和第 224 条的规定，无论在当事人之间还是当事人与第三人之间，导致物权变动的不是当事人的"合意"，而是外在形式——公示方法：在不动产物权变动中为"登记"；在一般动产物权变动中为"交付"。此外，《民法典》第 402 条、第 429 条和第 441 条规定的不动产抵押权和动产质权变动，也遵循债权形式主义，对于一般动产和凭证式权利质权，以"交付"作为权利变动的生效要件；对于不动产抵押权以及无凭证式权利质权，则以"登记"为生效要件。

其二，债权形式主义 + 登记对抗。根据《民法典》第 225 条规定，船舶、航空器以及机动车等特殊动产的物权变动，未经登记不得对抗善意第三人。该条从文义解释角度，并未明示导致物权发生变动的究竟是记载物权变动合意的债性合同，还是作为公示手段的"交付"，但从体系解释的角度，则可得出"交付生效"的结论。故此，特殊动产的物权变动可以划分为两个层次：第一层次是当事人之间的物权变动，遵从债权形式主义；第二层次是相对于第三人而言的物权变动，以"登记"作为对抗要件。因此，对于特殊动产物权变动而言，作为公示方法的"交付"和"登记"，实则具有不同法律效力：交付是生效要件，登记是对抗要件。

其三，债权意思主义 + 登记对抗。比较法上的债权意思主义是指物权变动只要根据当事人关于物权变动的意思就可以发生，无须任何外在的表现形式。[②]《民法典》第 374 条和第 403 条规定，地役权、动产抵押权自合同生效时设立，未经登记不得对抗善意第三人。该条亦将物权变动区分为两个层次：第一层次是当事人之间的物权变动，以抵押合同生效作为变动根据；第二层次是相对于第三人的物权变动，以"登记"作为对抗要件。此外，第 129 条涉及土地承包经营权的转让与互换，虽未明确规定以合同确定权利变动效力，但从体系解释的角度亦

---

① 马俊驹、余延满：《民法原论》，法律出版社 2010 年版，第 303 – 304 页。
② 梅夏英、高圣平：《物权法教程》，中国人民大学出版社 2007 年版，第 46 – 53 页。

可得出相同的结论。

其四，债权意思主义。《民法典》第 333 条规定土地承包经营权自土地承包经营合同生效时设立。因此，土地承包经营权变动的发生根据为"债权合意"，该"合意"既在当事人之间发生权利变动效果，也在相对于第三人的关系上发生权利变动的外部对抗效力，而无须借助特别的"公示方法"。

（2）债权变动的二维构造：以"相对人"为关注中心。广义的债权转让包括债权的单一转让和债权债务的概括性转让。与物权具有对世性，因此要特别考虑物权变动对第三人的影响不同，债权具有相对性，只需要考虑对相对人的影响即可，因此，债权转让采取与物权转让完全不同的变动模式，即不需要"公示"。但是债权转让模式依然是二维构造，表现为：

债权单一转让的"合意 + 通知"模式。根据原《合同法》第 80 条规定，债权人转让权利的，应当通知债务人。未经通知，该转让对债务人不发生效力。《民法典》第 546 条对此虽有调整，但主旨不变。

债权债务概括性转让的"合意 + 同意"模式。根据《民法典》第 555 条规定，当事人一方经对方同意的，可以将自己在合同中的权利和义务一并转让给第三人。

2. 股权变动模式的三维思考："公司"地位的关照

民法为权利变动提供了多种模型，尤其是物权变动——有学者因此将物权变动规范模式定性为"物权行为否定与公示大折中主义"，[①] 但上述模式所调整的物权没有一种与股权具有本质相似性，也就没有一种变动模式能与股权变动的特殊诉求相匹配。即使与股权同样具有社员性权利特征的土地承包经营权，因其权利变动对于农村集体经济组织以及组织体内的其他成员而言不产生任何实质性影响，在本质上仍属于个人法上的权利变动，而与股权变动所产生的团体法上的效果迥异，其权利变动模式亦不具有完全可借鉴性。此外，股权作为准物权的一种，其变动仍然需要借助公示制度，与纯粹的"对人权"亦有不同。故股权变动模式需要《公司法》予以特别处理。

从《公司法》中与股权变动相关的第 71 条、第 73 条的规定看，既未遵循《物权法》的规范结构，也未借鉴债权变动的规则模式，以致理论界和实务界对于股权变动中所涉之"意思"与"形式"，特别是《公司法》各项规定中所提及的出资证明书、公司章程、股东名册、公司登记，在股权变动中居于何种要件地

---

① 杨代雄："物权变动规范模式分析框架的重构——兼论我国《物权法》中物权变动规范模式的解读"，载《当代法学》2009 年 1 月。

位，观点各异，论争纷呈。① 鉴于股权变动的特殊性，从立法论的角度，《公司法》在建构股权变动模式时，应从三维角度思考协调各方关系：

第一，当事人之间的股权变动要件。即股权变动在当事人之间发生约束力的条件。遵循物权变动模式的建构方法，股权在当事人之间发生变动，究竟依据"合意"而生效还是需具备特定"形式"要件，是股权变动模式建构时首先应予明确的内容。现行《公司法》对此未有明确规定，造成股权变动理论和司法实践中判断的混乱。债权形式主义者认为，应以特定形式作为股权变动的要件；债权意思主义者则认为，股权转让合同生效后，出资的受让人即成为公司股东。② 司法实践中，有以"工商登记变更说"作为股权变动确认标准；③ 有以"股东名册变更说"作为股权变动认定标准；④ 还有以"实际行权说"⑤、"通知移转说"⑥作为股权变动的认定标准，模糊了当事人之间的权利变动与相对于公司之权利变动的界限。各种纷争，须止于当事人之间股权变动要件的立法建构。

第二，公司在股权变动中的地位体现。公司在股权变动中居于重要地位，是股权变动与一般物权变动的核心区别，因此在股权变动模式建构时需要重点关照，尤其要考虑股东与公司之间的利益协调，这是团体法中保护成员权利原则的基本要求。现行《公司法》第71条和第32条第2款的规定，不能准确反映公司在股权变动中的地位和作用。尤其第32条第2款，就其文义解释不能排除公司将未记载于股东名册的受让人视为股东的情形，因此实践中，才有前述"股东

---

① 李建伟："有限转让公司股权变动模式研究——以公司受通知与认可的程序构建为中心"，载《暨南学报》（哲学社会科学版）2012年第12期。

② 叶林：《公司法研究》，中国人民大学出版社2008年版，第223-224页。

③ 《上海市高级人民法院关于审理涉及公司诉讼案件若干问题的处理意见（一）》（沪高法[2003]216号）支持"工商登记说"，规定"经其他股东同意签订的股权转让合同生效后，公司应当办理有关股东登记的变更手续，受让人得以以股东身份向公司行使权利；公司不办理相关手续的，受让人可以公司为被告提起诉讼，不得向转让人主张撤销合同"。此处"办理股东登记的变更手续"应是指工商登记的变更，即以工商登记作为股东资格取得的标志。

④ 《江苏省高级人民法院关于审理适用公司法案件若干问题的意见（试行）（一）》（2003年6月3日通过）支持"股东名册说"，第30条前段规定，股权转让人、受让人以及公司之间因股东资格发生争议的，应根据股东名册的变更登记认定股东资格。此处"股东名册变更登记"应为公司内部对股东名册的变更性记载，即股权在公司对股东名册进行变更记载时发生变动。

⑤ 《江苏省高级人民法院关于审理适用公司法案件若干问题的意见（试行）（一）》（2003年6月3日通过）第30条后段规定，公司未办理股东名册变更登记前，受让人实际已参与公司经营管理，行使股权权利的，应认定受让人具有股东资格，并责令公司将受让人记载于股东名册。也即承认在公司未及时变更股东名册时，股权变动可以依据受让人是否实际行使股东权利加以判断。

⑥ 《山东省高级人民法院关于审理公司纠纷案件若干问题的意见（试行）》（鲁高法发[2007]3号）第35条规定，股权转让合同生效后，受让人的股东资格自转让人或受让人将股权转让事实通知公司之日取得。但股权转让合同对股权的转让有特殊约定，或者股权转让合同无效、被撤销或解除的除外。即股权在转让人或受让人向公司发出股权转让的通知时发生变动。

名册变更说""实际行权说""通知移转说"的分歧。

第三，相对于不特定第三人的股权变动的表彰。即当事人之间的股权变动对第三人发生效力的条件，这是一般物权变动着力解决的问题。《公司法》第32条第3款对此有较为明确的规定。唯需考察此种登记在何种程度和范围内构成股权的权利外观担负起对抗第三人的效力。

二、股权变动的复合意思主义模式建构与规则再造：以公司同意为中心

股权变动模式的三维思考，用来解决转让人、受让人以及公司（其他股东）之间的团体成员变动关系以及权利变动结果对第三人的效力影响。前者又分为转让人与受让人之间的权利变动关系，以及该变动关系与公司之间的关系。本小节对团体成员变动关系进行检讨，并通过"合章审查前置"对股权转让的流程和规则进行重新构造。

（一）股权变动模式评价与选择

比较法以及我国《物权法》中有关物权变动规则的规定表明，物权变动模式一方面是立法政策选择问题，另一方面也在很大程度上由"物"的属性和外部性的效果所决定。如前所述，"股权"是以资本权为核心的社员权，在股东与公司的特定关系中表达着前者对后者的剩余控制。社员权的属性，使股权变动总是伴随着"股东身份或资格"的变动——这正是股权变动的目的，因此不可避免地与公司行为和利益产生牵连。而资本权的内核，使股权总是朝向成员利益最大化的方向变动，并且有着摆脱公司干预或牵连的法律正当性：第一，私权自治；第二，商法鼓励营利与财富增加；第三，团体法遵循成员权利保护原则，在不损及团体利益的情况下尊重成员的利益最大化。正是股权的双重属性，决定了股权变动模式在"当事人之间的权利变动"与"相对于公司的权利变动"之间进行关系协调时的模样，并构成对既有股权变动模式各种观点进行评价与选择的基本判断标准。

1. 纯粹意思主义模式之否定：公司意思的忽视

纯粹意思主义模式，是指将股权变动的依据确定为当事人之间所订立的债权合意，在股权转让合同生效时即可发生股权变动，无须其他移转权利的行为，[①]也不需要借助特定的方式进行公示。"股权转让合同生效后，受让人即成为公司的股东，公司不向该股东签发出资证明书、不相应地修改公司章程和股东名册中有关股东及其出资额的记载可能会致使新股东在公司中的权利不能正常行使，但

---

① 李建伟："有限责任公司股权变动模式研究——以公司受通知认可的程序建构为中心"，载《暨南学报》2012年第12期。

这并不影响受让人的公司股东身份"。① 因为此时其请求权的依据是已经受让的股东身份，公司自当履行法定义务进行变更。《北京市高级人民法院关于审理公司纠纷案件的若干问题指导意见》［京高法发（2004）50 号］第 11 条规定，"依据公司法的相关规定，有限责任公司股东资格的确认，涉及实际出资额、股权转让合同、公司章程、股东名册、出资证明书、工商登记等。确认股东资格应当根据当事人具体实施民事行为的真实意思表示，选择确认股东资格的标准"。该规定虽然没有在严格意义上采取纯粹意思主义模式，但是其在股东资格认定标准上的"任意性"，使得"公司意思"似乎变得可有可无。

纯粹意思主义模式以当事人之"合意"作为当事人之间股权变动的根据，彻底实现了有关资本权的所有目的和价值，但它也彻底忽视了股权作为社员权或成员权在与公司之间关系上的公司意志关照和公司利益保护，因此只完成了局部利益的调整。事实上，在没有公司作为相对人的股权变动关系中，受让人将无法从股权转让中获得目的实现和利益满足，同时公司利益也将因此受到损害。例如，在纯粹意思主义模式下，因公司对其股东变化无从知悉，可能导致公司经营决策受到影响。举例说明，股东 A 与第三人 B 签订股权转让合同转让 40% 股权，合同生效，B 取得股权，A 和 B 均未将该股权变动事项通知 M 公司，M 公司拟召开股东会决议增资，仍旧根据股东名册记载向 A 送达会议通知，A 认为其股东权利已经转让，没有参会资格，但也未将该通知转达给 B，B 后来知悉 M 公司召开会议，可能主张 M 公司未履行通知义务，决议存在瑕疵；M 公司也可能因为 A 的无故缺席而使决议不能通过。因此，纯粹的意思主义模式完全忽视了公司作为成员关系的另一方主体的意志，形成成员关系的单方变动模式，不值得赞同。

2. 债权形式主义模式之舍弃：以公司"表示"替代"意思"

债权形式主义模式，是指以"债权合意 + 公示方法"作为股权变动条件，非经"公示"不发生股权变动。因所选择的"公示"方法不同，债权形式主义又有三种观点：第一种观点是"内外区分说"，就公司内部关系而言，股东名册的变更登记之时视为股权交付、股东身份开始转移之时。就公司外部关系而言，公司登记机关的股权变更登记行为具有对抗第三人的效力。例如，在陈某林、吕某富股权转让纠纷案［（2018）粤 03 民终 8317 号］中，深圳市中级人民法院认为，股权转让，内部以股东名册为准，外部以公司登记为准，不登记不对抗善意第三人。据此，当事人之间发生股权变动的时点与相对于公司的变动时点一致，均发生在股东名册变更登记时。该种观点实为"债权形式主义 + 登记对抗"。第二种观点是"内外一体说"，股权转让合同在双方当事人之间发生效力，但将形

---

① 刘俊海：《现代公司法》，法律出版社 2011 年版，第 213－214 页。

式文件作为股权变动的生效要件和对抗要件，发生内外部的对抗效力。这种观点
又分为两种，一种是以工商登记作为股权转让行为的生效要件和对抗效力，既在
当事人之间发生股权变动效力，亦产生相对于公司和第三人的股权对抗效力，三
位一体。① 股权变动的时点是完成工商变更登记时。另一种观点是，以股东名册
作为股权变动的时点。有学者甚至进而主张采用股权权属与股东资格区分的模
式②——将股东权利中的财产权变动与身份权变动视为两个环节——建构股权变
动模式。第三种观点，认为股权转让合同并不能发生股权变动的效果，受让人如
欲取得股权，一是公司原股东过半数同意，二是需要变更股东名册记载。只有完
成这两个程序行为，受让人才能成为股东。③ 第三种观点并非典型的债权形式主
义，它在形式要件之外，特别附加了"公司同意"的要素，但是由于该观点最
后以股东名册的变更记载为股权变动的标志，故归入债权形式主义。

　　鉴于无论股东名册还是工商登记的变更都必须借助于公司的行为，而这些行
为本身都可以被认为是公司意志的体现，因此债权形式主义模式的优点在于充分
考虑公司的意志和利益保护，但是缺点也正在于使股权变动过分受制于公司的行
为。如第一章所言，公司的意思与表示具有"天然离散性"，如果在"公司意
思"层面上已经形成对受让人股东身份的接受，就不必一定借助于表示行为使
受让人取得股东身份。因为在意思与表示相分离的状态下，极有可能发生相关主
体怠于进行或恶意拒绝股东名册或公司登记变更的情形，从而使受让人无法取得
股东身份，转让人也就未能履行合同义务。而这种未能履行义务完全处于当事人
不可归责或不可控制的状态。

　　此外，如第一章所论证的，从立法论的角度，《公司法》并没有采取债权形
式主义确定当事人之间以及相对于公司的股权变动条件。《公司法》第 32 条第 3
款，明确将公司登记限定为股权变动相对于第三人的对抗要件；但第 32 条第 2
款却无法从文义解释或体系解释的角度，得出股权在双方当事人之间的变动根据
是股东名册的变更记载，甚至不能得出股东名册是股东向公司行使权利的唯一根
据。因此，最高人民法院在符某文、海口同山商贸有限公司与王某耀、海南欣达
实业有限公司等股权转让纠纷二审民事判决书［（2016）最高法院民终 455 号］
中以金川公司（目标公司）未将欣达公司（受让人）载入股东名册并办理工商
登记为由，拒绝认定股权已经在当事人之间发生权利变动，以及前述杨某平案等

---

① 徐式媛、李志刚："股权变动模式法律问题研究"，载《北京工商大学学报》2014 年第 7 期。
刘凯湘："股东资格认定规则的反思与重构"，载《国家检察官学院学报》2019 年第 1 期。

② 胡晓静："股权转让中的股东资格确认——基于股权权属与股东资格的区分"，载《当代法学》
2016 年第 2 期。

③ 施天涛："商事法律行为初论"，载《法律科学》2021 年第 1 期。

以股东名册记载作为股权转让生效时点，或者以股东名册记载作为股东资格的确认标准，均无确切法律依据，不值得赞同。

尽管《九民纪要》第8条新增"有限责任公司的股权变动"相关内容，规定"当事人之间转让有限责任公司股权，受让人以其姓名或者名称已记载于股东名册为由主张其已经取得股权的，人民法院依法予以支持，但法律、行政法规规定应当办理批准手续生效的股权转让除外。未向公司登记机关办理股权变更登记的，不得对抗善意相对人"。但是该条不应被认为是以股东名册作为股权变动的根据，而仅是承认选择一个结果。因为这一规定与《公司法》第32条第2款没有本质区别。如果受让人被记载于股东名册上，本就依法享有向公司主张股东权利的权利，当然取得股权。从逻辑上，该规定并没有回答，如果受让人未被记载于股东名册，公司能否主张其未取得股权或股东身份。如果回答是肯定的，那么《九民纪要》第8条与其第28条之间就存在重大矛盾。也就是说在对股东身份取得问题上采取了双标。这本身就违背了成员地位平等原则。因此，债权形式主义从立法和规则层面上并未得到确认。

3. 修正意思主义之认可对抗模式的缺陷与生效模式的质疑

修正意思主义模式，在股权变动时点的判断上与纯粹意思主义并无本质不同，其核心在于通过界定股权转让的对抗效力来厘清股权转让过程中出让人、受让人、公司和第三人之间的关系，并与现实生活的实际更加相符。[①] 这一变动模式原则上承认股权转让合同生效即产生股权变动效果，但这种效果仅限于出让人与受让人之间，只有受让人将股权转让的事实通知公司并获得其认可，[②] 受让人才可以向公司行使权利。在此之前，公司仍可以依据股东名册记载确定其股东，并接受原股东继续行使权利，即使该股东已经将权利转让给他人。修正意思主义模式下，将"股权变动"以当事人为界进行了内外区分：当事人之间的"股权变动"（包括财产性权利与身份性权利）在股权转让合同生效时即可发生变动，转让人因此不得将股权另行转让给他人，并基于事实上的股权代持关系负担协助受让人实现股东权利的相关义务；但在当事人外部，在股权变动未获得公司认可的情况下，受让人尚不能对公司取得股东身份，进而行使股东权利。

修正意思主义看上去既尊重当事人对于自己财产权和身份权进行处分的自由，也尊重公司在成员构成和组织体运行方面具有的独立意志，似乎较好地协调了二者的利益关系。但是正如该观点的提出者李建伟教授自己所肯认的那样，认

---

① 李建伟："有限责任公司股权变动模式研究——以公司受通知认可的程序建构为中心"，载《暨南学报》2012年第12期。

② 李建伟："有限责任公司股权变动模式研究——以公司受通知认可的程序建构为中心"，载《暨南学报》2012年第12期。

可对抗模式一方面可能存在双重通知"叠床架屋"之嫌，更重要的是，由于与纯粹意思主义一样，虽最大限度地保护受让人利益，却有违"股权转让在属性上至少应包括财产权利的转移和股东身份的让渡这一双重意义"。受让人获得股权后、公司认可前却不能向公司主张行权，财产利益移转与股东身份变换不同步，不仅违背逻辑，而且将法律关系人为复杂化。因此，公司认可对抗主义对纯粹意思主义的"修正"非常有限。①

为矫正公司认可对抗模式的缺陷，李建伟教授提出将公司认可对抗改为公司认可生效模式，公司对股权变动事实的认可演化为股权变动的生效要件，此即公司认可生效主义模式。其分解表述为：股权转让合同生效后仅发生债的效力，转让人有义务请求公司认可受让人成为股东以实现缔约目的；经公司审查认可后受让人成为股东，如公司合法拒绝，则不发生股权变动的效果。李建伟教授认为这一模式相对于对抗模式的优势在于维护公司利益、较好平衡双方当事人利益，并结构性消除股权善意取得的发生。如采公司认可生效主义模式，每一次股权变动都绕不过公司这一独立主体的意思参与，"一股再卖"的股权善意取得自然无从发生。因为后一买受人构成主观善意的空间不复存在。至于名义股东处分股权的，至少在公司知情的"不完全隐名"情形下，买受人的善意也无从成立。②

认可生效模式与认可对抗模式相比，避免了股东权利与股东身份发生分离，杜绝了与"禁止分离原则"相悖的现象的发生。因此，从公司秩序安定性的角度确实有很大的进步。但是，对于合同双方当事人是否构成平衡保护，则很难估量。因为在这一模式下，可能造成当事人双方的权义不对等。受让人基于生效的合同需要履行支付义务，转让人则仅仅负担请求公司认可的义务。尽管受让人可能控制支付，但是这只能体现在合同的安排中，而无法随着合同履行情况作出适时调整。因为就转让方而言，他只负担请求认可的义务，却无法保证公司一定认可——这已经超出了其义务配置合理性的范围。因此，受让方仍然难以控制其合同利益，甚至无法像认可对抗模式下的受让人那样以事实上的持股委托人的地位部分实现其合同目的，最终可能还要为此负担追究各种责任的成本。

至于认可生效模式结构性消除股权善意取得，也存在以下几点质疑：一是，在认可对抗的模式下，也有公司独立意思的参与，虽然是消极的，但是仍不排除其可以有效防止善意取得的可能。二是，在认可对抗模式下，转让双方的股权变动并非使受让人取得一个完整的"股权"状态，二卖受让人与其说是基于善意而取得股权，不如说是因一卖时未完成股权变动而一般意义上的继受取得。因为从《最高人民法院关于审理买卖合同纠纷案件适用法律问题的解释》（2020 修

---

① 李建伟："公司认可生效主义股权变动模式"，载《法律科学》2021 年第 3 期。

② 李建伟："公司认可生效主义股权变动模式"，载《法律科学》2021 年第 3 期。

正）第 9 条规定的动产一物二卖的规则看，并非只有善意取得可以取得股权。《德国有限公司法》规定的股权善意取得制度也只是在比较特殊的情形下发生。三是，就股权善意取得而言，即使在认可生效模式下，也可能出现公司对自己此前的意思表示没有形成记录或者存在遗漏，在原转让人仍然具有权利外观时，将股权二卖给了新受让人，新受让人再次获得公司认可的情形。此时新受让人取得股权就是善意取得。尽管这种情形比较少见，但是在管理混乱的公司里也并非不会发生，抑或有意无意为之。

因此，公司认可生效模式亦有改善的空间。

（二）股权转让的复合意思主义模式建构：合同生效与公司同意

所谓复合意思主义模式，是指以"公司同意"作为股权转让双方当事人合意的生效要件，由"当事人合意＋公司同意"的复合意思发生股权变动的法律效果。如前所述，公司同意是股权转让合同的生效要件，公司同意使股权转让合同生效后，如无其他法律规定的导致合同无效的情形，那么合同在生效时就发生权利变动。这种权利变动，不仅发生在当事人之间，也发生在公司与当事人之间。于此时，转让方或者丧失成员身份，或者降减成员身份中的政治地位，受让方则取得股东身份，有权向公司主张股东权利，包括要求公司在各种形式文件上表彰其身份的权利。需要再次重申的是，这里的"公司同意"即是"成员合议"。

与公司认可生效相比，复合意思主义将"公司同意"的作用时间从合同履行提前到合同生效。复合意思主义模式不仅是基于第一章论证自然得出的结果，也是实践经验总结的结果。正如一些学者所观察到的，实践中，"股权的对外转让通常采取'先签约，后通知'的操作方式，即股权的出让人先与受让人签订合同，此时合同成立但不生效，然后出让人征求公司其他股东的同意，如果其他股东均同意且放弃优先购买权，此时股权转让合同生效，产生股权变动的'物权效力'。①

又如一些学者所观察到的，常规情形下一项股权交易的完整步骤包括：（1）签署收购意向书阶段。（2）意向书签署后至正式签约前阶段。在此阶段，受让人或收购人对目标公司进行尽职调查，转让人应通知目标公司的其他股东，以获取其他股东过半数的同意书，以及其他股东放弃行使优先购买权的书面文件。（3）正式签约阶段。（4）合同的履行或后续手续的完成阶段。合同生效后，一方面收购方须依约支付股权收购价款，另一方面转让方须负责或配合目标公司完成换发出资证明书、变更股东名册记载、修改公司章程、申请公司登记的变更

---

① 王新欣：《公司法》，中国人民大学出版社 2008 年版，第 223 - 224 页。

以及获取必要的行政主管机关的批准。① 因此，在股权转让合同签订时，转让方就已经获得股权转让的"公司同意"，具备转让的条件。

可见，无论是第一种交易情境还是第二种交易情境，将"公司同意"作为股权转让合同的生效要件，都顺应经验逻辑。同时其也符合法律逻辑：股权转让合同成立时或者成立后，取得公司同意，使股权转让合同生效，基于合同生效，发生股权变动；因为发生股权变动，所以受让人得以股东身份请求公司完成程式上的各项要求。当然转让人也可以设置停止条件，在完成价款支付前不发生股权变动。但这已经属于另一层意义上的当事人意思自治的范畴了。

鉴于第一章和第二章的论证，这里仅简要总结一下复合意思主义模式的优势。

1. 彰显股权在团体法上的法律价值

正如前文反复强调的，股权是一项成员权，股权转让是成员权利的整体性转让，并非如学者所言"仅呈现其权利面的色彩，其义务面的要素并不进入股权让与的构成中"②。股权转让的结果使受让人获得股权上的所有政治利益和经济利益，也同时附带其指"股权"上的各项义务，基本义务是遵守公司章程，也包括法律规定的对公司和对其他股东的其他义务，如诚信义务。虽然《公司法司法解释三》第 18 条将出资填补义务分配给转让人，受让人仅在知道或应当知道的转让人未履行出资义务的情形下承担连带责任，但是这种规定是违反法律逻辑的。③ 因此，即使不考虑股权转让在团体法上具有成员关系变动的重要意义，公司有介入成员关系变动的正当性，仅就股权转让系权利义务一体转让本身，就应当参照债权债务概括性转让的变动规则，只有经过"公司同意"才能对公司发生效力。但是由于股权具有不同于债权的身份权特征，使得股权仅在当事人之间发生变动是没有意义的，只能徒增公司秩序混乱。因此采取复合意思主义，将公司同意复合在当事人股权转让的意思上，一体性触发股权变动，是对股权所具有的团体法价值的充分尊重。

2. 平衡保护各方利益

股权转让不仅关涉转让方和受让方的利益，还关涉公司及其背后其他股东的诸多利益。就股权转让双方而言，最大的利益是使合同得到顺利履行，受让方能

---

① 张双根："论股权让与的意思主义构成"，载《中外法学》2019 年第 6 期。

② 张双根："论股权让与的意思主义构成"，载《中外法学》2019 年第 6 期。

③ 因为受让人作为股东身份的承继人，应同时承继出资填补义务，受让人可以在履行出资填补义务之后，依据股权转让合同向转让人主张承担违反权利瑕疵担保义务的违约责任，但不能对抗公司的此种请求，尤其不能对抗公司债权人的此种请求。除非在转让行为尚未完成，转让人被记载在公司登记簿上，未进行变更登记。但是此时，受让人则完全无承担连带责任的法律基础。

够顺利取得股权并从中实现投资目的，转让方能够顺利获得支付实现投资利益；而对于公司和其他股东而言，因股权转让可能带来公司的结构性改变，甚至可能使公司换了"灵魂"，为避免减损投资目的，必须审慎对待成员的退出和进入，必须保有阻却陌生人进入的权利。因此，使股权转让双方以及公司（其他股东）的意志嵌合在同一个时点上，是最符合各方利益的安排。如果股权转让合同发生效力在先，极有可能在公司不同意的情形下，使股权转让合同目的落空。这不仅使双方利益受损，也增加社会成本。如果不顾及公司（其他股东）利益，将会减损公司的投资价值——投资公司的目的原本就是获得公司事务的话语权。正如罗培新教授所见，物权或债权的转让不会产生外部性问题，而股权（包括其权能）的转让则须考虑其潜藏的外部性所引发的代理成本。股权转让的受让方必须接受此种身份所带来的有利或者不利后果。因此，在股权转让中，使转让双方的合意在公司同意的作用下发生合同行为与履行行为同时生效的效果，是对各方利益最为妥善的平衡。[①]

3. 促进股权交易的效率和安全

从股权交易的实践看，相对于一般标的物买卖，所花费的时间成本和经济成本都相对高昂。不得不再次强调，股权是一种质量识别成本极其高昂的"信任型"产品。[②] 因此，对于交易双方而言，要负担更加严格的谨慎交易义务，避免发生股权交易目的的迟迟不能实现，或者自认为已经实现交易目的，但在法律上无法获得保护的情境。事实上，从深圳市中级人民法院审理的股权转让纠纷看，此类情形大量发生，产生了巨大的诉讼成本和社会成本。复合意思主义模式是使股权变动效果得以最快速发生的模式。

首先，它将公司的"意思"而不是"表示"作为股权变动发生的根据，意思与表示的因变关系决定，基于"意思"而发生的股权变动比基于"表示"而发生的股权变动，更高效，更少受到其他因素的干扰，也就更安全。

其次，它将作用的时间从合同"履行"提前到合同"生效"，也就是生效与履行同时发生。降低了一股二卖的可能，或者说即使一股二卖，受让人损失的也只是谈判成本，而不涉及合同生效后的履行成本。即使这些履行成本能够通过违约之诉获得救济，仍然可能发生更高的诉讼费和代理费的额外成本。而更大的可能是，赢了也是输了。

再次，它大大降低了事实上的股权代持发生的可能性。在将"公司同意"作为股权对公司发生效力的对抗要件时，股权因股权转让合同的生效已经在当事

---

① 罗培新："抑制股权转让代理成本的法律构造"，载《中国社会科学》2013 年第 7 期。
② 罗培新："抑制股权转让代理成本的法律构造"，载《中国社会科学》2013 年第 7 期。

人之间发生变动，却无法向公司主张，就在当事人之间形成了一种事实上的委托持有关系，这种委托持有给公司的秩序安定性以及转让人（受托人）和受让人（委托人）都带来了极高的风险。而这种风险，本质上是一种制度风险，因非基于当事人的自由意志而发生，欠缺使当事人承受这种风险的该当性。

最后，它不会干预到当事人股权转让自由。因为它没有在实质上增加任何导致转让不自由的元素。合同成立但未生效的合同，仍然具有法律上的约束力，能够保障双方促成合同生效的先合同义务的履行，以及违反该义务时另一方的救济需求。因此，从促进股权交易效率和安全的角度，复合意思主义模式相较于其他股权变动模式，更胜一筹。

（三）股权转让流程再造与规则重构：公司通知模式与合章性审查

复合意思主义模式旨在尽可能简便快捷地促成股权转让的目的在各方之间得以实现。因此将所有可能对股权转让目的产生障碍的因素，都前置到合同缔结和成立之后生效之前的一段时间里。而这段时间，对于从事股权转让交易的各方当事人而言，恰是其针对股权转让合同特殊性，应负担谨慎交易义务的主要期间。

从前述实践观察看，股权交易常见的模式有两种：第一种是"先签约再通知"，第二种是"先通知后签约"。经验主义的判断，第一种更为常用。因为只有签订合同，才能够确定合同对象和内容，才能够征询其他股东同意，形成"成员合议"的公司同意。第二种做法只有在较大规模的股权转让或者双方具有较高诚信保障的情形下，才会采用。但是无论如何，只要合同对象和内容确定下来，就可以以此为基础确定履行条件，征询公司同意。

根据现行《公司法》第71条，"公司同意"是由转让股东直接向其他股东发送"征询同意通知书"分别征询意见而得，虽然这并不妨碍"成员合议"的拟制，但是会存在以下问题：其一，可能因缺少"合章性审查"而阻碍股权变动。《公司法》第71条规定使股权转让可能受到公司章程限制。在直接且个别性地征询同意模式下，其他股东在表达意思时可能忽略公司章程的限制，导致虽然"成员合议"同意，但违反公司章程规定，无法实现股权变动。其二，可能因转让股东差别性通知而影响其他股东判断。其三，可能因缺少"意见集中"环节而使其他股东不知道是否应当承担购买义务抑或行使优先购买权。其四，可能因公司无法及时获知"成员合议"结果而影响受让人顺利行使权利。为避免上述情形发生影响股权顺利变动，应使公司介入征询"公司同意"的实践流程中，并重构现有第71条的股权转让规则。

有关公司介入股权转让的方式，叶林教授提出的"公司通知模式"有较为细致妥当的安排，值得借鉴。①

1. 公司受领、发出并回复股权转让通知

在对外转让股权时，应由公司承担受领和转发股权转让通知的义务。转让股东应先将确定的转让事项，以书面形式通知公司，并载明转让事项，已经签订股权转让协议的，应当附加股权转让协议；公司收到股东转让股权的书面通知后，应当进行合章性审查，如无异议，应当在法定期限（如 7 日）内以书面形式通知全体其他股东征询同意，并保证全体股东获得相同的通知内容。"征询同意的通知书"应当载明答复的具体日期（根据章程确定，章程没有规定的不得少于发出通知书的 30 日）。在公司通知模式中，转让股东无需自己查询其他股东的通信地址，也无需向其他股东发出转让通知。

其他股东在收到公司发出的"征询同意通知"后，应在载明的期限内进行答复，并以书面形式回复公司。超过期限未回复的，视为同意并放弃优先购买权。公司在收到全部复函后的法定期限（如 5 日）内，应以书面形式确认其他股东的合议结果，并连同其他股东的复函转递给转让股东。

2. 公司的合章性审查乃至拒绝股权转让

公司在收到股东的股权转让通知书时，应当对股权转让的合章性进行审查，即判断股权转让是否符合公司章程的规定，如果股权转让与公司章程规定不一致，应在法定期限内（如 7 日）回复拒绝股权转让。不回复视为审查通过。

如果股权转让虽然符合公司章程的规定，但可能招致公司遭受较大风险，公司应当在法定期限内（如 7 日）回复说明该风险的存在以及为消除该风险应履行的义务。同时，公司应在向其他股东发出的"征询同意通知书"中以显著方式提示该风险的存在。

转让人在收到不符合章程规定的回复后，如无异议，股权转让合同不生效力并予终止。如果有异议，可以依据《公司法》第 152 条向法院提起诉讼。转让人在收到载有风险提示的回复后，如果应履行而未履行风险消除义务，即使其他股东过半数同意，亦不发生股权变动的效力。

如果公司未尽审查义务，则不能以此对抗受让人，在"成员合议"形成公司同意的情形下应视为以"成员合议"对公司章程的相关规定进行了修改。因此给公司和其他股东造成的损失，公司和其他股东有权依照《公司法》第 149条和第 152 条向相关人员提起诉讼。

受让人在公司审查、其他股东同意并放弃优先购买权之前已经实际行使股东权利的，视为取得股东身份。

---

① 叶林："公司在股权转让中的法律地位"，载《当代法学》2013 年 3 月。

与一些学者主张公司对股权转让进行适当性审查不同,① 本书认为公司对股权转让的审查主要表现为合章性审查,既不包括合法性审查,也不单纯因可能引致公司风险而拒绝转让。合法性问题属于股权转让双方当事人负担谨慎交易义务的范畴,若由公司进行审查,则可能承担不必要的审查不力风险。关于公司可能因股权转让而遭受较大风险的情形,如股东对公司存在负债,此时不宜一概拒绝,而应给转让方消除风险的机会。如将其股权转让所得价款先行偿债,或者受让方替代履行。只有在其应消除而不消除的情形下,应视为"公司同意"所附条件未成就,未取得"公司同意",因此发生股权合同无法生效,股权无法变动的法律后果。同时,向其他股东提示风险也有助于其他股东作出相关判断。

（四）股权变动的条件与受让人身份表彰："公司同意"的拟制规则

在对股权转让进行"公司介入"的流程再造之后,股权将因"其他股东过半数同意并放弃优先购买权",即"公司同意",而发生变动。"公司同意"是一种法律拟制,实质建立在"同意权与优先购买权规则"的基础上。假设仍然保留现行的规则构造（实际应予改造）,"公司同意"可进行以下机制安排。

"其他股东过半数同意并放弃优先购买权"的"成员合议"结果有两种形成机制,其一是明示,即其他股东明确表示"同意并放弃优先购买权"。其二是默示推定,即其他股东在"征询同意通知书"载明的期限内未答复的,视为同意并放弃优先购买权;不同意的应当购买,不购买的视为同意并放弃优先购买权。

但是,即使其他股东"过半数"通过明示或默示推定"同意并放弃优先购买权",在有其他股东表示"同意并不放弃优先购买权"的情形下,仍然不能视为"公司同意"。因为此时,不放弃优先购买权的股东有权通过行使优先购买权,阻却股权转让合同生效以及股权向受让人变动。其他股东应在"征询同意通知"的回复中载明"行使优先购买权"的时间和方式,不载明的视为放弃优先购买权。

其他股东也可以不同意股权转让,但是不同意的答复中必须载明购买条件。其他股东提出新的购买条件时,转让方可以拒绝该购买条件,并有权请求按照鉴定或评估价格转让股权。鉴定或评估费用由公司承担。其他股东同意按照转让方在转让通知中确定的交易条件购买时,在载有该同意的不同意复函到达转让方时即发生股权变动效力,除非该转让已经公司同意。如果有多个同意转让通知中的条件的,那么在多个其他股东中进行比例分配。转让方不能放弃转让。

其他股东过半数同意并放弃优先购买权的,且无其他行使优先购买权的请求

---

① 即股权转让虽然符合公司章程的规定,但可能招致公司遭受较大风险时,公司可以予以拒绝。参见叶林:"公司在股权转让中的法律地位",载《当代法学》2013 年 3 月。李建伟:"公司认可生效主义股权变动模式",载《法律科学》2021 年第 3 期。

的，股权转让合同自"征询同意通知书"上载明的答复日期之次日生效，并同时发生股权变动的效力。除因不可抗力或法律另有规定外，在股权转让通知书发出法定期限（如 60 日）内，转让方未收到公司转递的"征询同意通知书"复函的，股权转让合同自法定期限（第 60 日）届满的次日生效，并同时发生股权变动。

受让方有权持有"股权转让通知书"或"合议确认通知书"或"征询同意通知书复函"请求公司以形式文件表彰其股东身份，即换发出资证明书、修改并签署公司章程、变更股东名册（如果法律保留或公司设置了股东名册），并变更公司登记。公司不办理上述手续，不影响股权变动和股东身份得失。受让人有权依据《公司法》第 152 条请求相关人员承担责任。受让人不及时请求公司办理相关手续，所产生的风险损失自负。

第四章

同意权和优先购买权对股权转让的效力影响

　　有限公司的封闭性以及人合性假设使其他股东的同意权和优先购买权对股权转让的法律效果产生重要影响。但是理论界和实务界对该影响针对的究竟是"股权转让协议"还是"股权转让行为"，以及究竟发生何种程度的影响，存在严重认识分歧。从深圳市中级人民法院的样本看，问题如下：（1）部分判决反映了同意权与优先购买权边界的模糊性，引发同意权是否具有独立存在的必要性问题；（2）优先购买权对股权转让协议的效力影响问题；（3）关于其他股东行使优先购买权的时间问题。虽然遵循"章程优先"的原则，但能否将之绝对化，是否有必要比较章定期限与通知指定期限二者哪一个更符合其他股东行使优先购买权的期限利益，值得反思。

　　本章的基本观点是："公司同意"的拟制应以"同意权规则"为基础。同意权在股权转让问题上存在结构性两难。我国的同意权和优先购买权并行结构导致个体性优先购买权"绑架"团体意志，应回复同意权在成员关系变动问题上的主导地位，在明确"同意权"针对"第三人进入"的基础上，重构"公司同意"规则。同意权兼具知情权和议价权功能，优先购买权理论上应具有优先于受让人使股权发生变动的效力。不同意时的"强制购买"义务应发生定价权的重新分配，以此发现价格并缓和因信息不对称产生股权价值偏离给各方造成的利益失衡，涤除"反悔权"这一机制性不诚信的无奈。基于现行法的规定，侵害同意权和优先购买权应导致股权转让合同不生效，转让双方当事人以"合同成立"所产生的法律约束力实现救济；其他股东通过行使优先购买权或议价权获得救济。

一、同意权和优先购买权在公司法体系中的功能错位与改造

　　股权转让可能导致成员变动（尤其是新成员的加入）、股权结构改变、控制权转移以及公司治理结构改变等，对封闭性团体利益影响甚重。公司因此有了介入的基础和必要。但是《公司法》第71条过分凸显优先购买权的价值功能，导致在理论上和立法实践中都有以优先购买权吸收同意权、以个体性权利行使替代

团体性意志决定的倾向。这种同意权和优先购买权的功能错位，应予以矫正，并通过进一步改造，形成更具法律价值的价格发现机制。

（一）同意权和优先购买权并行结构的功能错位与矫正

同意权与优先购买权之间的并行结构导致个体意志"绑架"团体意志。由此产生的立法缺失及司法难题不仅造成理论和司法资源的浪费，更增加了商业实践纠纷的发生率。双重限制模式实质是法律移植不当，因此应改双重限制模式为单一限制模式，对《公司法》第 71 条及相关司法解释进行修补完善，[①] 回复同意权的团体意思形成功能以及优先购买权在强制购买义务履行中具有的定价功能，并在此基础上重构"公司同意"的法律拟制规则。

1. 同意权和优先购买权并行结构的逻辑悖论：同意权的结构性两难

股权转让需要公司同意，因为陌生人加入将改变公司的成员结构和团体稳定。比较法上，具有代表性的"公司同意"模式的"立法"主要有法国、日本和我国台湾地区。我国所采取的同意权和优先购买权模式也被认为是借鉴上述"立法"的结果。因此，这些"立法"作为分析评判我国立法的重要参考，列示如下：

《法国公司法》第 L223－14 条。只有得到至少持有公司一半股份的股东的多数同意，公司股份才能转让给公司以外的第三人，章程规定应得到更高多数同意的情况除外。如公司有多名股东，转让股份的方案应当通知公司和每一位股东；如公司在发出最后一份本条所指通知起 3 个月期限内没有告知其决定，视其同意转让。公司拒绝同意转让的，股东必须在自拒绝之日起 3 个月内，以按民法典第 1843－4 条规定的条件确定的价格购买或让人购买这些股份。一切违背民法典第 1843－4 条的条款，均视为未订立。

《日本公司法》第 136－145 条规定了股份转让的批准程序，[②] 转让受限股份的股东拟将其持有的转让受限股份转让给他人时，可请求该股份公司对该他人取得该转让受限股份作出是否承认的决定。（第 136 条）股份公司作出是否承认的决定时，必须依股东大会（设置董事会公司的为董事会）的决议。但章程另有规定的，不在此限。（第 139 条）股份公司在作出不承认决定的情形下，转让人可以一并请求公司本身或公司指定的人收购对象股份的全部或部分，公司必须收购该请求的相关转让受限股份。（第 140 条）[③] 股份的价格，由转让人和公司

---

① 张其鉴："我国股权转让限制模式的立法渊源与偏差校正"，载《现代法学》2018 年第 7 期。

② 2005 年《日本公司法》废止"有限公司"形态，通过对股份公司进行类型细化满足不同投资要求。（参见［日］近藤光男：《最新日本公司法》，梁爽译，法律出版社 2016 年版，第 1－2 页）转让受限股份多用于封闭公司，故引入比较。

③ 王保树主编：《最新日本公司法》，于敏、杨东译，法律出版社 2006 年版，第 111 页。同时参考［日］近藤光男：《最新日本公司法》，梁爽译，法律出版社 2016 年版，第 80－82 页。

（或者指定买受人）之间协商确定，如果双方协商不成，则可以在上述公司通知之日起 20 日内向法院提出请求，申请司法决定。

2018 年修订的我国台湾地区所谓的"公司法"第 111 条规定，股东非得其他股东表决权过半数同意，不得以其出资之全部或一部，转让于他人。董事非得其他股东表决权三分之二以上之同意，不得以其出资之全部或一部，转让于他人。前两项转让，不同意之股东有优先受让权；如不承受，视为同意转让，并同意修改章程有关股东及其出资额事项。

我国 1994 年《公司法》第 35 条第 2 款和第 3 款规定，股东向股东以外的人转让其出资的，必须经全体股东过半数同意；不同意转让的股东应当购买该转让的出资，如果不购买该转让的出资，视为同意转让。经股东同意转让的出资，在同等条件下，其他股东对该出资有优先购买权。2005 年修订公司法时，除增加了具体的同意征询规则，并将规范性质从强制性规定改为缺省性规则外，并没有改变这一规则的基本结构。

同意权在股权转让问题上存在结构性两难。同意权包括"同意"和"不同意"两个面向；同意的内容包括"老股东的退/转"和"第三人的加入"。因此，当同意的内容具有不确定性或非唯一性的时候，特别是二者可能趋于反向时，"同意"就容易出现逻辑悖论。解决的方法是择一而定。理论上，成员关系的建立需要股东与公司的合意，成员关系的解除也需要经过合意；但事实上，除非存在法定不能解除的理由，基于结社自由的理念，成员是可以通过转让股权的方式自由退出的。这既是财产法上意思自治、处分自由原则的体现，也是团体法上成员权利保护原则的体现。因此，"公司同意"主要针对能否使股权转让的受让方进入公司。

法国、日本和我国台湾地区"立法"都采取所谓"单一限制"模式，即"同意——进入，不同意——不进入"。"公司"不同意是阻却第三人进入公司的唯一理由。当然，由于公司"不同意"导致老股东无法实现投资目的或退出公司，则由公司采取购买（自己购买或指定他人购买）的方式进行救济。如果公司不能提供这种救济，则成员权益保护的价值优先于公司的安定性利益。这种立法选择的理由在于"前者"是公司制度能够存续的更根本的价值基础。

我国《公司法》第 71 条第 2 款和第 3 款的文义以及结构逻辑产生了"不同意——不进入，同意——也不进入"的奇怪现象。是什么导致在公司同意（其他股东过半数同意）的前提下，仍然不能与第三人建立成员关系？或者说，基于什么理由，当大多数成员愿意接受第三人加入，却必须服从少数人对第三人的拒绝？显然，如果继续以维护团体封闭性为理由，已经不具有说服力了，因为以多数人意思拟制而成的公司意思已经放弃了对封闭性的维护要求。

因此，产生了以下两个问题：同意权，究竟是谁的同意权？优先购买权究竟是义务还是权利？如果是权利，是一个什么样的权利？是否拥有挑战团体利益的价值力？

而在回答这两个问题之前，首先需要对《合同法》第 71 条第 3 款的前半句话，以及第 71 条整体做一个解释，以形成讨论的话语平台。解释的核心关注是：《公司法》第 71 条的"同意"，同意的究竟"是什么"？

《公司法》第 71 条第 3 款的前半句话规定了"经股东同意转让的股权"。这里"经股东同意"应该理解为"全体股东过半数同意"，而不是"某股东同意"或者"个别/少数股东同意"。但关键在于"同意转让"。如果不考虑第 2 款的内容，至少可以做三种理解：其一，过半数股东同意"转出"；其二，过半数股东同意"进入"；其三，过半数股东同意"转出进入"。如果按照通常对优先购买权功能的认识，即阻止陌生人进入，那么能够选择的解释就只有第一种，即过半数股东"同意"转让人"转出"，但不一定"同意"第三人"进入"，因此，为阻止第三人进入维护闭锁性利益，其他股东可以行使优先购买权。但是，如果结合第 2 款的内容，——事实上第 3 款也是承接第 2 款而来的，——就会发现，第 2 款中的"转让"，至少是"转出进入"的意思。这一方面是因为"转股权"的相对自由，"公司同意"在这方面应予弱化；另一方面也因为，如果不含有"进入"的意思，那么就不会规定"不同意购买"规则。从"不同意购买"的语义逻辑看，"同意"的对象，不是针对"转出"，因为既然不同意"转出"，就无须"购买"？要求"购买"，就意味着不同意的对象只能针对"进入"：不同意是针对"进入"而不是"转出"，所以通过"购买"实现老股东的"转出"。如果能够对此达成共识，那么前面的问题，就值得深入思考，即在过半数股东同意第三人进入的情形下，为什么还要赋予其他股东阻却第三人进入的权利？应不应当赋予这种权利？

如果反过来，将《公司法》第 71 条第 2 款理解为：同意，是对"老股东转出"的同意权。理由是，第 71 条第 2 款用两个"视为同意"表达对"同意"的势在必得，不可能是针对"第三人进入"的同意，因为公司虽然有义务实现老股东的投资价值和退出目的，却没有义务接受陌生的第三人进入公司。那么，将会得到这样一个结论，《公司法》将对"第三人进入"的同意，分配给了优先购买权。也就是说，《公司法》将"吐故纳新"的"同意权"分解在两个行为中："同意"和"优先购买权"。在对"老股东转出"问题上适用"同意规则"；在对"第三人进入"问题上适用"优先购买权规则"。那么进而又会引发一个问题，公司在成员关系建立方面的"同意"，能否由股东个体性的优先购买权行使来决定？优先购买权有什么魔力，能够左右团体意志？

因此，从《公司法》第 71 条的规定看，似乎无法得出："其他股东/公司在同意什么"的确定答案。或许这正是造成混乱的根源。

2. 同意权是谁的同意权："公司同意"与"股东同意"的关系

与"同意什么"同样重要的是"谁来同意"。《公司法》第 71 条第 2 款将同意权的主体锁定为"其他股东"。但是同意权并非股东的个体性权利，而是基于成员信赖而产生的团体性权利。理论上，个别股东之间并不产生同意权基础，因为股东彼此之间并没有个人法上的契约关系。而只是在基于结社而形成的团体关系中，股东之间，股东与公司之间才存在通过自由意志建立起来的彼此之间的身份联系，这种身份联系同样需要基于彼此的合意而发生身份的变动。这种合意不是个别性的，而是共同性的、团体性的。因此，这种身份变动的同意权，看似是股东的，实则是公司的。公司意思形成的特殊性决定，当其他股东多数同意接受转让股东退出或新成员加入时，从团体法的角度，这种基于法定规则而产生的"成员合议"就被拟制为公司的意志，视为公司同意与受让人建立组织成员关系。否则，则表明公司拒绝接受受让人为成员。因此，同意权并非是股东的个别性权利，而是公司的权利；这种权利，通过成员个别性权利的行使，经由法律拟制而成。因为，作为社团法人的有限责任公司，公司意思所体现的，也应是其成员即股东的集体意思或共同意思。经由其他股东同意权制度，所保障的也就是公司的整体意思与公司的整体利益。[①] 这正反映了团体法上股东权利的个别性行使与团体意志形成之间的依存关系。

从比较法的角度观察，共有三种规定同意权的方式：一种是仅规定"公司同意权"，如《日本公司法》规定，股份转让受限公司，可以由公司在章程中对股份转让作出一定限制，规定转让股份时须取得公司同意。另一种是将"股东同意"与"公司同意"结合起来，或者以股东同意拟制公司同意，如《法国公司法》第 L223 - 14 条规定，只有得到至少持有公司一半股份的股东的多数同意，公司股份才能转让给公司以外的第三人……如公司在发出最后一份本条所指通知起 3 个月期限内没有告知其决定，视其同意转让。第三种是规定股东同意，如 2018 年修订后的我国台湾地区所谓的"公司法"第 111 条规定，股东非得其他股东表决权过半数同意，不得以其出资之全部或一部，转让于他人。而在采取"股东同意"的立法中，均采取多数决的方式，将股东同意拟制为公司同意。如《法国公司法》遵循资本多数决原则，台湾地区所谓的"公司法"在 2018 年修订时，也从人数多数决改为"资本多数决"——以"表决权过半数同意"作为转让条件。但是无论如何，这种少数服从多数的民主方式，表达了团体意思拟制的立法意图，即对股权转让的同意，不是股东个别性权利或意思的表达，而是公司意思的拟制，公司权利的行使。

[①]　张双根："论股权让与的意思主义构成"，载《中外法学》2019 年第 6 期。

接下来的问题是，能否以"公司同意"抹杀"股东同意"。实践中，有的股权转让采取股东会议的方式，股东主张涉及股权对外转让事宜的股东会决议未履行通知义务或伪造签名，故公司决议存在瑕疵，请求撤销决议并撤销基于该决议而发生的股权变动。① 司法实践中对此有两种意见：其一是受让人无过错，故不支持撤销已经发生的股权变动。其二是，支持撤销。但是因为根据《公司法司法解释四》第 6 条规定，股东会决议即使无效或可撤销，公司依据该决议与善意相对人形成的民事法律关系不受影响。而根据《公司法司法解释四》第 17 条，征询同意的通知义务被分配给转让股东，受让人对于涉及通知的相关事项如无相反证据则为善意，故此，根据《公司法司法解释四》第 6 条，因通知瑕疵而产生的决议瑕疵即使撤销，亦不能使股权变动得以回复。

但是，这并不表明公司同意可以"抹杀"股东同意；或者说，股东同意可以拟制为公司同意，但反过来并不成立。因为公司的意思表示可以由不同机关分享。因此有时在公司同意的情形下，并不代表股东同意。例如，由董事会作出的意思表示，可以被认为是公司的意思表示，但并不能代表其有权利决定成员变动事宜。除非基于章程的授权。即使通过股东会议的方式对股权转让的同意进行意思拟制，因其并非股东会议决议事项，故不能按照会议体的决议规则拟制公司同意，也因此，股东个体的同意仍应遵循《公司法》第 71 条第 2 款的规则获得保护。除非公司章程另有规定。也就是说，个体的意思经由法律的规定拟制为团体的意思，也可以基于法律或章程的规定服从于团体意思，但是不能为团体意思所取代。团体负有保护成员有平等表意机会的义务。这是团体法的基本原则。而根据《公司法司法解释四》第 21 条，因未获通知而使同意权受阻的，仍旧能够通过主张优先购买权获得实质性权利救济。

3. 优先购买权是权利还是义务：优先购买权的团体法价值质疑

与同意权一样，优先购买权也同样可以归属于公司。虽然严格意义上，如果允许公司享有优先购买权来阻断陌生人或不受欢迎的人进入公司，将会发生股权回购，有违资本维持原则。但是公司资本制度中，并不完全禁止回购，对于特殊情形下的股权回购，只要配置限时转让规则，并不会对资本制度造成实质性损害。相反，公司行使优先购买权，并回购转让人的股权，能够更有效率地维护公司的人合性，实现公司在成员选择方面的决定权。在这个意义上，《公司法》第 71 条第 2 款和第 3 款的权利主体应进行扩张解释。

但是比这个更值得追问的是，优先购买权是权利还是义务？《公司法》第 71

---

① 位某玲与王某、王某国等股权转让纠纷案（2014）大民三终字第 641 号；胡某红与大连锅炉机电工程有限公司股权转让纠纷案；于某、孙某股权转让合同纠纷案（2016）辽 02 民终 582 号。

条似乎赋予了优先购买权对抗公司意志或者决定公司意志的强大力量。这样的一种立法选择是否值得赞同。

从比较法角度观察，优先购买权的概念表述源自于我国台湾地区所谓的"公司法"的设计。但是台湾地区所谓的"公司法"中规定的"优先受让权"，是在不同意转让的前提下发生的。也就是说，是当其他股东过半数不同意转让时，为实现转让股东的投资利益或退出权利，公司对于转让股东提供的救济路径。因此，我国台湾地区所谓的"公司法"的优先受让权具有以下特征：其一，名为权利，实为义务，是不同意股东对转让人的义务。如果不同意也不购买，就会产生视为同意转让的效果。事实上，从我国台湾地区所谓的"公司法"将之表述为"优先受让权"而不是"优先购买权"，就已经表达出是一种被动承受，而不是主动出击；其二，其之所以被称之为权利，是因为相对于转让人与第三人已经签订的合同而言，不同意股东有权利取代第三人的缔约地位，而不因此承担相应的赔偿责任。有学者认为这种优先购买权无法纳入传统民法依权利功能或效果进行的分类，既不是请求权，也不是形成权，而是优先获得承诺的权利。以《日本公司法》为例，优先购买权完全按照"要约—承诺"的合同订立过程设计，请求人发出征求同意的通知（载入收购请求）是要约，收购人发出收购通知且提存股金构成承诺。[①] 虽然《日本公司法》没有规定优先购买权，但是从"不同意则购买"的功能看，确实产生了先于在先受让人的优先性权利。包括《法国公司法》上的购买义务也是如此。其三，优先受让权没有明确的"同等条件"规则。尽管如此，从"优先受让权"的表述可知，很大概率上是以转让人与先前受让人之间确定的交易条件进行交易。

但是在我国《公司法》第71条的语境下，优先购买权名副其实是一项权利。除非公司过半数股东不同意第三人进入，否则，优先购买权可以在其他股东过半数同意第三人进入的情形下阻断第三人进入，分享公司的同意权。某种意义上，这使得公司成员关系的积极建立，不是根据公司同意，而是受控于股东个体是否行使优先购买权。

股东优先购买权并非股东权利体系内的一项固有权利，但是产生某种共益权的效果，即为自己的利益并兼为公司利益而行使的权利。[②] 因此，一般认为优先购买权具有阻止陌生人进入、维护公司安定性的团体法价值。但是，优先购买权是在其他股东过半数同意的条件下发生效用的，也就是说，对其他股东过半数同意的外部转让，其他股东仍然享有优先购买权，从而构筑阻止外人进入公司的又

---

① 张其鉴："我国股权转让限制模式的立法渊源与偏差校正"，载《现代法学》2018年第7期。
② 转引自李建伟：《公司法学》，中国人民大学出版社2015年版，第222页。

一道屏障,① 则令人费解。一种理由可能是,保护少数股东权利,在征求意见时不同意转让股权的股东,因其是少数,无法阻止"过半数条件"的具备。② 实践中,也有观点支持优先购买权应是在同意征询程序中表达反对意见的股东的权利,对于已经同意股权对外转让的股东而言,意味着同时放弃优先购买权。最高人民法院在其公布的判决中似乎也倾向于只承认异议股东享有先买权。③ 但是这并不足以支持优先购买权的正当性。因为当公司过半数股东同意接受第三人的时候,就已经具有拟制为公司同意建立成员关系的基础,在没有证据证明此时异议股东的利益受到损害时,就应该尊重团体法上合议规则所形成的结果,不能使个别股东的利益置于团体利益之上,或者以个别判断替代集体判断。通过"优先购买权来修复在人合性上的多数人暴政"④,有时是没有意义的。因为"人合性"所代表的价值是公司安定秩序。事实上,公司内部的安定性固然可能因外来的陌生人受到影响,但也很有可能因内部股权结构发生突变而受到破坏。例如,某公司股权由 5 个股东平分,A 股东将持有的 20% 的股权转让给第三人,其余 3 人希望维持现状而表示同意,B 不同意,主张优先购买权,合计持有 40% 股权,打破公司原来的均衡状态。此时,对于该公司的秩序安定究竟是好是坏,孰难判断。重要的是,没有证据证明 B 的股东利益具有优先于其他股东利益或公司利益受保护的正当性。因此,这种以股东个人对人合性的执着取代团体(多数人)对安定性的判断,以个别意志替代公司团体意志的立法安排,并不妥当。更不要说,这种个人的人合性追求背后掩藏的复杂经济利益,以及优先购买权对受让人利益的牺牲。因此,《公司法》对优先购买权的权利配置,实质陷入"特殊法理不合法的境地"。如果没有维护团体利益的更高价值诉求,却以牺牲团体及其他成员意志和受让人利益为代价,成就某个股东的个体利益,这样的立法是失衡的。

无论在立法论还是解释论层面,优先购买权均使"公司同意"的团体法价值彻底丧失,应予矫正。但是,优先购买权规则也并非全无用处,至少在定价权问题上,仍可能具有积极意义。

4. 公司同意规则重构:回复同意权的团体法地位

基于前述分析,《公司法》第 71 条之所以采取并行结构,或者出现逻辑悖论,就是没有搞清楚"谁来同意""同意什么"的问题。《公司法》修改时应重构公司同意规则,废止以个别股东的"优先购买权"颠覆"其他股东过半数同

---

① 李建伟:《公司法学》,中国人民大学出版社 2015 年版,第 243 页。
② 李建伟:《公司法学》,中国人民大学出版社 2015 年版,第 243 页。
③ 王军:《中国公司法》,高等教育出版社 2015 年版,第 385 页。
④ 陈彦晶:《有限责任公司股权转让限制制度研究》,法律出版社 2017 年版,第 65 页。

意"的做法，将同意权的内容锁定为"第三人进入"，回归到"同意——进入；不同意——不进入"的简单逻辑中。

就同意权的主体配置而言，是直接配置给公司，还是配置给股东，即究竟是采取"公司同意"的日本模式、"公司＋股东同意"的法国模式，还是"股东同意"的我国台湾地区模式，值得进一步讨论。

从变法成本最小化的角度，可延续我国现在的模式，即"股东同意"模式，将"股东"作为同意权行使主体，通过"过半数同意"规则拟制公司意思。但是，如前所述，这种安排使"公司"这一成员关系变动的当事人，完全置身于事外（尤其公司还要担负若干法定义务），将产生大量的信息成本和代理成本，对于股权转让中各方利益的实现都缺少助益。因此，应当使公司介入股权转让的流程中，促进程序有序展开。法国模式是可以借鉴的样本。根据法国商法的规定，转让股东将同时向公司和其他股东发出转让通知，但是由公司最终向转让股东为同意还是拒绝的意思表示。如果公司在法定时间内没有通知转让股东，则视为同意；公司也可以明示拒绝。法国模式的优点是：其一，公司不用负担向其他股东传递"转让通知"的义务，降低了公司的成本；其二，公司能够在汇集其他股东同意与否的信息后，第一时间确认股权变动情况。但是法国模式也存在缺点：其一，转让股东向其他股东直接发出"转让通知"，除存在其他股东信息查询方面的不便外，还有可能进行差别发送，造成信息不对称；其二，一旦公司发现转让违反章程规定，需要再行通知其他股东拒绝表意，略显烦琐。

因此，我国可以在建构公司同意规则的程序时，以公司为枢纽，连接转让人与其他股东。具体流程如下：①转让股东将转让通知依法定内容和形式制作完成后，交送公司；②由公司进行合章性审查，无异议后，制作"征询同意通知书"，分送至其他股东；③其他股东表意后，将"征询同意通知书"复函（回执）返回公司；④由公司汇集确认，并制作确认书通知转让方。如果公司在进行合章性审查中发现有违反章程的情形，有权拒绝并以书面形式向转让股东说明理由。转让股东对此有异议的，可以提起诉讼。如果公司在进行合章性审查时发现其他风险的，不应直接拒绝，而应向转让股东和其他股东同时说明情况。值得注意的是，为防止公司在汇集信息确认其他股东合议的拟制意思时，发生人为干扰，不以公司制作的确认书作为是否同意的意思表示，而是坚持意思主义标准，以"征询同意通知书"上记载的答复日期的次日为确定公司意思的时间；并以其他股东复函原件回复转让股东。

就公司同意的意思拟制方式而言，是采取股东合议拟制，还是股东会决议，抑或董事会决议拟制？

从比较法的经验看，法国和我国台湾地区采取股东合议的方式拟制公司同意；日本采取股东会决议（有董事会的由董事会决议）的方式拟制公司同意。

从公司社团性的角度，公司同意的形成主要基于成员（股东）意思的拟制。尤其对于封闭性的有限责任公司而言，成员彼此之间的信赖倚重，对于公司秩序安定具有重要价值。因此，不宜将董事会决议拟制为公司意思。关于以股东会决议方式拟制公司同意，在实践中也经常被使用。也有学者建议采取这种方式。① 但是考虑到会议体方式对程序的依赖性，以及出现程序瑕疵时救济的成本较高且不能完全实现救济目的，加上有关成员关系的决议与经营事项的决议相比具有特殊性，需要进行程序上的特别设计，故也不建议采取股东会决议的方式。当前这种分别同意、集中合议的"其他股东过半数同意的"方式值得保留。

同意权行使以知情为前提。因此，在同意规则中应强调转让信息的真实完整。转让方需提供《公司法》第71条以及《公司法司法解释四》第17条、第18条规定的信息以及受让方的姓名或名称等，并同时表明是否需要公司提供"不同意"时的救济措施。公司应当制作"征询同意通知书"，载明上述信息，并提供定价选项，明确规定答复的方式和截止日期。如有需要提示的风险，一并在"征询同意通知书"中载明。

其他股东在收到"征询同意通知书"后，应按照规定的答复方式和答复期限进行答复。逾期不答复或未按照要求答复，如"不同意"时未在所提供的定价选项中进行购买方式选择，视为同意。

公司应当在收到其他股东的答复后，制作合议确认书，以"过半数"确定"同意"或"不同意"转让。公司应当在法定期限内告知转让股东结果，同时将其他股东答复的原件转交转让股东。这些原件构成了对转让条件的承诺或新的要约。

因此，未来公司法关于股权转让的"公司同意"拟制规则应该抛弃"其他股东过半数且放弃优先购买权"的表述，直接以"其他股东过半数同意"拟制公司同意，并在"不同意"的强制购买措施中提供定价权的多种配置，增加与优先购买权效果相似的购买条件，促进价格发现机制形成。

（二）同意权的议价功能与定价权的多种配置：促进价格发现

公司同意规则中，最核心的是公司"不同意"时对转让股东如何救济。各国都对此提供了强制购买措施，具体制度安排各有特色。我国可以兼采众长，在重构公司同意规则时，提供多种定价权配置，促进价格发现，涤除反悔权的机制性不诚信。

1. 比较法上的强制购买措施

从比较法的角度，因不同意而被要求强制购买时，大多采用议价方式。如

---

① 张其鉴："我国股权转让限制模式的立法渊源与偏差校正"，载《现代法学》2018年第7期。

《法国商法典》第 L223 - 14 条规定，按《法国民法典》第 1843 - 4 条股价确定的办法，取得或让人取得该转让股权"。而《法国民法典》第 1843 - 4 条规定，"此种权利的价值，如有争议，由当事人双方指定的鉴定人确定，当事人之间对鉴定人的指定不能达成协议的，由法庭庭长以紧急审理的裁决指定鉴定人"。鉴定费用由公司承担。①

《日本公司法》2014 年修订后规定，"转让价格由转让股东与公司或指定购买人之间协商确定，或通过法律规定的计算方法确定"。② 如果无法达成股权收购或购买合意，那么或者转让股东放弃转让，或者通过法院确定转让的合理价格。③ 根据《日本公司法》，法院应当依据请求提出时公司的资产状况以及其他一切应考虑之情况，综合考虑股份买卖的价格。如果 20 日以内当事人没有向法院提出申请，则股份买卖的价格（总价款）应该是每股公司股份所代表的纯资产额乘以对象股份的总股份数后得到的总额。④

从法国和日本的立法看，这种"不同意"最终剥夺了转让股东对自己所持股份的定价权。因为，一旦公司"不同意"转让，原来的股权转让协议将不能被履行，也就意味着转让股东之前通过谈判机制形成的股权价格被否弃，股权价格需要按照法律的规定重新确定。这可能对转让股东的权利实现造成减损。因此我国台湾地区"立法"在借鉴相关制度时，对定价权进行了重新配置，规定"如果其他股东不同意，有优先受让权"，也就是遵循与原股权转让协议所确定的转让条件相同的条件，即"同等条件"，购买股权。这实际是对转让股东的股权定价权的尊重，最大限度实现转让股东的利益。但是优先受让权模式下，可能发生转让人利用定价权侵害其他股东同意权的情形。如为了使第三人能够进入公司，故意与第三人抬高交易条件，迫使其他股东因不堪承受交易条件而同意，或因不能承受交易条件而视为同意。在我国大陆地区的经济实践中，此类案件争讼不断。实务界人士总结了五种侵害优先购买权的模式，如"投石问路""金蝉脱壳""釜底抽薪""虚张声势""瞒天过海"等。⑤ 因此在同意权规则中，或者在

---

① ［法］《法国商法典》，罗结珍译，北京大学出版社 2015 年版，第 218 页。

② ［日］近藤光男：《最新日本公司法》，梁爽译，法律出版社 2016 年版，第 91 页。

③ 法院可以通过指定专业评估机关对股权价格进行鉴定评估，也可以借鉴采用下列方法确定股权价格：账面价值法（book value），即采用资产负债表上资产减去责任的数额；资本盈余法（capitalized earning），即在估算公司未来盈余的基础上，通过一定的折扣率来计算出公司现在的价值；以及共同协议法（mutual agreement）即在签署协议时股东共同约定一个起始价格，同时约定在指定时候或者不时地通过共同协议调整价格以反映市场价值的实际变化等。

④ ［日］近藤光男：《最新日本公司法》，梁爽译，法律出版社 2016 年版，第 81 页。

⑤ 唐青林、李舒、张德荣："规避侵犯股东优先购买权的五种招数"，来源于网络资源，微信公众号：公司法权威解读。

不同意的救济措施中，如何对定价权问题进行配置，值得深思。

2. 我国《公司法》的强制购买义务履行与多种定价权配置

我国《公司法》在第71条中也规定了"不同意"转让时的"强制购买"规则，但是非常简单。基本也为优先购买权所代替。或者说，一个当然的想法是以"同等条件"购买。但从经验逻辑的角度分析，不同意转让，意味着也不会同意转让的条件。如果同意转让的条件，行使优先购买权即可。因此，不同意时的"应当购买"，实质是一项强制购买义务，应该有其权利对价，也就是应该取得重新议价的权利或机会。其背后的法律机理在于：以"同意权"换"议价权"。也就是说，"同意权"是基于法定或意定（章定）而存在的对转让目的实现构成限制的措施或手段，如果公司不同意转让，则转让股东的转让目的不能实现，否则"同意权"形同虚设；但是，基于保护转让股东的投资利益、成员权益等目的，法律禁止公司以"不同意"剥夺转让股东的转让权，而"强制"公司或不同意股东购买拟转让的股权，那么从利益平衡的角度，法律就不应继续"牺牲"公司或不同意股东的对股权转让价格进行讨价还价的权利——"议价权"。这一点与我国《公司法》上的优先购买权的法律机理有很大不同。《公司法》第71条第3款规定的优先购买权，是在经股东过半数同意转让股权的基础上，其他股东亦可通过行使优先购买权阻断不受欢迎的受让人进入公司，强行切断转让股东与受让人之间的交易，因此其他股东丧失议价权，只能在转让人确定的交易条件即"同等条件"的基础上决定购买或不购买。

从前述比较法的规定看，通过协商或司法决定/鉴定的方式确定价格，对于转让人不利，而采取优先受让权的方式，对其他股东不利。妥当的做法应该是给转让股东和其他股东同等的议价机会。这个议价机会会有助于遏制转让股东单方定价造成的偏颇性损害，特别是通过虚构同等条件损害其他股东利益。同时也有助于价格发现，也就是通过其他股东提出新的价格条件，或者在没有提出新的价格条件时，借助评估机制，以更公允的交易条件建立转让股东与其他股东之间的股权交易关系。

因此我国在重构公司同意规则时，对"强制购买"条件可以兼容并举。即允许其他股东在"不同意"时提出新的购买条件，作为协商基础，同时也可以选择适用转让人提出的交易条件，类似于优先购买权的"同等条件"。必要时通过鉴定或评估的方式确定。

如果其他股东提出新的购买条件，那么转让股东应当就新的条件与其他股东进行协商；如果转让股东拒绝，可以请求对股权价格进行鉴定或评估，鉴定费或评估费可以借鉴法国法的规定，由公司承担。因为公司对股权价值确定具有相对优势，有义务提供相关信息帮助双方作出价格判断。如果公司无法确定，那么应当承担因无法履行此种义务而产生的费用或损失。其他股东应当在鉴定或评估价格的基础上与转让方达成协议。如果存在多个新的购买条件，转让股东有选择权。

如果其他股东不提出新的购买条件，而是同意转让通知中的条件，那么该同意就构成了对转让通知中交易条件的承诺。该同意或承诺在到达转让人时发生股权变动的效力。除非公司已经在其他股东过半数同意的情形下，同意接受第三人进入。如果公司同意第三人进入，也就不存在不同意股东的强制购买义务。但是如果公司过半数股东不同意，此时就发生了强制购买义务。那么当载有同意其交易条件的"不同意复函"到达转让股东时，既是新的协议生效，也由于股东之间转让股权不需要公司同意，因此在协议生效时股权就发生变动了。而此时对于原股权转让双方而言，因公司不同意，转让人与受让人的合同还没有生效，因此双方可以根据合同成立但未生效的状态主张信赖利益救济。如果有其他股东提出新的购买条件，该条件因股权已经发生变动，而自动失效。如果有多个股东同意转让通知中的条件的，那么在多个其他股东中进行比例分配。

转让方一旦发出通知，就不能放弃股权转让，除非其在转让通知中作出明确的意思表示，不需要公司提供"不同意"时的救济措施。转让方作为商人，应当对股权交易本身的商业风险以及相关规则产生的法律风险有足够的认识和经验，也应该明白转让通知发出后对公司安定性以及其他股东利益造成的影响。因此应在深思熟虑后发出转让通知。尤其在存在其他股东定价、转让人定价以及公允定价三种机制的情况下，各方主体进行何种选择将变得更加复杂，也使定价更趋合理，转让方和其他股东的各方利益已经得到足够关照，反悔权本就勉强成立的合理性更大大降低，应被彻底涤除。

总之，《公司法》应当放弃优先购买权对"公司同意"拟制的影响，使同意权回复其在成员关系变动问题上的主导地位。应当充分发现并发挥"不同意"的议价功能，通过多种定价权配置，促进形成新的价格发现机制，平衡各方利益。

二、同意权与优先购买权的行使：基于《公司法》第71条的理解

虽然有前述讨论，本节仍然回归《公司法》第71条，从解释论的角度，研讨以"其他股东过半数同意并放弃优先购买权"拟制公司同意时，同意权的功能以及优先购买权的性质和行使条件。

（一）同意权兼具知情权和议价权

同意权行使以知情为前提，因此，同意权兼具知情权的性质，同时根据《公司法》第71条规定的强制购买规则，也具有议价的空间。

1. 同意退/转的必然与不同意的救济

如前所述，同意权是基于团体与成员的特定身份而产生。同意权的目的在于维持公司结构稳定，保护公司和其他股东不受陌生人进入的干扰；但是同意权不能作为变相禁止股东转让股权的手段。因为从法律的角度看，保障股东的转让权，既是对财产自由原则的尊重，也是对有限责任公司人合性的尊重——不应将"离心者"强行留在组织体内部，同时也是对结社自由的保障。因此，即使公司章程可能有不同规定，在法律规则配置上，同意权并不在实质意义上制约股权转出，"未经同意"不会实质性地阻止股权转让方转出行为的发生。但是随着股权转让的发生，将会使陌生人进入公司，同样会背离公司的人合性和安定性。因此同意权产生了结构性两难。《公司法》第71条选择以"同意权"解决老股东退/转问题（第2款），以"优先购买权"解决第三人加入问题（第3款），以此来保证无论同意还是不同意股权转让，都只发生一个效果：老股东一定能够退/转，只是改变了股权转让的对象——公司或公司指定的受让人或者其他股东，或者改变了股权转让的定价方式——从协议定价到依法定价。

但是，如前所述，这种安排看似逻辑周全，却可能导致股东个体意志绑架其他股东形成的团体意志，股东个体性的优先购买权凌驾于其他股东形成的团体利益之上，应予矫正。

2. 同意权的知情权功能

同意权的规则配置模式，使其兼具程序和实体价值。通过同意规则，股权转让必然经历"征询同意"的程序过程，这有助于满足公司和其他股东对股权转让的知情权，并借助知情权决定进一步采取的行动。根据《公司法司法解释四》第17条第1款规定，转让股东应就其股权转让事项以书面或者其他能够确认熟悉的合理方式通知其他股东征询同意。虽然该规定没有明确"股权转让事项"究竟包括哪些内容，但理论上认为应当包括满足同意权行使目的的基本信息，如受让人的姓名或名称、转让股权的类型、数量、价格、履行期限及方式等股权转让合同的主要内容等，以供其他股东判断是否同意该项交易。

第17条第2款的规定容易造成征询同意通知之外还要再通知"同等条件"的印象。从简便交易程序的角度，另行设置"同等条件通知"是不必要的。理论上，根据《公司法》第71条的规定，经股东同意转让的股权，全体其他股东都享有行使优先购买权的权利。在没有对转让价格进行了解的情形下，其他股东也不会轻易放弃优先购买权。因此很大概率是其他股东都可能要求"同等条件通知"，即使是出于好奇。而转让股东无权对此进行审查。因此，与其由其他股东再行索要转让的基本信息增加时间成本，不如直接在"征询同意通知"中一并告知，以利于其他股东作出同意或不同意的判断的同时，决定是否行使优先购买权。因此，从知情同意的角度，转让股东负担基本信息披露义务，以实现其他股东基于同意权而享有的知情权。

3. 同意权的议价功能

同意权也使公司和其他股东产生一项实体意义上的权利，即对股权受让对象和价格在一定程度上的议定权，包括指定股东或他人购买股权以及在过半数不同意股权转让而发生强制购买时的议价权。同意权包括有权表示同意，也有权表示不同意。当公司不同意时，如前所述，会对转让股东产生一项救济性措施，即强制购买。由此产生"不同意购买"（"强制购买"）与"优先购买"之间的区别与联系问题，或者优先购买权究竟是反对股东的权利还是其他全体股东的权利问题。

如前所述，从"同意规则"和"优先购买权规则"的立法目的看，二者各有偏重。前者更倾向于保护转让股东的转让目的实现，为保护转让而"强迫同意"，后者更倾向于维护公司封闭性特征，为维护封闭而"切断外部转让"。《公司法司法解释四》第 17 条针对《公司法》第 71 条第 2 款和第 3 款规定进行解释时，立意将"同意征询程序"与"优先购买程序"塑造为两个独立的程序，实现各自的立法价值。因此，从解释论的角度，基于同意规则和优先购买权规则而产生的"强制购买义务"与"优先购买权利"也应各有其行使条件和法律效果。概而言之，公司或其他股东过半数不同意——强制购买义务——议价权；公司或其他股东过半数同意——优先购买权利——同等条件。

"强制购买"应在特定期间内完成。但是无论《公司法》还是《公司法司法解释四》都未对"强制购买"义务的履行期限进行规定。比较法上，《法国商法典》第 L223 - 14 条规定为 3 个月，《日本公司法》第 145 条第 2 项规定为 40 日，《美国法定封闭公司附加规定》第 12 条第 4 款规定为 75 日。实践中，可参照优先购买权的行使期限加以确定。

在股权转让实践中，应将"征询同意通知"与"同等条件通知"合二为一。在其他股东过半数不同意的情况下，不同意股东可依"强制购买"而与转让方进一步协商交易条件，但是在其他股东过半数同意并放弃优先购买权的情况下，同意但不放弃的股东可以依据"通知"中所载明的同等条件，行使优先购买权。

（二）股东优先购买权性质的应然与实然：对反悔权的反对

权利性质不仅决定了其自身的行使方式和效力，也深刻影响权利人利益受保护的程度。[①] 如前所述，优先购买权在《公司法》中具有特殊功能，即阻却受让人进入公司。优先购买权借鉴于我国台湾地区所谓的"公司法"。但与我国台湾

---

① 赵旭东："股权优先购买权的性质和效力"，载《当代法学》2013 年第 5 期。

地区所谓的"公司法"的规范逻辑不同的是,后者的优先受让权是建立在"不同意转让"基础上的被动性权利,而《公司法》的优先购买权是建立在"其他股东过半数同意"基础上的积极性权利。因此,我国台湾地区所谓的"公司法"的优先受让权兼具对转让人进行救济的功能;但是大陆地区公司法学界通说认为优先购买权旨在维护团体秩序。也就是说,既然已经在"股权转让或股东退出"层面上尽可能维护了成员的个体性利益,那么在优先购买权层面就尽可能维护团体利益——尤其该权利行使以尊重转让人的定价权为前提较好地实现了转让人的利益。鉴于优先购买权以其他股东放弃"讨价还价"权利为代价,以求得公司稳定,故一旦行使就应发生权利变动的效果:其一是阻却受让人进入;其二是强制转让人转让或退出,以使公司秩序尽快安定。

1. 股东优先购买权性质的请求权说与形成权说的争议与评价

《公司法》第 71 条第 3 款对优先购买权的规定较为模糊,理论界和实务界对其性质展开热议,并形成诸多学说观点。在各种股东优先购买权的学说中,形成权说与请求权说争议最多。焦点在于股东优先购买权实现是否需要与转让人合意,或者是否允许转让人"放弃转让"或"反悔"。

(1) 两种学说的争议。"请求权说"认为,优先购买权是权利人对出卖人享有的买卖合同订立请求权。在权利人行使优先购买权时,买卖合同的成立尚须出卖人之承诺。"请求权说"使优先购买权人的权利实现依赖于转让人的同意,倘使转让人反悔,不同意转让股权,优先购买权人亦不能强制其转让。请求权说又分为优先购买请求权和强制缔约请求权。后者是指转让人对于优先购买权人的购买请求负担强制承诺的义务。强制缔约请求权在实际效果上使请求权与形成权的界限变得日益模糊。①

"形成权说"认为,转让方与第三方成立股权转让关系时,一旦优先权人主张或者行使优先购买权,就能使优先权人与转让方之间按同等条件产生买卖合同关系。形成权说又分绝对形成权说和附条件形成权说,主要区别为,绝对形成权认为,优先权人的权利实现完全依赖于权利人的单方意思表示,相对人必须承受这种法律效果;附条件形成权说则认为,优先购买权是形成权,但该项形成权附有停止条件,即只有在义务人将其财产出卖给第三人时,优先权人才得行使其优先购买权。若义务人不再将其财产出让给外部第三人,则优先购买权将丧失其行使基础。附条件形成权说实质使转让人享有反悔权,或者说以自己之意志决定优先权人的权利能否实现的机会。附条件形成权说被认为是对绝对形成权说的缓和,或者是绝对形成权说与请求权说的折中。

---

① 蒋大兴:"股东优先购买权行使中被忽略的价格形成机制",载《法学》2012 年第 6 期。

主张"请求权说"的学者，理由是：其一，绝对形成权说以权利人单方意思发生权利变动，有悖于意思自治原则。其二，绝对形成权过于保护其他股东的利益，使他们拥有高高在上的"内部人特权"，其他股东不需要付出任何缔结契约的代价，坐享转让人与受让第三人的缔约成果，损害转让人与受让人的利益。① 其三，《公司法》的规定，不支持绝对形成权说。因为绝对形成权说意在使优先购买权人与转让人直接形成一个以转让人与第三人之间合同条件为基础的新合同，但是《公司法》第71条第2款关于多个股东主张优先购买权时按出资比例行使优先购买权的规定，使得优先权人与转让人之间直接形成合同关系的目的落空，仍然要通过协商程序方能确定。② 其四，优先购买权的制度目的除了保护闭锁公司其他股东的"控制利益"或"在先利益"，即封闭或者限制外部人进入公司的渠道，还具有衡平转让人、拟收买股权的受让人与其他股东之间的利益关系的功能；解释论上认可转让人修改其转让股权之意思表示，从而使闭锁公司拟转让股权能获得最优的、公平的市场价格，克服闭锁公司之股权交易缺乏公开市场而衍生的弊病。故应为优先购买请求权，而非优先购买形成权。③

更多学者支持"形成权说"，④ 理由是：其一，请求权说不能有效实现优先购买权人的先买权。采用请求权说，当优先购买权的行使条件具备时，优先权人需要向出卖人发出类似契约的订立契约的意思表示，出卖人承诺时契约始得成立。为了实现优先购买权的立法目的，法律还必须明确规定出卖人的强制缔约义务，否则，出卖人拒绝缔约，只对优先权人进行损害赔偿时，优先购买权在订约阶段即已落空。其二，形成权更具有效率性，最便利立法目的实现。在采用强制缔约请求权说的前提下，虽然从最终效果看，强制缔约"请求权说"和"形成权说"都能最终实现在出卖人与优先权人之间成立与第三人和出卖人之间内容相同的买卖合同的目的，但是，在出卖人几乎已无拒绝订约可能的强制缔约情形下，再按常规履行要约、承诺这一并无谈判价值的漫长缔约程序，既无必要，又徒增缔约成本，还拖延契约成立时间，违背经济效率原则，不如采用"形成权说"既经济又便捷高效。其三，形成权说不违背契约自由原则。虽然形成权说对当事人股权转让具有强制性，但是如果充分地注意到转让人是在明知其他股东享有这种优先购买权的前提下与第三人签订股权转让合同的，那么本质上就不存在对转让人股权转让的强制，这是一个原本早被法律锁定的连环交易，转让人对

---

① 高永周："有限公司股东优先购买权的产权逻辑"，载《南京大学学报（哲学社会科学版）》2015年第5期。

② 蒋大兴："股东优先购买权行使中被忽略的价格形成机制"，载《法学》2012年第6期。

③ 蒋大兴："股东优先购买权行使中被忽略的价格形成机制"，载《法学》2012年第6期。

④ 赵旭东："股权优先购买权的性质和效力"，载《当代法学》2013年第5期。

此心知肚明，当然就不能将其视为强迫交易。因此，由于有限公司特有的人合性，使得形成权的定性与其高度吻合，更有正当性的基础，更能有效维系有限责任公司的人合性。[①]

（2）两种学说的评价。上述两种观点既有合理之处，亦各有偏颇。比较而言，形成权说更值得赞同。请求权说对形成权说的批评多不成立。

首先，形成权说并非完全背离意思自治原则。我国公司法背景下，无论在法定优先购买权还是章定优先购买权条件下，转让股东对于其他股东优先购买权的存在都是基于股东的意思表示：章定优先购买权是基于包括转让股东在内的全体股东的"选入"；法定优先购买权条件下，是包括转让股东在内的全体股东未为"选出"，同意该项权利的存在（实践中，第71条的规定通常被直接移置章程中，表明全体股东对优先购买权存在的同意）。这实质是包括转让股东在内的全体股东概括性同意在其转让股权时同等条件下优先出售给公司或其他股东。这种同意是完全自愿的，如果有任何对优先购买权实现方面的限制性规定，都可以通过法律允许的章程例外来解决。当不存在这种章程例外时，不能认为权利人依单方之形成表示设立股权买卖合同是对意思自治原则的背离。事实上，优先购买权制度使每个股东都平等地受到优先购买权的约束，正是全体股东的自由意志成为优先购买权存在的正当性基础。

其次，形成权说并不是造成其他股东剥夺转让人与第三人之间缔约成果的原因。事实上，即使其他股东未参与转让人与第三人之间的缔约过程，但是对于二者所形成的价格是否具有可接受性，每个股东都会进行独立评估，并非如学者批评的那样不劳而获[②]。每个股东都是理性经济人，在决定是否行使优先购买权时，不会单纯依赖转让股东与第三人的议定价格作为判断依据。通常其他股东会对股权价值和价格进行评估，并进而判断是否存在恶意串通和价格欺诈。只有在认真评估的基础上，其他股东才会作出是否行使优先购买权的决定。而形成权说使这种决定变得更加谨慎，因为一旦作出决定行使优先购买权，就没有回转余地。因此，其他股东行使优先购买权不是没有缔约成本，其他股东不会躺在转让人和第三人的议定价格上睡觉，形成权说对转让股东和其他股东所施加的约束性影响是相称的。

再次，《公司法》关于比例行使优先购买权的规定并不妨碍形成权性质的成立。优先购买权制度的设计是针对其他股东全体的。优先购买权的形成权性质也是针对其他股东全体的，虽然每个股东单独表达不放弃优先购买权或明确行使优

[①] 赵旭东："股权优先购买权的性质和效力"，载《当代法学》2013年第5期。

[②] 高永周："有限公司股东优先购买权的产权逻辑"，载《南京大学学报》（哲学社会科学版）2015年第5期。

先购买权的意思表示，但是可认为这是欲行使优先购买权的股东集体作为一方当事人与转让人签订股权转让协议，对转让股东而言，他将股权转让给一个人和一群人，对其权利实现并没有实质性影响；至于优先购买权人内部如何分配比例，与优先购买权本身的行使并无关系。

最后，反悔权的存在无助于抵制恶意转让行为，却可能对公司股权结构、治理结构和运营秩序造成损害。主张请求权说的学者，在论及使转让股东享有"反悔权"的好处时，认为可能有助于"价格发现"或"同等条件"的公平形成。因为若没有"反悔权"规则配置，优先购买权人完全居于"同等条件"形成过程之外，其他股东对转让人和外部第三人初步讨论达成的交易价格，只能表示同意或不同意，此种价格形成机制很容易使转让人与第三人恶意串通，故意以高价格诈欺转让，于股权转让合同订立后在实质上不进行债务履行，或者长期不履行债务，以阻挠其他股东行使优先购买权。由此对优先购买权造成损害。如果承认"反悔权"，则转让人的股权转让行为将转变为一种"试探行为"，不再需要与受让人串通，抬高股价，以对抗其他股东的优先购买权。这种超高竞争的价格形成机制，使股权转让公平价格的形成更加透明，也有利于避免实践中的恶意转让行为。[1] 这样的观点注意到了经济生活中存在恶意转让损害优先购买权人利益的客观现实，但是对其解决问题的方法和路径却存在一定程度的主观臆断。就转让股东与第三人之间恶意抬高价格、对抗（侵害）其他股东优先购买权的行为而言，目的显然不是使转让股东获得更高的转让利益，而是使不受公司欢迎的第三人进入公司。反悔权的存在不过是以转让人的不诚信替代了欺诈，最终实现排除其他股东优先购买权使第三人进入公司的目的。孰为优劣，实难判断。

（3）反对"反悔权"的理由：维护公司经营秩序安定。"反悔权"的存在，或许确实可能发现股权价格，使转让人获得可能高于原来售价或预期的利益。但是，这是以对公司其他股东的交易安全和公司经营秩序的侵扰为代价的。

一方面，其他股东在行使优先购买权的判断时，不仅要进行交易评估，更要进行包括资金筹措在内的各种旨在满足"同等条件"要求的交易安排和行动。此时，若转让股东"反悔"，其他股东为获得标的股权进行的所有付出，包括但不限于金钱支出，会随着"交易安全"保障的消失而付之东流。[2] 另一方面，在转让股东不断反悔中，公司始终处于股权结构动荡状态，一部分股权的去向悬而未决，使公司发展方向变化莫测，转让股东萌生退意后对公司的经营决策等事项

---

① 蒋大兴："股东优先购买权行使中被忽略的价格形成机制"，载《法学》2012 年第 6 期。

② 于莹："股权转让自由与信赖保护的角力——以股东优先购买权中转让股东反悔权为视角"，载《法制与社会发展》2020 年第 2 期。

关照不复以往，即使参与决策，其表决意见的可靠性亦不可信赖；若转让股东为公司控制股东，在其反悔期间，亦可利用控制权修改公司章程，使之朝着有利于自己的方向修改，从而进一步损害其他股东的优先购买权。诸此弊端，皆因转让股东具有反悔权而生。①

有学者在进行"利益衡量"后认为，反悔权的"赋予"或"不赋予"尽管在横向利益评价上，发生了转让股东的交易自由与其他股东的交易安全之间的冲突，但是从制度利益的角度，并不对"有限责任公司的人合性利益"产生影响，因此得出的结论是，基于私法自治原理的作用，在对其他股东的合理信赖损失进行赔偿后，转让反悔权具有正当性。② 但是事实上，这种建立在对其他股东合理信赖损失进行赔偿之上的反悔权的正当性，恰恰是其不正当的体现。因为反悔权会变相鼓励转让股东的不诚信行为，导致该"权利"被滥用。③ "反悔权"所追求的不是转让股东的"交易自由"，而是实现转让方的利益最大化，本质上是一种效率违约；效率违约作为一种经济现象可以被理解，却不应为法律所承认甚至鼓励。而从以降低代理成本为核心的法律经济学视角，因买卖交易是典型的零和博弈，不存在必须最大化某一方利益的正当性。在经济学意义上，任何定价都应是风险加权之后的结果，出价人必须承担自己交易定价的后果，股权转让亦不例外。④ 支持"反悔权"的学者显然也意识到了"反悔权"滥用的可能及其危害，因此主张应将其限制在"特别利益不能实现"的范围内。但是从其所提出的"特别利益"的性质看，无一不为"同等条件"限制所涵盖或为理性经济人所预见并避免，⑤ 无须借助可能侵扰公司安定秩序的"反悔权"来实现。

更为重要的是，"反悔权"在根本上背离了优先购买权的立法目的。优先购买权的制度利益并非停留在静态"股权结构"所反映的"有限公司的人合性利

---

① 曲某诉被告大连城市发展有限公司，戴某、张某红、何某、王某、刘某群、姚某君、王某华股东资格确认、请求变更公司登记纠纷案［(2014) 大民三初字第00080号］。

② 参见于莹："股权转让自由与信赖保护的角力——以股东优先购买权中转让股东反悔权为视角"，载《法制与社会发展》2020年第2期。赵旭东、衣小慧："股东优先购买权中转让股东'反悔权'的证成与构建"，载《国家检察官学院学报》2021年第2期。

③ 赵磊："股东优先购买权的性质与效力——兼评《公司法司法解释四》第20条"，载《法学家》2021年第1期。

④ 罗培新："抑制股权转让代理成本的法律构造"，载《中国社会科学》2013年第7期。

⑤ 此处所言"特别的利益"包括但不限于以下情形：如有限责任公司所属的集团公司进行结构调整而对外转让股权；处置股权是为了进行股权置换；非股东受让人与处置主体之间存在特殊的经济合作往来，因此在股权转让的价格上进行让利；非股东第三方与股权转让股东之间具有特殊的人身联系，而将股权进行折价受让，甚至无偿赠与等情况。参见赵旭东、衣小慧："股东优先购买权中转让股东'反悔权'的证成与构建"，载《国家检察官学院学报》2021年第2期。

益"上，而是更深层次地透射出公司秩序的安定性需求。在允许"反悔权"的条件下，其他股东的交易安全保障将依赖于信赖利益的事后救济，不仅将增加转让股东与其他股东之间的诉累，更增加了股东之间的矛盾；即使最终转让股东彻底放弃离开公司的行动，亦因这种"试探行为"埋下不信任的种子，不利于公司经营秩序的整体安定。因此，从公司社团法人的属性以及组织法或团体法的角度，公司法的首要目标是维护"公司"的利益，而不是实现转让股东的利益最大化；无论基于何种价值判断都不应使转让股东的利益置于公司整体利益之上。股东优先购买权制度的根本目的，就是通过阻止陌生人或不受欢迎的人进入公司以维系人合性实现公司经营秩序的安定，而不是留住一个已生嫌隙貌合神离的股东埋下公司动荡的隐患。如果反悔权的存在在根本上动摇这一目标，就应当从股东优先购买权制度中剔除，以确保司法解释的利益调整立场与方法能够契合立法本意。①

与此相对，形成权说则更直接有效地实现股东优先购买权的目标。它不仅通过优先购买权人单方意思表示用最短的时间锁定交易条件，更使股权转让交易能够迅速实现并使公司经营秩序得到迅速安定，使各方主体的利益关系得到最大限度的平衡。形成权说虽然不能使转让人基于请求权说从反悔权那里得到竞价利益，但是从比较法的角度，一些国家的立法在处理股权转让价格时，直接采用法律规定的定价的方法减少因价格磋商造成的交易成本浪费。因此，应从整体效能上肯定以形成权说定性优先购买权的妥当性和合理性，不宜舍本逐末。

2. 股东优先购买权是具有物权效力的优先购买权

根据优先购买权行使是否对出让人与第三人的权利变动产生影响，可将民法上的优先购买权区分为物权效力的优先购买权和债权效力的优先购买权，二者的主要区别在于：物权性先买权可以为权利人提供担保，保证使违反先买权的处分相对无效。② 换言之，物权效力的优先购买权对第三人具有约束力，即第三人与出卖人之间的物权变动并不能约束权利人。即使出卖人已经将标的物让与给第三人，优先购买权人仍能追及购买。基于优先购买权的物权效力，优先购买权人被赋予撤销权，或得请求撤销所有权变动登记，从而直接影响到第三人与出卖人之间的法律关系。而债权性先买权，只能使权利人获得优先与出让人订立合同的机会，在这种情况下，对出卖人而言就存在同一物的两个买卖合同：一个是与第三人签订的愿意出卖标的物的合同，一个是权利人通过单方面的形成表示产生的买卖合同，而出卖人只能履行一个买卖合同，因此，对于债权性先买权人而言，不

---

① 陈甦："司法解释的建构理念分析——以商事司法解释为例"，载《法学研究》2012年第2期。
② ［德］曼弗雷德·沃尔夫：《物权法》，陈华彬译，法律出版社2002年版，第243页。

能获得合同得以履行的保障，而只能在出卖人无法履行与其之间的合同时请求违约责任的救济。此外，物权因具有绝对权属性，其设立需要借助特定公示手段，以对第三人产生对抗效果，保护权利人不受第三人侵害。因此有立法例要求物权效力的优先购买权须具备公示性，以便第三人查询。① 债权因具有相对性属性，仅在缔约双方之间发生约束力，故债权性的优先购买权无需公示。

有限责任公司的股东优先购买权应为物权性先买权，理由有二：

其一，符合制度目的。从股东优先购买权的立法目的看，主要在于使股权转让的对象发生改变，阻止不受欢迎的陌生人进入公司，保持有限责任公司的人合性。为实现这一目的，必须使优先购买权具有影响出让人与受让第三人之间权利变动的效力，即使股权在出让人与第三人（受让人）之间发生变动，该变动也不得对抗优先购买权人的权利行使，优先购买权人仍然有权主张撤销股权变动登记。因此，股东优先购买权应具有物权性先买权的性质和效力。《公司法司法解释四》第 21 条的规定反映出对股东优先购买权系物权性先买权的支持，根据该条规定，优先购买权人不能仅因优先购买权受到侵害（实际是知情权受到侵害）而要求确认转让人与第三人的股权转让合同和股权转让行为的效力，但是可以通过主张优先购买权阻却转让人与第三人的股权转让合同的履行，阻却股权向第三人移转；而对于基于侵害优先购买权的行为已经发生的股权变动，优先购买权人也有权行使撤销权，哪怕该股权变动已经经过工商变更登记。因此，股东优先购买权具有物权的追及效力。

其二，符合公示对抗要求。股东优先购买权，通常根据法律规定或章程规定而产生。法定优先购买权并不必然是具有物权效力的优先购买权。但是正如有学者指出的，法定优先购买权之所以能对抗第三人，看上去似乎是其法定性的作用，但究其实质，还是因为先买权人与先买权标的之间的特别结合关系。如先买权人是长期承租人，或与转让人有特别的人身关系，为了保护这些特别关系，法律严格限制土地所有权人的处分权，……正是这一制度目的决定了先买权的对抗力。因此，先买权对于第三人有无约束力，需综合规范文义和制度目的而定。② 股东优先购买权本质上是基于股东身份而享有的权利，在股权外部转让条件下，只要公司章程未予以排除，就作为默认规则，由每个具有股东身份的人所享有，而股东身份于工商登记中予以公示，任何外部第三人都应承受这一法律规定的对抗效力。而在股权内部转让的情形下，优先购买权存在于章程中，章程本身就是内部受让人参与制定并对其发生约束力的文件，内部受让人自不能以不知不受对抗为抗辩。

---

① 丁春艳："论私法中的优先购买权"，载《北大法律评论》2005 年第 2 期。
② 常鹏翱："论优先购买权的法律效力"，载《中外法学》2014 年第 2 期。

3. 优先购买权性质的实然性解读：基于《公司法司法解释四》第 20 条的理解

在经过相当长时间的争论之后，2017 年出台的《公司法司法解释四》最终作出选择，该解释第 20 条规定：有限责任公司的转让股东，在其他股东主张优先购买后不同意转让股权的，对其他股东优先购买的主张，人民法院不予支持，但公司章程另有规定或者全体股东另有约定的除外。该条规定，变相承认了转让人的"反悔权"，从某种意义上接受了"请求权说"或"附条件形成权说"定性股东优先购买权。

但是起草者在对该条进行释解时认为，"理论上股东优先购买权的属性并不能成为决定转让股东是否有权不同意股权移转的依据。是否允许转让股东'又不同意转让股权'，与优先购买权界定为形成权还是请求权无关。从逻辑上说，在确定法律规则时，应当先进行政策选择，然后再进行规范设计（包括在此基础上的法律解释），而不是相反"。并基于以下的理由，决定赋予转让人以反悔权：其一，《公司法》第 71 条第 3 款的立法目的是保护有限责任公司的人合性。既然转让股东"又不同意转让股权"已足以阻止外部人进入，达到了《公司法》规定股东优先权制度的目的，便不宜再赋予其他股东过多的权利。其二，在其他股东提出优先购买权后，如果转让股东不同意与其他股东订立书面合同，我们认为，这时股权转让合同并没有成立。在合同没成立的情况下，转让股东不应受到合同约束。①

解释论上对优先购买权性质进行界定，目的是通过概念、逻辑和体系强制给立法和司法提供更为充分的理由和依据；价值判断和政策选择则在很大程度上决定了实证法的走向。因此，基于现实需要进行的规则配置确实无须囿于理论学说。但是规则制定本身又给了理论研究重新界定优先购买权性质的实证法上的样本。《公司法司法解释四》第 20 条的规定为探讨优先购买权性质提供了新的依据。

对上述观点进行逻辑推演的结论是，股东优先购买权仍然应被认为具有形成权的性质，只不过基于政策选择的考虑，对形成权说进行了规则配置的改良。理由是：

（1）"放弃股权转让"符合附条件形成权的构成要件。第 20 条规定的转让股东在其他股东主张优先购买权后"又不同意转让股权"，是指"放弃股权转让"——既不转让给优先权人，也不转让给第三人，而不是单纯"不同意转让"给优先购买权人。如果将之理解"又不同意转让股权"给优先权人，则属于依

---

① 杜万华主编：《最高人民法院公司法司法解释四理解与适用》，人民法院出版社 2017 年版，第 444－445 页。

请求权说定性优先购买权，此时不能发生阻止第三人进入公司的目的，也就偏离了股东优先购买权制度的目的和价值。因此，欲使转让人的"又不同意转让股权"实现阻止外部人进入公司的目的，就只能将之理解为转让人至少在本轮交易中彻底放弃转让股权——《公司法司法解释四》第 17 条第 3 款之所谓"放弃转让"更为准确。此时，符合附条件的形成权说对优先购买权的定性。

根据附条件形成权说，优先购买权的生效条件是转让人将其财产出卖给第三人；若转让人不再将其财产出让给外部第三人，则优先购买权将丧失其行使基础，不生效力。需要明确的是，作为优先购买权生效条件的"转让人将其财产出卖给第三人"，究竟是指债权意义上的转让合同有效成立，还是指物权意义上的权利变动？如果是前者，那么在转让人与第三人签订股权转让合同时，优先购买权行使的条件就已经成就，此时优先购买权人依其单方意思表示就可以在优先购买权人与转让人之间成立合同关系（假使不考虑前述书面形式对合同成立的影响），若法律允许转让人反悔，从而使优先购买权人丧失权利行使基础，则难免有法律纵容转让人背信之嫌，有违诚信原则，实为不妥；如果是后者，则转让人在与第三人订立合同时，因为合同尚未履行、权利尚未发生变动，故优先购买权的行使条件未成就，唯在进行权利变动时——将导致优先购买权行使条件成就时，转让人放弃对第三人转让股权，故使优先购买权的条件仍处于停止状态。因优先购买权行使条件不成就，并不存在转让人对优先购买权人的违约背信行为，只是对第三人承担违约责任。因此，从解释论的角度，宜将附条件形成权说的"转让人将其财产出卖给第三人"解释为物权变动意义上的对第三人合同的履行行为。理由有二：

一则，符合股权变动模式的体系解释。从股权变动模式体系性解释的角度，股权变动以转让人与受让第三人的股权转让合同生效为权利变动要件，但是股权转让合同生效以其他股东同意和放弃优先购买权为要件，因此，在其他股东放弃优先购买权之前，股权变动尚未发生，优先购买权人尚不具备行使条件，其固然主张优先购买权，但转让人若放弃转让，仍可以优先购买权条件尚未成就，来阻止优先购买权人实现其权利。

二则，符合股东优先购买权的物权性先买权特征。如前所述，股东优先购买权应为物权性先买权，物权性先买权的效力在于使转让人与第三人的处分相对无效，因此若股东行使优先购买权所缔结的为物权合同，而非债权合同，则能有效阻止转让人与第三人的处分行为。也就是说如果转让人不放弃转让，则优先购买权生效，其法律效果为使股权发生权利变动，从转让人移转至优先购买权人，转让人不能够将之再移转给第三人。如果转让人已经使股权发生形式上的变动（实践中转让人控制的公司通常会协助完成股权形式上的变动），那么先买权人仍然得以主张撤销该处分行为。也因此，才与《公司法司法解释四》第 21 条的规定具有目的解释的一致性。

（2）符合《公司法司法解释四》第 21 条的规则目的。《公司法司法解释四》第 21 条第 2 款规定，"前款规定的其他股东仅提出确认股权转让合同及股权变动效力等请求，未同时主张按照同等条件购买转让股权的，人民法院不予支持"。据此，优先购买权人不能仅因优先购买权受到侵害（实际是知情权受到侵害）而要求确认转让人与第三人的股权转让合同和股权转让行为的效力，但是可以通过主张优先购买权阻却转让人与第三人的股权转让合同的履行，阻却股权向第三人移转。

附条件的形成权说亦受到学者的批评。主要理由是：其一，附条件形成权说的"条件"是指"出卖人出卖标的物给第三人"，但私法上的"条件"有其特定的含义，即法律行为效力之发生或消灭，系于将来是否发生的不确定事实之附款。然此处所指"附条件"，并非指影响法律行为效力的事件，而是指优先购买权得以成立之要件。一般而言，每个权利都有特定的成立要件，但并不表述为"附条件"；其二，"附条件的形成权"在表述上即有疑问，依形成权的特性，其不可附条件或附期限。① 其三，"权利人不将其财产出让给外部第三人"是否属于民法上的所谓"条件"，也即将"不转让之意思表示"归结为条件，理由似乎不充分。②

形成权能否附条件，应视"条件"由谁而定。一般认为，行使权利之法律行为若为附条件，将影响相对人之利益者，不得附条件。形成权因单方意思表示使法律关系发生变动，若许其意思表示附条件，将妨害相对人私益。但是如果相对人对于附加条件予以同意，或条件之成就与否系于相对人之行为，相对人既可以对条件成就与否加以决定，其利益并不因法律行为附条件而受影响，则该附条件之法律行为亦得发生效力。③ 优先购买权行使以转让人对第三人转让股权的行为为条件，系以转让人行为决定条件成就与否，故应承认该所附条件的有效性及该附条件形成权之有效性。

"出卖人出卖标的物给第三人"或"权利人不将其财产转让给第三人"能否构成"条件"？民法上的"条件"，是指附加于法律行为的决定法律行为发生或消灭的将来客观不确定之事实。"条件"具备三个特征：其一，条件附加于法律行为之内，属于法律行为的内容组成；其二，对法律行为的生效或失效产生影

---

① 杜万华主编：《最高人民法院公司法司法解释四理解与适用》，人民法院出版社 2017 年版，第 450 页。

② 蒋大兴："股东优先购买权行使中被忽略的价格形成机制"，载《法学》2012 年第 6 期。

③ 史尚宽：《民法总则释义》，正大印书馆 1973 年版，第 352 页。转引自郑冠宇：《民法总则》，瑞兴图书股份有限公司 2014 年版，第 341－342 页。

响；其三，条件是将来客观不确定之事实。现实的事实，主观认知的事实或确定的事实都不构成条件。"转让人对第三人转让股权"相对于其他股东优先购买权行使而言，符合这三个特征，构成条件。

首先，股东优先购买权的行使，是以转让人对第三人转让股权为效力发生条件的，没有转让人对第三人转让股权的行为，就不会触发其他股东行使优先购买权。该条件不是其他股东优先购买权的成立条件，因为股东优先购买权在股东们缔结协议、制定章程成立有限责任公司时就已经因身份关系而成立了优先购买权，是随股东身份而产生的股东权利的必要组成部分。也有观点认为优先购买权是根植于股东的出资产权，是源于股东本人的出资产权并在出资之时产生的。① 因此，无论如何，股东优先购买权不是因转让人对第三人转让股权而成立，但确定是因之而发生效力。因此"转让人对第三人转让股权"构成了对法律行为效力产生影响的条件。

其次，"转让人对第三人转让股权"或"转让人不对第三人转让股权"，对于其他股东而言都是一个并非依其主观认定的将来之不确定的事实，可能发生，亦可能不发生。在一些公司，因没有股东对外转让股权，可能使所有的优先购买权终其一生都"隐而不发"。而转让人在决定对第三人转让股权之后反悔抑或不反悔，对于其他股东而言更是不可预知之不确定事实。因此，将"转让人对第三人转让股权或不对第三人转让股权"作为"条件"，亦符合"条件"的基本特征。

最后，将"转让人对第三人转让股权"作为其他股东优先购买权效力发生的条件，是与该法律行为绑定在一起的。无此条件成就，股东优先购买权不能行使。故如王泽鉴教授所见，优先承买权人得依一方之意思，形成以义务人出卖与第三人同样条件为内容之契约，无须义务人（出卖人）之承诺。惟此项形成权附有停止条件，须俟义务人出卖标的物于第三人时，始得行使。②

综合上述，《公司法司法解释四》虽未言明对股东优先购买权的法律性质作何认定，但其规定本身，从解释论的角度，与附条件形成权说契合，故应定性为附条件形成权。然而。从商业实践出发，《公司法司法解释四》第 20 条的规定可能产生一系列消极后果，如可能纵容违反诚信原则的行为，进一步损害其他股东的利益，并有害于公司股权结构和公司运营的稳定等，应建构配套制度予以防范。

---

① 高永周："有限公司股东优先购买权的产权逻辑"，载《南京大学学报》（哲学社会科学版）2015 年第 5 期。

② 王泽鉴："优先承买权之法律性质"，载《民法学说与判解研究（1）》，中国政法大学出版社1998 年版，第 506 - 507 页。

（三）优先购买权的行使条件和期限

优先购买权对股权转让各方利益影响甚重，因此其行使条件应受到严格限制。

1. 优先购买权的"同等条件"以载入"通知"为准

"同等条件"是优先购买权行使的核心特征。实践中，关于"同等条件"的认定较为复杂。《公司法司法解释四》第 18 条采取开放性列举的方式进行规定。因此"同等条件"包括但不限于股权的数量、价格、支付方式及期限，还包括与转让人利益实现密切相关的其他因素或附加条件，如双方约定转让方以 50 万元价格转让股权后，受让方为转让方提供 100 万元的无息贷款。

理论上，"同等条件"应当是具有客观可替代性的条件，与身份或特定能力相关的条件不应构成"同等条件"，但是如果这些条件对于转让人利益影响甚巨，那么应该由转让人在"同等条件通知"中明确示明，并同时提供转换条件，例如，转让方将价值超过 100 万元的股权以 50 万元转让给亲属，应同时示明若非亲属关系，则按照股权实际价值确定价格；又如，转让方将价值超过 100 万元的股权以 50 万元转让给受让方，受让方为其提供一年的核心技术支持，此时转让方应同时示明该一年的核心技术支持的市场价值或替代方案。总之，如果一项交易条件在实质上影响转让方的利益，那么转让方应当将该条件载入"同等条件通知"中；只有该条件被载入"同等条件通知"中，方构成其他股东在行使优先购买权时必须遵循的"同等条件"。否则，不能对抗其他股东的优先购买权。如转让方与受让方议定交易条件为"股权转让价格为 100 万元人民币，一次性支付"，但是在"同等条件通知"中并未记载"一次性支付"，那么即使其他股东主张分期支付股权转让款，也不能认为违反"同等条件"。

反过来，如果在"同等条件通知"中提供虚假的交易条件，使其他股东以此为"同等条件"并进行优先购买权行使与否的判断，将构成对优先购买权的侵害。如在深圳市新通宝运输有限公司、深圳市安道运输集团有限公司股权转让纠纷上诉案 [（2018）粤 03 民终 18489 号] 中，股权转让双方签订的《股权转让协议》《借款协议》约定，股权转让对价为支付转让金 500 万元及提供无息免担保借款 5000 万元，该两项款项支付后办理股权过户，借款日期未明确。但是转让股东向其他股东发送的《股权转让协议》《借款协议》文本明确约定 5000 万元借款的支付时间为《借款协议》生效后 5 个工作日内。这种对于"借款支付时间"的不实陈述，就构成了"同等条件"的背离。深圳市中级人民法院认定侵害其他股东优先购买权，股权转让协议无效。

2. 优先购买权的行使期间：对章程绝对优先的反思

明确优先购买权行使期间非常重要。一方面，它有利于股权交易尽快安定。

实践中有的优先购买权人在股权转让发生 1 年后主张行使优先购买权，严重侵扰了转让方、受让方以及公司的利益，因此需要明确的行权期限稳定交易秩序。另一方面，给优先购买权人保留必要的行权判断时间。由于优先购买权是建立在其他股东丧失议价权而以"同等条件"实施购买的基础上，且优先购买权的形成权属性使其他股东一旦行使优先购买权，除非转让人放弃转让，就使股权交易关系成立，因此优先购买权人在作出是否行使优先购买权的决定时须非常谨慎。实践中，许多股东对于转让人与受让人之间议定的价格条件以及其他交易条件是否真实反映了股权的实际价值持怀疑态度，希望借助股东知情权先对公司经营状况进行了解以判断股权的现实价值和潜在价值，进而决定是否行使优先购买权。因此立法应该给股东留出相应行权判断期间，以助于股东作出有利于自身和公司发展的决定。

《公司法》并未对优先购买权行使期间进行规定，《公司法司法解释四》第19 条填补漏洞，具体规定为，优先购买权的行使期限以"收到"载有"同等条件"的通知之日起算，严格遵守公司章程所确定的具体行权期间；只有在公司章程没有规定行使期限或者规定不明确时，才以"同等条件通知"上所确定的时间为准，但最短不少于 30 日。也就是说，如果公司章程对优先购买权行使期间有明确规定，即使该规定短于 30 日（如 20 天），也应遵守章程所规定的时间。而只要公司章程明确规定了优先购买权的行使期限，"同等条件通知"中有关优先购买权行使期限的规定就失去效力。《公司法司法解释四》第 19 条的规定，充分体现了对章程自治的尊重，同时也在缺少公司章程明确规定时，对其他股东行使优先购买权提供了法定最低期限保障。在深圳市丰泰瑞达实业有限公司、卢某股权转让纠纷判决书［（2019）粤 03 民终 11594 号］中，深圳市中级人民法院认为，有限责任公司的股东主张优先购买转让股权的，应当在收到通知后，在通知指定期限内提出购买请求。在指定期限内没有明确表示的，视为放弃优先购买权。事实上，这一裁判意见缺少基本前提，即公司章程对优先购买权的行权期限没有规定或规定不明。同时也应特别说明通知期限至少不短于法定期限。否则，难言妥当。

理论上，如果仅从第 19 条文义解释的角度理解，该条规定似乎有些矫枉过正，因为它阻止了股权转让协议当事人为其他股东行使优先购买权提供更长期限的可能性。也就是说，即使"同等条件通知"中明确规定了比公司章程规定的期限更长的期限（如公司章程规定 30 天，但是转让通知规定 60 天），也要执行公司章程规定的期限。这种解释既减损了当事人意思自治的效果，也减损了其他股东行使优先购买权的期间利益。为避免这种不利效果，两种途径可采取：其一，从目的解释的角度进行限缩适用。第 19 条规定的目的在于给其他股东行使优先权以足够的时间保障，因此如果股权转让通知规定的时间长于公司章程，应执行该通知期限。否则执行公司章程甚至法定 30 天期限。其二，从立法论的角度，规定"以不少于 30 天的更长时间为准"。

优先购买权行使期间是用来帮助其他股东进行是否行使优先购买权的判断的。优先购买权人应充分利用这段时间对公司的经营情况进行了解，并在期间届满前作出是否行使优先购买权的决定。逾期将产生放弃优先购买权的法律效果。这是第 19 条规定行权期限的应有之义，也是结合第 21 条解读的结果。

三、侵害同意权和优先购买权的法律救济：《公司法司法解释四》第 21 条反思与重构

（一）侵害优先购买权的股权转让合同效力争议与选择：法定生效要件说

侵害其他股东同意权和优先购买权的法律效果问题是学术界和司法实务界争议最多的问题。核心在于，未经其他股东同意并放弃优先购买权时，转让股东与受让人之间订立的股权转让合同的效力问题，形成了诸多观点。

1. 侵害其他股东同意权和优先购买权的股权转让协议的效力争议

对于该问题，目前理论和实践主要形成如下观点：

（1）无效说。股东向股东以外的人转让出资时，如果没有经过其他股东放弃优先购买权，股权转让合同应当无效。理由是《公司法》第 71 条属于强行性规范，是效力性强制性规定，转让股东违反该条规定与第三人签订的股权转让合同应当归于无效。[1]

（2）效力待定说。有两种观点：其一，未经其他股东放弃优先购买权的股权转让行为应类推适用《合同法》第 47 条关于限制行为能力人订立合同的处理；其二，未经其他股东放弃优先购买权时股东对其股权的处分权并不完整、充分，这与欠缺处分权而为的法律行为相似，应类推适用民法有关无权处分行为及《合同法》第 51 条的规定，因此未经其他股东放弃优先购买权的股权转让行为是一种效力待定的行为。[2]

（3）可撤销行为说。未经其他股东放弃优先购买权而签订股权转让合同的行为属于可撤销的行为，因为此种股权转让违反了公司法有关出让股东行使处分权的法定限制条款，侵害了老股东的法定优先购买权；又鉴于老股东是否有意、是否具有财力行使优先购买权并不确定，因此，认为此类股权转让合同应界定为

---

[1] 张艳、马强："股权转让的法律问题——公司法 72 条之探讨"，载《法治论丛》2008 年第 5 期。罗福生、邓梅君："侵害股东优先购买权的股权转让协议无效"，载《人民司法》2014 年第 24 期。

[2] 赵旭东："股权优先购买权的性质和效力"，载《当代法学》2013 年第 5 期。赵万一、吴明许："论有限公司出资转让的条件"，载《法学论坛》2004 第 5 期。

可撤销合同。① 最高人民法院《关于审理外商投资企业纠纷案件若干问题的规定（一）》（2020 年修订）第 11 条和第 12 条采取此种观点。②

（4）法定生效条件说。该说认为，虽然《公司法》并未规定"公司同意"和股东"不行使优先购买权"是该类股权转让合同的生效要件，但是从《公司法》的规定来看，第三人要想取得股权必须得满足这两个条件，否则，只要股东表示要购买股权，第三人的预期就将落空。因此，这两个条件应为法律规定的该类合同的法定生效条件，该类行为应为附法定生效条件的行为。③ 据此，未经其他股东同意和放弃优先购买权的合同未发生效力。④

（5）相对无效说。该说认为，其他股东行使优先购买权不应影响转让人与第三人之间股权转让合同的效力。合同效力应依法确认，优先购买权不构成合同效力的影响因素。仅其他股东有权请求该合同相对于该特定主体无效，从而使该特定主体能够实现优先购买权。最高人民法院在《公司法司法解释四》征求意见稿第一稿第 27 条规定，有限责任公司的股东向股东以外的人转让股权，有下列损害其他股东优先购买权的情形之一的，其他股东请求确认无效的，应予支持。转让合同被认定为无效后，其他股东同时请求按照实际交易条件购买该股权的，应予支持。受让人交易时善意无过失的，请求股东承担赔偿责任的，应予支持。

（6）有效生效说。该说认为，并不是只有撤销股权转让合同或否定合同效力才能保护其他股东的优先购买权。股权转让合同原则上从成立时就生效，股东优先购买权的行使与否不影响该转让协议是否生效，而只能影响该协议能否履行。同时有效成立的合同自成立时生效。也就是说，该股权转让协议是否生效应当按照协议自身的内容根据合同法关于合同效力的规定加以认定，即便其他股东行使了优先购买权，只要该协议本身符合合同法规定的合同生效要件，协议仍为有效。⑤

---

① 刘俊海："论有限责任公司股权转让合同的效力"，载《法学家》2007 年第 6 期。

② 最高人民法院《关于审理外商投资企业纠纷案件若干问题的规定（一）》第 11 条规定，外商投资企业一方股东将股权全部或部分转让给股东之外的第三人，应当经其他股东一致同意，其他股东以未征得其同意为由请求撤销股权转让合同的，人民法院应予支持。第 12 条规定，外商投资企业一方股东将股权全部或部分转让给股东之外的第三人，其他股东以该股权转让侵害了其优先购买权为由请求撤销股权转让合同的，人民法院应予支持。其他股东在知道或者应当知道股权转让合同签订之日起一年内未主张优先购买权的除外。前款规定的转让方、受让方以侵害其他股东优先购买权为由请求认定股权转让合同无效的，人民法院不予支持。

③ 赵旭东："股权优先购买权的性质和效力"，载《当代法学》2013 年第 5 期。

④ 邹海林："股东向股东以外的人转让出资行为辨析"，载《人民法院报》2003 年 6 月 20 日。

⑤ 吴晓明主编：《股权转让纠纷》，法律出版社 2008 年版，第 99 页。吴建斌、赵屹："公司设限股权转让效力新解——基于江苏公司纠纷案件裁判的法律经济学分析"，载《南京大学法律评论》2009 年春季卷。

从深圳市中级人民法院的司法实践看，对上述观点各有支持。例如，有观点认为"经其他股东同意并放弃优先购买权"是股权转让协议的生效要件，其他股东未放弃优先购买权，股权转让协议不生效，受让方不能据此主张违约责任；① 有的观点认为，"未放弃优先购买权"导致股权转让协议效力待定；② 有观点认为侵害其他股东优先购买权，股权转让协议无效；③ 还有观点认为未经其他股东同意或放弃优先购买权，不导致无效，可认定为有效。④

2. 宜采取法定生效要件说

理论和实践对侵害同意权和优先购买权的股权转让协议的效力分歧如此严重，《公司法司法解释四》第 21 条对此却选择搁置，不支持针对股权转让合同效力单独提起确认之诉。这也从另一个侧面反映该问题的复杂性。

对侵害同意权和/或优先购买权的股权转让协议的效力判断问题，除了遵循合同效力理论的体系性自洽外，根本上还是一个利益平衡问题。

"无效说"因建立在对《公司法》第 71 条条款性质的错误理解上，自不足取。

"效力待定说""可撤销说"均属于合同以外第三人可能行使撤销权的情形。

效力待定法律行为的类型主要包括三类：限制民事行为能力人从事的依法不能独立实施的行为，无权代理人从事的无权代理行为，以及无权处分人因无权处分而从事的法律行为。侵害同意权和优先购买权的股权转让合同被认为可以类推无权处分行为的合同效力，依据是原《合同法》第 51 条的规定。但原《合同法》第 51 条关于无权处分的合同效力，向来存在争议，主流观点倾向于不影响合同效力。故《民法典》第 597 条第 1 款规定，"因出卖人未取得处分权致使标的物所有权不能转移的，买受人可以解除合同并请求出卖人承担违约责任"，实际已经承认此种情形下，合同的有效性。故不存在效力待定的情形。也有学者主张适用无权代理规则，认为"有效说"并不能真正鼓励交易。从"法效果"层面考察，效力待定状态下，受让人的催告权有利于尽快结束股权关系不稳定状态，具有效率优势；受让人在其他股东追认前享有的撤销权形成了"人合性"的双边效应，具有衡平优势。⑤ 该观点最大的问题在于其他股东与转让股东不存

---

① 九九实业股份有限公司诉深圳市天悦投资发展有限公司等股权转让纠纷案（2015）深中法商终字第 2897 号。

② 张某健诉胡某芸等股权转让纠纷案［(2016) 粤 03 民终 14056 号］，深圳市丰泰瑞达实业有限公司、卢某股权转让纠纷案［(2019) 粤 03 民终 11594 号］。

③ 深圳市新通宝运输有限公司、深圳市安道运输集团有限公司股权转让纠纷上诉案［(2018) 粤 03 民终 18489 号］。

④ 蔡某平、黄某良股份转让纠纷上诉案［(2019) 粤 03 民终 11717 号］。

⑤ 吴飞飞："侵犯优先购买权的股权转让合同'有效说'之反思"，载《法律科学》2021 年第 1 期。

在任何意义上的代理关系。该观点持有者也认识到了这个问题，因此主张"股东对外转让股权也是在'替其他股东寻找新的合作对象'，具有宽泛意义上的代理属性"①。但这一说法是不成立的。因为股权转让合同的交易模式完全不符合无权代理的基本构成要件。一个基本前提是，股权转让合同不是以其他股东（被代理人）名义签订的，没有确定的被代理人，如何催告又如何追认。更重要的是，团体关系并没有为这种推定提供理论和事实空间，没有类推适用的基础。因此这种观点是不应被赞同的。

可撤销合同一般分为当事人撤销和第三人撤销。侵害同意权和优先购买权的股权转让合同的撤销，显然属于第三人撤销。就第三人撤销而言，只有合同法上的债权人撤销权和破产法上的管理人撤销权。显然侵害同意权和优先购买权的股权转让合同不能依任何一种情形行使撤销权。至于可撤销说以该类合同侵害了其他股东的法定权利为由主张撤销，则属认识错误。因为第71条第3款依其规范性质，不是强制性规定，其他股东优先购买权也不是法定权利，至少可以通过公司章程予以排除。最高人民法院《关于审理外商投资企业纠纷案件若干问题的规定（一）》第11条和第12条确实规定了外商投资企业在涉及股权转让时，可以适用撤销权的规定。但是，该规则源自内外资法律分别适用时期，在当时应有特别法上的考虑。其后，《公司法司法解释四》没有借鉴该规则，一个合理的推定是该规则的妥当性尚未被充分论证。2020年《外商投资法》实施后，采取"内外资一致"原则，但理论上应当是外资与内资在法律适用上保持一致性，是否反向参照适用，需要最高人民法院对法律适用予以协调。

"相对无效说"是指当事人之间订立的合同因损害特定第三人的利益，而相对于该特定第三人无效。②在《民法典》颁布之前，相对于特定第三人无效的合同，主要是指原《民法通则》第58条第1款第（4）项和原《合同法》第52条第（2）项规定的"恶意串通、损害国家、集体或第三人利益"中"损害第三人利益"的情形。理论上认为，如果该第三人属于特定第三人，那么合同不属于绝对无效，而是相对无效。③《民法典》颁行后，第154条规定，行为人与相对人恶意串通、损害他人合法权益的民事法律行为无效。该无效没有特别区分他人的类型。因此，如果从文义解释的角度，也可以认为恶意串通损害他人权益的行为应是绝对无效的。但是从解释论的角度，如果损害的只是特定第三人的权益，

①　吴飞飞："侵犯优先购买权的股权转让合同'有效说'之反思"，载《法律科学》2021年第1期。
②　王利明等：《民法学》，法律出版社2008年版，第536－537页。
③　王利明等：《民法学》，法律出版社2008年版，第536－537页。

主张无效的权利仅归属特定第三人亦为妥当。应该认为，如果确实存在恶意串通，损害其他股东优先购买权情形的，确实应当认定该合同无效。在这个意义上，《公司法司法解释四》第21条拒绝针对合同效力问题单独提起确认之诉的规定是违法的。但是，侵害其他股东同意权和优先购买权的情形并不只有"恶意串通"，还有其他各种各样的形式。因此都认定为相对无效，缺少法律依据。

有效说是目前比较主流的观点。《九民纪要》对该观点的支持最为明显。《九民纪要》第9条特别规定侵犯优先购买权的股权转让合同的效力，否定了实践中以保护其他股东的优先购买权为由认定股权转让合同无效的做法。认为应准确理解第21条的规定，既要注意保护其他股东的优先购买权，也要注意保护股东以外的股权受让人的合法权益，正确认定有限责任公司的股东与股东以外的股权受让人订立的股权转让合同的效力。一方面，其他股东依法享有优先购买权，在其主张按照股权转让合同约定的同等条件购买股权的情况下，应当支持其诉讼请求，除非出现该条第1款规定的情形。另一方面，为保护股东以外的股权受让人的合法权益，股权转让合同如无其他影响合同效力的事由，应当认定有效。其他股东行使优先购买权的，虽然股东以外的股权受让人关于继续履行股权转让合同的请求不能得到支持，但不影响其依约请求转让股东承担相应的违约责任。但是正如前面有学者明确对有效说提出的质疑那样，是否违约责任的救济就一定要优于缔约过失责任的救济，如果假设不成立，结论的可靠性也会受到质疑。

本书认为法定生效要件说更值得赞同。法定生效要件说以转让股东与受让人之股权转让合同有效为前提，以未满足其他股东同意权和优先购买权为法定效力停止条件，未经其他股东同意或放弃优先购买权，股权转让合同不生效力，自然不发生股权变动的法律效果，即使因非正常原因使受让人取得股权，因股权转让合同本身不生效力，转让股东亦有权请求股权回复，并顺利变动至行使优先购买权的其他股东名下。同时，法定生效要件说也符合股权变动模式解释论上的体系强制。在股权变动采取复合意思主义模式下，股权于股权转让合同生效时发生变动；若无"其他股东同意并放弃优先购买权"在生效条件上的加持，将违背股东与公司和其他股东之间法律关系的结构逻辑——成员资格的取得须取得公司（其他股东）的同意（合意）。因此，唯有使其他股东同意和放弃优先购买权作为股权转让合同的生效要件，才能既满足股权变动的要件，也降低转让股东与受让人的缔约成本、履约成本以及违约成本。

反对法定生效要件说的理由可能是其导致受让人在未经其他股东过半数同意或放弃优先购买权时，仅得依据缔约过失责任向转让人寻求救济，这对于转让人而言责任过轻，不能有效制约其违约行为。故而更多学者主张合同有效。但是如果将其他股东过半数同意和放弃优先购买权作为股权转让合同的生效要件，根据

《民法典》第 159 条规定，当事人为自己的利益不正当地促成条件成就的，视为条件不成就。因此侵害其他股东的同意权和放弃优先购买权的行为就是使条件不成就的行为。既然合同没有生效，也就不产生合同履行的问题，也就无须以违约责任进行制约和救济。因此，如前所述，如果综合考虑将公司同意作为对抗要件而不是生效要件，将导致股东身份与权利的分离，产生事实上的股权代持，进而导致公司秩序的不安定和受让人股东权利行使和实现的风险，则法定生效要件说仍然值得支持。更何况即使合同不生效，也并非没有任何约束力。根据《民法典》第 157 条，当事人双方仍有权依据合同成立获得信赖利益的保护。因此，从各方利益平衡和最终法效果的角度出发，法定生效要件说是更优的选择。

（二）救济路径选择：《公司法司法解释四》第 21 条解读

探讨侵害同意权和优先购买权的股权转让合同的效力问题，其本质在于寻求对权利人的权利保护和救济。核心关注应为如何平衡"其他股东"与"受让人"之间的利益关系。因为受《公司法》第 71 条规定的限制条件影响，股权转让中的交易结构和法律结构呈现三方特征。在交易结构中，存在两种情形的三方结构：第一种情形是转让股东与受让人之间的股权交易需经第三人（其他股东）同意；第二种情形是一股二卖，即转让股东与受让人之间的基于协商而形成的股权转让合同（A 合同），以及转让股东与其他股东基于优先购买权行使而产生的股权转让合同（B 合同）。在法律结构中，需要调整其他股东、转让股东和受让人之间的三方权利义务关系，但主要需要协调的是其他股东与受让人之间的利益平衡，因为在《公司法》刻意维护转让股东的股权转让自由的制度设计下，其他股东的行为最终只对受让人能否实现合同目的产生实质性影响。

归总前述观点，可以发现理论界和实务界大概沿着两个方向寻求对其他股东和受让人的救济路径：其一是通过对股权转让合同效力施加影响的方式，使股权转让合同最终归入自始不发生法律约束力的法律效果，使尚未发生股权变动的不发生变动，已经发生股权变动的回复至原始状态，以此满足其他股东同意权和优先购买权，实现维护公司封闭性或人合性的目的。其二是通过对股权转让行为施加影响的方式，根据物债二分理论，区分负担行为与处分行为，在承认股权转让合同原则有效的前提下，将同意权和优先购买权作为"对股权物权性的限制"，[1]在未经其他股东同意或放弃优先购买权时，股权转让合同虽为有效，但要么因不能履行从而不能发生权利变动，要么履行后不发生股权变动的效果或者使股权变动的结果对其他股东不发生效力。[2]

① 曹兴权："股东优先购买权对股权转让合同效力的影响"，载《国家检察官学院学报》2012 年第 5 期。
② 转引自赵旭东："股权优先购买权的性质和效力"，载《当代法学》2013 年第 5 期。

就对受让人的权利救济而言，第二种解释路径显然更为周全。因为在第一种路径下，只能使其获得缔约过失责任和信赖利益的保护；而在第二种路径下，则可能使受让人获得违约责任下的损害赔偿利益。但是对于其他股东的权利救济或者公司利益维护则不尽然。在未经其他股东同意或放弃优先购买权时，因股权转让合同无效、可撤销或不生效力而致股权不发生权利变动，与股权转让合同有效且生效但因股权变动受到限制而不能发生变动，并无实质差别，都给其他股东行使优先购买权留下空间，并产生维护公司封闭性和人合性的效果。而若是未经其他股东同意或放弃优先购买权却发生股权移转，如转让股东利用其对公司的控制权进行了股东名册的变更乃至于完成了外部工商登记，情况则有所不同。在第一种路径下，转让股东得依法请求股权回复原状，并具有实现其他股东优先购买权的可能。但在第二种路径下，受让人基于有效合同取得股权，转让股东并无合法依据向其主张股权返还。根据《民法典》第235条，仅在无权占有情况下，权利人可以请求返还原物；即使其他股东主张其所享有的优先购买权是物权性优先购买权，转让股东与受让人之间的股权变动不对其产生对抗效力，但是其也不能主张股权变动绝对无效，因为即使从无权处分的角度，受让人尚可依支付对价且权利已经发生变动主张善意取得，对抗原物权人的权利请求，更何况转让股东所转让的股权仅仅是受到限制的股权而非他人股权。因此，在第二种路径下，其他股东的优先购买权可能难以实现。如果采纳第二种路径解释侵害同意权和优先购买权的法律效果，需有明确的法律规则对其他股东的优先购买权提供保障。

最高人民法院的《公司法司法解释四》接受了第二种路径，认为合同效力与权利变动结果相区分，法律可通过在权利变动领域施以控制以保护相关利害关系人的权益，而不必在合同效力领域加以干预。[①] 并从平衡其他股东与受让人利益关系的角度，既赋予其他股东绝对的优先购买权予以救济，以维护有限公司的封闭性，也承认受让人的违约责任救济。其他股东既无须通过请求确认股权转让合同和股权变动的效力来实现其优先购买权，也无权在不主张行使优先购买权的前提下请求确认转让股东与受让人之间的合同效力和股权变动状态。

具体体现为以下几个方面：

第一，侵害同意权和优先购买权的首要救济措施是其他股东行使优先购买权。根据《公司法司法解释四》第21条第1款，"未就股权转让事项征求其他股东意见，或以欺诈、恶意串通等手段，损害其他股东优先购买权，其他股东主张按照同等条件购买该转让股权的，人民法院应当予以支持"；以及第2款，"前款规定的其他股东仅提出确认股权转让合同及股权变动效力等请求，未同时

---

① 杜万华主编：《最高人民法院〈公司法司法解释四〉理解与适用》，人民法院出版社2017年版，第461页。

主张按照同等条件购买转让股权的，人民法院不予支持，但其他股东非因自身原因导致无法行使优先购买权，请求损害赔偿的除外"。该两款表明，损害救济的方式有三种：其一，主张优先购买权；其二，请求确认股权转让合同或股权变动存在效力瑕疵；其三，损害赔偿。在这三种方式中，主张优先购买权是最主要且首要的方式，即所谓不购买不救济。但是在例外的情况下，可以请求确认股权转让合同或股权变动的效力，并请求损害赔偿。

第二，请求优先购买权救济的适用条件包括"未就股权转让事项征求其他股东意见"，以及"以欺诈、恶意串通等手段，损害优先购买权"。"未就股权和转让事项征求其他股东意见"，是对其他股东同意权的侵害，但同时也侵害其他股东的优先购买权，因为优先购买权的行使是建立在对股权对外转让事项及相关交易条件知悉的基础上的。因此只要转让人"未就股权转让事项征求其他股东意见"，其他股东就有权主张优先购买权救济。这一规定，在实践中可能引发这样的规避行为，即转让股东将股权转让事项通知其他股东征求意见，但在其他股东明确表示行使优先购买权的情形下，仍将股权变动至受让人名下。此时其他股东主张优先购买权救济时，可能面临不适用前述情形的抗辩。因此，实践中应从目的解释的角度对该规则进行适用，即该规则主要通过尊重其他股东的同意权来保障其优先购买权得以实现，如果在其他股东表示行使优先购买权或不放弃优先购买权的情形下，转让股东利用其控制权将股权变更至受让人名下，那么即使受让人为善意，其他股东主张优先购买权救济，仍应获得支持。

第三，请求优先购买权救济不考虑股权转让合同是否有效以及股权是否已经发生变动。即使股权已经完成变动并完成工商变更登记，其他股东也可主张优先购买权救济（1年内有效）。在存在"以欺诈、恶意串通等手段，损害其他股东优先购买权"的情形时，根据《民法典》第148条和第154条的规定，则可能被认定为可撤销或无效。此时，即使股权已经发生变动，其他股东主张优先购买权救济也有较强的法律逻辑支持。但是，在"未就股权转让事项征求其他股东意见"的情形，转让股东与受让人之间的股权转让合同可能是完全有效的，受让人根据有效的股权转让合同取得股权并变更登记，此时其他股东也有权主张优先购买权救济，完全是出于该规则对公司封闭性和人合性的维护。①

第四，其他股东只有在非因自身原因导致无法行使优先购买权时，有权请求损害赔偿。损害赔偿作为一种例外的救济方式，其法律机理在于，股权转让限制

---

① 在位某玲与王某、王某国等股权转让纠纷案［(2014) 大民三终字第641号案例］中，王某国利用其对公司的控制权进行了股东名册的变更甚至于完成了外部工商登记，如果位某玲被确认为具有股东资格，在王某国未将股权外部转让事项征求其同意时，即使受让人为善意或不能证明存在恶意串通，也必须在位某玲主张优先购买权时进行股权回复。

制度的立法目的是维持公司的封闭性和人合性，而不是对其他股东进行财产损失救济（事实上可能常常无损失）。但是转让股东因此负担满足其他股东知情权和优先购买权的义务，违反该义务，且其他股东无法通过行使优先购买权进行救济时，使之承担损害赔偿责任亦是必要之法律后果。唯其赔偿范围和金额的确定需要在个案中具体认定。若其他股东因自身原因导致未能行使优先购买权，如错过了优先购买权的行使期间，或者未及时将变更后的地址通知公司，导致未能收到征求意见的通知而丧失行使优先购买权的机会，此时无权请求损害赔偿。

第五，优先购买权救济的期限分别为 30 天和 1 年。向人民法院主张优先购买权救济受到除斥期间的限制。30 天的适用条件为其他股东知悉"同等条件"，从知道或应当知道该"同等条件"之日开始起算；1 年的适用条件是自股权变更之日起 1 年内行使。在后一种情况下，不考虑股东是否知悉"同等条件"，只考虑该受让人作为股东对于公司的封闭性或人合性是否产生影响。若股权变更 1 年，即受让人作为股东行使股东权利 1 年，其他股东都没有提出异议，即可推定该受让人对公司的封闭性和人合性不产生实质性影响，自无必要再为维护公司封闭性或人合性来对其他股东的优先购买权进行救济，破坏公司已经形成的经营秩序。就二者之间的关系，1 年是主张优先购买权救济的最长期限。因为 1 年构成 1 个完整的会计年度，或者说经历一个完整的会计年度，一般公司也经历了股东会的各个临时会议和定期会议（年会），对受让股东也有初步的认识和了解，足够股东判断是否行使优先购买权。问题在于如果其他股东在知道或应当知道同等条件之日起的 30 日内未主张优先购买权救济，能否再在 1 年内再行主张。从公司法促进公司经营秩序安定的基本原则出发，其他股东应当尽快行使优先购买权，以减少受让人进入公司对公司经营秩序造成的影响，因此若其他股东知道或应当知道同等条件之日起 30 日内未主张优先购买权，则丧失该救济权利。

第六，受让人的权利救济依其与转让股东之间的合同效力进行判断，可能主张违约救济或者缔约过失责任救济。

（三）间接收购中其他股东优先购买权的实现

2013 年 4 月，上海市第一中级人民法院在（2012）沪一中院民四（商）初字第 23 号民事判决书中对复星商业与 SOHO 中国的股权纠纷作出一审判决，认定 SOHO 中国与证大房地产、绿城公司之间的股权收购交易意图规避复星商业在项目公司海之门有限公司的优先购买权，以"合法形式掩盖非法目的"，应当无效。本案争议焦点是 SOHU 中国通过 100% 股权收购方式取得海之门公司股东的股权，是否侵害了海之门另一股东复星商业的优先购买权，其所涉及的股权转让协议是否为无效？导致本案发生的交易结构如图 4-1 所示：

显然，如果长晟公司（SOHO 中国 100% 持股）分别直接与证大五道口公司

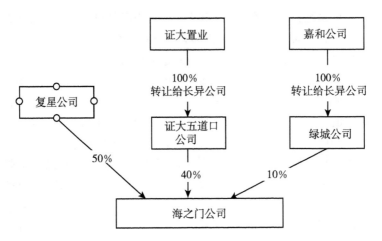

图 4-1 复星商业与 SOHO 中国股权纠纷案交易结构图

和绿城公司订立股权转让协议，受让 40% 和 10% 的海之门公司股权，复星公司对此享有优先购买权；但是长晟公司分别与证大五道口公司的母公司和绿城公司的母公司签订 100% 股权收购协议，则与复星公司的优先购买权无关。于是，长晟公司通过对海之门公司股权的"间接收购"，既实际受让海之门公司股权行其股东之实，亦成功避免复星公司的优先购买权主张。此案的操作手法在商业实践中并非孤案，但在法律上如何定性尚未有定论。

在上述案件中，上海市第一中级人民法院判决认定股权转让协议无效，理由是：其一，被告间的交易从形式看，与海之门公司并无直接关联，但是，从交易行为的实质上判断，最终结果直接损害了原告的利益，因为经过交易，海之门公司另 50% 的权益已经归于被告长烨、长晟公司所属的同一利益方，客观上使原告对于海之门公司的相对控制权益受到了实质性的影响和损害，海之门公司股东之间最初设立的人合性和内部信赖关系遭到了根本性颠覆。目前双方对于海之门公司的董事会成员改组事宜已经发生争议。对公司未来的经营管理和内部自治的僵局情形也在所难免，不利于海之门公司以及项目公司的实际运作。其二，被告之间的交易有悖于海之门公司的章程、合作协议有关股权转让和股东优先购买权的特别约定，完全规避了法律赋予原告享有股东优先购买权的设定要件，通过实施间接的交易模式，达到了与直接出让相同的交易目的。而该交易客观上确实剥夺了原告对于海之门公司另外 50% 股权的优先购买权。因此，被告之间的交易行为具有恶意，依据《合同法》第 52 条第（3）项，被告之间关于股权交易的实质，属于明显规避《公司法》第 71 条之规定，符合"以合法形式掩盖非法目的"的合同无效情形，应当依法确认为无效。

上海市第一中级人民法院的判决在学界引起批评,① 并主要引发几个方面的问题:第一,原告能否在未主张优先购买权救济的情况下仅主张确认合同无效?第二,间接收购能否构成侵害优先购买权的"恶意"行为?第三,优先购买权是否具有穿透行使的效力?②

对于第一个问题,《公司法司法解释四》第 21 条已经给出明确答案,原告不能在不主张优先购买权救济的情况下,单独请求法院确认转让合同无效,因为这将对转让股东的股权转让行为产生实质性禁止的法律后果,有悖于股权转让限制制度的宗旨和目的。同时,从逻辑上看,如果原告无意主张优先购买权救济,表明其优先购买权未受侵害,被告之间的交易行为即无须被确认为无效。

对于第二个问题,需要建立在对公司人格制度的正确理解上。公司制度的核心价值是确立公司人格独立。公司人格独立是在法律拟制的基础上的,具有很强的工具色彩,这是每一个公司制度的适用者都必须了解、理解并接受的性质和特征。除非公司的人格依法定条件和程序被否认,否则公司内部成员的变动、控制权的移转都不能改变公司在法律上的特定主体身份。正是公司制度的这一特征,使以通过收购目标公司股权获得目标公司营业财产为目的的股权收购行为得以发生并为法律所承认。也就是说,通过购买股权而不是购买公司营业财产来获得目标公司的营业财产,并非对公司制度的不当利用,而恰是公司制度的价值所在。正是在这个意义上,最高人民法院在一系列有关以股权转让名义实现对矿业权或建设用地使用权的转让的案件中,都表达了对股权转让协议效力的承认。③

---

① 吴建斌:"上海外滩地王案的二维解析",载《法学》2013 年第 7 期。

② 彭冰:"股东优先购买权与间接收购的利益衡量",载《清华法学》2016 年第 1 期;郑彧:"股东优先购买权'穿透效力'的适用与限制",载《中国法学》2015 年第 10 期。

③ 在钟某忠、山东金岭矿业股份公司股权转让纠纷〔(2016)最高法终 673 号民事判决〕中,最高人民法院认为,钟某忠等原系金钢公司股东,五人与金岭公司签订案涉《收购股权协议书》《补充协议书》及《股份转让协议书》,约定将钟某忠等 5 人所持有的金钢公司股权转让给金岭公司。由于双方在案涉协议中并未约定矿业权的转让,乔普卡铁矿采矿许可证所载明的采矿权人始终为金钢公司,故本案并不涉及矿业权的转让,双方之间亦属股权转让协议。钟某忠等五人将在采矿许可证范围所含矿产资源作为股权交易对价的计算依据,与金岭公司进行股权交易并不违反法律、法规的禁止性规定,应属有效。在"刘某书、石某春等与新疆盈科投资集团有限公司股权转让纠纷"案中〔(2015)民再字第 2 号判决〕,工贸公司与盈科房地产公司先行签订《房地产转让协议》,约定将工贸公司诉争土地使用权转让给盈科房地产公司,后因该协议履行受阻,遂由盈科公司出面,受让工贸公司全部股权,从而实现控制工贸公司以及工贸公司名下土地并开发销售的目的。对此,最高人民法院认为,《合同法》第 52 条第 3 项规定"以合法形式掩盖非法目的的合同无效",重点在于规制被掩盖的违法行为,而当事人通过民事行为实现另一后果本身,并不构成该项规定的"非法目的",对于上述行为的法律后果,应就各方当事人所表现出来的真实意思表示及相应客观行为作出认定。此外,在西藏国能矿业发展有限公司与薛某懿、薛某蛟等股权转让纠纷案二审民事判决〔(2014)民二终字第 205 号〕中也表达了类似观点。

　　该案所涉及的间接收购，是在存在多层母子公司结构时，通过收购上层公司（母公司）的股权以取得下层公司（子公司）的控制权和财产的一种收购方式，在我国上市公司收购中被广泛采用。就间接收购本身，其交易的合法性并无争议，正如最高人民法院前述裁判意见，当事人通过民事行为实现另一后果本身，并不构成《合同法》第 52 条第 3 款的"非法目的"，对于上述行为的法律后果，应就各方当事人所表现出来的真实意思表示及相应客观行为作出认定。因此，本案的关键，正如原告诉请的，是实施该"间接收购"的目的，是否为"恶意串通，规避或侵害其他股东的优先购买权"的行为。就本案案情而言，在股权转让过程中，被告方曾向复星商业发出拟转让股权通知，但复星公司并未在规定时间内表明是否行使优先购买权，此后转让方的母公司与其他被告（长烨公司）签订对转让方的 100% 股权转让的框架协议。① 从形式上看，转让方似乎完成了其他股东实现优先购买权的征询和通知义务，复星公司放弃了优先购买权。但是根据《公司法》第 71 条的规定，征询同意的通知为 30 天，该公司章程并未改变这一期间，仍为 30 天，故复星公司有 30 天的答复期。但是转让方未及该期间经过或复星公司明确放弃，于通知次日通过间接收购将股权转让给受让人，其规避或侵害复星公司优先购买权的目的相当明显；而间接收购方式亦非一蹴而就，说明通过间接收购实现股权转让目的蓄谋已久。故于此案中，上海市第一中级人民法院虽未完整证明和论证，但其间接收购过程表明被告方存在串通规避复星公司优先购买权的主观恶意，应以此认定交易行为无效。

　　但是，并非所有通过间接收购方式实现子公司的股权转让都存在侵害其他股东优先购买权的恶意。在间接收购方式不存在行为上的恶意时，不能使股东优先购买权穿透目标公司转让股东的面纱而适用于实际控制人的变动。② 如前所述，公司制度的价值就在于塑造一个独立实体，使里面发生的权利义务关系的变动不影响公司作为持续存在的独立主体存在于市场和诉讼，以保证交易的连续性和稳定性。间接收购实际是公司作为合同概括转移的载体这一功能的体现。③ 如果认定间接收购侵害了目标公司其他股东的优先购买权，那么就是对公司形式的刺破

---

　　① 根据判决书，2011 年 12 月 22 日，证大置业公司（受证大五道口和绿城公司委托）致函复兴商业，明确表示转让所持有的海之门公司 50% 股权，称复兴商业可以在 12 月 28 日 17：30 分之前决定以人民币 42.5 亿元的总价购买证大方（证大公司和绿城公司）股东合计持有的海之门公司 50% 的股权及相关权益，并规定了付款进度。12 月 26 日，证大置业与证大房地产又联合致函复星商业，要求复星商业在 12 月 27 日 17：00 之前决定是否以前述价格购买前述股权及股东借款。2012 年 12 月 29 日，在另一公司的《须予披露交易》中声明，本公司全资附属公司长烨公司与卖方签订股权及债权转让框架协议，以收购证大五道口公司和吕辰公司的全部股权以及该等股东贷款的所有权利。

　　② 郑彧："股东优先购买权'穿透效力'的适用与限制"，载《中国法学》2015 年第 10 期。

　　③ 彭冰："股东优先购买权与间接收购的利益衡量"，载《清华法学》2016 年第 1 期。

或穿透，将在根本上有害于公司制度的价值。事实上，只要涉及公司股东，就会涉及公司形式和实质的冲突，每个市场主体都必须容忍这种冲突，除非依法请求对公司形式进行否认。如 A 公司与 B 公司共同投资设立 C 有限公司，A 公司与 B 公司的人合性是建立在现有 A 公司和 B 公司的控制权结构的基础上的，一旦 A 公司或 B 公司的控制权结构发生变化，则会导致 A 公司和 B 公司的合作基础和目标发生变化，但是 A 公司和 B 公司都必须容忍这种变化，因为法律没有给 A 公司和 B 公司相互介入对方控制权结构变化的空间。在以公司为主体的外部交易中也是如此。因此，除非在双方合作时为避免各自控制权结构发生改变可能产生的消极影响，通过合作协议的明确约定给了彼此进行干预的空间，否则就必须承受这种变化可能带来的交易风险和法律风险。优先购买权不具有穿透效力。

第五章

公司章程对股权转让的自治边界

公司法在有限公司股权转让问题上尤其尊重章程自治。但是作为公司合同，章程对股权转让作出的任何自治性安排不能违反法律行为效力判断规则。由此引发章程自治效力边界问题。从深圳市中级人民法院的审判实践看，此类争议虽然不多（共计13个，占比3.53%），但较为典型地反映了两类问题：（1）章定限制性条款的效力如何认定？深圳市中级人民法院对董事会同意等程序性限制，以及"人走股留"等实体性限制，倾向于认定有效；对股权内部转让中其他股东享有同意权的效力认定有否定性倾向，对"股东会对股权转让出资作出决议"的规定持否定态度。此种判断，标准为何，值得探究。（2）章定限制性条款发生何种效力影响？深圳市中级人民法院将董事会同意视为程序性限制，并作为股权转让协议的生效要件，这一判断能否一体适用于实体性限制，值得研判。

本章的基本观点是：公司章程是公司意志的载体，也是全体股东共同意志的反映。章定限制股权转让条款以团体自治协调团体利益与个体自由的关系，以不违反法律"底线"为效力判断的基本标准。"强制转让"与"禁止转让"是团体自治的极端现象，借助帕累托最优的反向效应，"禁止转让"产生双向损害，原则应被禁止，但由此产生的损害应由转让人承担赔偿责任。修订章程中的极端措施对反对股东的效力必要时应当接受法院的合理性审查。公司章程对股权转让的限制应当被认为是"公司同意"所附的条件。在限制性条件未被满足的情形下，公司同意不生效力，股权转让合同也不生效力。

一、公司章程限制股权转让的理论基础与基本分类

公司章程作为公司成立和独立人格的基础，是公司意志的载体，也是全体股东共同意志的反映，具有团体自治性效力。有限责任公司尤其尊重公司自治，各国立法多授权公司章程可依自治与自由原则对股权转让作出各种制度安排和限制性规定。商业实践中章定限制性条款表现各异，理论上可以根据限制性条款的内容和来源进行分类，奠定效力判断基础。

（一）股权变动的基本原则：自由、自治与限制

股权变动是股东对自己所享有的成员性权利——身份权和财产权——进行处分的结果。股权在本质上是私权，从私权神圣、意思自治的私法基本原则出发，股东享有依自己意志处分权利的自由。这是一项法律价值体系中的根基性价值，也是一项私法主体的基本权利，除非权利人依自由意志而放弃，否则不受法律强力或集体决议的排除。法律必须保障股东处分其股权的自由，并对任何试图否定或排除股东此项自由的行为或事实予以否定性评价。

但是，任何自由都止于他人的权利。当股东处分股权可能产生涉他性效果时，就必须在股东权利实现与他人权利保护之间寻求平衡。如前所述，股权变动产生涉他性法律效果的原因在于：第一，股权是一个成员权，股权变动可能发生新成员加入的效果，必然会对公司这种社团性法人的团体构成产生或大或小的影响，立法必须对这种影响给予回应。第二，股权是一个资本控制权，股权变动可能产生股权结构的改变并导致控制权转移，从而对公司的治理结构、运营秩序和营利能力产生影响，立法必须妥善应对这种个体权利、团体利益甚或公众利益之间的冲突与平衡。

鉴于不同类型的股权变动引发利益冲突的情况或程度不同，法律所采取的协调路径或方法亦不相同。有限责任公司以团体自治协调个体自由。这是因为，有限责任公司被认为是一个封闭性公司（close company or private company），因其股东人数有法定上限，故其团体内无论成员变动还是股权结构变动均不会对社会公众利益产生影响。因此，法律在充分考虑个体权利与团体利益交互影响的前提下，从尊重团体自治的角度赋予团体表达自己意见并捍卫团体稳定性的权利。如果团体能够通过自治对其自身与成员之间的关系作出调整，法律应当充分尊重，因为团体自治本身也是成员个体自由的体现。但是如果团体自治明显不正当地侵害了个体自由和成员权利，则应当予以排除。毕竟相对于团体利益而言，股东有权处分其股权不仅是一项个体自由，更是公司制度的基础，是股东投资设立公司的目的之一，是更加值得法律尊重的价值。

（二）实体性限制与程序性限制

这是根据章定限制性规定的内容进行的类型划分。实体性限制是对股权转让的实体权利进行限制，包括对象限制、时间限制、价格限制、强制转让以及禁止转让等。例如，股权转让仅限于股东之间进行；职工股东持股比例须与职务升降挂钩，"股随岗动"；股东限于本公司职工，离职时不得对外转让股权而只能由公司收购转让；损害公司权益的职工股东不得通过转让股权逃避责任；发起人股东在公司成立2年内不得转让股权，董事股东在任职期间内不得转让股权等。程序性限制是指对股权转让所经历的程序进行限制，包括征询同意的通知程序、同

等条件的通知程序、同意表达程序、优先购买权行使程序以及与股权转让相关的其他程序性规定，如股权受让人须经受股东会审议同意或者由公司董事会同意或指定等。

《公司法》第 71 条第 4 款规定公司章程有权作出"另行规定"。有学者认为根据第 4 款与前 3 款之间的内容和结构，从体系解释的角度，应将该"另行规定"解释为与股权转让的程序性限制有关的规定。全国人民代表大会常务委员会法制工作委员会编制的公司法释义中明示：本条是规定有限责任公司股东股权转让程序的规定。① 据此则章程无权对股权转让进行实体性限制。但是更多学者认为公司章程可以自由规定股权转让的限制性规定。从前述商业实践和司法实践看，后一种观点获得普遍支持。由此引发公司章程是否有权对股东的财产处分行为进行实体干预的质疑，特别是这种干预有时可能并非基于股东的自由意志。当然就程序性限制而言，也可能发生实质性剥夺股东财产处分权的效果。因此，如何评判实体性规则与程序性规则的限制性效力，二者应一体对待还是区别处理，需要研判。

（三）初始章程限制性规定与修订章程限制性规定

公司章程作为公司自治宪章和公司契约集合，得依全体股东的意志而制定和修改。《公司法》对于公司章程初始章程制定与后续章程修改规定不同的法律程序，使公司章程的效力范围——对反对股东的约束力——基于不同理论基础产生解释论上的分歧。

初始章程一般是公司设立时由股东共同制定而成（《公司法》第 23 条第（3）项），是全体股东共同一致意思表示的结果，故无论基于公司自治性规范理论抑或公司契约理论，均对全体股东产生约束力。初始章程中所记载的股权转让限制性规定的效力范围及于全体股东。

修订章程是公司存续过程中基于经营需要而对章程依法进行修改，根据《公司法》第 43 条规定，股东会会议作出修改公司章程的决议，必须经代表 2/3 以上表决权的股东通过。因此，在资本多数决的公司决议机制中，修订章程并非全体股东共同一致的意思表示，而仅是大股东意志的体现，甚至成为大股东控制公司的工具。此时，修订章程中增加的股权转让的限制性规定，对反对股东是否产生约束效力，值得质疑。

需要注意的是，初始章程与修订章程对于不同股东是相对概念，对于非设立股东而言，修订章程也可能构成继受股东的初始章程。在这个意义上，初始章程是指在继受股东进入公司时已经存在的章程，修订章程是指在取得股东身份后依

---

① 钱玉林："公司章程对股权转让限制的效力"，载《法学》2012 年第 10 期。

法修改的章程。

此外，公司章程对公司及股东、董事、监事、高级管理人员具有约束力。但该效力是否及于外部第三人，学界对此也有不同认识。理论上，公司章程具有公开性特征，公司设立时需向工商登记机关提交初始章程，章程变更时需向工商登记机关备案（《公司登记管理条例》第 36 条）。根据《公司登记管理条例》第 55 条规定，公司登记机关应当将公司登记备案信息通过企业信息公示系统向社会公示。由此，章程中涉及股权转让的限制性规定虽非工商登记事项，也因章程备案公示而使外部第三人（股权受让人）有机会知悉公司章程关于股权转让的限制性规定；但若章程未经备案，① 则刚好相反。此二者对公司章程中股权转让限制性规定的效力影响是否应有不同，亦须综合考量。

二、公司章程极端性限制的效力解析：成员权利保护原则的辨证适用

公司章程在公司内部所具有的宪法性地位和自治性效力，使公司章程对有限责任公司股权转让的限制性安排具有权威性。各国公司法都承认其对股权转让进行限制的权利。一般认为公司章程应在不违反法律的强行性规范②和一般法原则的前提下，发生自治效力。

（一）股权转让限制性规定不得违反法律的强制性规定

强制性规定是指不得通过当事人的约定排除该项规范适用的法律规范。章程中的股权设限规定不仅不能违反公司法上的强制性规定，也不应违反其他法律上的强制性规定。违反强制性规定的章程条款原则上应被认定无效。根据《民法典》的规定，能够导致章程条款无效的强制性规定应为效力性强制性规定，但事实上，无论在行为法领域还是在组织法领域，如何识别某一强制性规定是效力性的还是管理性的，仍然是悬而未决且极度困难的问题；甚至在组织法领域，尚未形成强制性规定识别方法的统一性认识。

例如，某公司章程规定，"股东转让股权，从其书面提出申请日起，自动停止其参与公司今后事务和参加股东会会议的参会、表决、选举、被选举权利，但

---

① 如在上诉人大连麦花食品集团有限公司因与被上诉人唐某股东会、董事会决议效力纠纷案[（2014）大民三终字第 490 号] 中，大连麦花食品公司 2006 年章程第 3 项规定，股东调离、辞职或被公司辞退的，不再是本公司股东，不得再持有本公司的股份，应当在办理相关手续前，将全部出资向其他股东转让。第 36 条第 2 款规定，"在改制期间或改制后进入公司（非本企业原有职工）已持有奖励性股份和量化股份的股东，为公司服务不足 10 年，离开公司或原应聘岗位的，从离开之日起停止红利计算，持有的奖励性股份和量化的股份由公司无偿收回，个人出资部分按公司规定予以转让。"该公司章程未办理工商登记备案手续。

② 强行性规范包括强制性规范（命令性规范）和禁止性规范。但在学术研究中，经常用强行性规范与强制性规范互指。

在未正式转让前仍具有该股本的经济权利"。该条款是否因违反《公司法》第 4 条"公司股东依法享有资产收益、参与重大决策和选择管理者等权利"的规定而无效。此时，应识别《公司法》第 4 条是否为强制性规定。第 4 条规定所涉内容系股东权利的具体权能。原则上股东享有股权并享有股权的各项权能，不受剥夺。但从《公司法》的规定看，股东权利的各项权能并非在任何情况下都不能排除或限制，如《公司法》第 42 条规定，"股东会会议由股东按照出资比例行使表决权；但是，公司章程另有规定的除外"。此为《公司法》授权章程制定限制表决权行使的规则。又如《公司法》第 34 条规定，"股东按照实际缴纳的出资比例分取红利……；但是，全体股东约定不按照出资比例分取红利……的除外"。此为《公司法》授权全体股东通过约定或章定（全体股东通过章程约定）对资产收益权进行排除或限制。在公司法承认类别股制度后，有关股东权利各项权能的章程安排变得更加多样。因此《公司法》第 4 条难以定性为强制性规定；而章程从公司经营保护的角度对欲退出公司的股东进行权利限制亦属正当。

但即使如此，仍然不能放弃对强制性规定的识别和判断。第二章所述的强制性规定的识别标准，仍然具有极强的借鉴意义，特别是将强制性规范的效力识别与公序良俗以及法律规范所调整的行为或关系性质和规制方式结合在一起进行判断，实质是效力性强制性规范的进一步限缩，为民商事主体行为的自由与自治提供更大空间。

此外，英美法系学者对强制性规范和任意性规范的识别方法也能够启发思考。1989 年《哥伦比亚大学法律评论》同时刊发了后来被学界广泛引用的两篇有关公司法规范结构的论文，分别是艾森伯格的《公司法的结构》以及戈登的《公司法的强制性结构》，[①] 奠定了公司法强制性规则与任意性规则识别的基础。两位学者均在公司契约理论的背景下，从经济分析的视角对公司法内部规则性质进行类型化检讨，以防止契约主义下的公司法律规则被任意性安排，损害公司和相关利益方的权益。

艾森伯格首先根据公司法调整对象的不同，将公司法规则区分为结构性规则、分配性规则和信义性规则，然后又根据法律规则的表现形式的不同，将其分为赋权性规则、缺省性规则、强制性规则，最后将二者进行归类分配：信义性规则在任何公司类型中都属于强制性规则，但是结构性规则和分配性规则则区分有限公司和股份公司（上市公司），前者都是赋权性或缺省性规则，即任意性规则；后者则在结构性规则方面具有强制性。

戈登则重点强调了强制性规则在公司法中的重要作用，提出了支撑强制性规

---

① Melvin Aron Eisenberg, The Structure of Corporation Law, 89 COLUM. L. REV. 1461 (1989).; Jeffrey N. Gordon, Mandatory Structure of Corporate Law, The, 89 COLUM. L. REV. 1549 (1989).

则的五种假说，特别是投资者保护假说和投机修改章程假说，导致公司立法不能完全采取授权性方法，并将公司法中的强制性规范区分为四种类型：程序性规则、权力分配规则、经济变更规则以及信义义务标准设置规则。

布莱恩·R. 柴芬斯[1]将公司法规范划分为"强制适用"规范、"推定适用"规范和"许可适用"规范，并特别阐述了强制性规范存在的理由，包括"自我击败的弃权和股东投票的理由""对第三方影响的管理"以及"与效率无关的目标的取得"，但是并没有为一般性的具体规则提供规范性质的识别方法。

我国也有学者借鉴上述方法，将有限公司法律规范分为普通规则及基本规则两种，普通规则指公司的组织、权利分配和运作及公司资产和利润分配等具体制度的规则，基本规则指涉及有关公司内部关系（主要包括管理层和公司股东、大股东和小股东之间的关系）的基本性质的规则。普通规则以任意性为原则，基本规则以强制性为主。股份公司则采取更加细致复杂的分类识别方法。[2]

尽管上述观点并不清晰，存在各种交叉和不确定性，甚至也不能完全得到违反依上述方法所识别的强制性规范是否导致章程无效的结论，但是它仍然给我们提供了一个认识公司法中强制性规范法律意义的视角。至少不要把推定性规范，或者说缺省性规范、补充性规范、默认适用规范，错认为是强制性规范，进行效力判断。

因此，在判断公司法的规范性质时，不能仅仅依据法条表面的文字来判断是否是强行性规则，或者试图将《公司法》规范从宏观上类型化，并根据此一类型化标准简化公司章程与法律的关系；在解释、判断公司法规则的强制性本质时，应尽可能地追求到达"底线"，只宜将那些损及某一司法根本制度、体系乃至社会根本价值的规则定位为强行法，不能随意扩大解释。[3]

这也意味着，对于公司法默定的一些原则或规则，是否必需强行遵守，需要甄别。如在涉及《公司法》第71条第1款股权内部转让时，公司章程规定"其他股东有同意权"，是否有效？深圳市中级人民法院在审理此类案件时，以章程解释回避了对该规定的效力判断。深圳市中级人民法院认为，虽然公司章程中规定"股东一方提出股份转让，需经股东半数以上和股东会同意方可转让"。但是，因为有限责任公司的股东之间相互转让股权以无须其他股东同意为原则，以公司章程对此另有规定为例外，其立法本意是基于有限责任公司的人合、资合性质，对股东之间转让股权未作限制，但公司股东从公司控股权、风险防范、股权

---

① 布莱恩·R. 柴芬斯：《公司法：理论、结构与运作》，林华伟、魏敏译，法律出版社2001年版，第284页。

② 汤欣将公司规则分为普通规则和基本规则，按公司类型进行区分，见"论公司法的性格——强行法抑或任意法？"，载《中国法学》2000年第1期。

③ 蒋大兴：《公司法的展开与判例》，法律出版社2001年版，第337－341页。

结构等方面考虑，可以在公司章程中作出相应的规定以限制股东之间自由转让股权。在本案中，由于并无其他条款对股东之间转让股权另行作出具体、明确的规定，未能体现公司章程关于限制股东之间转让股权的价值取向及制度安排，再结合公司章程关于股东会的相关职权表述为"对股东向股东以外的人转让出资作出决议"，意为股东之间转让股权无须股东会同意。① 上述观点中，裁判者虽然非常鲜明地肯定了章程在内部股权转让问题上"另行规定"所具有的法律价值，但是却以未做具体明确的规定来"体现公司章程关于限制股东之间转让股权的价值取向及制度安排"为由，排除章程有此种意图的可能，某种程度上反映出裁判者对章程能否赋予其他股东对内部股权转让的同意权存在犹疑。

首先应当肯定，深圳市中级人民法院对于章程在内部股权转让过程中有权另行规定的观点非常正确。但是裁判结果却值得商榷。"股权内部转让无需其他股东同意"，不仅是《公司法》第71条第1款的明确规定，也成为一项沉默的原则。其背后的法律逻辑是"不存在新成员进入的情形，不需要公司同意"；至于股东因转让而终止与公司的成员关系，"公司同意"原则上是不必要的——而不是不能发生的，因为无论内部转让还是外部转让，成员的退出自由或投资目的实现都是团体法最基本的底线。尽管如此，却不能排除或剥夺公司要对内部股权转让表达"同意"的权利。因为正如深圳市中级人民法院的裁判者所认识到的，股权内部转让时对公司股权结构、控制权移转的影响，甚至比外部转让更甚。这种"公司同意"的规定，不需要被论证，当然应当被遵守。即使这种规定某种程度限制了老股东转让股权，但一方面这是老股东以自由意志参与团体自治的结果，另一方面也不会实质性损害老股东的利益，根据"不同意则购买规则"，老股东最终将会实现转让或退出目的。这是由《公司法》第71条的"缺省性规则"或者"补充性任意性规则"的属性，以及举重明轻的解释适用原则所决定的。更为重要的是，这对于公司的团体利益是一种莫大的保护。因为股权转让所导致的股权结构变化，已经偏离了最初股东们加入公司的设计，通过"公司同意"再行审视，对全体股东和公司发展都更有益处。因此，公司章程对内部转让设置同意程序，是完全正当并值得支持的。

但是，对于另一项权利——优先购买权，是否能够通过章程配置给内部转让时的其他股东，则需要甄别。《公司法司法解释四》对此几易其稿，最终选择搁置，②

---

① 蔡某、温州高某某汇益投资合伙企业股权转让纠纷案［(2018) 粤03民终183号］。

② 公司法司法解释四《征求意见稿》曾在第23条规定：有限责任公司的股东之间相互转让其全部或者部分股权，其他股东主张优先购买的，不予支持，但公司章程另有规定的除外。此后有内部讨论建议禁止章程"另有规定"。最终司法解释四正式稿只规定了继承时的优先购买权问题，回避了此前涉及的内部转让和遗赠等的优先购买权问题。

可见其分歧之大。《公司法》第 71 条第 3 款显然不是效力性强制性规定，因此，优先购买权的配置应当是自由的。但是在内部转让中配置优先购买权，可能会违反团体法的一项基本原则——或曰"成员共同正义观"①——成员平等。因为在内部转让中，受让人与享有优先购买权的其他股东均为公司股东，没有正当理由认为其他股东有比受让股东更优越的受让地位。因此，如果公司章程作此规定，将与成员平等原则根本背离。但是，这并不意味着绝对禁止内部转让时的优先购买权规定。在公司实践中，经常会有这样的情况，即在股权内部转让中，创始股东的股权控制力可能被削弱，无法保持对公司发展方向的控制，在无类别股发行的情形下，只能通过优先购买权实现公司发展控制。如果完全禁止创始股东在内部转让时行使优先购买权，对公司整体利益是一种减损。因此，如果基于股东们的团体自治形成内部转让的优先购买权配置，应当认为是有效的。但是此时需要进行合理性或正当性的初步论证（如深圳市中级人民法院前述裁判意见所言）。但如果涉及章程修改，能否对反对股东产生约束力要进行合理性审查。

总之，股东个体利益与集体利益交互影响，从团体自治的角度，应当充分尊重章程在股权转让方面的自治性安排，贯彻"底线"思维，承认限制性条款的有效性。

（二）股权转让限制性规定不得剥夺股东退出公司的权利

公司章程不得违反一般法原则。对于一般法原则，学界并无很大分歧，通常既包括一般的私法原则，如自由、平等、公平、诚实信用等正义理念；也包括公司法的基本原则，如股东有限责任、股份自由转让、公司维持、资本充实、分权制衡、中小股东权利保护、社会责任等原则。由于这些价值理念有可能发生冲突，因此违反一般法原则的后果是否必然导致章程条款无效，需要在具体案件中进行协调判断。如强制股权转让有违财产自由原则，但于理论和实践中该条款并不必然无效。

通过章程禁止股权转让是公司实践中比较极端却也常见的做法。理论和实践中一般将章程不得禁止股权转让作为基本原则，违反将导致该限制性条款无效。但是，章程是否有权禁止股权转让，在比较法上有不同的认识。支持者以《瑞士债法典》为代表，第 791 条第 3 款规定，"章程可以对转让设定另外的条件，或者完全禁止转让"。反对者以英美公司法为代表，虽然章程细则可以规定彻底禁止对外转让（flat prohibition），但应符合法律列举的若干目的或其他"合理目的"，"明显不合理的"限制条款是无效的；②并且一般认为，对股份转让的绝对

---

① 蔡立东等：《团体法制的中国逻辑》，法律出版社 2018 年版，第 108 页。

② 王军："实践重塑规则：有限公司股权转让限制规范检讨"，《中国政法大学学报》2007 年第 11 期。

禁止肯定会被判为无效。① 根据《德国有限责任公司法》第 15 条第 5 款规定，公司章程也可以完全禁止股份的转让。但在这种情况下，如果股东继续留在公司已成为不合理的强求的时候，则股东有退出公司的权利。②

我国《公司法》对此没有明确规定。理论界普遍认为禁止股权转让条款无效。理由是：第一，它违反财产自由的基本法律原则，剥夺了股东通过股权转让实现其投资目的的权利。第二，在股东拟转让全部股权退出公司时，禁止转让条款将与有限责任公司的人合性相悖——将"离心者"强行留在组织体内部可能有害于公司运营。更重要的是，第三，有违结社自由原则和公司社团法人的本性。公司是基于结社自由而形成的社团法人。结社自由包括加入社团组织的自由和退出社团组织的自由。禁止股权转让将在实质上剥夺股东退出社团的自由，这在根本上有害于团体的功能和价值。也就是说，禁止转让不仅损害的是股东的个体利益，也反向对团体利益造成损害。特别是一个"只准入、不准出"的机制，将导致"恐入症"的蔓延。"禁止转让"的规定是团体自治非理性的产物，法律允许这种非理性的持续存在，将有害于整个公司制度基础。因此禁止股权转让条款应属无效的观点亦为司法实践所普遍接受。

但从公司结社以及契约理论的角度，如果禁止股权转让条款是经由全体股东一致同意而制定，股东以自己之自由意志放弃转让股权的权利，嗣后又欲转让股权而主张该条款无效，将有违诚实信用原则。特别是如果其他股东基于对该放弃转让股权的信赖而与之共同设立公司，或者该股东退出公司将导致公司遭受重大损失，此时，认定禁止股权转让条款无效，允许该股东退出公司，可能构成对公司或其他股东的损害。因此，在对禁止股权转让条款进行效力评价时，不宜一概而论。应重点审查"禁止股权转让"条款的"合理性"，在原则上保障股东退出权利的同时，给其他股东和公司予以违约责任上的救济。

实践中经常发生公司通过程序性限制实现实质性剥夺其他股东转股权的目的，如章程规定"转让须经董事会批准"或"转让须经股东会同意"，但公司不同意或不开会导致股权无法转让。在赵某与樊某等股权转让纠纷上诉案 [(2014) 深中法商终字第 1175 号] 中，被告主张案涉公司章程第 18 条"股东会职权"第 (10) 款规定"对股东转让出资作出决议"，公司据此有权以股东会决议撤销股权转让的前一协议——股权转让协议。对此深圳市中级人民法院认为，股权转让属于股东对自身财产权益的处分，不属于股东会决议范畴，股东会无权决定股东的股权转让事宜。公司章程规定"股东会对股东转让出资作出决

---

① 汉密尔顿：《美国公司法概要》，法律出版社 1999 年版，第 170 页。
② ［德］托马斯·莱塞尔、吕迪格·法伊尔：《德国资合公司法》，高旭军等译，法律出版社 2005 年版，第 493 页。

议"，股东会依此决议撤销股权转让，剥夺了股东的固有权利，撤销行为无效。深圳市中级人民法院的裁判结果值得肯定，但是裁判理由值得商榷。事实上，公司章程授权股东会对股权转让作出决议，本质在于对此形成"公司同意"。如前所述，"公司同意"是成员关系变动中的重要因素，因为股东转让股权并非只是简单的自身财产权益处分，而是导致团体关系发生改变的根源。因此章程将此作为股东会决议范畴，具有正当性，不违反法律强制性规定，不能认定其不属于股东会决议范畴，无权决定股东股权转让事宜。但是，即使股权转让属于股东会决议范畴，原告也不能以此作为撤销股权转让协议的理由。根据本书观点，公司同意是股权转让合同生效的条件，在公司未进行决议而没有形成同意时，股权转让合同是不生效力，而不是可以撤销。即使根据《公司法》目前的法律规则，也只发生股权转让合同无法履行的效果，公司不享有撤销权。如果股东发出转让通知后，公司未在规定的时间内进行回应，第71条应当作为缺省性规则发挥补充适用功能——不同意则购买，不购买则推定同意。如果章程强行排除第71条的适用——第71条非为强制性规定，则因违反"不得禁止成员退出"的公司法原则，该排除适用的规定也为无效。

总之，当采取程序性限制规则，但没有规定董事会或股东会不同意时如何处理，最终产生实质性剥夺效果时，应当将《公司法》第71条作为默认规则加以适用，防止不合理地将股东强行留置公司，保障股东的退出权。公司章程禁止股权转让，导致股东"被锁定"或"封闭"投资的，司法裁判应当以违反公共政策认定其无效。[①]

（三）强制股权转让条款的效力判断

实践中，越来越多地出现公司章程强制股东转让股权的规定。[②] 对这种规定的效力判断成为理论界和实务界争论的热点。

关于章定强制股权转让条款的效力问题，学界有两种观点：

一种观点认为，公司是一个自治组织，公司的章程是公司股东共同意志的体现，是公司的宪法，公司的日常经营管理等事项除法律规定的外，依靠公司章程来实现自治，公司以及股东均受依法制定的公司章程的约束，在章程规定的范围

---

① 蒋华胜："有限责任公司股权转让法律制度研究"，载《政治与法律》2017年第10期。

② 在魏某花、钟某浓股权转让纠纷［(2018) 粤03民终19052－19054号］中，三联公司改制股份有限公司后《公司章程》规定，三联工委会（"持股会"）系三联公司股东，负责管理员工股份及预留股份，其持有的股份由公司原定向募集对象的宝恒集团内部职工转让，员工持股仅限为在册的公司正式职工，脱离公司（指调离、离退休者、自动离职、被辞退或解除劳动合同、被开除或死亡等情况）不得继续持有公司股份。员工持股不得随意转让、买卖、抵押、馈赠和继承，否则一律视为放弃股权。另见上诉人大连麦花食品集团有限公司因与被上诉人唐某股东会、董事会决议效力纠纷案［(2014) 大民三终字第490号］。

内活动。根据《公司法》第71条第4款的规定，只要章程有规定，有限责任公司股东的股权就可以基于公司章程而被转让。公司章程规定的强制股权转让条款因不违背法律强制性规定而有效。①

另一种观点认为，股东权是股东的合法财产权，非经权利人的意思表示或法律的强制执行程序不能变动，《公司法》第71条第4款"公司章程对股权转让另有规定的，从其规定"，仅在股东主动转让股权的情况下优先适用。股东的权利包括资产收益、参与重大决策和选择管理者等，其中部分股东权是法律强制规定的，是公司章程自治内容中所不能剥夺的。如果允许依公司章程强行转让股东的股权，也就等同于允许章程剥夺公司法中给予股东的强制性保护的权利，实际上也就认可了公司章程可以变相地违背前述公司法的强制性规定。有学者进一步从侵害股东财产权、违背私法自治以及损害中小股东利益等方面论证该章程条款应为无效。②

章定"强制转让或收购条款"与"禁止转让条款"是股权转让自由原则的一体两面。股权从权利内容看，既包括转让权也包括持有权，股权转让自由包含了两种自由，转让的自由和不转让的自由，因此，如果公司章程原则上不能禁止股东转让股权，原则上也不能强制股东转让其股权。因为这两者都在根本上剥夺了股东处分财产的自由。但是法律的功能价值在于利益平衡。基于以下理由可以支持"强制转让条款"有效：

第一，权利平等保护。股东有自由处分财产的权利，公司也有维护团体和成员利益的权利。与章程规定"禁止股权转让条款"，通常是为了防止"不受欢迎"的外部人进入公司，或者稳定公司股权结构或维护其他公司存续利益相似，章程规定"强制股东转让股权"，通常是为了使不受欢迎的股东离开公司，以维护公司的经营秩序和运营利益。考虑到"强制股东转让股权条款"通常适用于股东身份与特定身份（如职工）或岗位、职位相联系，特别是股东身份是基于特定身份、岗位或职位而取得的情形，说明特定身份、岗位或职位对于公司社团利益的维护具有重要意义，法律应当尊重公司为维护其自身利益而作出的自主安排。

第二，意思自治的平等尊重。无论基于公司自治理论还是公司契约理论，股东与公司之间是建立在意思自治基础上的，在结社时如此，在离散时亦如此。如果反对"禁止转让"的理由是保护股东的退出权，那么支持"强制转让"的理由就是维护公司剔除成员的权利。我国《公司法》没有明确规定除名制度，但

① 范黎红："公司章程'侵权条款'的司法认定及救济"，载《法律适用》2009年第1期。
② 薛国岳、李学泉："有限公司章程中强制转让条款的效力分析"，载中国法院网，2018年11月23日访问。

是《公司法司法解释三》承认公司有权在股东未履行出资义务且经催缴仍不履行时将该股东予以除名。为维护社团利益而将不受欢迎的股东或不履行义务的股东除名是社团组织最基本的权利，法律承认这一权利是对公司意志的尊重。

从上述理由看，强制转让只发生单向损害，股东权利减损但团体利益得以维系。因此相对于"禁止转让"的双向减损，从帕累托最优的反向评价看，可以宽忍。但是，这并不意味着公司可以随意剥夺股东的股权。虽然团体的首要功能在于保护团体成员的整体利益，但同时还应保护团体成员的个人权利，不得非法妨碍团体成员行使个人权利。社会成员无论以何种形式结社，无论参加营利团体或非营利团体，关于成员失去基本权利的约定都与公共政策相悖，不产生失权的效力。如果废弃这一基本理念，容忍团体随意剥夺成员的基本权利，私法人将不复存在，民主社会也将失去存在价值，结社自由更将沦为空谈。[①]

因此，虽然与反对"禁止股权转让条款"的理由是不能强迫要离开的股东继续留在公司一样，支持"强制股权转让条款"的理由是不能强迫公司留下其想要驱逐的股东，就如同不能将一个坚持离婚的人强行留在婚姻关系里；无论坚持离开的一方是"股东"还是"公司"。但是在对"强制股权转让"条款的效力进行司法裁判时，需要着重审查"强制转让条款"的合理性，一方面须审查强制转让条件设置的"合理性"，基于"明显不合理"的强制转让条件而设置的强制转让条款应属无效；另一方面须审查强制转让的价格的合理性，除股权基于无对价取得外，不能无偿转让或收购。

（四）修订章程中增补设限条款对反对股东的效力：基于团体法的解读

前述结论中，即使章程限制性条款存在效力瑕疵，理论上股东也应当承受瑕疵条款造成的不利后果。因为受到该瑕疵条款影响的股东就是参与制定该条款的人。法律假设每一个股东都应该被认为是具有商事经验的理性经济人，其有能力为自己的利益作出最好的安排。除非个体的理性导致集体非理性，产生法律干预的必要。如果按照这个逻辑，那么在章程修订过程中对某个条款表示反对的股东，是否有权不受该条款的约束？对此，理论界有不同认识。

1. 章定限制转让条款对反对股东的效力认识分歧

公司自治理论的支持者认为无论初始章程还是修订章程，无论股东对某个限制性条款表示支持还是反对，公司章程都对其发挥自治性规范的效力，故没有本质区别。

公司契约理论的支持者则认为设限股权转让应建立在公司合同或股东个别性同意的基础上，即使章程条款被认为有效，在没有经股东个别性同意的前提下，

---

① 叶林："私法权利的转型——一个团体法观察的视角"，载《法学家》2010年第4期。

不对该股东发生效力。具体为：

对于在初始章程中约定的设限转让条款，应认为是基于股东意思表示真实而作出的选择。因为初始章程是股东加入时制定或存在的章程（包括原始取得和继受取得），股东对该章程中的全部条款表示同意方才加入，否则可以不加入公司。因此，无论是否经过充分合意，都认为股东已经同意接受该条款，并受该条款约束。从禁止反言的角度，应该承认该条款是基于其真实的意思表示而对其发生法律效力。除非股东能够证明其加入时公司或其他股东对其隐瞒了设限转让条款的重要信息，即证明其加入公司系受欺诈而为，否则不能否认该设限转让条款对其的约束力。

对于后续章程修改中约定的强制转让条款，其效力认定略显复杂。多数学者认为，后续章程修改一般奉行资本多数决原则，充分合意并不多见，极易出现大股东驱逐小股东或大股东压制小股东的现象，因此后续章程修改中增加的强制转让条款，在股东不明确表示同意的情况下，不应对其适用。[①] 也有学者采取区分主义，认为：对于程序性设限条款，因不直接涉及私权性质的股权，与股东个别意思无关，无论初始章程还是修订章程，均符合团体自治规范的修改逻辑，具有（对全体股东产生约束力的）正当性基础。但是对于股权处分权的"另有规定"，本质上属于对股东私权的一种处分，除依法定程序予以限制或剥夺外，应尊重当事人的意思，始符合私法自治原则。从这个意义上讲，公司章程对股权处分权的"另有规定"，与股东个别意思密切相关，民法上意思表示的规则有适用余地。在此情形下，公司章程对股权转让的"另有规定"，只能以合同的方式加以规定。[②]

公司契约论者的观点充分关照了私法世界的意思自治，体现了对个体理性的充分尊重。但是其完全从个人法的观察视角出发得出的结论，是不能适用于团体性发展的。这就如同博弈论中，个体利益最大化的结果不是帕累托最优，而是纳什均衡。一个简单的结果，如果按照修订条款因缺少股东个人意思自治而不适用于该股东，那么在一个公司章程中，就不得不仔细区分哪个条款对哪个股东不适用。因为每个股东都有可能保留对某个条款的个人意见。那么公司作为团体的价值将不复存在。

那种将限制性条款分为程序性设限与实体性设限的区分主义观点，或者章程条款性质二分的观点——即章程中一些条款具有合同规则属性、一些条款具有自

① 苏艳靖："有限公司章程物权禁止或强制股权转让"，载《襄樊职业技术学院学报》2009 年7 月。

② 钱玉林："公司章程对股权转让限制的效力"，载《法学》2012 年第 10 期。

治规则属性，① 恐怕都无法回答，股东在初始设立公司时是否做了这样的意思保留，即未来对于公司章程中的某些条款进行修订时，如果有反对者，该修订将对反对者不发生效力。如果有了这样的意思保留，那么这个团体同样将不复存在。

或者我们仅局限在一点，仅对于"股权转让"的修订条款，允许反对股东不适用。那么就只意味着一件事：这个条款要么制定得极为科学，不会被修订，要么只能通过"一致决"进行修订。否则这个条款的修改就没有任何意义，因为它造成了适用的混乱：A 股东转让股权的规则与 B 股东适用的规则可能完全不同。

团体的价值在于成员间的共赢，这种共赢是在"合作"中而不是在"竞争"中实现的。因此，对于章程中股权转让限制条款对反对股东的效力应当沿着团体法的解释路径展开。

2. 公司社团观与团体法解释的路径

无论公司自治理论还是公司合同理论都承认公司是不同于个人的社团。传统私法是以个人财产和行为作为规范的主要对象和内容。然而，个人在发展过程中逐渐产生结社需求，通过自愿组建的团体参与经济、社会和政治生活，推动社会关系主体由个人向团体发展，生成出有别于个人法的团体法。团体现象直接冲击了传统私法上的私法人、私人财产权以及合同制度，形成了以团体与成员关系、团体成员的相互关系以及成员权利与传统私法权利的差异。② 个人法与团体法由此成为根植于私法自治原则下的并蒂莲花。基尔克在《德意志私法论》一书中，将私法分为个人法和团体法，认为个人法是从主体的自由出发，规范个人相互平等对立的法律关系的法律；团体法或曰社会法将人视为拥有社会意志的成员，将人视为整体的一分子。所以，团体法是从对主体的约束出发，规范有组织的全体成员的法律。团体法是社会成员结成团体所遵循的特别私法，它既规范团体的设立、组织和运行，又规范团体与成员、成员与成员的相互关系，还规范团体机关的职权等。③ 团体法是私法的特别法，普通私法剥离了团体和个人的个性，将团体和个人皆视为具有平等主体地位的抽象私法人，只规定团体的资格、能力和权利等，极少触及团体内部关系。特别私法无需重复普通私法的规定，而应侧重规范团体与成员以及成员与成员之间的利益关系，从而形成了现代社会独特的团体法现象。④

因此，在个人法向团体法的发展中，直接将个人法语境下生成的概念或观念

---

① 陈彦晶："公司章程性质的二元论路径与展开"，载《经贸法律评论》2020 年第 6 期。
② 叶林："私法权利的转型——一个团体法观察的视角"，载《法学家》2010 年第 4 期。
③ 叶林："私法权利的转型——一个团体法观察的视角"，载《法学家》2010 年第 4 期。
④ 叶林："私法权利的转型——一个团体法观察的视角"，载《法学家》2010 年第 4 期。

移植到团体法中，如以物权或债权观念解读股权，或者以个人法上的合同自治解读团体法中的章程自治，并不妥当。公司法是团体法，公司法基于团体法的规范特点和规范效力授权章程调整公司与成员以及成员与成员之间的关系，其所遵循的是团体法上的意思自治，而非普通私法中体现为个人法意义上的意思自治。就个人法的意思自治而言，它是基于偶然的、间断的、个别性的交易关系而发生的，因此强调非经主体明确的意思表示不得为主体设置义务、处分财产。但是团体法上的意思自治是建立在成员自愿结社的基础上的，成员以自己的自由意志结社成团，所建立的是经常性的，持续的、概括性的伙伴关系，是一种长期信任关系；在这种关系中，成员既可以获得其在个体状态下无法获得的利益，也必须要承受其在个体状态下无须承受的团体治理模式的限制。就团体治理模式而言，可能采取一致决，也可能采取多数决（资本多数决或人数多数决）。这是成员在结社时，通过个人法上的意思自治（合同自治）确定的团体自治方式。因此在整个团体存续期间，团体内部的关系都应服从于团体自治，这也是结社时合同自治目的的实现。也就是说，即使公司是建立在公司契约的基础上，公司成立后的存续期间的治理也应该按照公司合同中所确定的方式来进行。这正是科斯定理中对企业组织成本替代外部交易成本所具有优势的反映。公司是合同的集合，但公司合同不是个别性谈判建立的每一个合同关系的集合体，而是以经由个别性谈判获得的基础合同——初始章程——所确定的概括性谈判条件为基础建立一系列合同关系以及合同关系的变更。因此，除非证明此种合同关系及合同关系的变更存在目的不正当性或严重损害公司和成员利益，否则在公司存续过程中，不应用个别性谈判取代概括性谈判所获得的结果。

股权转让并不仅仅关涉股东私人权利，如前所述，其上凝结公司与成员或成员相互之间的各种关系，对公司和其他成员利益影响重大，故其属于团体法的调整范畴，而非个人法的调整范畴，应适用团体自治规则进行调整。章程是实现团体自治的基础，是股东以个别性同意建立起来的共同性合同。在章程中尤其规定了公司治理或决议规则以及章程修订规则，并为股东个别性同意所确认。那么依据该个别性同意所确认的章程修订规则而修订的章程就应该对全体股东产生约束力。即使对于修订章程中的某个条款表达反对的股东，因其同意以绝对多数决而非一致决的方式修改章程，就应该承受未经其同意的章程条款对其仍然发生约束力的后果。因此，即使以公司合同理论排除修订章程条款对反对股东的效力也是不成立的。修订章程股权设限条款对反对股东有效。唯有考虑到，章程设限条款可能对股东权利施加了某种"不合理"的影响或"目的性不公平"，不正当地损害了成员的个人利益，违反团体对成员的公平保护义务，并且法律没有给股东足够的退出途径以摆脱公司对其长期信任的偏离，应给予反对股东例外的救济渠道，承认该修改条款对反对股东无效。①

3. 英美公司法章程性质和自治效力的再认识："合理性"的启示与借鉴

前文的讨论表明，对章程性质的不同认识决定着修订章程的效力范围或自治边界。以合同或契约理论定性公司关系及章程是英美公司法学者的主流观点。②但考察英美公司立法，可以发现，其在遵从公司合同或契约理念的同时，并不排斥章程自治规则说；甚至在立法中表达了对章程自治规则性质的肯认。

（1）《美国标准公司法》中的"合理性"标准隐现章程自治规则属性。科斯在1937年发表的《企业的性质》一文中提出的交易成本和企业"合同束"理念深刻影响了美国公司法的研究和实践。在由美国律师协会公司法委员会制定的《美国标准公司法》中，第6.27条"股权转让限制"的（a）项规定，明显反映了章程的"契约"属性。根据该条，"公司章程、内部细则、股东协议或者股东与公司之间的协议可以对公司股票的转让或者转让登记加以限制。该限制对被通过之前已发行的股票不产生影响，除非股票持有者是限制协议的当事人或者投票赞成此种限制"。也就是说，对于非以自己意思接受该章程所规定的限制性约束的人，不适用股权转让的限制，股权仍可自由转让。

而为了保护附加限制性条件的股票的流通不至于损害股票受让人的利益，该节（b）款甚至采用了票据法上的文义原则，规定如果本节许可限制股票转让或者转让登记，并且该限制已在股权证书正面或者反面明显地提示包含在无股票证书（第6.26小节b款）的信息陈述中，则该限制对股票持有者或者受让人具有效力并可以强制执行。除非作出上述提示，否则不得对不知道此限制的人执行一项限制。也就是说，对于限制性股票的受让人，虽然没有机会对该限制表达明示的同意，但是可以通过股票上所记载的限制性信息了解相关内容，并决定是否受让该股票；如果受让人在了解了该限制性信息的内容之后仍然决定受让，则被推定为默示同意该限制性条件对自己产生约束力。

《美国标准公司法》对于章程契约性的认识，无疑使得修订章程中增设的股票（股权）转让限制性条款的效力范围仅及于对该限制表示明示或默示同意的股东。但是，《美国标准公司法》并未止步于此。在第6.27条第（c）项和第（d）项中，较为含蓄地表达了，章程对股权转让的设限条款，可能对未对该限制性条件表达明示或默示同意的股东发生效力。根据该两条，如果为了公司

_____

① 如在曲某诉被告大连城市发展有限公司，戴某、张某红、何某、王某、刘某群、姚某君、王某华股东资格确认、请求变更公司登记纠纷案中［(2014) 大民三初字第00080号］，控制股东戴某为实现股权转让目的而对公司章程进行的修改。

② 张建伟、罗培新："公司法的适应性品格"，载［美］弗兰克·伊斯特布鲁克、［美］丹尼尔·费希尔：《公司法的经济结构》，北京大学出版社2005年版，序。

（组织）维持或发展或其他合理目的，① 公司章程可以对股权转让或转让登记进行以下限制：（1）使股东有义务首先向公司或者其他人（分别地、连续地或者同时地）提供取得被限制股票的机会；（2）使公司或者其他人有义务（分别地、连续地或者同时地）取得被限制股票；（3）要求公司、公司任一类别股票的持有人或者其他人同意被限制股票的转让，如果该要求并非明显不合理；（4）禁止将被限制股票转让给指定的个人或者各类别的人，如果该禁止并非明显不合理。

《美国标准公司法》对于股权转让限制的"合理性"要求，实质隐含了团体利益在不过分害及股东个体利益的情况下优先于个体利益的团体法思想，并且这种优先性因"合理性"而不需要股东"个别性同意"。因为，如果仍然建立在股东"个别性同意"的基础上，就不需要考虑或特别强调"合理性"标准：即使"不合理"的限制，如果股东表示同意，根据契约理论，也不影响该限制性条件对股东发生约束效力。因此，"合理性"标准的法律意义在于，实质上承认章程具有团体自治规则的性质。而从修订章程增设股权转让限制性条款的角度，只要满足合理性标准，即使未经股东的个别性同意，也可以对股东发生效力。

（2）英国法"善意地为了公司利益"与"合理人"标准透射团体法理念。英国学界传统上将公司章程定性为法定合同，是源于1844年《英国公司法》。在当时，发起人设立公司须签署财产契据，该文件具有真正意义上的合同性质。1856年《英国公司法》虽然取消了财产契据，代之以公司大纲和公司章程，但为了与之前的财产契据衔接，法律赋予章程具有合同意义的性质，其效力自动及于当时或后来的股东。在其后的发展演变中，公司章程一直被作为公司股东之间的协议，直到2006年公司法改革，才将公司纳入公司章程约束力的范围，但第33条仍然规定，公司宪章的条款（包括公司章程）对公司和其他成员具有相同的约束力，如同它们是公司和每个成员达成的遵守那些条款的契约。②

即便如此，公司章程的契约属性经常受到挑战。一方面，2006年《英国公司法》修订，从成文法的角度赋予公司变更章程的权力。这一赋权型规定，将章程从单纯的股东之间的契约自治性文件，推向公司与成员之间的公司自治规则。根据2006年《英国公司法》的规定，虽然变更章程须强制性地以特殊决议方式通过，即取得持有75%以上股份的股东同意才能变更公司章程，但也意味

---

① 《美国标准公司法》第6.27条第（c）项规定，授权对股票转让或者转让登记进行限制是为了：（1）当公司依赖股东的数量或者身份而存在时，维持公司的地位；（2）依据联邦或者州证券法保留豁免免权；（3）出于其他合理目的。

② 本部分有关英国公司法方面的介绍，参见林少伟：《英国现代公司法》，中国法制出版社2015年版，"公司宪章"部分。

着将有 25% 的股东在不同意该变更内容的情况下，仍然因团体性自治效力的影响而受到变更内容的约束。即使为防止大股东滥用控制权，压制小股东，2006 年《英国公司法》特设"刚性条款"（entrenched provisions）——公司章程的某些规定必须遵循特殊或更为严格的程序才能变更，甚至全体成员一致同意，但是这并不妨碍英国成文法开始对章程性质进行重新审视：公司章程是作为一个团体的自治性文件而存在，而并非单纯的公司与股东间的契约，无须每一项变动都需要股东的个别性同意。

另一方面，英国普通法一直承认公司受到公司章程的约束。同时公司有权修改公司章程。但是该修改必须"善意地为了公司整体利益"（Allen 测试）。换言之，并不是任意的特殊决议均可变更公司章程，该变更只有在善意地为了公司整体利益下进行方为有效，否则可能被判无效。但是"Allen 测试"并没有提供具体的判断标准，何谓"善意"，何谓"公司整体利益"？实践中，斯科鲁顿法官进一步提出了"合理人"的标准，即如果一个合理的人认为修改章程行为并非出于公司整体权益考虑，对此修改行为持异议之股东可以向法院起诉，主张无效，反之亦然。基于"善意地为了公司整体利益"及"合理人"标准，普通法对强制性股权转让的章程修改条款的效力状态作出不同判断。在 Sidebotton v Kershaw，Leese & Co Ltd 案中，法官认为，如果此行为是出于善意且为公司整体权益，则可以通过修改章程，强制性收购该股东的股份。但是在另外的案例中，法官认为，如果修改章程的提议仅仅是考虑大股东的个人利益，而非公司的整体利益，则不予核准；或者即使在事实上无害于公司，但这种毫无限制的剥削权力很容易混淆公司的整体利益与大股东的个人利益。因此，法官否定这种行为的效力。①

英国普通法中的"善意地为了公司整体利益"标准或"合理人"标准都没有将公司章程单纯视为公司与股东之间的契约，而是反映出团体法上的章程自治和成员保护理念。否则，不会产生如果修订内容"善意"且"为公司整体利益"或"合理"则对反对股东发生效力，或者只有在"不合理"或非"善意地为了公司整体利益"的前提下，支持反对股东对该章程修订条款主张无效的法律后果。

英美公司法虽受法律传统或功利主义或功能主义思想影响以契约定性章程，但均意识到章程作为团体自治性基础所具有的独特功能和价值，并突破传统契约法的藩篱，使章程在合理性的范围对反对股东产生法律约束力。与大陆法系国家以团体法观念出发定性章程为自治规则，并从团体法中的成员保护义务出发否定

---

① 林少伟：《英国现代公司法》，中国法制出版社 2015 年版，第 121 – 125 页。

危害个体性成员基本权利的章程条款效力的做法，异曲同工。而英美公司法中的"合理性"标准在实践中可能因更加生动、丰富而更具有普遍的适应性，值得借鉴。唯需注意，合理性标准带来的自由裁量性，对裁判者提出更高的要求。此外，如果从公司整体利益维护角度看是善意且合理的，但确实危害到个体性成员的基本权利，那么从团体法的角度，后者仍然是不可撼动的根本性原则，公司章程应当给受到此种危害的成员以救济的权利，但应考虑平衡的利益。

公司在本质上是团体。即使成员通过个别性契约进入团体，一旦结社成功，所建立起的就是全新的成员与团体之间的关系。章程作为团体的自治基础，即使具有合同的性质，也与传统契约法意义上的个体性契约有很大不同，属于团体性契约的范畴。因此，对章程自治效力或边界的判断应遵从团体法的理念和原则。那种从章程契约性推演出修订章程未经股东同意对反对股东不发生约束力的观点，即使在奉行契约理论的英美法国家也不能得到支持。相反，英美公司法立法与司法实践中的"合理性"标准反映了团体法上的章程自治理念并为团体中的成员保护提供了有效路径。但即使修订章程条款符合合理性标准，若在根本上危及成员的基本权利，虽不应认定该条款无效，仍应允许成员获得法律或章程提供的救济，以衡平公司团体与成员个体之间的利益安排。

三、违反章程设限股权转让条款的法律效果：公司同意的附条件

在章程设限股权转让条款为有效的前提下，违反该条款的法律后果仍然是理论界和实务界争议的问题，代表性观点有：有效说、效力待定说、可撤销说、绝对无效说、相对无效说以及不得对抗公司说。① 这些观点多针对章程中的程序性限制性规定，因程序上的限制性规定多移植《公司法》第71条第2款和第3款的规定，但也有对其进行改变或补充的。因此，在本质上具有与第71条第2款和第3款相同的效力。如前所述，本书认为，同意权实质是公司的同意权，它借助其他股东个体性权利行使而实现，构成了股权转让合同的生效要件。未经公司或其他股东同意并放弃优先购买权的特定程序，股权转让合同不生效力，股权也就没有发生变动的根据。深圳市中级人民法院在钟某灵与陈某坚、深圳市沙井沙头股份合作公司、钟某祥股权转让纠纷民事判决书［（2019）粤03民终1656号］中认为，虽然公司章程规定"股权受让必须经董事会同意并按有关规定办理股权变更手续方为有效"，但该条款至多仅是涉案《股权转让协议书》的生效条件之一，不能作为认定该协议书效力的依据。该观点值得赞同。

问题在于，股权转让的实体性限制规定是否也产生同样的效力？有学者在经

---

① 吴建斌、赵屹："公司设限股权转让效力新解"，载《南京大学法律评论》（2009年春季卷）。

过严密分析并采取法律经济分析方法论证后认为，违反章程设限条款的股权转让合同，对公司不发生效力，而不是不具有对抗公司的效力；当事人双方之间的合同则在成立时即生效。但由于这样的股权转让受到章程实体限制的制约，无法转移给受让方，致使受让方无法取得股东资格，股权转让合同本身也自始不能履行。作为权利救济措施，受让方可凭借其实际股东的地位，有权根据转让方是否明示股权转让受限，决定撤销合同还是追究对方合同自始不能履行的违约责任，或者通过不可撤销的代理、信托等安排，实现与转让方之间权利的重新配置。[1]

前述论述的核心在于章程对股权转让的实体性限制构成了标的物的履行不能，股权受让方无权通过合同取得标的物。如果这样，那么受让方也不具有实际股东的地位，最多享有依据股权转让合同请求转让方剔除标的物上的限制障碍、实际履行的权利。也就是说，违反章程的限制性规定导致的结果是股权转让行为的停止，合同是有效的，受让方可以依有效合同追究违约责任。

事实上，正如在前述侵害同意权和优先购买权的行为对股权转让合同效力影响的选择中所坚持的，股权转让合同生效与有效之间确实存在违约责任救济上的差异，但同时也产生有效合同履行成本上的浪费。若合同不生效力，则不发生履行，对于受让人而言就不会发生因履行而造成的对价不得的损失，需要嗣后通过违约责任来救济。也就是说，违约责任的优势恰是因为合同有效并生效导致的履行成本发生而造成的。一正一反之间所浪费的成本并不能完全由违约责任得到救济或填补。使合同生效但不对等履行，与使合同效力暂时停止但双方对等履行相比，后者具有更优的效益取向。

章程对股权转让的限制，实质是公司在股权转让问题上所持一般性态度的体现，是公司意志的内在组成部分，具有普遍适用性；而公司同意权是公司在股权转让问题上的具体态度，具有一事一议性。通常情况下，具体态度要受到一般性态度的限制，此即为"按章办事"。但是公司同意是通过股东个体性权利行使拟制而成的，股东可能不能准确记住章程条款对转让是否存在限制，因此，极有可能集体合议为公司同意，造成公司的具体态度与一般性态度相悖。此时，需要对具体态度和一般性态度究竟哪个对股权转让产生约束力作出回应。

一般认为，公司章程具有公开性，可以产生公示效力，根据《公司登记管理条例》，章程应当备案并于企业信息公示公信系统向社会公示；尤其对于受让人而言，因其受让股权将成为公司成员，必然受章程约束，故既应享有知悉章程内容的权利，某种意义上，也应负担知悉章程内容的注意义务或谨慎交易义务。因此章程所规定的限制转让条款应当对受让人发生对抗效力，除非受让方能够证

① 吴建斌、赵屹："公司设限股权转让效力新解"，载《南京大学法律评论》（2009 年春季卷）。

明章程未能公示或转让方对章程内容有所欺瞒。也就是说，一般性态度优先于具体态度。股权转让合同不因公司的具体态度而生效。如果从另一个角度，可以将一般性态度视为具体态度的条件。即使具体态度是"同意"，但是尚须满足一般性态度的条件，如果不满足该条件，则具体态度的"同意"也不生效力。如此就可以较为妥当地协调具体态度与一般性态度相悖时对股权转让的影响。当然，这也从另一个侧面验证，公司在股权转让中的合章性审查前置的重要意义。它能够有效防止不合章情况下的公司同意的发生。

第六章

外观主义与股权善意取得:
第三人保护的差序格局

　　股权因成员与公司的合意而变动,却须借助形式外观方能被识别且交易。权利与外观的可分离性既被人为利用(隐名出资、让与担保)也在事实中产生(中途变动),引发交易安全与第三人善意保护问题。实践中,经常发生名义股东的债权人与真实股东之间的权利竞争,亟需建构妥善的利益平衡机制。但从深圳市中级人民法院的样本看,虽然与股权代持有关的纠纷很多,涉及无权处分与善意取得问题的案件却很少(15个),真正被认定为无权处分的仅有2例。这一结果部分与深圳市中级人民法院对股东身份认定标准的观点存在较大分歧有关:有从实质主义角度认为实际出资人有权处分股权;有从形式主义出发认为名义股东有权处分股权,也有意见认为,无论以谁的名义签订股权转让合同均需对方同意或认可方使合同有效。而对于与外观权利人及真实权利人产生各种关系的第三人的权利实现或保护,虽有区别对待的意识,却没有确切的标准和依据。由此,在涉及"善意"判断时,受让人注意义务(审查义务)或信赖合理性的边界在哪里:究竟是信赖工商登记,还是股东名册/公司章程,抑或是进行更进一步的实质性探查,方能完成"善意"的证明,值得研判。

　　本章的基本观点是:公司法建构了股东身份(权利)多重外观内外有别的差序谱系,使第三人得以根据信赖利益衍射范围的不同,建立基于权利外观的"善意"判断和证明责任的差序格局。根据外观责任的基本原理,非登记外观的信赖合理性优于登记外观。立法或司法实践可基于"就近原则",以交易内容和对象为根据进行法政策上的"差序"判断与选择,具体表现为:股权受让人的善意证明义务最重,股东的非股权交易债权人次之,公司债权人最弱,股东的非交易债权人无适用权利外观责任的可能,需要另行提供救济路径;第三人是其他股东时,非股权交易的善意证明义务与外部股权受让人等同,股权交易不适用善意取得。善意取得是外观责任的对应体现,在股权代持、一股二卖、让与担保以及冒名处分等情形下各有不同的适用条件，应考虑权利外观责任与股权善意取得适用条件的适度结合，平衡真实权利人与善意第三人之间的权益关系；同时，强化股权交易第三人的探查义务，并因公司在外观形成中具有控制地位，应使其适当分担外观责任损失，以此完备善意取得制度。

一、多重外观与第三人信赖的差序格局：真实权利人与第三人的平衡保护

如前所述，形式外观具有权利识别功能。但是在公司与股东之间并不适用形式外观认定股东身份，或者说公司不能以不具有形式外观否定股东身份，因为公司是单方面主导或控制形式外观形成过程的一方当事人。外观责任理论的核心在于，在涉及交易的场合，外观所产生的公示公信力能够为信赖该外观的第三人提供保护，但真实权利人不得以事实真相对抗善意第三人对外观的信赖利益。除非能够证明第三人存在恶意（明知或应知真实状态存在）。权利外观责任"以假为真"，使真实权利人受损，导致权利义务失衡。因此，权利外观责任尤其关注形式外观与善意信赖之间的关联性，它实际包含了两个方面：其一是真实权利人的可归责性，其二是在特定交易关系中第三人谨慎义务的程度以及信赖的合理性。外观责任原则不是使第三人"躺在权利上睡觉"。交易对方的善意与交易安全的保障，固然为不容忽视的法益；而在何种程度上对其进行保护，则是问题的关键。[1]

（一）第三人的信赖差序：基于股东权利复杂性与外观责任限制性

《公司法》已然形成股东身份的多重权利外观，或者至少是内外双重外观。这些形式外观，大体按照成员关系建构的紧密性程度以及外观生成的时间逻辑进行排列（第73条），即成员身份取得（成员合议）后形成：出资证明书——公司章程——股东名册——工商登记，呈现如图6-1所示的差序状态（在公司设立时，公司章程与出资证明书倒置）。

因此，需要考量这些形式外观在涉及第三人利益保护时发挥何种作用，对第三人善意或信赖合理性判断产生何种影响？是所有的第三人都依赖同一个外观获得保护，还是不同的第三人依赖不同的外观获得保护？

例如，工商登记作为最普遍接受的权利外观，是否能够对任何第三人发生信赖保护？在涉及名义股东因非股权交易成为被执行人，实际出资人提起执行

---

[1] 余佳楠："我国有限公司股权善意取得制度的缺陷与建构——基于权利外观主义"，载《清华法学》2015年第7期。

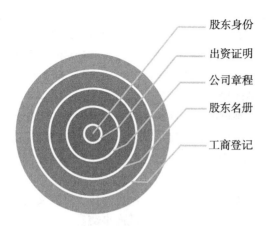

图6-1　股东身份形式外观的差序格局

异议之诉时，山东省高级人民法院认为商事外观责任不适用于非股权交易第三人[①]，也就是非股权交易第三人不能以信赖工商登记为由认定名义股东为股东而申请强制执行股权；但是最高人民法院认为《公司法》第32条第3款所称的第三人，并不限缩于与显名股东存在股权交易关系的债权人。商事外观主义可以适用于名义股东非基于股权处分的债权人。[②] 这种针对工商登记能否作为非股权交易第三人的信赖基础的认识分歧，隐含了不同类型债权人对工商登记这种权利外观的信赖合理性可能存在差异，表达了法院对不同类型交易债权人都简单以信赖工商登记获得保护的疑虑。深圳市中级人民法院在朱某2、周某股东资格确认纠纷上诉案［（2019）粤03民终13802号］中认为，股东出资证明、公司章程、工商登记均是确认股东资格的重要依据，最终依据哪一标准确认股东资格主要取决于争议当事人的不同而有所区别。原告应提供"产生合理怀疑"的初步证据。是否完成举证责任，对公司、其他股东和公司债权人的要求应当有所区别。这部分反映了法院对不同第三人应适用不同形式外观标准的态度。

　　股东身份（权利）与其他权利相比具有较强的特殊性，所涉及的身份关系和财产关系殊为复杂，表现为股东与公司债权人之间、股东与自身的股权交易债权人、非股权交易债权人以及非交易债权人之间的各种关系，尤其涉及名义股东与实际投资人的关系时更是如此。在这些关系中，因主体之间的关系不同，所涉

[①]　2018年8月28日发布的"山东省高院关于审理公司纠纷案件若干问题的解答"，2019年12月20日访问于：https://www.sohu.com/a/250514014_100012668.

[②]　王某岐与刘某苹等案外人执行异议之诉再审案［（2016）最高法民申3132号］。

及的交易或非交易关系类型不同，交易内容不同等，相对人或第三人①所负担的注意义务是不同的。如以股权为交易标的的相对人，对股权的关注程度，远高于也应当远高于不以股权为交易标的的第三人；与股东进行交易的第三人（自愿债权人）对股东财产的关注程度，远高于也应当远高于不与股东进行交易而被迫进入与股东之间的法律关系中的第三人（非自愿债权人）。如果这些第三人均采取一个外观标准，则可能加重或减轻部分相对人的谨慎义务，并相应地提高或降低其信赖合理性判断以及善意证明标准，从而造成真实权利人与相对人之间、相对人与相对人之间实质上的不公平，后者在存在债权竞争的情形时将愈加明显。

外观主义，虽然以牺牲真实权利人利益为代价维护交易安全与效率，但并不试图降低交易各方的注意义务；相反，就商事交易而言，谨慎交易义务是商人作为理性经济人的当然义务。但是，外观的作用并不局限于商事交易。因此对于权利外观责任的法律效果进行类型化——即区分商人与非商人，商事交易与非商事交易，交易与非交易等不同情形，确定对第三人的信赖保护——更为妥当。外观责任的适用是需要严格限制的。这也就决定了当《公司法》为股东身份提供多重表彰或外观时，不同的第三人基于交易内容的不同或者与股东所建立关系的不同，应当对这些股东身份的外观进行不同程度的识别和探查，以防止多重外观之间存在冲突时对其交易产生不利影响，满足交易安全所需要的谨慎义务，并因此获得善意和信赖保护。

传统外观责任理论特别强调真实权利人的可归责性以及第三人的合理信赖与善意证明。我国《公司法》以及《民法典》②对此并未提供确切的法律依据，或许可以从外观主义理论发轫地的德国法律理论和实践中得到启示。

（二）权利外观责任的德国法考察：在真实权利人与第三人之间"斡旋"

权利外观理论滥觞于德国。根据德国学界的观点，权利外观责任可分为登记性信赖的外观责任原则和非登记性信赖的外观责任原则。前者以《商法典》第15条为基础，后者则以一般的权利外观责任体系为依据。此外，2008年《德国有限责任公司法》改革时新增的第16.3条关于无权处分的善意取得的规定，形成了公司法关于权利外观责任的独特认识，对权利外观责任理论构成有力补充。

---

① 《公司法》第32条第2款使用"不得对抗第三人"，而《民法典》第65条规定，"不得对抗善意相对人"。虽然"相对人"与"第三人"在严格意义上应有所区分，但这不是本书论述重点，且引注文献中常互交使用，故本书对此不作严格区分，在涉及交易关系时，可能使用"相对人"，但均在广义上指"股东和公司"以外的人。

② 《民法典》第65条简要规定，法人的实际情况与登记的事项不一致的，不得对抗善意相对人。

1. 登记的外观责任：《德国商法典》第 15 条要览①

《德国商法典》第 15 条被认为是整个商法典最重要也是最复杂的条款之一。它与主体创设或设权无关，仅是针对法律规定的应登记事项进行登记后所产生的"正确性的推定"。②《德国商法典》第 15 条包括 3 个条款，涉及 3 个层次的问题。第 1 款规定应登记事项"未登记和公告"对"应对此种事实进行登记的人"（下文将之表述为"申报义务人"）所产生的法律效果；第 3 款是"已登记但公告不正确"时对申报义务人所产生的法律效果；第 2 款是用来解决"公告"后与第三人合理知悉时间之间存在时间差时的风险分配问题。因此，第 2 款被认为某种程度上损害了一定的善意的公开机制。③

（1）《德国商法典》第 15 条第 1 款的消极信赖保护

根据第 15 条第 1 款，应登入商事登记簿的法律事实，只要尚未登记和公告，就不得被应对此种事实进行登记的人，用来对抗第三人，但此种事实已为第三人知悉的除外。也就是一般意义上的"未经登记，不得对抗"。

《德国商法典》第 15 条第 1 款，被认为规定了法律教义学上的权利外观责任。它的特殊性在于，所保护的是对于商事登记簿"沉默"的信赖。④ 如一个股东没有被登记到登记簿上，第三人就不能依据登记簿信赖其为股东，尽管他确实是股东。但事实上，该条款更多被用来处理已经登记的事实的消灭。例如，经理权的撤回，尽管已经有效发生，但是撤回后的经理权如果没有被登记，第三人就可以信赖登记簿仍旧以原经理为真正的经理并与之交易，除非其明知经理变更的事实，否则该交易仍然有效发生在第三人和原经理所代表的公司之间。

在对第三人的信赖进行保护时，德国学者认为，根据信赖学说的一般规则，第三人应当知道自身信赖的存在并且此点和他的行为有因果性。但是第 15 条第 1 款，没有体现这样的意图，因此，第三人不是必须要通过查阅商事登记簿来获得信赖。⑤ 但是申报义务人可以通过证明第三人对于信赖得以产生的事实不知悉，使第三人失去得到保护的正当性。例如，普通合伙人退出的事实未进行变更登记，故第三人有权请求已经退出的合伙人继续对合伙企业债务承担连带责任。但是如果退伙人能够证明第三人对于普通商事合伙的组成一无所知，所以这个事

---

① 本部分以及下文的"权利外观责任一般性构成要件"主要是对卡纳里斯教授在《德国商法》中阐释内容的简要概括并夹有作者个别的理解性阐述。参见《德国商法》，杨继译，法律出版社 2006 年版，第 97－154 页。

② 《德国商法》，杨继译，法律出版社 2006 年版，第 75 页。

③ 《德国商法》，杨继译，法律出版社 2006 年版，第 80 页。

④ 《德国商法》，杨继译，法律出版社 2006 年版，第 81 页。

⑤ 《德国商法》，杨继译，法律出版社 2006 年版，第 87 页。

实和他的行为没有因果关系，可以因此提出抗辩。①

《德国商法典》第 15 条第 1 款没有涉及申报义务人的主观前提条件，也就是说不考虑登记和公告未变动的可归责性问题。因为信赖的状态早在当时对于相关法律状态的公示中就已经存在，而且就此点来说，实际上可归责的前提条件已经满足了，因为，这里并不关注"过错"，而仅仅关注"原因"和风险承担。②

第 15 条第 1 款的法律效果是"登记义务事实"不得用来对抗"第三人"，这一规定基本对所有人都有效力。第三人可以在真实法律状态与第 15 条第 1 款提供的法律状态之间进行选择，但是第三人不应比假使外观法律状态等于真实状态的情况下获得更好的利益。如普通商事合伙人因死亡而退伙，但是未变更登记；合伙继续存续，但其继承人未继续留在合伙企业，则应依照继承法在继承财产范围内承担该合伙人的债务责任。第三人不能要求继承人以个人财产承担债务责任。③

(2)《德国商法典》第 15 条第 3 款的积极信赖保护

《德国商法典》第 15 条第 3 款规定了正确登记但错误公告时的权利外观责任问题。即如果对一项已登记入登记簿的事实进行了不正确的公告的，第三人可以对应登记此事项事实的人援引公告的事实内容，但第三人明知其不正确的除外。该条为第三人利益，将权利外观置于和法律事实同等的地位。而对于不正确登记，则依赖第 15 条第 1 款的两条不成文的"补充原则"进行调整：其一，向商事登记簿进行了不实陈述的人，相对于善意第三人要受此内容约束；其二，不能推卸其对商事登记簿中不正确登记的责任之人，相对于善意第三人要受此内容约束。④

第 15 条第 3 款引发了是否错误公告必须可归责于相关人士的问题，并进而导致纯粹的权利外观责任原则的提出。德国学界否定了纯粹外观责任原则，并从该条款的文字发掘出依据，即第三人可以援引错误公告的事实加以对抗的仅仅是那些"在其事务上应对此种事实进行公告的人"。⑤ 例如，X 作为 P 公司的经理人却被无意中作为 B 公司的代理人进行公告，B 就必须承受 X 以其名义从事法律行为的后果。这种纯粹外观的后果被认为是不可忍受的。但事实上，根据第 15 条第 3 款，第三人仅仅可以援引该事实来对抗 P，也就是说如果 P 主张第三人与 X 之间的交易后果归属于 P，则第三人可以援引 X 被登记为 B 的代理人，与 P

---

① 《德国商法》，杨继译，法律出版社 2006 年版，第 88 页。
② 《德国商法》，杨继译，法律出版社 2006 年版，第 91 页。
③ 《德国商法》，杨继译，法律出版社 2006 年版，第 93，95 页。
④ 《德国商法》，杨继译，法律出版社 2006 年版，第 103 页。
⑤ 《德国商法》，杨继译，法律出版社 2006 年版，第 107 - 108 页。

无关。因为在这种情况下，X 的经理权仅仅应由真正的营业所有人 P 来登记，而不是由外观的营业所有人 B 来进行。[①] 又如富有的 A 被某商事合伙的合伙人伪造签名登记为其合伙人并公告，则根据第 15 条第 3 款，A 就必须承受该普通商事合伙的债务。这也是极端不合理的。实际上，根据第 15 条第 3 款，A 在此事务上不属于应进行公告者，因为他和这个合伙根本没有关系。[②] 反过来，如果 A 真的以该商事合伙的合伙人的名义，与第三人签订了合同，此时第三人可以援引公告的事实，主张将合同后果归属于该商事合伙。

通说通过"权利外观发生原则"限制《德国商法典》第 15 条第 3 款的适用，并且主张相关人应对于错误公告怀有特定的动机。不过权利外观发生原则，应依照两条未成文的法律原则作如下修订：相关人不但在不正确申报时，而且在正确申报却不正确公告的场合应适用《德国商法典》第 15 条第 3 款的规定；因为在后一种情况中，人们也可以发现广义的权利外观发生并且有导致风险的可归责性，所以法律的趋势是将信赖保护的范围加以扩展。[③] 因为《德国商法典》第 15 条第 3 款规定的责任建立在可归责性的思想上，则对于无行为能力和限制行为能力人，其条款就不适用。[④] 这一点与第 1 款不尽相同。

（3）《德国商法典》第 15 条第 2 款的延长信赖保护

《德国商法典》第 15 条第 2 款规定了登记并公告后的一段时间内，第三人仍然可以不承受公告后果。原因是基于对之前公告内容的持续信赖，延长权利外观责任。第 2 款有 2 句话。第 1 句规定，此项事实已经被登记和公告的，第三人必须承受此项事实的效力。被认为与外观责任无关。第 2 句规定，第三人对于公告后 15 日之内实施的法律事实，不受其主张的对抗，只要他能够证实自己对该事实不知悉也不应知悉。《德国商法典》第 15 条第 2 款将第 1 款规定的外观责任自公告之日延长了 15 日，再次证明了，适合的信赖的存在并不总是依赖于商事登记簿和公示。

在对第三人是否"善意"的要求上，第 2 款与第 1 款有所不同：第一，这里不推定，相反第三人要证明自己的善意；第二，在这里不仅对真实法律状态的知悉，而且过失也可以导致善意的丧失。重要的问题在于，何时能够推定过失的存在。虽然有观点主张通过将善意证明变成极为难以完成的证明过程，以此激励第三人想方设法去知悉商事登记簿和公告的内容，但是这样的主张是不应被同意的。至少它没有顾及非商人不可能被要求具有真正意义上的交易中的勤勉义务，

---

① 《德国商法》，杨继译，法律出版社 2006 年版，第 107 - 108 页。

② 《德国商法》，杨继译，法律出版社 2006 年版，第 108 页。

③ 《德国商法》，杨继译，法律出版社 2006 年版，第 108 - 109 页。

④ 《德国商法》，杨继译，法律出版社 2006 年版，第 109 页。

而这使他们经常不会阅读登记法院的公告。因此，通常不要把公告的单纯不知悉赋予太多意义，应该更注意在缔结交易协议之前是否查阅了商事登记簿或者采取其他手段检验了真实的法律状态。① 大宗生意在这方面与日常交易有明显不同；第一次交易也比长期交易更容易产生这方面的关注。

《德国商法典》第 15 条第 2 款的第 1 句与权利外观责任的一般性条款和规则有关。二者之间的关系成为一个无论在实践中还是在法律分析中都很重要的一点。即如果登记公告已经发生变更，但是其他外观凭证没有收回，那么该适用第 15 条第 2 款第 1 句，还是《德国民法典》的其他规定。如经理权已经撤回并登记公告，但曾经的经理仍然持有经理权授予的文书，并且以出示它的方式从事某种法律行为。此时，应该以文书的外观为准。因为第三人通常并不必然知悉公告，而且出示了授权文书后对于商事登记簿的查阅就显得没有必要的了。② 所以统一来说，《德国商法典》第 15 条第 2 款第 1 句在适用上应该让位于权利外观的一般性条款与规则。③

2. 非登记的权利外观责任：权利外观责任的一般性构成要件

关于权利外观责任的一般性条款或规则，是在《德国商法典》第 15 条第 1 款的两条不成文的"补充原则"的基础上发展出来的，也就是：其一，向商事登记簿进行了不实陈述的人，相对于善意第三人要受此内容约束；其二，不能推卸其对商事登记簿中不正确登记的责任之人，相对于善意第三人要受此内容约束。这两条不成文原则构成了一般性商法权利外观责任的发展的出发点和基础，④ 是《德国商法典》第 15 条在非登记性权利外观领域的扩展适用。其一般要件主要包括以下 3 个方面：

第一，外观存在的要件。它不仅可以通过明示的表示，而且通常可以通过推断的行为产生，特别是可以从特别的单纯容忍中产生。是否存在一个外观，一般适用和意思表示的确定与解释同样的标准。

第二，外观存在的可归责性要件。在可归责性问题上，主要有权利外观发生原则、过错原则和风险原则。广为接受的观点认为对于积极行为适用权利外观发生原则，对于不作为适用过错原则来判断。对于两种情况都优先适用风险原则。而风险原则比过错原则要严格，因为后者只是设想一个"平均水平"的行为要求，前者则是设想相应交易活动"理想的"参加者的行为要求。

第三，信赖第三人的主观要件。这是最重要的责任构成要件，体现为以下四

---

① 《德国商法》，杨继译，法律出版社 2006 年版，第 97 - 98 页。

② 《德国商法》，杨继译，法律出版社 2006 年版，第 99 页。

③ 《德国商法》，杨继译，法律出版社 2006 年版，第 100 页。

④ 《德国商法》，杨继译，法律出版社 2006 年版，第 113 页。

个方面：

其一，第三人的主观是善意的。知悉真实法律状况时，当然不具有善意；具有重大过失也非善意。对于轻过失，一般认为，第三人只有在真实法律状况明显时才承担损失；他仅在有重大误解可能和需要特别小心的时候，首先是信赖状态已经存在很长时间，应该预料到有可能出现中途变化时，才负有进一步审查的义务。善意可以推定。

其二，第三人必须做出了相应的处分或者信赖投资。成立一项交易或放弃一项很有成功希望的请求权都构成一项处分。

其三，第三人必须曾经知悉外观构成。否则他的信赖就是"盲目的"并且基本不值得保护。对于知悉的举证责任，和在《德国商法典》第 15 条的情况不同，落于第三人身上。

其四，在对于外观状态的知悉和采取处分行为之间必须存在基本的因果关系，即第三人在其行动中必须受到外观状态的影响。不过，因为这牵涉内心活动，因此从第三人的角度出发，采取了举证责任倒置，即那些因为权利外观的存在将承受不利益的人，必须提出反证证明第三人是在完全知悉真实法律状态的情况下行为的，才能免责。[①]

权利外观责任的法律后果是使外观状态取得真实权利状态的地位。第三人将被置于如其所设想的法律状态为真实存在时同样的地位。这原则只在对其有利时适用。所以公认的主张认为一个表见商人本人不能主张自己的商人身份并主张仅对商人有效的特殊请求权。[②] 也就是说，权利外观责任仅由第三人利用以维护其信赖利益，而不能被形成该外观的人利用，以外观替代真实。

德国商法上的权利外观责任制度和理论，精心设计了复杂的法律结构，区别对待不同情形下第三人的信赖利益保护，竭力在真实权利人与第三人之间寻求利益平衡。比较而言，我国的相关立法则过于简单，无论对真实权利人还是第三人信赖利益的保护，都需要理论和实践进一步研判、探索和发展。

（三）第三人信赖利益保护的差序格局：外观责任构成与登记外观责任的异化

德国法的经验表明，外观并不总依赖于登记和商事登记簿。同一事实可能产生多重外观。这在我国《公司法》对股东身份的形式外观建构方面得到充分验证。根据《公司法》规定，股东信息是法定登记事项，因此股东身份具有登记的公开效力；同时，《公司法》也通过出资证明书、公司章程以及股东名册等表

---

① 《德国商法》，杨继译，法律出版社 2006 年版，第 149 - 150 页。

② 《德国商法》，杨继译，法律出版社 2006 年版，第 151 页。

彰股东身份，从而产生股东身份的非登记性信赖责任。由此引发三个问题：一是，登记与非登记外观各自的外观责任效力是什么？二是，如何协调这些外观的效力，第三人在面对这些外观时，如何判断信赖的善意？三是，既然外观的效力各有不同，那么不同的第三人是否应当对不同的外观存在不同的善意信赖，判断的标准是什么？本小节首先检讨《公司法》关于股东身份登记的外观责任效力以及基于登记外观的善意判断。

1. 公司登记的外观责任：消极信赖保护

《公司法》第 32 条第 3 款规定，公司应当将股东的姓名或者名称向公司登记机关登记；登记事项发生变更的，应当办理变更登记。未经登记或者变更登记的，不得对抗第三人。该条规定具有三层含义：

其一，公司是股东信息的登记义务人或者申请义务人，既有义务进行初始登记，也有义务进行变更登记。

其二，股东身份因登记产生了外部公示效力——身份或权利的正确性推定。具体体现为：未经登记，不得对抗第三人，即所谓"消极信赖"。

其三，该条没有特别规定第三人的主观要件，也就是不特别区分"善恶"，无论第三人是否知悉或应当知悉变更的事实。

由此产生如下问题："对抗"发生在"谁"与"谁"之间？股东是否要承受外观责任的法律后果？如果承担，所依据的理由是什么？第三人是否应当区分善恶，信赖判断的标准是什么？是否发生《德国商法典》第 15 条第 3 款的法律效果？与非基于登记的权利外观责任的一般性条款或规则之间存在何种关联？以及应否借鉴以及在何种程度上借鉴《德国有限责任公司法》第 16.3 条的做法建构股权善意取得制度。

2. 公司登记是否产生积极信赖的保护

《公司法》第 32 条第 3 款是否发生"积极信赖"的效力？即"不正确登记"是否对第三人发生外观效力。与《德国商法典》第 15 条第 3 款明确规定"不正确公告"不能对抗第三人不同，《公司法》第 32 条第 3 款没有明确区分登记与公告，实属法律漏洞，应予填补。但这里关注的重点是"不正确登记"这种积极行为是否也产生不得对抗的效力？从第 32 条第 3 款的规定看，虽然没有对此进行明确表达，但可以反向解释为如果登记不正确，该种"不正确"不能对抗第三人。因为"未经登记或变更登记"本身就产生了"不正确登记"的后果，如果这种沉默导致的"不正确登记"（已有事实的不正确登记）不能对抗第三人。那么举轻明重，因积极行为而进行的"不正确登记"更不具有对抗第三人的效力。也就是，如果申请义务人向公众制造了假象（未有事实的不正确登记），那么他就必须要承受这种"无中生有"产生的外观责任。因此，第三人有权将"不正确"视为"正确"来主张权利。

这使问题又回到了初始，第三人有权向谁主张所谓"正确的"权利？例如，公司为利用名人效应伪造明星 A 的签名将 A 登记为股东，那么"明星 A 是股东"的这一假象，在涉及善意第三人时必须被视为事实，第三人能否根据《公司法司法解释三》第 13 条要求明星 A 承担出资缴纳义务？

3. 谁是"不得对抗"第三人的主体：公司抑或股东

所谓"对抗"，发生在谁和谁之间？按照《德国商法典》以及学界的观点，就登记产生的权利外观责任而言，应该发生在"应对此种事实进行登记"的人（申请义务人）与第三人之间。因此，在《公司法》第 32 条第 3 款的语境下，公司是申请义务人，也就是与第三人建立对抗关系的人。公司在发生应变更而未变更的行为时，不得以变更后的事实对抗第三人；第三人有权信赖公司变更前的事实与公司建立交易或非交易关系。例如，法定代表人的变更，尽管已经有效发生，但是变更后的法定代表人如果没有被登记，第三人就可以信赖登记簿，仍旧以原法定代表人为真正的法定代表人并与之交易，除非其明知法定代表人变更的事实，否则该交易仍然有效发生在第三人和原法定代表人所代表的公司之间。公司以法定代表人已经变更的事实进行抗辩，不能得到支持。

但是，根据《公司法》第 32 条第 3 款的规定，未经登记或变更登记的事实只能是股东名称。也就是说，该条仅在涉及股东名称应变更而未变更时适用。如股东 A 在出资缴纳期限届至前将其股权转让给 B①（假使已经完成公司章程修改和股东名册变更），则公司应当变更登记为 B，但是公司未进行变更，此时登记簿上仍为 A。后来 B 在出资期限届至时未履行出资义务，公司债权人依据《公司法司法解释三》第 13 条，向 A 行使出资缴纳请求权时，A 是否有权对抗公司债权人的请求？从权利外观主义的角度看，第三人的信赖利益必须得到保护，A 不能对抗公司债权人的请求。但是从"权利外观发生原则"的角度，A 不是"应对此种事实进行登记的人"，因此不受"不能对抗"规则的约束或限制。也就是说 A 不应承担外观责任，其抗辩是有效抗辩，应当得到支持。这种原则也使前文提到的被冒名的明星 A 的例子得到解决。事实上，《公司法司法解释三》第 28 条明确规定由"冒名登记行为人"承担相应责任，也表达了相同的思维逻辑；那么依此类推，在股东登记的外观责任问题上，也应该是要求"申请义务人"而不是"被登记的股东"承担外观责任的效力。

这一结论也适用于 A 的债权人。如 A 是名义股东，B 是实际出资人，已经

---

① 严格意义上不属于《公司法司法解释三》第 18 条所规定的未履行或未完全履行出资义务而转让股权的情形，故理论上不适用于第 18 条规定的后果。

过成员合议成为隐名股东，但公司未办理股东名称变更登记；此时 A 的债权人根据工商登记的记载请求强制执行 A 的股权，B 是否有权提出异议。结论是，从"权利外观发生原则"的角度，B 不是"应对此种事实进行登记的人"，因此不受"不能对抗"规则的约束或限制。也就是说 B 不应承担外观责任，其理由不是前述山东省高级人民法院所主张的商事外观原则不适用于非股权交易人，而是 B 不受"不能对抗"规则的效力约束，其抗辩应被认为是有效抗辩，A 的债权人无权执行属于 B 的股权。

因此，按照《德国商法典》第 15 条建构的登记信赖的外观责任理论，根据《公司法》第 32 条第 3 款规定的登记而产生的外观责任是不存在的。因为基于登记而产生的外观责任，只能基于"应对此种事实进行登记"的事实，来判断与第三人形成对抗关系的主体，不适用其他可归责性判断标准。在股东身份外观并不由其本人申请登记的情形下，股东作为真实权利人不应承受外观责任。而公司——作为申请外观的义务人——不是外观所对应的权利的真实权利人，其利益不受第三人主张的影响，不具有对抗的逻辑前提。因此，《公司法》第 32 条第 3 款规定的股东登记无法产生德国法教义学意义上的外观责任。

即使从《德国商法典》第 15 条第 1 款的两条不成文的"补充原则"的角度观察；向商事登记簿进行了"不实陈述的人"以及"不能推卸其责任的人"也并非被理解为登记申请义务人。虽然第 2 条原则还适用于涉及完全不相干人的事实登记，也并不免除相关人尽量去除商事登记中不正确内容的义务，只要他知悉或应该知悉这些，① 但是这并不表明这些人要承担登记的权利外观责任。因此，根据《德国商法典》第 15 条的逻辑，只有申报义务人根据权利外观发生原则，享有"对抗"的权利和承担"不得对抗"的义务，也只有申报义务人承受登记的权利外观责任的后果。

但是，从我国的理论和实践看，并不支持上述推导出的结论。在涉及"登记"的情形时，承受外观责任的主体必然是股东，对抗必然发生在股东与第三人之间。那么"股东"为什么要承受"公司"作为申请义务人进行"不正确登记"的不利后果？其法律和理论依据是什么？

4. 股东为什么要承受权利外观责任：真实权利人的可归责性

当第三人根据工商登记簿上股东名称的记载向股东主张权利时，毫无例外会受到来自"股东"而不是"公司"的对抗：或者声称自己不是股东，或者声称被记载在股东名册上的人不是股东。股东不是登记申请义务人，不是使权利外观发生的主体，也不对外观的形成产生控制力，能否使真实权利人因其不可控制的

① 《德国商法》，杨继译，法律出版社 2006 年版，第 113 页。

原因失权？从《公司法》第 32 条第 3 款看，似乎可以解释为，《公司法》没有对"不得对抗"的主体作出必须是"公司"的明确规定。但是这样的理由是不能被同意的。因为《公司法》也没有明确规定"股东"必须接受"不得对抗"的规则约束和外观责任的后果。因此，一个更深层次的理由是，股东作为真实权利人具有外观责任承担的可归责性。这实质已经异化了《德国商法典》第 15 条建构的登记信赖外观责任的理论模型（登记申请人承担外观责任）。

如前所述，权利外观责任关于真实权利人的可归责性要件，主要基于外观权利发生原则、过错原则和风险原则。在登记的条件下，股东不是外观权利的发生原因，因此使其承担外观责任的理由主要体现为过错与风险负担。司法实践中对这两种观点各有法官判例支持。

（1）登记股东因过错承担外观责任。在陆某、深圳彩福至臻科技有限公司股东资格确认纠纷上诉案［（2018）粤 03 民终 21714 号］中，深圳市中级人民法院认为：陆某是否为冒名登记，主要确定陆某对其被登记为股东是否知情并同意——其不可能不知晓其已经被登记为股东的事实。在陈某与深圳文华泰富基金管理有限公司股东资格确认纠纷上诉案［（2019）粤 03 民终 34803 号］中，深圳市中级人民法院认为借名登记股东与冒名登记股东不同，被借名股东对其名义被借用（冒用）是知道或应当知道的，根据商事法律所遵循的外观主义原则和公示公信原则，被借名股东须对外承担股东责任。从上述裁决意见看，深圳市中级人民法院认为登记股东在明知或应知登记外观存在错误的情形下却不予纠正，对该错误外观的形成存在过错，故应承担错误外观被视为正确的外观责任。

这一观点基本值得赞同，唯需满足两个前提，其一，该理由仅在涉及第三人的情形下适用，公司内部的股东身份认定不适用该理由；其二，存在过错的人应是真实权利人。因为外观责任是使真实权利人丧失权利，因此，只有可归责于真实权利人的外观，才能使真实权利人承受不利后果。假使 A 是隐名股东，与 B 签订代持协议，后 B 借 C 的名义登记在工商登记簿。此时 C 的债权人主张执行 C 名下的股权，则不能以 A 对该外观形成存在过错而使 A 承担损失，因为 A 对此可能一无所知。在这种情形下，风险责任理论可能发挥作用。

（2）登记股东因风险原则承担外观责任。在新乡市汇通投资有限公司、韩某案外人执行异议之诉［（2018）最高法民再 325 号］案中，最高人民法院认为，实际出资人既然通过代持关系获得了这种商业上的利益，或者在显名的情形下不能获得的利益，则也必须承担此种代持所带来的固有风险。在黄某鸣、李某俊再审民事判决书［（2019）最高法民再 45 号］中，最高人民法院认为，黄某鸣、李某俊作为具有完全民事行为能力的自然人，应当具有预知法律风险的能力，基于对风险的认知黄某鸣、李某俊仍选择蜀川公司作为代持股权人系其对自身权利的处分，发生的不利后果也应由其承担。在庹某伟、刘某再审民事判决书

［（2019）最高法民再46号］中，最高人民法院进一步指出，从法律制度的价值追求及司法政策的价值导向角度看，代持关系本身不是一种正常的持股关系，与公司登记制度、社会诚信体系等制度相背离，股东之间恣意创造权利外观，导致登记权利人和实际权利人不一致，在给实际出资人提供便利的同时，放任显名股东对外释放资产虚假繁荣信号，给公司的法律关系、登记信息带来混乱，增加社会的整体商业风险和成本，该风险和成本应当由实际出资人自行承担。①

最高人民法院的上述观点集中表达了导致信赖风险的人应对受该风险影响的第三人承担责任的思想。依此观点，前述与B签订代持协议的A就应当承担责任，因为即使他不知道股权被登记在C名下，但是因他的委托代持行为确实产生了真实权利与表象权利相分离的风险，这一风险可能使不特定的第三人受到影响甚至损害。因此，不论引发他人信赖的外观与真实权利人有何种程度的联系，只要在真实权利人"营利/风险"辐射的范围内，则只有强弱之分，而非有无之别。甚至可以说，将风险责任作为外观主义的归责原则可以全面地涵盖过失、动因或者无法解释的法律规定的特别事由，即使真实权利人存在主观上的过失或者对外观的形成给予了某种原因力，也应当从风险责任的角度加以阐释。②

风险原则是比过错原则还要严格的权利外观责任归责基础。它对第三人的信赖利益提供了强有力的保护。因为这一原则中不像后者那样只是设想一个"平均水平"的行为要求，而是设想相应交易活动"理想的"参加者的行为要求。而且风险原则是一个在商法领域优先适用的归责基础。因为商人通常被认为是精于算计、趋利避害的理性经济人；既是风险的制造者，也是风险的承受者。由此自然得出的另一个结论是，在一个风险社会中，对风险的负担不应是单方面的，参与商事交易的商人应当对交易风险有充分的认识，并应承担相应的谨慎义务。这也是权利外观责任理论的基本价值取向。因此，对于第三人而言，善意的信赖仍然是获得保护必不可少的要件。

值得注意的是，权利外观责任下，真实权利人承担责任的基础必须是具有可归责性。如果真实权利人没有任何可归责性，如冒名股权转让，即使第三人最终取得股权，也不是基于外观责任而发生的法律效果。此外，真实权利人对外观形成的可责性程度，也应该作为其是否应当承担外观责任或"失权"的评判依据。如一个取得股权20天的权利人，和一个取得股权3年的权利人，对于"未变更工商登记"这一外观所具有的可责性评价应当是不一样的，进而也就决定其法

---

① 关于风险承担的判决还可见：新乡市汇通投资有限公司、韩某案外人执行异议之诉再审民事判决书［（2018）最高法民再325号］。

② 张雅辉："论商法外观主义对其民法理论基础的超越"，载《中国政法大学学报》2019年第6期。

律后果应当是不同的。

5. 第三人如何获得信赖保护：第三人的范围与善意的证明

权利外观责任的目的在于为善意第三人提供信赖保护。因此第三人"善意"为必备要件，如果第三人对真实法律状况已知或应知，其对外观的信赖就毫无根据，则不在权利外观责任保护范围之内。因此，尽管《公司法》第 32 条第 3 款没有明确规定"第三人"的"善意"条件，但不影响实践中对善意的要求。[①]《民法典》第 65 条也对此进行了补正。

就信赖利益保护而言，善意不仅是主观的，也是客观的。也就是说，"善意"并不仅指不知道或不应当知道事实真相，第三人还应基于信赖的事实以及信赖与行为有因果关系，来证明其具有信赖的合理性或"善意"——即基于对外观（登记簿）的信赖而行为或不行为。但是就基于商事登记簿的外观信赖而言，德国商法学界的观点是《德国商法典》第 15 条没有要求第三人必须通过商事登记簿来获得信赖的意图，因此第三人无须证明其对商事登记簿曾经存在信赖。我国《公司法》第 32 条第 3 款对此没有明确规定。从司法实践看，有不同做法。

（1）不要求对信赖合理性进行证明。在滨州市众成融资担保有限公司、邹平立帆贸易有限公司再审裁定书［（2019）最高法民申 6275 号］中，最高人民法院认为，股权登记具有公示效力，根据商事外观主义原则，第三人对公示所体现的权利外观具有信赖利益，名义股东的非基于股权处分的债权人亦应属于法律保护的第三人范畴。联鑫公司作为债权人，基于公示登记对芳绿公司名下的天成公司股权进行保全并通过执行程序变价受偿具有信赖利益。在该裁判意见中，没有对债权人的信赖合理性做任何证据上的分析，表明法院认为对信赖登记的合理性可以推定，不需要特别的证明。

（2）要求对信赖合理性进行证明。在黄某鸣、李某俊再审民事判决书［（2019）最高法民再 45 号］中，最高人民法院认为，根据权利形成的先后时间，如果代为持股形成在先，则根据商事外观主义，债权人的权利应当更为优先地得到保护；如果债权形成在先，则没有商事外观主义的适用条件，隐名股东的实际权利应当得到更为优先的保护。因案涉股权代持形成在先，诉争的名义股东蜀川公司名下的股权可被视为债务人的责任财产，债权人皮某的利益应当得到优先保护。该案实质若债权形成在先，就证明没有信赖代持股外观的合理性，故不适用外观责任原则。而在林某青、林某全案外人执行异议之诉再审裁定书

---

① 庞某伟、刘某再审民事判决书［（2019）最高法民再 46 号］；林某青、林某全案外人执行异议之诉再审裁定书［（2019）最高法民申 2978 号］。

［（2019）最高法民申 2978 号］中，最高人民法院认为，林某青系案涉股票登记权利人吴某雄的金钱债权的执行人，并不是以案涉股票为交易标的的相对人。虽然林某青申请再审称，其是基于对吴某雄持有案涉股票的信赖，才接受吴某雄提供担保。但林某青对此并未提交证据证明，故该项主张不能成立。林某全作为隐名股东持有山鹰股份的权利，不能被剥夺。该案所体现的信赖合理性的证明要求更加明显。此外，在杨某、中国银行股份有限公司莱芜分行等申请执行人执行异议之诉［（2014）民申字第 2213 号］，新乡市汇通投资有限公司、韩某案外人执行异议之诉［（2018）最高法民再 325 号］等案件中，最高人民法院均对"善意"的证明问题进行了分析。

总体来看，司法实践的主流意见是要求进行第三人信赖合理性的证明。但是除林某青案，法院要求第三人承担举证责任外，其余各案，主要采取举证责任倒置，由真实权利人证明第三人不具有信赖合理性或善意。黄某鸣案提供了信赖合理性证明的一种可行的方法，即通过债权形成时间与权利外观形成时间的比较，确定信赖存在的可能性。虽然债权形成在后不能证明存在信赖的合理性，但是债权形成在先一定能够证明不存在信赖的合理性。如此，第三人就失去了保护的正当性。关于举证责任的分配将在最终影响各方的实体权利义务，因此应区别对待。

接下来的问题是，是否所有的第三人都执行同样的善意标准。这个答案是否定的。因为第三人与股东所建立的关系不同，其在各自所建立的关系中原本就应负担不同的注意义务。

（1）关于股权交易相对人的善意证明：负担探查义务。在孟某某等诉陈某某等股权转让合同纠纷案［（2013）深中法商终字第 1254 号］，深圳前海明珠投资管理有限公司、深圳市福生生态农业科技有限公司股权转让纠纷案［（2019）粤 03 民终 4231 号］等案件中，深圳市中级人民法院认为，在自由市场中，受让人对于以远高于公司注册资本金额的价格受让公司的全部股权这一重大交易行为，应当尽到合理之注意义务。受让人作为专业的投资管理公司，在商事活动中应尽审慎、注意义务，通过合理途径对转让方就公司经营状况的陈述及公司其他情况进行审慎调查后，再作出是否受让股权的意思表示。

虽然上述案件不涉及外观责任问题，但是其对于股权交易双方当事人应负更高注意义务的要求是显见的，尤其受让方对于股权的状态、股权的价值等重大事项应当负有审慎调查的义务，而不只是停留在对工商登记簿的信赖。股权交易是典型的资本类财产交易行为，从事该类交易的主体应被视为商人，并被推定为熟悉股权交易中存在的风险，并具有防控风险的能力。如前所述，工商登记簿因缺少真实权利人的控制和参与，作为股权的权利外观在权利正确性推定上，远弱于物权登记的效力，这应为参与股权交易的主体普遍知悉的常识。故从谨慎交易的角度出发，应当承担进一步探查权利状态的注意义务。从另一个角度，股权交易的受让人目的在于成为目标公司的股东，其有必要对目标公司的情况进行更深入的了解，以决定其是否继续进行相关交易。因此就股权交易债权人（第三人）而言，如果单纯主张信赖登记簿，而不能证明其进行了进一步的权利状态审查，则不能证明有信赖的善意。就其探查义务的边界而言，宜以公司最新的公司章程（非外部备案的章程）为界，一则，其外观效力强于其他外观，因为它是股东参与形成的外观；二则，受让人有机会了解公司章程，以判断交易是否可能受阻以及具体的交易条件。因为在公司章程中可能会对股权转让作出限制，阻却股权转让合同的履行。以公司章程为界，不会增加股权受让人的交易成本，反而有助于其交易的顺利进行。

（2）关于非股权交易债权人的善意证明：登记信赖的合理性证明。非股权交易债权人能否构成权利外观责任保护的第三人，主要争议为执行程序中能否适用权利外观支持名义股东的债权人的强制执行请求。反对的理由主要有：第一，外观主义对第三人的保护是在交易过程中，申请执行不属于交易过程，因此也就不适用外观主义保护。第二，在执行程序中，"隐含的逻辑前提是'该财产必须是被执行人的'，对于这种争议，不能适用权利外观主义，而是应确认股权的实际权利权属。"[1] 第三，股权登记只具有对抗效力，难以成为权利外观的基础。第四，权利外观会产生相对人之间得权与失权的效果，所以必须有法律依据的支持，虽然在交易中已经确立了善意取得制度，但执行中由于缺乏这样的法律规定，所以，登记在执行程序中缺乏权利外观的功能。[2]

上述理由中，第三点理由不成立，因为权利外观责任本身与是否设权无关，甚至与是否登记无关。第一点理由不应赞同，因为申请执行是基于先前的交易没有依约履行而发生，如果先前的交易基于对股权外观信赖而发生，不能仅因为交易进入执行程序而否定信赖利益保护的必要性和可能性。第四点理由部分值得赞同，从权利外观责任对当事人之间实体权益影响重大，尤其是以牺牲真实权利人为代价保护交易安全的角度来看，法律在规则配置时应更加慎重明确；但是如同反对第一点的理由一样，申请执行的交易如果是基于信赖外观而发生的，则应当准予适用。第二点理由值得思考。财产执行中，确实隐含了该财产"必须是被执行人的"的假设。对于不属于被执行人的财产，不能作为执行标的。但是如果非股权交易债权人确实基于对被执行人股东身份和股权财产的信赖而进行交

---

① 潘勇锋："商法外观主义与隐名出资法律问题研究"，载《商事审判指导 2009 年第 4 辑》，人民法院出版社 2010 年版，第 124 页。

② 王延川："执行程序中权利外观优先保护之检讨——以名义股东股权被执行为例"，载《法学杂志》2015 年第 3 期。

易，这种交易风险不能完全分配给债权人。而从权利外观责任的角度看，其本意就在于使对外观形成具有可归责性的真实权利人承受不利后果，以填补第三人的损失。基于风险分担原则，真实权利人从其制造的假象中获得风险利益，也应对该假象造成的损失承担风险责任。这符合权利外观制度本身的价值取向以及各方当事人的权义平衡。归根结底，权利外观责任是一个法政策选择问题。

从司法实践的主流看，最高人民法院在包括前述王某岐案等一系列判决中均支持执行程序中依据权利外观原则，实现非股权交易债权人的债权。但是这种做法仍需要进一步检视其妥当性。权利外观责任的要旨在于对信赖的保护。如果与名义股东进行非股权交易的第三人没有对名义股东产生股权财产上的信赖，那么不能认为其有权获得权利外观原则的保护。就如最高人民法院在王某岐案中所指出的，"即使真实状况与第三人的信赖不符，只要第三人的信赖合理，就应受到优先保护"。这里的重点在于，保护的基本前提是"第三人的信赖合理"。在这个意义上，信赖合理性的证明是必需的。

鉴于工商登记在股东身份外观形成方面存在代理成本和时间成本的固有缺陷，以及第三人作为商人对此种缺陷应具有基本的经验认知并应承受这种市场风险，仍应坚持谁主张谁举证的原则，由交易关系中的第三人首先举证证明信赖的存在，而不能推定信赖的存在。理由是，对于一项重要交易，交易相对人应当对其对手的财产状况进行了解，那么应当在交易之前查阅工商登记簿，或进行尽职调查，以"确定"其财产状态，而不是在交易之后"发现"其财产状态。因此如果不能证明在交易前曾经查阅过工商登记簿，证明其信赖的合理性，则应当认为其对名义股东的财产不具有信赖利益，就没有外观责任保护的必要性。第三人的探查义务相对于股权交易债权人应有所减轻。正如最高人民法院在韩某案中所指出的，债权人对名义股东的财产判断只能通过外部信息，股权信息是可获得的，但代持关系却无从得知，属于债权人无法预见的风险，不能苛求债权人尽此查询义务，风险分担上应向保护债权人倾斜。但是，第三人应当就其信赖与行为之间的因果关系承担举证责任。就如最高人民法院在林某青案中所指出的，林某青并不是以案涉股票为交易标的的相对人。虽然林某青申请再审称，其是基于对吴某雄持有案涉股票的信赖，才接受吴某雄提供担保，但林某青对此并未提交证据证明，故该项主张不能成立。与之相对，真实权利人则可以通过证明第三人信赖的不合理性使外观责任得以免除。

需要说明的是，根据意思主义标准，只有实际出资人经过其他股东过半数同意成为隐名股东的条件下，才存在外观与事实不符，才有适用权利外观责任的逻辑前提。在实际出资人未取得其他股东过半数同意时，其只是实际出资人，名义股东是真正的股东，因此执行名义股东的财产，不需要适用外观主义。

（3）关于公司债权人的善意证明：基于登记的信赖。公司债权人基于《公司法司法解释三》第 13 条第 2 款而对股东提起的权利请求，应当根据《公司法》第 32 条第 3 款得到保护。因为工商登记簿是法律确定的公司向外界市场传递自身信息的基本方式，股东信息只是作为公司信息的重要组成部分，一并向市场传递。根据《公司登记管理条例》第 3 条和第 20 条，公司基于登记而取得企业法人地位和营业资格；公司设立登记事项包括股东信息。而这些信息一经登记，在其变更时也需要通过同样的方式以传递公司自身信息的变化。因此，所有处于公司外部与公司建立交易或非交易关系的主体，只要不与公司建立内部关系，都可以基于法律的规定，产生对工商登记簿有关公司信息的信赖利益。因为其谨慎交易义务的对象是公司，而不是股东。正是在这个意义上，工商登记簿对股东身份的记载，可以对公司外部第三人产生形式外观的公示公信的效力。如公司债权人可以依工商登记向股东主张履行出资缴付义务或要求股东对公司债务承担连带责任。因为，在不与股东本人建立直接交易关系情形下，第三人没有对股东身份进行注意的谨慎义务，而是一般性信赖公司对股东信息的外部表达，法律应该允许其利用该外观保护自己的利益，不需要第三人证明事先存在的信赖。但是，由于工商登记簿作为形式外观的固有缺陷，如果虚假外观形成的原因并非股东造成，那么应当保护真实权利人的利益，而由公司承担相应的责任。

（4）名义股东的非交易（自愿）债权人：不适用外观责任与另行救济。对于名义股东的非交易（自愿）债权人而言，不存在对名义股东外观的信赖。因为非交易债权人通常被迫与该名义股东建立联系，不可能事先对其股东身份或财产产生任何外观上的信赖。因此，对于非交易债权人，原则上不能适用权利外观责任。但是这可能使非交易债权人在权利救济时处于不利地位。由此，当存在债权竞争时，需要对非交易（自愿）债权人的债权确定优先受偿顺序。①

总之，基于登记产生的外观责任，对于不同的第三人在信赖善意的证明上是存在差序的：股权交易债权人（外部）的善意证明责任最重；非股权交易债权人的善意证明次之，公司债权人的善意证明最轻。股东的非交易债权人无适用权利外观责任的可能，需要另行提供救济路径。

（四）第三人信赖利益保护的差序格局：非登记的权利外观责任及差序协调

除工商登记外，能够表彰股东身份的形式外观，还有出资证明书、公司章程以及股东名册。由此产生登记外观与非登记外观的信赖协调问题。

首先以出资证明书为例，假设工商登记中没有 A 的名字，但 A 持有 M 公司的出资证明书并向第三人出示，第三人与 A 签订股权转让合同，在经过其他股

---

① 林一："侵权债权人在破产程序中受偿地位之重塑理由"，载《法学》2010 年第 11 期。

东过半数同意后，请求 A 公司变更登记，受到 B 的抗辩，称 A 已经将股权转让给 B，此时第三人是否有权善意取得？

根据德国商法学界的观点，登记外观规则在适用上应该让位于权利外观的一般性条款与规则，"因为第三人通常并不必然知悉公告"。也就是说，第三人有权以信赖非登记外观（文书）对抗对登记外观的不知悉。德国法使登记外观让位于非登记外观的重要理由在于：非登记外观通常与真实权利人的行为密不可分，它可以是积极行为的结果，如某人通过授权委托书使他人取得代理的外观，也可以是推定或单纯的容忍，如自己过往的行为使他人产生表见代理的外观而不积极否认等。因此，相对于登记作为一项法定义务，非登记外观反映了使权利外观得以发生的人的"曾经的意思表示"，这种"曾经的意思表示"奠定了第三人信赖的基础，比一项法定义务更应该被课以外观责任。

"出资证明书"，显然不是真实权利人"曾经行为"的结果，因为出资证明书并不由真实权利人签发。但是如果真实权利人 B 对于 A 持有出资证明书这一外观的发生具有可归责性，例如，正是真实权利人 B 曾经的隐名出资行为造成 A 取得出资证明书，即使后来 B 通过显名化程序取得股东地位，仍然应当承担这种外观责任风险。因为"出资证明书"，相对于"工商登记"，在股东身份形式外观的差序格局中，处于最接近股东身份取得事实的差等次序。而基于经验主义的观察：越接近事实的外观对事实真相的反映越可靠。就好像费孝通先生在《乡土中国》中分析中国社会结构的格局，以"己"为中心，象石子一般投入水中，和别人所联系成的社会关系，不象团体中的分子一般大家立在一个平面上的，而是象水的波纹一般，一圈圈推出去，愈推愈远，也愈推愈薄。[①] 因此，第三人对出资证明书的信赖，相对于工商登记，更具有合理性。

也许有观点认为，工商登记由于国家公权力的介入，使得这种公示方式具有了公信的效力，或者公权力的公信力。[②] 但是一则公示的公信力不必然依赖公权力，交易所里的上市公告并未因公权力退隐而使公示的公信力受到减损；二则工商登记对股东登记仅做形式审查，且股东基本不参与其中，其所反映的所谓"公权力的公信力"与不动产登记簿的作用机理完全不能同日而语。因此，正如许多学者所指出的，工商登记作为股东身份或权利的外观是不可信赖的，[③] 或者，虽在解释下仍有可信赖性，但其程度与不动产登记的公信力有

---

① 费孝通：《乡土中国与生育政策》，北京大学出版社 2010 年版，第 27 页。

② 刘凯湘："股东资格认定规则的反思与重构"，载《国家检察官学院学报》2019 年第 1 期。

③ 谭津龙："中国有限公司股权善意取得的质疑——基于《公司法解释三》及其扩大适用"，载《西南政法大学学报》2019 年第 4 期。

差别。① 因为这个外观并非由真实权利人控制形成，现行法律制度对于工商登记正确性的保障甚弱，需要进行改造。②

但是，如果真实权利人 B 对 A 持有"出资证明书"不具有可归责性，如 B 从 A 处受让股权，并办理公司手续，而公司没有将 A 的出资证明书注销。此时 B 不对信赖 A 的出资证明书而与之交易的第三人承担外观责任。这并非对出资证明书可信赖性的否定，而是因为不具备外观责任构成中的真实权利人可归责性。

与出资证明书一样，公司章程与股东名册相对于工商登记都是更加可信赖的外观。因为它们正是工商登记据以发生的基础。公司总是基于内部的成员关系变化而进行外部显性化，就如同总是由章程确认了股东，才能形成股东名册——先有股东，再有名册。因此，从差等次序看，如果第三人查阅过公司章程，看到其上记载了尤其签署着 A 的名字，并且其后没有其他备注，即使没有查阅工商登记，或者查阅工商登记发现与公司章程冲突，也应该因其具有信赖公司章程的合理性而给予保护。股东名册（如果保留的话）也是如此，但外观效力弱于公司章程。

尽管股东身份形式外观的差序格局能够提供一般的对于外观效力或第三人信赖合理性的判断依据，但是出资证明书是一个例外。正如在第一章所讨论的，出资证明书在认缴制下存在制备方面的天然缺陷，并且也存在换发未注销的可能，因此，比较而言，公司章程更具可靠性。也就是说，如果第三人看到 A 的出资证明书，同时又在有机会查阅公司章程时未见到 A 的记载，或者虽有 A 的记载但有其他备注，那么其信赖的合理性根据应该是公司章程，如果其仅仅以信赖出资证明书为由与 A 交易，那么真实权利人 B 不承担外观责任，因为其信赖不具有合理性。

此外，如果第三人是其他股东，则形式外观的差序信赖又有不同。例如，A 曾经是股东，后将股权转让给 B，未变更工商登记，C 是公司另一股东，与 A 进行非股权交易，此时，C 不能以查阅工商登记证明善意信赖，因为他显然比外部第三人有机会获得公司内部表彰 A 的任何形式外观。从谨慎交易的角度，尽管可以要求 C 进行更深入的探查，但是因所交易的内容并非直接针对股权，因此以查阅公司章程为界证明善意，否则不能要求 B 承担外观责任。但是如果 C 与 A 进行股权交易，那么他不能以信赖任何形式外观证明自己的善意，因为，他正是以"成员合议"使 A 的股权发生变动的原因。

① 石一峰："非权利人转让股权的处置规则"，载《法商研究》2016 年第 1 期。
② 余佳楠："我国有限公司股权善意取得制度的缺陷与建构——基于权利外观主义"，载《清华法学》2015 年第 7 期。

综合上述，可以大概得出这样的结论，基于股东身份形式外观差序格局的经验主义观察：越接近事实的外观对事实真相的反映越可靠；越接近第三人的外观对第三人信赖利益的保护越有利。由此产生各自的"就近原则"：从保护真实权利人的角度，应要求第三人探查更接近真相的外观，而从保护第三人的角度，应将第三人的探查义务设置为更接近第三人或第三人更容易获得的外观。因此，在第三人信赖保护问题上，立法或司法实践应当以交易内容和对象为根据进行法政策上的判断与选择。

二、外观责任与善意取得的关系与股权善意取得的制度性完善

外观责任与善意取得是既有联系又有区别的两项制度。外观责任以真实权利人可归责性为前提对善意第三人提供保护，善意取得主要针对无权处分实现善意第三人的原始取得。在股权善意取得问题上，外观主义构成了善意取得的信赖基础，并促使其进一步实现制度完善。

（一）外观主义与善意取得的联系与区别

外观责任与善意取得的目的皆在于维护交易第三人的信赖利益。学者对二者之间的关系，有不同观点。一些学者认为二者在实现方式上存有差异。"善意取得制度实际上是以买受人举证证明自己的主观善意和现实占有条件排除所有权的追及效力而获得保护的"——"善意取得制度的善意标准为主观善意标准，公示公信制度的善意标准为客观善意标准。公示公信制度所确立的客观善意标准克服了善意取得制度主观善意标准模糊不清和难以举证的局限，就保护善意第三人的法律功能而言，显然以公示公信制度为优，这正是公示公信制度更能适应市场经济需要的重要原因"。① 另一些学者则认为善意取得制度是以外观责任为理论基础的衍生制度。权利外观学说是一项"启迪学的原则"，大量的基本法律规定都基于此学说，并从中发展出其他法律规范。② "善意取得就是贯彻外观主义的典型制度之一"③。这种观点意在使善意取得制度中"善意"的主观构成要件"客观化"，即以外观主义中第三人对外观的信赖合理性取代善意取得中的"主观"善意标准，从而使善意取得制度具有更广阔的适用空间。正是基于这种观点，学者将《德国民法典》第 892 条规定的不动产登记簿的公示制度归入善意

---

① 于海涌："论善意取得制度与公示公信制度的适用规则"，载《学术研究》2003 年第 2 期。
② 丁晓春："权利外观原则及其类型研究"，载《安徽大学学报》（哲学社会科学版）2009 年第 9 期。
③ 郑青："外观主义制度与禁反言制度在商法中的适用"，载《商事法论集》，法律出版社 2009 年版。

取得制度，① 而我国原《物权法》第 106 条一体适用于动产和不动产则是这种观点的立法反映。

上述观点仅是从第三人"善意"的角度阐释外观责任与善意取得之间的区别与联系，并不全面。在与股权相关的交易实践中，更重要的是对外观责任与善意取得各自构成要件的界分与把握。

1. 外观责任与善意取得的联系：善意的"客观化"与"差别化"

"善意"的"主观性"或"客观化"都是相对的概念。法学世界的主观性都要通过某种客观事实加以判断。纯然的"主观"善意标准是模糊不清的，必然借助某些外在表象方能识别。动产物权的善意取得和不动产物权的公示制度都是以保护第三人信赖合理性为目的，因此二者本质上都是对信赖合理性的审查。如前所述，由于不动产物权和动产物权的权利外观或者权利表征不同，因而产生的公信力也不尽相同。就不动产而言，其登记簿的公信效力较强，因此，第三人对外观的信赖足以构成对其交易效果进行保护的基础，无需再去探究登记簿背后权属关系的虚实；而动产占有的公信力效力相对较弱，善意取得制度意在使第三人负担较重的注意义务，司法实践应审查其交易行为的真意。故而，我国《民法典》第 311 条虽将善意取得制度一体适用，但是大多数学者主张对于不动产和动产的"善意"构成要件应所有区别。② 不动产和动产取得人的善意应当采取不同的判断标准。在动产的善意取得中，判断取得人善意与否时应考虑其有无重大过失，即动产的善意取得人应当负有一定的注意义务，如果其应当知道处分人为无处分权人但因重大过失而不知道，就认为其并非善意。但是，就不动产取得人而言，只要其不知道登记簿的记载错误并且登记簿上没有异议登记，就应当认为其是善意的。取得人不负有调查核实的义务，不能因为取得人没有进行调查核实而否定其善意。③ 正是在这个意义上，外观责任与善意取得达成了内在和谐，使第三人借助对外观的信赖善意，以假为真，取得权利。

就股权而言，既显著区别于一般动产和不动产，也显著区别于一般的社员权，是一种复杂的权利性财产，其在权利外观的配置方面也呈现出显著特色。从《公司法》的规定看，股东身份既存在登记外观，也存在非登记外观；既存在被动形成的外观，也存在参与形成的外观；既存在可个人持有的外观，也存在集中

---

① 常鹏翱："善意取得仅仅适用于动产物权吗？一种功能主义的视角"，载《中外法学》2006 年第 6 期。

② 王利明："不动产善意取得的构成要件研究"，载《政治与法律》2008 年第 10 期；叶金强："物权法 106 条解释论之基础"，载《法学研究》2013 年第 5 期。

③ 程啸："不动产登记簿公信力与动产善意取得的区分"，载《人民法院报》2005 年 2 月 23 日；程啸："论不动产善意取得之构成要件"，载《法商研究》2015 年第 5 期。

管理的外观。这种多重外观内外有别差序排列的状态，使第三人的善意判断既必须针对外观进行，又必须差别进行。因为不同的第三人、涉及不同的交易内容，所产生的注意义务和善意信赖可能各不相同。因此，除非真实权利人能够证明第三人明知或应知真实权利状态，否则，股权的善意判断总是与外观联系在一起。也有学者主张，可信赖事实的可信赖性是善意的基础。[①] 即信赖的善意判断中应当包括对权利外观可靠性的判断。事实上，尽管与不动产登记簿相比，股权外观的正确性推定缺少公权力加持，但是这并不影响其发挥正确性推定的效力，因为股权在本质上就是建立在与公司的相对性关系上，只要公司承认其外观效力，第三人就具有信赖外观的基础。这一点与票据、提单、仓单等的外观可信赖性并无差别。也正是在这个意义上，无论是外观责任还是善意取得，都统一适用基于差序外观的善意信赖标准。

2. 外观责任与善意取得的区别

外观责任与善意取得制度之间的紧密关联性，并不抹杀两种制度存在的区别，主要体现在以下两个方面：

（1）责任的核心构成要件不同。外观责任是以"可归责性＋善意信赖"为构成要件。善意取得的核心构成要件则仅为第三人的"善意"，不包括"可归责性"。因此，就使真实权利人"失权"或第三人"得权"而言，外观责任要严于善意取得。

（2）适用范围不同。善意取得以基于法律行为的取得为前提要件，[②] 主要适用于无权处分的情形，常见的无权处分主要包括隐名出资情形下的股权处分、一股二卖、让与担保情形下的处分以及冒名股权处分等。外观责任则不专门针对处分行为，适用更加广泛，典型如表见代表或表见代理，又如公司债权人请求真实股东履行出资填补义务，或者执行申请人请求执行名义股东的股权。

尽管存在上述区别，基于股权在权利性质、外观形成控制等方面的特殊性，在与股权相关的交易中，应考虑二者在适应条件上的适度结合，主要是在善意取得中引入真实权利人的可归责性，以平衡真实权利人与第三人之间的风险利益。

（二）股权善意取得适用的四种典型情形

《公司法司法解释三》将善意取得制度引入股权交易，引发理论界强烈质疑。股权具有不同于物权的特殊性，能否善意取得，何种条件下构成善意取得，如何"参照"适用物权的善意取得，都需要认真检讨。此外，《公司法司法解释

---

① 石一峰："私法中'善意'认定的规则体系"，载《法学研究》2020年第4期。

② ［德］托马斯·莱塞尔、吕迪格·法伊尔：《德国资合公司法》，高旭军等译，法律出版社2019年版，第626页。

三》所规定的善意取得主要适用于"股权代持"和"一股二卖"，但实践中对股权的无权处分情形更多，如股权让与担保中担保权人的处分、冒名处分、夫妻股权的单方处分①、董事会未经授权的股权处分等②。不同情形在适用善意取得时是否存在不同？本节仅就几种典型行为进行股权善意取得适用的分析阐释。

1. 股权善意取得的理论争议与现实选择

《公司法司法解释三》第 25 条和第 27 条的规定，将善意取得规则引致于股权变动，通过司法规则创制股权善意取得制度，以解决实践中大量存在的各类股权无权处分争议。但是由于股权及其变动的表征方式或公示方法明显不同于动产和不动产，因此对基于无权处分取得股权的情形直接适用原《物权法》第 106 条规定的善意取得规则是否妥当，理论界多有质疑。有学者认为有限公司股权无权处分的场合，不应适用原《物权法》上的善意取得制度，因为和交易安全进行价值衡量的，是公司法上众多法律价值目标；③ 有学者认为隐名出资形成的名义股东处分其名下的股权属于有权处分，缺乏适用善意取得的前提；④ 也有的学者认为股权变动与物权变动存在不同的结构，第 27 条将一物二卖中不可能适用的善意取得规则，适用于股权的一股二卖中，必然产生结构性错位。⑤ 因此，以股东登记为信赖基础所构建的股权善意取得，在法政策上虽然值得称颂，但在现行法之解释论上无法证立。⑥ 但是完全否定股权的善意取得也并非理性选择。因为权利与权利外观之间并非总能二位一体，在二者发生分离的情形下，总有动态的交易安全需要借助善意取得制度加以维护，因此更为务实的考虑应是针对股权善意取得的特殊性，合理设计规则，谨慎适用个案。⑦

善意取得制度适用的前提是非权利人的无权处分，适用的条件是第三人已经取得股权，适用的结果是使第三人保有已经取得的股权。因此，股权善意取得面临的第一个问题就是如何判断"股权的归属"？如果对这个问题没有立法或司法上统一的标准，那么股权善意取得制度只是空中楼阁。事实上，正是公司法学界长期以来对公司法领域最基本的问题——股东身份认定标准——争论不休，导致

---

① 泛马纺织（天津）有限公司、中信（香港）有限公司与泛马有限公司其他合同纠纷二审民事判决书［（2014）民四终字第 3 号］。

② 艾某、张某田与刘某平、王某、武某雄、张某珍、折某刚股权转让纠二审民事判决书［（2014）民二终字第 48 号］。

③ 陈彦晶："有限责任公司股权善意取得质疑"，载《青海社会科学》2011 年第 3 期。

④ 郭富青："论股权善意取得的依据与法律适用"，载《甘肃政法学院学报》2013 年 7 月。

⑤ 王涌："股权如何善意取得"，载《暨南学报（哲学社会科学版）》2012 年第 12 期。

⑥ 张双根："股权善意取得之质疑——基于解释论的分析"，载《法学家》2016 年第 1 期。

⑦ 林巍欣、魏国君："有限公司股权无权处分辨识——兼析商法上的外观主义"，载王保树主编：《中国商法年刊》，法律出版社 2013 年版。

无法对股权善意取得作出准确的评价和适用，更不要说如何使其妥当完善。因此，前文关于股东身份认定标准的基本结论，以及股权变动模式的选择，奠定了本书善意取得制度评价和完善的基础。或者说，正是综合考虑到善意取得制度适用问题的妥善解决，才作出前文的选择。

如前所述，股权是一种复杂的权利性财产，必须通过形式外观加以表彰识别。第三人在进行股权交易时，通常也是借助形式外观对股权的权利状态进行判断。而由于权利与外观的可分离性，尤其公司作为组织体，在"意思表示"方面呈现出的"意思"与"表示"的"天然离散性"或"非同步性"，加剧了交易的不确定性风险，由此导致无权处分的可能以及善意取得制度适用的空间。也就是说，股权并非没有被善意取得的空间。在公司基于自身意思同意接受某个人为股东却因各种原因未能及时体现在用于外在表示的特定形式（形式外观）中时，就会产生形式外观"假象"，也就产生无权处分和善意取得的可能。

但如果坚持特定形式作为股东身份的认定标准，或者股东权利变动的标志，即"债权形式主义"，那么形式外观就是"真相"，第三人与"真相"进行交易时，真相所表彰的就是真实权利人，真实权利人有权处分股权，第三人无须借助"善意"取得股权。从这个角度看，形式主义彻底避免了善意取得适用的可能性，最有助于交易安全，应是股东身份认定以及股权变动模式的最佳选择。但是如同"最危险的地方是最安全的"，其逆命题也是成立的——"最安全的地方也可能最危险"。如前所述，形式主义最大的危险在于将"权利的真相"交由"公司的表示行为"来决定。即使不考虑公司作为法律拟制的人，其"意思表示"与自然人意思表示的作用机理具有本质性不同，可能因此产生大量的时间成本和代理成本，单就有限公司内部基于血缘、亲缘、学缘、友缘等产生的熟人社会的复杂利益关系以及控制力的隐性分布而言，将"权利的真相"交由"公司的表示行为"来决定，将在一般意义上对"真实权利人"，也对相关利益方造成损害。股东身份认定标准或股权变动模式的选择是一项系统性工程，不能由一个方面来决定。而复合意思主义的优势正在于，以"公司同意"为"当事人合意"的生效要件并同时发生权利变动，将所有可能发生的时间成本、代理成本以及基于"熟人社会"所产生的影响，都作用于"股权转让"意念萌生的初级阶段，降低未来可能遭遇的风险，减少各方成本，促进各方利益最大化。当然当事人可以做不同的选择，并因此承受相应的风险。

区分主义在善意取得问题上的判断机理与形式主义相似。因为区分主义认为，在涉及第三人的时候，就以形式要件为股东身份的认定标准，也就是确定了内外两个认定股东身份的标准。如果"意思主义"是"单面磨砂玻璃"（真假有别信赖有度），形式主义就是"双层玻璃"（看似真面却隔着真空），区分主义则是"双层单面磨砂玻璃"（两边都以为看到了真相）。既然第三人看到的就是真相，那么处分人的处分就是有权处分，第三人也无须"善意"即可继受取得。

因此得到的结论是：区分主义或形式主义标准下，不存在无权处分。就如学者指出的那样，隐名出资形成的名义股东处分其名下股份属于有权处分，缺乏适用善意取得的前提。① 相比之下，将善意取得引入名义股东处分股权纠纷中，更是偏离善意取得服务于无权处分之规范旨趣。② 因为在"股权转让合同并不能发生股权变动的效果，受让人如欲取得股权，一是公司原股东过半数同意，二是需要变更股东名册记载。只有完成这两个程序行为，受让人才能成为股东"③ 的认识前提下，必然得出"名义股东处分股权为有权处分；不适用善意取得；一股二卖中原股东仍记载于股东名册则为有权处分"的结论。④ 事实上，在《德国有限责任公司法》改革中增加了股权善意取得，其重要前提也是采取"意思主义"变动模式，在股东名册记载之前，股东权利已经根据转让方与受让人之间的通过公证形式实施的抽象履行行为发生变动⑤，股东名册并不发生股权变动生效要件的功能。故此，在满足特定条件下，可以基于出让人记载于股东名册（这一事实）承认股权的善意取得。⑥

但是，正如现实所见，一方面，在法教义学意义上，我国《公司法》并没有明确确立股东身份认定和股权变动模式的形式主义或区分主义标准，另一方面，司法实践在不断提供意思主义或实质主义的裁判规则（《公司法司法解释三》第 22 条和第 24 条）。此外，理论上关于意思主义的支持者也不为少数；更重要的是，公司实践不支持形式主义或区分主义的认定标准，迫使裁判者不能无视各方主体的真实意思，强行以"表示"决定"意思"，以"外观"决定"权利"。正如崔建远教授洞见，外观主义仅于不得已的情况下，才作为所有权绝对、实事求是、意思自治等原则的例外和补充。⑦ 即便在商事领域，外观主义的适用也应该是严格限制的，尤其在不涉及动态交易安全的情形下。

因此，本书坚持"意思主义"标准，强调以"公司与成员合意"为股东身份认定的根据，并因此在股权变动中采取"复合意思主义模式"，使"公司同意"作为"股权转让合意"的生效要件，同步发生股权变动效力。但若后续在形成权利外观时出现虚假，则可能发生外观权利人的无权处分，此时具有适用善

---

① 郭富青："论股权善意取得的依据与法律适用"，载《甘肃政法学院学报》2013 年第 7 期。

② 姚明斌："有限公司股权善意取得的法律构成"，载《政治与法律》2012 年第 8 期。

③ 施天涛："商事法律行为初论"，载《法律科学》2021 年第 1 期。

④ 施天涛："商事法律行为初论"，载《法律科学》2021 年第 1 期。

⑤ ［德］托马斯·莱塞尔、吕迪格·法伊尔：《德国资合公司法》，高旭军等译，法律出版社，2019 年版，第 619 页。

⑥ ［德］托马斯·莱塞尔、吕迪格·法伊尔：《德国资合公司法》，高旭军等译，法律出版社，2019 年版，第 619 页。

⑦ 崔建远："论外观主义的运用边界"，载《清华法学》2019 年第 5 期。

意取得的前提和基础。当然，在纯粹意思主义和修正意思主义模式下，均有发生股权善意取得的可能。但是就具体的发生情形，则需要进行具体分析。

2. 股权代持中的无权处分：以隐名股东与名义股东共存为前提

《公司法司法解释三》引入股权善意取得制度的初衷，是为了解决股权代持中存在的无权处分问题。实践中股权代持情形大量存在，尤其在深圳市中级人民法院审理的案件中，仅以焦点问题计就有66件，占样本案件的17.93%，另有其他非以股权代持为焦点的案件亦不在少数。说明股权代持是公司实践中一种利用率很高的投融资方式。很多股权代持案件本质上就是委托投资，委托人并没有成为股东（成员）的意思，仅想获得投资利益；不放弃作为股东的身份性权利或政治性权利，仅仅是作为一种防御机制。深圳市中级人民法院在股权代持关系的认定方面，裁判观点较为统一，认为应存在股权代持协议或其他能够证明存在股权代持意思表示的法律文件；若无此种代持合意，仅凭资金来源与实际出资的事实，则无法认定股权代持关系。而实际出资人若想成为显名股东，则需要公司其他股东过半数同意，方能够请求公司确认其股东资格。

如果沿着这个裁判逻辑，那么自然能够得出一个结论，就是"其他股东过半数同意"是实际出资人想要成为显名股东的条件，而不是成为股东的条件。在"其他股东过半数同意"之前，实际出资人就已经取得股东地位。从深圳市中级人民法院审理的14个与代持股份转让有关的案件看，有11件涉及实际出资人转让股权，其中10件认为是有权处分，1件是全体股东认可；有3件涉及名义股东处分，1件认定为无权处分，1件认定为有权处分，还有1件态度折中，仅要求名义股东赔偿因此给实际出资人造成的价格损失。这些裁判观点基本验证了前述结论。但是这个结论显然与法院另外一些判决的观点是相悖的。因此，应该采取怎样的股东身份认定标准，就成为代持股转让时是否存在无权处分，进而能否适用善意取得的首要问题。

正如本书反复强调的，也是《公司法司法解释三》第24条所明确规定的，股东身份的取得是建立在"成员关系合意"的基础上的。在实际出资人没有取得其他股东过半数同意时，不应认定其已经取得股东身份；因此其在处分股权时，不应认定为有权处分，而是无权处分。或者换一个角度，应该是因为其无股权可处分，所以为无权处分。实际出资人所处分的或者说有权处分的仅仅是其基于股权代持协议所取得的投资权益，而受让人取得的也只是该投资权益。受让人若想取得股东身份，仍须满足"其他股东过半数同意"。哪怕实际出资人是把股权转让给了股权代持人。在郑某玲与谭某、原审被告深圳市居里居外家居发展有限公司股权转让纠纷案〔（2018）粤03民终10428号〕中，谭某将交由郑某玲代持的股权再次转让给了郑某玲，深圳市中级人民法院认为郑某玲应承担未依约履行付款义务的违约责任。尽管该案中是代持股份双方之间的股权转让，不涉及无权处分或善意取得问题，但是需要在解释论上从两个向度予以澄清：其一，谭某所转让的并非股权，而是其基于与郑某玲的代持协议所享有的投资权益，因为谭某显然不是其他股东过半数同意的股东。郑某玲受让该投资权益后，因其原本被接受为股东，因此只是以该投资权益充实了股东权利。其二，谭某转让的是郑某玲的股权，但是该转让经过了郑某玲的同意，故与之签订股权转让合同。总之，无论哪一种解释，都在于表明实际出资人有权处分的，仅仅是其投资权益。受让人并不因受让了该投资权益，就自动取得股东身份。当然如果名义股东以自己是股东而主张实际出资人的处分是无权处分也是没有法律意义的，因为一则，委托人处分的是自己的投资权益；二则在代持股委托协议中，委托人与受托人的关系决定受托人要按照委托人的指示行事。

在股权代持中，名义股东处分股权，也并非属于无权处分。因为名义股东已经取得股东地位，也就是说已经与公司建立起成员关系，其处分股权具有法律上的充分根据。因此即使在意思主义模式下，名义股东也属于有权处分。

唯有在实际出资人已经取得"其他股东过半数同意"，但还没有进行公司内部外观性文件的表彰，从而成为真正意义上的"隐名股东"时，名义股东处分其名下股权，方构成无权处分。因为从"一物一权"原则的角度，在一个股权上不能同时出现两个所有权人。隐名股东的存在使"委托投资"关系，变成了"委托持股"关系，而公司在接受"实际出资人"为股东时，就已经排斥了与名义股东之间的成员关系，或者说之后持续的"成员关系合意"就成了虚假的意思。因此名义股东不再具有公司股东地位，此时其处分名下股权，在没有经过隐名股东同意的情形下，就构成了无权处分。而第三人，基于对外观的信赖与名义股东进行交易，就产生了善意取得（股权交易），或者是基于外观责任（执行申请人）而获得相应权利的实现。隐名股东是造成此种形式外观虚假的原因，应当承担相应的外观责任风险。

3. 一股二卖中的无权处分与善意取得：外观责任共同作用的结果

一股二卖是《公司法司法解释三》引入善意取得制度的另一个理由。其基本假设是：股权转让后尚未向登记机关办理变更登记，就又进行了再次转让或处分。后买人适用善意取得。但是，学界对此表示质疑。有学者已经论证了形式主义标准下，一股二卖不存在无权处分，不适用善意取得。[1] 那么意思主义标准下，能否发生无权处分和善意取得？如 A 将股权转让给 B，经过其他股东过半数同意，已经变更公司章程、股东名册，还没变更工商登记。此时 A 又将股权转让给 C，C 能否善意取得？首先，根据意思主义标准，B 已经取得股权，即使未

---

① 施天涛："商事法律行为初论"，载《法律科学》2021 年第 1 期。

经过公司章程和股东名册的变更记载，也不影响 B 的股东地位。相应地，A 就丧失股东地位，也丧失股权。此时 A 将股权再次转让给 C，确实构成无权处分。但是就能否构成善意取得而言，根据《民法典》第 311 条，① 尚以 C 已经取得股权为条件。C 若想取得股权，仍须以其他股东过半数同意为前提。但此时，以其他股东过半数同意"合议"形成的在先的公司同意，已经与 B 建立起成员关系，其就已经失去了就同一股权所表彰的成员身份，再"同意"的权利。假设其他股东集体性明知或集体性漠视 A 无权处分的事实而与其积极或消极合谋，此时 C 虽然能够取得股权，但凭什么具有排斥 B 的在先权利的能力。根据《民法典》第 311 条的规定，善意取得人先于原权利人取得权利的重要条件是：取得了"登记"或"交付"，而之所以能够获得"登记"或"交付"，不动产是因为登记错误，动产是因为标的物脱离了原权利人的占有，置于善意取得人的实际控制之下。但就股权而言，首先不存在设权性登记，意思主义模式下，登记对权利变动不发生任何影响。而就交付来说，也没有实际形态可供"交付"，即对标的物的"占有"或"控制"的转移。这是由股权不同于动产和不动产的特殊性决定的。股权并不具有排他性的物质载体，能够使 C 排除 B 对股权的控制，当然反过来也一样，B 也无法排除 C 对股权的控制。唯一影响该控制的，就是公司，也就是说，公司想允许谁向其行使权利，谁就有了对该股权的控制。因此，在意思主义模式下，C 确实可能具备获得善意取得救济的前提条件，但是这是以公司的不当行为为前提的。

正如学者所指出的，一股二卖本质上是公司的"反悔表现"，承认股权善意取得就是承认公司的反悔权。公司的反悔权正当性何在？为什么要以牺牲前受让人的利益为代价？其实，我们找不到合理的解释。② 因此，一个更加妥善的安排是维护 B 的权利，惩罚 A 和公司的行为，使原股东与公司其他两次表示同意的股东对 C 承担赔偿责任，如同《公司法司法解释三》第 27 条第 2 款规定的那样，不过责任主体应予改变。当然在"复合意思主义"模式和"公司通知及合章性审查"模式下，如果发生此种现象，则应由负有过错的董事、高管承担连带责任。

但是，还有一种极特殊的情况，使我们虽然找不到牺牲前受让人的利益而成就公司反悔权的理由，但是可能确实能够找到让 B 承担不利后果，而使 C 获得股权的理由。《德国有限责任公司法》2008 年改革时增加了第 16 条第 3 款，开创了股权善意取得的先河。其设计规则时，特别强调，"受让之时股东名单关于

---

① （一）受让人受让该不动产或者动产时是善意的；（二）以合理的价格转让；（三）转让的不动产或者动产依照法律规定应当登记的已经登记，不需要登记的已经交付给受让人。

② 王涌："股权如何善意取得"，载《暨南学报》（哲学社会科学版）2012 年第 12 期。

营业份额的错误登记记载持续的时间少于三年，并且该错误不可归责于权利人的，不适用此规定"。也就是说，如果真实权利人在超过 3 年的时间里没有对错误外观进行更改，那么受让人有权利主张善意取得。同样的，如果 B 发生股权变动后，长时间不请求变更公司内外部的形式外观手续，导致 A 有机会将股权再次转让给 C，那么此时就失去了保护 B 的理由，因为正是由于 B 自己的行为把善意的 C 拉入一场可能引发纠纷的交易中来，B 应当承受因自己行为不当造成的责任风险。这也进一步提出了在一股二卖中，究竟是适用善意取得，还是适用外观责任更具有责任风险配置的妥适性问题，进而反映出股权善意取得制度应特殊构造的需求。

从深圳市中级人民法院的实践看，一股二卖的情形并不常见，发生此类争议，焦点也不在善意取得，而是在先受让人直接以合同目的落空请求解除合同。① 对此，深圳市中级人民法院认为转让方将已转让但未变更登记的股权又转让他人，致使转让协议目的无法实现，构成根本违约，支持合同解除。善意取得在一股二卖情形下的适用空间值得反思。

4. 股权让与担保中的无权处分：委托持股抑或委托投资的类推适用

股权让与担保指债务人或者第三人为担保债务的履行，将其股权转移至债权人名下并完成变更登记，在债务人不履行到期债务时，债权人可就股权折价后的价款受偿的一种担保。② 股权让与担保是近年来新兴的一种股权融资方式，是让与担保制度在商事实践中的拓展应用。自最高人民法院 2015 年发布的《关于审理民间借贷案件适用法律若干问题的规定》首次肯定和承认了让与担保之后③，2019 年《九民纪要》再次肯定了让与担保合同的效力，为股权让与担保合同效力提供了基本法律保障。

股权让与担保在公司实践中最常引发的问题是：当股权被移转至担保权人（债权人）名下并完成变更登记后，公司的股东究竟是担保权人还是担保人，担保权人是否能够享有股东权利，以及担保权人因其股东身份的权利外观而发生的交易，其债权人的权利能在多大程度上得以实现。

就股权让与担保的实现机制而言，主要通过两种形式：其一是转让；其二是代持。

---

① 周某与陈某桥股权转让纠纷上诉案［（2016）粤 03 民终 4352 号］。

② 刘贵祥：《在全国法院民商事审判工作会议上的讲话》，2019 年 7 月 3 日 www. Caucyerorg. org/sscs/201907/35. html，访问于 2020 年 12 月 3 日。

③ 2020 年修订的最高人民法院《关于审理民间借贷案件适用法律若干问题的规定》第 23 条规定：当事人以订立买卖合同作为民间借贷合同的担保，借款到期后借款人不能还款，出借人请求履行买卖合同的，人民法院应当按照民间借贷法律关系审理。当事人根据法庭审理情况变更诉讼请求的，人民法院应当准许。

所谓"转让"，是指担保人（债务人）与担保权人（债权人）在债权债务合同（通常是借贷合同）之外，签订股权转让协议，担保权人作为受让人取得股东地位。一旦担保权利得到实现，担保权人有权请求担保人回购股权，或者担保人有权请求回赎股权。在深圳市联合利丰投资有限公司与黄某海、董某祥股权转让纠纷上诉案［（2020）粤 03 民终 8215 号］中，深圳市中级人民法院认为，并非以实际享有相应的公司股权为目的，而系为保障债权实现通过股权转让协议以涉案股权为担保财产设置让与担保的行为，应属合法有效。债权人有权在主债权实现或股权转让协议约定的条件成就时主张债务人（转让人）回购股权。

所谓"代持"，是指担保人（债务人）与担保权人（债权人）在债权债务合同之外，签订《委托持股协议》，担保人是委托人，担保权人是受托人，以受托人身份持有股权，取得名义股东的地位。一旦担保权利得到实现，委托关系终止，发生形式外观变更。在深圳市裕和世纪投资有限公司与彭某股权转让纠纷案［（2018）粤 03 民初 3238 号］中，深圳市中级人民法院认为，转让人与受让人签订股权转让协议同时签订《委托持股协议》，性质是让与担保。在转让人仍为名义股东的条件下，目标公司并非真正意义上一人公司，转让人无权请求目标公司承担连带责任。

无论"转让"还是"代持"，要实现让与担保的目的，都需要公司对受让人或受托人的股东地位进行确认，并配合办理各种公司手续。理论上，股东身份的取得是基于公司与拟订股东之间的"成员关系合意"。但是在股权让与担保的情形下，基于原因关系的约束，受让人或受托人并无成为公司股东的真实意思，其只是基于债权担保的需要而成为公司名义上的股东；而公司对于受让人或受托人的同意则存在两种可能：其一，公司知道股权让与担保关系的存在，只是配合转让股东办理相关手续；其二，公司不知道股权让与担保关系的存在，但同意接受担保权人为公司股东。

在第一种情形下，无论担保权人是受让人还是受托人，都只产生隐名股东与名义股东之间的关系。公司未与担保权人建立真正意义上的成员关系。担保人（债务人）仍然保有公司股东的地位，只不过处于隐名的状态。因此，担保人与担保权人就形成了前述隐名股东与名义股东的关系。作为名义股东的担保权人并不在实际上享有股东权利，也不承担股东义务。作为担保人（债务人）的股东仍然拥有基于股东身份的一切权利义务。但是需要承担隐名股东的风险。即一旦担保权人无权处分其股权，或者存在其他基于对担保权人股东身份外观的信赖而与之进行非股权交易的债权人，向担保权人申请债务执行，此时隐名股东要承受失权的"风险"。但如果担保人此时处分其股权，应为有权处分，担保权人无权主张该处分为无权处分，因此遭受的风险属股权让与担保的交易结构风险，应由担保权人承担。

在第二种情形下，公司不知道股权让与担保关系的存在，如果属于委托代持，那么应当向公司披露委托关系的存在。此时，按照第一种情形处理。如果不向公司披露委托关系，则这种形式将无法继续利用。只能转而采取转让模式。就转让而言，公司其他股东过半数同意，接受该担保权人为股东，其意思表示为真实，因此担保权人取代转让人成为公司的股东，享有公司权利和地位。担保权人与担保人之间，因股权让与担保之意思，实质形成委托投资关系，即实际出资人与名义股东的关系。担保权人应为担保人的利益而行事，并接受担保人在股东权利行使方面的指示。但是，这并不意味着担保权人仍然享有股权，而仅是股权对应的投资权益。若担保权人此时处分其股权，为有权处分，第三人不适用善意取得；若担保权人的其他非股权交易的债权人，申请执行让与担保权人的股权，亦不受抗辩。此为股权让与担保的交易结构风险，应由转让人承担。

总之，正如刘贵祥专委在前述讲话中所肯认的，"在股权让与担保中，尽管外观上的股权过户登记与设定担保的真实意思表示不一致，但就当事人之间的内部关系而言，还是要根据真实意思来认定，即认定股权让与担保中的权利人享有的是有担保的债权，非股权。"因此，当事人之间或者构成隐名股东与名义股东之间的委托持股关系，或者构成事实上的实际出资人与名义股东之间的委托投资关系，目的都是担保债务履行或债权实现。如果担保权人通过股权交易或非股权交易的执行满足了担保利益，那么就视同担保人（债务人）已经履行了债务，相关的债权债务关系就应终止，如果因此给担保人造成损失，则应当承担责任。如果担保人进行股权交易损害了担保权人的利益，那么就其股权交易所得，担保权人仍然享有优先受偿权。

5. 冒名处分中的无权处分与善意取得：真实权利人的可归责性

冒名处分行为是一种未经授权以他人名义处分他人财产的行为，在广义上构成无权处分。根据《最高人民法院关于审理买卖合同纠纷案件适用法律问题的解释》（法释〔2012〕8号）第3条规定，冒名人无权处分不影响冒名人与相对人债权合同的有效性，与相对人善意与否无关。惟相对人善意时，得依善意获得被处分财产的物权，此时无权处分人对原权利人承担侵权责任。因此，根据《公司法司法解释三》的精神，冒名股权转让中，同样可能适用善意取得。但在司法实践中，法院在认定冒名股权转让合同时多倾向于以意思表示不存在或不真实，认定此类合同在被冒名人与受让人之间不成立或无效。基于该冒名行为所发生的股权变动，也据此得以回复原状，即使该受让人已经被公司变更登记为股东。也就是说，在冒名股权转让中，法院倾向于保护原权利人的利益，而非适用善意取得使股权受让人取得股权。由此需要解决以下两个问题：冒名转让股权行为究竟能否适用善意取得，股权回复原状是否总是可行？

（1）冒名处分的股权能否善意取得。善意取得制度的核心在于"信赖善意"的判断。在有关不动产冒名处分是否适用善意取得的讨论中，学界有不同观点。有学者主张应排除适用善意取得，理由是受让人信赖的核心内容不是"登记物权人即真实物权人（登记正确信赖）"，而是"冒名人即登记物权人（身份真实信赖）"，此种信赖不能与相信登记簿正确的信赖同等对待。[①] 善意取得只发生在登记错误的情况下。[②] 也有学者主张能够适用善意取得，因为对处分人身份的相信亦属于物权公示之公信力的范畴，以及善意取得制度的实质是保护受让人对处分权的信赖。[③] 上述观点，无论是否赞同不动产冒名处分适用善意取得制度，都承认善意取得建立在受让人对公示的公信力的善意信赖上。但是，由于公示方法对于物权变动所具有的效力不同，相应地对受让人善意信赖的要求程度也不应相同。

在股权冒名处分中，最常见的现象是公司配合。股权是股东向公司行使的权利，需要借助公司意思使股权发生变动。因此，单纯的当事人之间的转让合同，在未经公司同意的情况下，是不可能发生变动的。理论上，公司作为转让双方以外的具有独立人格和利益诉求的第三人，具有超脱客观的地位，受让人有理由相信公司对转让股权行为的同意构成对转让人系股东或有处分权的确认，进而这样的相信被视为善意信赖。但事实上，公司经常被操控在控制股东的手中，股权的冒名转让常常是由公司的控制股东操纵。因此在股权转让中，受让人的谨慎注意义务或信赖善意的标准应当被提高。毕竟股权转让与单纯的股权投资不同，作为一项复杂的商事交易，它通常经过面对面的反复磋商谈判，并需要满足公司同意等一系列法定或章定的程序性要求，受让人作为从事资本性交易的商人，应当承担更为严格的谨慎交易义务，及时发现并防范交易风险。

最高人民法院在崔某龙、俞某林与无锡市荣耀置业有限公司、燕某、黄某生、杜某、李某明、孙某源、王某强、蒋某斌、尤某伟、忻某股权转让纠纷案 ［最高院（2006）民二终字第 1 号］中曾着重强调了支持第三人善意取得的理由。最高人民法院认为，案涉股权转让合同确系无权处分他人财产的合同。然而，孙某源等五人与荣耀公司、燕某等四人在签订本案《股权转让协议》时，曾经到工商行政管理机关查阅过世纪公司的股权登记，对于荣耀公司和燕某等四人是否享有该公司股权尽了审慎审查的义务。……尽到了充分的注意义务，支付了合理的价格，股权变更登记已经经过多年，孙某源等五人在本案涉及的股权交易中没有过错，为维护社会经济秩序的稳定，应认定其取得世纪公司的相应股

---

① 金印："冒名处分他人不动产的私法效力"，载《法商研究》2014 年第 5 期。
② 傅鼎生："不动产善意取得应排除冒名处分之适用"，载《法学》2011 年第 12 期。
③ 戴永盛："论不动产冒名处分第法律适用"，载《法学》2014 年第 7 期。

权，适用善意取得制度的理由成立。

从上述裁判意见中，第三人善意取得的理由仅在于曾经查阅了股权登记，支付了合理的对价，但是相关股权在崔某龙等名下，是否存在其他应尽而未尽的审慎义务，未有提示。因此就其"善意"证明而言，难以令人信服。但是该案的特殊之处在于，股权变更登记已经经过多年，也就是说，正是真实权利人对权利的漠视，导致第三人产生了信赖的合理性。因此，本案适用善意取得的妥贴之处在于真实权利人的可归责性。而这也应该是冒名处分适用善意取得的必要条件，进一步表明股权善意取得制度应进行有别于一般善意取得的特殊构造。

（2）已经在形式上发生股权变动的股权能否恢复原状。受让人不能被认定为善意取得的情况下，应当发生股权返还，进而恢复原状。唯考虑到公司组织体的成员变化可能给公司经营带来影响，如经受让人参加股东会议而作出的决议，已经对公司内外部均产生效力影响，若被冒名股东要求恢复原状，可能产生连锁反应。特别是如果公司已经经营较长时间，强制恢复原状可能对公司经营目的的实现产生不利影响。于此时该如何平衡真正权利人，受让人与公司之间以及公司以外第三人的关系。根据《公司法司法解释四》关于公司决议效力判断的相关规定，如果受让人参加的决议属于可撤销的，在超过撤销权行使期间后，将不产生恢复原状的效力；如果属于无效的，则应根据《公司法司法解释四》的规定，恢复原状。但是这样的决议效力，不影响依据该决议与善意第三人形成的外部民事法律关系的效力。

（三）股权善意取得的制度性完善

从前述无权处分与善意取得适用的具体情形看，我国股权善意取得制度在构成要件和责任配置方面都存在一定的缺陷，需要进行特殊构造。股权善意取得制度被认为是《德国有限责任公司法》2008 年修改时的一项根本性改革措施，在当今世界各国公司法中并不多见。[①] 他山之玉，或可攻石。通过观察德国法上股权善意取得的构造，或许能够为我国的股权善意取得制度提供新的完善方向。

1. 《德国有限责任公司法》对善意取得适用条件的特殊规定

尽管德国商法的权利外观责任制度和理论已经相当精细，但是在面对公司问题时，仍然考虑到它的特殊性，进行了有别于《德国商法典》的特殊规定。

根据 2008 年改革后《德国有限责任公司法》新增的第 16 条第 3 款规定：

如果无权利的让与人作为营业份额的持有人被载入商事登记簿中的股东名单，受让人可以通过法律行为有效地从无权利人手中取得营业份额或者该份额上的权利。受让之时股东名单关于营业份额的错误登记记载持续的时间少于三年，

---

① 张双根："德国法上股权善意取得制度之评析"，载《环球法律评论》2014 年第 2 期。

并且该错误不可归责于权利人的，不适用此规定。此外，受让人知道权利瑕疵或者因重大过失不知道的，或者股东名单中附有异议登记的，不适用善意取得。异议登记可以基于假处分或者基于其他权利被提出异议的人同意而作出。为此，不必证实异议人的权利受到危害。[①]

该条是德国公司法对股权适用善意取得制度的首创，其理论基础是权利外观责任。但是与《德国商法典》第 15 条规定不同，该条明确规定了只有在满足特定条件下才可以基于出让人记载于股东名册（这一事实）承认股权的善意取得。[②] 这些特定条件是指：

其一，能够援引股东名单登记簿对抗权利人的第三人只能是股权交易的受让人，不包括不与股东发生交易关系的第三人，也就是说善意取得以基于法律行为取得为前提要件。[③] 基于法律规定的取得，如继承、企业形式变更或者通过强制执行程序取得不在此列。[④]

其二，能够善意取得的股权的效力状态是完整的。如果股权是以附延迟条件的形式进行移转，如价款的完全支付或者卡特尔审查程序中许可，那么善意取得以法律行为所附之条件实现时方发生。未有效成立的股权的善意取得也不受法律保护。[⑤]

其三，权利人对该外观的形成具有可归责性。即在错误登记记载持续的时间少于 3 年时，善意取得取决于，这种不正确的状态是否可以归咎于真实的权利人。这一限制基于下述情形得出其法律后果，即股东名册的正确性并不像不动产登记簿那样，通过形式的程序和登记法院事后审查来予以确保，而是根据《德国有限责任公司法》第 16 条第 1 款之规定，取决于公司董事抑或是公证人的说明。如果真实权利人没有在 3 年的期限内自行采取纠正错误登记的措施，那么这种不正确的状态可归咎于他。真实的权利人对于登记簿的更正享有请求权。如果真实权利人不能及时证明其身份或者基于其他原因遭到公司董事的抵制，则可以通过提出异议来排除善意取得，该异议可以在表象股东的许可下或者基于临时禁令在商事登记簿中予以登记。在经过 3 年期限以后，股东名册的不正确状态是否

---

① 《德国商事公司法》，胡晓静、杨代雄译，法律出版社 2014 年版，第 33 页。

② ［德］托马斯·莱塞尔、吕迪格·法伊尔：《德国资合公司法》，高旭军等译，法律出版社 2019 年版，第 626 页。

③ ［德］托马斯·莱塞尔、吕迪格·法伊尔：《德国资合公司法》，高旭军等译，法律出版社 2019 年版，第 626 页。

④ ［德］托马斯·莱塞尔、吕迪格·法伊尔：《德国资合公司法》，高旭军等译，法律出版社 2019 年版，第 626 页。

⑤ ［德］托马斯·莱塞尔、吕迪格·法伊尔：《德国资合公司法》，高旭军等译，法律出版社 2019 年版，第 626 页。

可以归责于真实权利人便不再重要。① 立法者基于保护交易秩序的需要，使真实权利人承受外观责任的后果，丧失股权。

其四，第三人的善意。基于前述第 2 个条件，第三人的善意必须针对纳入商事登记簿之股东名册的正确性。这又以形式上合乎规定地制作股东名册为前提。但是，其股东名册制作的合规性并不能完全排除其内容上的不一致。因此，该条关于善意取得的规定并不能免除第三人在股权收购前以尽职调查的形式对目标公司股权开展审慎的核查。② 如果第三人知道权利瑕疵或因重大过失不知道的，或者股东名册上附有异议登记的，即被认为不具备善意条件，不能取得股权。

德国法上的上述规定，至少给我们提供了以下几点启示。

2. 真实权利人承担责任的条件：可归责性

如前所述，真实权利人的可归责性，是德国商法外观责任的基本构成要件，本不属于善意取得的要素范畴。但是德国公司法在创设股权善意取得时，特别增加了该要件，其在真实权利人和第三人之间重新分配责任风险的意图不言而喻。

事实上，无论善意取得制度或者外观制度，都旨在对信赖权利外观的第三人提供信赖保护，而使真实权利人承担不利益的法律后果。其正当性在于，取得人代表着权利交易上的一项公共利益，即交易安全与交易便利。也就是说，善意取得制度，通过保护交易相对人之合理信赖，以便利财货交易之进行，增进社会经济整体之福祉。③ 但正如学者所见，尤其在股权交易中，站在交易安全对立面的不仅仅是原股东的所有权，还包括了原股东的社员权，有限责任公司人合性的保护、其他股东的同意和优先购买权等多个价值。④ 因此，基于交易安全和便利而对第三人的合理信赖进行保护是否构成了使真正权利人承受不利益的足够充分且正当的理由，从来就是一个极具争议性的命题。

为解决该问题，德国法抽象出与因主义，过错主义以及危险主义，危险主义"在近年渐次取代与因主义而取得新的通说地位"。⑤ 所谓与因主义，是指以对构成信赖客观基础的外观之发生、存续给予原因作为实体权利人负担不利益的

① ［德］托马斯·莱塞尔、吕迪格·法伊尔：《德国资合公司法》，高旭军等译，法律出版社 2019 年版，第 627 页。

② ［德］托马斯·莱塞尔、吕迪格·法伊尔：《德国资合公司法》，高旭军等译，法律出版社 2019 年版，第 626 页。

③ 张双根："股权善意取得之质疑"，载《法学家》2016 年第 1 期。

④ 陈彦晶："有限责任公司股权善意取得质疑"，载《青海社会科学》2011 年第 3 期。

⑤ 孙鹏："民法上信赖保护制度及其法的构成"，载《西南民族大学学报（人文社科版）》2005 年第 7 期。

根据。① 而危险主义则强调，实体权利人和信赖外观者都是受害人，法律并非单纯地追究加害人对受害人的责任，而是基于交易参加者与危险之间的关联方式，分配因这种关联的结果所产生的损害或不利益。② "责任归属者没有认识到自己的行为在交易中所具有的通常意义而做出行为，引起对方的信赖或者责任归属者以特殊的商组织形式从事经营，其外观的做出伴随该组织而产生的风险时，应承担责任"。③例如，在动产善意取得中，正是由于原所有权人的出借、出租导致占有与所有权的分离。易言之，因为真正权利人的原因致使交易效果处于不确定的风险中，第三人于此并不承担任何责任，故而应由真正权利人承担责任。正因如此，2008年《德国有限公司法》第 16 条 3 款第 2 句中特别强调"如果取得股份时名单上的错误持续少于三年，且该错误不可归责于权利人，则不适用上述规则（善意取得规则）"。

无论与因主义还是危险主义都不仅旨在使真实权利人的责任承担正当化，也从某种程度上保护了真实权利人的利益。因为若真实权利人没有为或不为某种行为引致外观的存在，真实权利人就不应该承担不利的交易效果。④ 从前述四种典型的可能适用善意取得的无权处分行为看，其真正具有适用善意取得的正当性的理由中，也包含着真实权利人具有可归责性。因为，正如我们前文所强调的，股东身份形式外观的形成不但不控制在真实权利人自己手中，而且经常因被公司控制而发生外观的"篡改"。因此，如果没有对真实权利人可归责性的要求，这种单方面使其承受第三人"外观信赖"风险的安排，将是对真实权利人的极大损害，也是对有限责任公司制度赖以存续的"团体信任"的根本性动摇。因此，我国在完善股权善意取得制度时，应当将真实权利人的可归责性纳入其中。考虑到我国有限公司的规模、成员结构、股权变动频率等因素，也可以将真实权利人对外观错误的容忍过错规定为 2 年。同时，可采取风险发生原则，以控制真实权利人为图谋自身利益而制造风险的行为。也就是说如果在 2 年内，除非该外观错误是由真实权利人的风险行为造成的，否则不因外观错误而承受"失权"后果。

3. 股权受让人"善意"的特别要件："公司章程"的探查义务

股权善意取得建立在"善意"的基础上。"善意"既包括对客体的要求，即

---

① 孙鹏："民法上信赖保护制度及其法的构成"，载《西南民族大学学报（人文社科版）》2005年第 7 期。

② 孙鹏："民法上信赖保护制度及其法的构成"，载《西南民族大学学报（人文社科版）》2005年第 7 期。

③ ［韩］李井杓："韩国商法上的表见责任制度之研究"，载王保树主编：《商事法论集（第 3卷）》，法律出版社 1999 年版。

④ 丁晓春："权利外观原则及其类型研究"，载《安徽大学学报》（哲学社会科学版）2009 年第9 期。

信赖对象具有可信赖性；也包括对主体的要求，即主体的信赖能力，不同主体拥有不同的信赖能力，如专业人士对专业领域信息的信赖判断要高于非专业领域。就股权交易而言，其本质是一项资本性财产交易，理论上应属于绝对商行为，其对交易主体的专业性和经验性要求比从事一般财产交易的主体更高。受让人作为从事资本性财产交易的主体，应具备相应的知识和能力，熟悉市场中可能存在的风险隐患，防范并承受各种交易风险。因此股权受让人应承担更加严格的谨慎交易义务。具体体现在对信赖外观的选择上。

股权善意取得是建立在外观信赖的基础上。影响"善意"判断的重要因素是权利外观形式或表征方式。如前所述，股权权利外观呈现出多重外观内外有别差序排列的特征，尤其对于工商登记，因其在外观形成谱系的最外延，因此，在对股权受让人善意进行判断时，不能全然依赖其对工商登记的信赖判定其信赖具有合理性。因为与不动产登记簿登记所具有的强制性、统一性、权威性相比较，股东名称的工商登记具有较大的任意性，其审查也多流于形式。诚如学者所言，作为支撑善意取得在法政策上正当性的"权利外观基础"，其所公示的权利，与真实权利关系之间，须存在高度一致性，或者说其权利公示状态具有较高的正确性，交易相对方可正当地予以信赖。但《公司法》第 32 条第 3 款所规定的公司登记制度中的股东登记，在逻辑上很难成为股权善意取得之权利外观基础。[①] 受让人作为从事资本性资产交易的主体，不可能不了解工商登记在股权登记中的效用机理。因此，不宜简单以受让人信赖工商登记而证明其信赖合理性。

当然，也不应该使第三人负担审查股权真实权属的义务，损害交易效率。一个折中的方案是，使第三人负担查阅公司章程的义务。主张善意取得的股权受让人，应当在工商登记之外，证明自己已经查阅公司章程。因为公司章程是公司的宪法性文件，其必备性、权威性以及内外公示性，具有与真实权利相一致的高度盖然性。更重要的是，如前所述，它是唯一一个股东亲自参与形成的外观。这使它比完全由公司控制形成的外观，更具股东身份表彰的可靠性。公司章程不仅通过备案制度具有一般意义上的公示效果，而且对于进入特定关系——成员关系——中的股权受让人而言，是必须认真了解的信息。

尽管从意思主义的股东身份认定标准的角度，即使股权受让人查阅公司章程，也可能无法分辨出其是否是股权的真实权利人，但此时他已尽到合理注意，并产生了合理信赖——对同样作为资本性财产交易主体的股东能够妥善维护自身权利的信赖，符合善意取得的构成要件。更重要的是，如果受让人进行了查阅，却没有发现该受让股权被记载于他人（真实权利人）名下，也恰好说明真实权

---

① 张双根："股权善意取得之质疑"，载《法学家》2016 年第 1 期。

利人在形成外观方面存在过错，因为公司章程是最接近于真实权利人的外观，并且是其能够参与形成的外观，如果该外观在 2 年内还呈现错误，那么真实权利人就有了承担"失权"后果的正当性理由，受让人也就有了善意取得的理由。除此之外，如果受让人能够证明公司章程的错误记载，正是真实权利人为自己的利益而制造的，如代持，那么即使在 2 年之内，受让人也可以主张善意取得，因为真实权利人不能只从所制造的风险中获得利益，而不承担不利益的后果。若受让人没有要求转让人提供公司章程，则表明其在交易中存在重大过失，不能主张其信赖合理，不适用善意取得规则。这与最高人民法院 2020 年 12 月 25 日颁发的《关于适用〈中华人民共和国民法典〉有关担保制度的解释》第 7 条规定的，法定代表人越权对外担保时相对人对公司决议的审查义务，其法律机理是完全一致的。当然，就满足受让人的探查义务而言，应尽可能完备公司章程关于股东信息的相关记载要求。

此外，尽管有"外观信赖"，并不能免除第三人在股权收购前以尽职调查的形式对目标公司股权开展审慎的核查。如果受让人存在明知或应知所交易之股权具有瑕疵，则不具有善意取得的条件。这里"应知"应以"重大过失"为标准，以平衡受让人的交易风险和责任分担。

4. 公司承担外观责任的正当性

股权交易的目的是使受让人取得股东的身份和地位，而其从发生、到过程、到结果，每一个环节都与公司密切相关。股权交易的发生，以转让人具有股东权利为前提，而转让人是否具有股东身份，以及公司是否已经为其形成了正确的权利外观，构成股权交易的重要起点。股权交易的过程，是由公司是否"同意"决定的，如果公司不同意，交易目的将不能实现；而公司的"同意"是否存在"不正当行为"隐患，同样将对交易目的的实现产生重大影响。股权交易的后果，是公司对成员关系的承认以及表彰，公司能否及时表彰成员关系，形成正确的权利外观，也直接影响交易目的实现。因此，在股权交易中，无比重要的事实是，公司控制着外观的形成，影响着交易的整体走向。

权利外观制度的奠基人韦尔斯巴赫（Wellspacher）将权利外观原则表述为：某一外观要件根据法律或者交易观念形成了某一权利的外观形式，如果该要件的形成是因信赖保护而遭受不利的人以自己的作为所致，那么相信此外观而为法律行为的人将因其信赖而受到保护。① 因此，理论上，当受让人遭受来自外观识别的风险时，可以援引对抗的是公司而非真实权利人，应由公司承担不利的法律后

---

① 转引自丁晓春："权利外观原则及其类型研究"，载《安徽大学学报》（哲学社会科学版）2009 年第 9 期。

果。但事实是，公司不是股权的所有者，承受"失权"这一不利后果的永远只能是"被错误"的股东。

　　尽管在某些特定情形下，不真实外观的形成是因为真实权利人在这个过程中表达了这样的意愿从而造成公司行为失当，故由该真实权利人承担不利后果亦为理所当然。但是还有许多时候，导致权利外观与真实权利相悖离的并不是真实权利人，而是真实权利人以外的公司。如在《公司法司法解释三》第 27 条所涉及的一股二卖中，在先受让人虽然取得公司过半数股东的同意而受让股权并成为公司的股东，却并没有将这种状态及时体现于形式外观中，其中原因或许并不是因为在先受让人简单的不作为或对自己权利的疏忽，而是无论任何形式外观的制作都是公司的行为，即使受让人及时请求公司予以变更登记，公司仍有可能怠于履行其义务，而致原股东有再次转让股权的可乘之机。于此时，仅仅要求在先受让人（真实权利人）承担不利的法律效果并不妥当。

　　而在另一些情形下，公司已经同意在先受让人取得公司的股东资格，又就同一股权上承载的股东资格同意他人受让；或者公司集体性地伪造某个股东转让股权的假象或者漠视了某个股东冒充他人转让股权的假象，于此时，仅仅要求真实权利人承担基于外观信赖的善意第三人的保护责任，既违背了善意取得制度的基本目的，更背离了公司法以及民法的一般性法律原则。从德国的司法实践看，在权利外观的责任人和其他相关人不具有同一性的情况下，只能让股份公司的董事或者有限责任公司的业务执行人对善意第三人承担个人赔偿责任。[①] 以此保护真实权利人的权利。《公司法司法解释三》第 27 条第 2 款也设计了类似的规则，却是从单纯保护善意第三人的角度，使真实权利人承受不利法律后果。二者在权利保护逻辑方面的差异，或许正是"假相"不绝的原因。因此，一个更妥切的做法，应当是使公司（相关负责人）在这种情况下单独或与真实权利人一起对善意第三人承担连带赔偿责任；只有在真实权利人存在可归责性时，使其承担不利后果。否则即使规定真实权利人有权向从事不正当行为的公司请求损害赔偿，真相也将在寻求保护的路上受到伤害。

　　总之，公司作为股权外观的控制者，直接影响股权交易和善意取得的适用，应为其配置权义相当的风险分担机制，以防止公司不正当行为给各方造成的损害。

---

① ［德］C. W. 卡纳里斯：《德国商法》，杨继译，法律出版社 2006 年版，第 139 页。

第二部分

深圳市中级人民法院的地方实践
（2009—2020 年）

2009—2020 年股权转让纠纷案件统计分析报告①

一、2009—2020 年股权转让纠纷案件概况

（一）样本来源与数量说明

数据来源：北大法宝 V6 版本

统计期间：2009—2020.11

文书类型：判决书

采集时间：2020.11

限定案由：股权转让纠纷、股东资格确认

实际采集样本数量：682 份

实际使用样本数量：368 份

截至 2020 年 11 月，在北大法宝（V6 版本）检索案由为"股权转让纠纷"和"股东资格确认纠纷"的判决书，去除重复，实际采集 682 份。② 再在 682 份文书中去除涉及撤诉、管辖权异议、执行异议等纯粹程序问题的判决 35 份；又去除 279 份争议焦点仅涉及纯粹合同法或买卖法问题（如单纯未按照合同约定支付股权转让价款、债权债务抵销，违约金计算等）或者法院裁判意见仅涉及举证责任、证据效力等证据法相关问题，而与公司法上股权转让纠纷的特殊性无任何实质关联性的判决，余 368 份判决书，作为本报告实际使用的分析样本。分析样本占全部采集判决书的 54.0%，较为全面地反映了深圳市中级人民法院对股权转让纠纷实体问题的裁判观点，具有典型性和代表性。

（二）案件审理年份

本次统计收集了自 2009 年至 2020 年 11 月间北大法宝数据库中深圳市中级

---

① 本报告样本统计部分由大连海事大学法学院民商法学研究生欧广艺、刘胜男、刘子敬、翟逸凡等 30 位同学协助完成。

② 根据 2021 年 3 月系统显示，2020 年全年股权转让判决书为 173 份，股东资格确认判决书为 15 份；但本报告截至 2020 年 11 月，实际采集 43 份 +6 份。

人民法院的全部股权转让纠纷和股东资格确认案例。具体样本案件年份分布见下表（表 1.2.1）：

表 1.2.1　样本案件年份分布表

时间	2009 年	2010 年	2011 年	2012 年	2013 年	2014 年	2015 年	2016 年	2017 年	2018 年	2019 年	2020 年
数量	1 件	4 件	10 件	10 件	22 件	26 件	39 件	16 件	23 件	90 件	103 件	24 件
占比	0.27%	1.09%	2.72%	2.72%	5.98%	7.07%	10.60%	4.35%	6.25%	24.46%	27.99%	6.52%

其中，案由为"股权转让纠纷"的案件共 269 件，占样本总数的 73.10%；案由为"股东资格确认纠纷"的案件共 99 件，占样本总数的 26.90%。

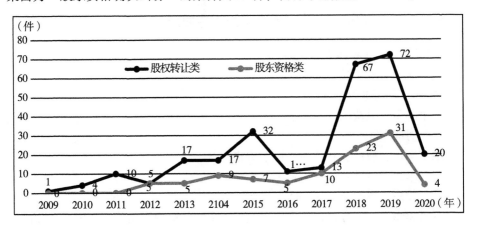

图 1.2.1　样本案件类型年份分布线状图

由图 1.2.1 可见，"股权转让纠纷"类案件在 2014—2016 年以及 2018—2020 年数量较多，甚至在 2018—2020 年（依该年完整年度观察）持续走高，这或与公司资本制度改革以及经济发展周期规律相关。股东资格确认纠纷则处于缓慢攀升状态，2018—2019 年相对较高，虽然 2020 年（完整年度）有所回落，但从股权转让纠纷走高的趋势看，说明该问题在实践中尚未彻底解决，需要进一步研判。

（三）审理程序

在作为样本的 368 份判决中，二审数量较多，共 346 件；此外有初审 19 件[1]，再

① 案号为：(2010) 深中法民七初字第 9 号、(2012) 深中法涉外初字第 22 号、(2014) 深中法商初字第 54 号、(2014) 深中法商初字第 55 号、(2017) 粤 03 民初 2004 号、(2017) 粤 03 民初 989 号、(2017) 粤 03 民初 1018 号、(2017) 粤 03 民初 2004 号、(2017) 粤 03 民初 728 号、(2018) 粤 03 民初 3369 号、(2018) 粤 03 民初 3368 号、(2018) 粤 03 民初 3220 号、(2018) 粤 03 民初 3238 号、(2018) 粤 03 民初 2382 号、(2019) 粤 03 民初 4084 号、(2019) 粤 03 民初 1542 号、(2019) 粤 03 民初 1145 号、(2019) 粤 03 民初 4824 号、(2019) 粤 03 民初 4932 号。

审 3 件①。二审及再审案件占样本总数的 94.02%，表明深圳市中级人民法院的裁判意见具有较强的终极裁判力，对社会经济实践中的股权转让活动产生直接影响。

（四）审理股权纠纷案件涉及类型分布

股权转让纠纷所涉法律关系复杂，除了股权转让人和受让人之间的关系外，还涉及与其他股东、公司甚至第三人之间的关系；除了涉及股权转让合同外，还涉及股权的变动、受让人股东资格的确认等问题。股权转让主要通过当事人的合意——股权转让协议而发生，非基于法律行为发生的股权变动极为少见。

在统计的样本中，非基于法律行为发生的股权转让为 1 件②，涉及非上市股份有限公司的股权转让案件 5 件，涉及股份合作制企业的股东资格确认的案件 18 件③，涉外（港澳台地区）的案件 15 件。

从案件焦点和裁判观点分析的角度，可以将股权转让案件按照合同法和公司法两条逻辑主线展开类型分析。按照合同法的逻辑，股权转让案件可以分为：股权转让协议的成立与效力、股权转让协议的履行（股权转让行为）与股权转让协议的解除；而按照公司法的逻辑，则提取股权转让案件相对于一般买卖合同而言所具有的公司法上的特殊性，如未变更工商登记对股权转让合同/行为的影响；股权转让价格或公司财务状况对股权转让合同的影响；股权代持中股权转让合同的效力判断；股权回购协议的效力判断；公司章程对股权转让协议或行为的影响；其他股东同意权或优先购买权对股权转让协议或行为的影响；股权转让中的

---

① 案号为：（2012）深中法商再字第 3 号、（2013）深中法商再字第 11 号、（2019）粤 03 民再 140 号。

② 案号为：（2020）粤 03 民终 10939 号 - 范某肖、深圳中外汇俱乐部股权投资管理有限公司股东资格确认纠纷上诉案。【裁判要旨】股权转让后，转让方无权主张公司清算后的剩余财产分配。该剩余财产为股权时，经目标公司及其他股东同意，由受让方继受取得。【法院认为】根据相关规定，公司清偿债务后的资产应由股东进行分配，根据王某与范某肖签订的《股权转让协议书》，王某已将其持有的 25% 的股份转让给了范某肖，范某肖亦已履行支付股权价款的义务。故范某肖因深圳一卡通网络科技有限公司注销而继受取得中外汇公司 49% 的股权。故，在中外汇公司及其股东对范某肖成为公司股东均无异议的前提下，范某肖请求确认其持有中外汇公司 49% 的股权，不违反法律规定，本院予以支持。

③ 案号为：（2019）粤 03 民终 2976 号、（2019）粤 03 民终 898 号、（2019）粤 03 民终 1037 号、（2019）粤 03 民终 1038 号、（2019）粤 03 民终 8741 号、（2016）粤 03 民终 22424 号、（2019）粤 03 民终 2489 号、（2019）粤 03 民终 2488 号、（2019）粤 03 民终 2490 号、2019）粤 03 民终 7084 号、（2018）粤 03 民终 13661 号、（2018）粤 03 民终 24784 - 24830、24842 - 24845、25422 - 25495、25499 - 25506 号、（2018）粤 03 民终 25139 - 25220 号、（2018）粤 03 民终 24730 - 24779、24781 - 24783、25221 - 25302 号、（2018）粤 03 民终 24999、25001 - 25050、25055 - 25104、25117 - 25138 号、（2017）粤 03 民终 19304 号、（2016）粤 03 民终 7720 号、（2017）粤 03 民终 1879 号。

无权处分与善意取得的认定标准等。

基于研究主旨的需要，本书主要遵循公司法逻辑，并以合同法逻辑为补充，将样本案件分为 10 大类进行观察，各大类案件统计数据如图 1.4.1 所示。

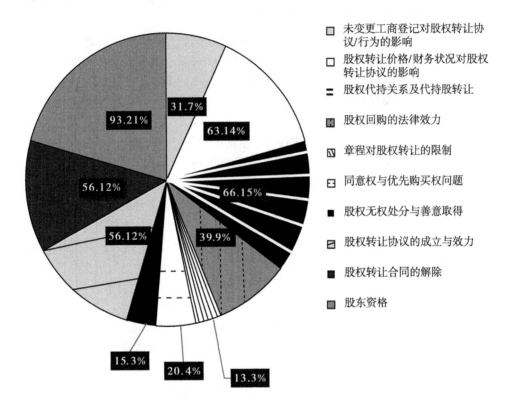

图 1.4.1　股权转让纠纷案件大类分类统计

注：该饼状图以样本 368 份判决书中筛选出的符合条件的 10 类案件的数据组成，可能一个案件涉及几个类型，故 10 类案件总数为 453 份。与下表中以及样本分析中以 368 份判决为计数基础得到的比例值略有差异，仅供参考。

在此基础上，又根据每一大类所涉及的焦点问题以及针对该焦点问题的裁判观点进行细分统计，具体情况如下表 1.4.2 所示：

表 1.4.2 股权转让纠纷案件焦点问题与裁判观点分类统计表

序号	类型	数量／占比	焦点问题	数量／占比	裁判观点	数量／占比	备注
1	未变更工商登记对股权转让协议行为的影响	31 个①／8.42%②	1. 股权转让协议／行为是否无效	7 个22.58%③	支持	0 个／0%	
					不支持	7 个④100%	未变更登记不影响合同效力
			2. 是否有权解除合同	25 个／80.65%	支持	8 个⑤/32.00%	未按约办理变更登记、受让股权目的不能实现
					不支持	17 个⑥/68.00%	未变更登记不影响股东权利取得

① 该数据与后面细分数据不符，因 (2015) 深中法商终字第 2357 号案例，当事人先主张合同无效，法院未支持，后主张解除，法院支持，故细类统计 2 次，大类统计 1 次。后面出现此类情况，原因或与此类同。

② 该比例是以 368 份判决样本为基数确定。下同。

③ 该比例是以本分类判决数量为基数确定。下同。

④ 案号为：(2015) 深中法商终字第 2357 号、(2016) 粤 03 民终 1706 号、(2017) 粤 03 民终 11514 号、(2017) 粤 03 民终 20925 号、(2017) 粤 03 民终 3162 号、(2019) 粤 03 民终 27146 号、(2018) 粤 03 民终 8317 号。

⑤ 案号为：(2011) 深中法民四终字第 312 号、(2015) 深中法商终字第 2357 号、(2017) 粤 03 民初 728 号、(2018) 粤 03 民终 8818 号、(2017) 粤 03 民终 4586 号、(2018) 粤 03 民终 8411 号、(2018) 粤 03 民终 10538 号、(2018) 粤 03 民终 21565 号。

⑥ 案号为：(2011) 深中法民二终字第 843 号、(2012) 深中法商终字第 563 号、(2013) 深中法商终字第 305 号、(2013) 深中法商终字第 1357 号、(2014) 深中法涉外终字第 77 号、(2013) 深中法商再字第 11 号、(2016) 粤 03 民终 14056 号、(2017) 粤 03 民终 17400 号、(2019) 粤 03 民终 17340 号、(2019) 粤 03 民终 22514 号、(2019) 粤 03 民初 2382 号、(2019) 粤 03 民终 10971 号、(2019) 粤 03 民终 10521 号、(2019) 粤 03 民终 20458 号、(2019) 粤 03 民终 8554 号。

续表

序号	类型	数量/占比	焦点问题	数量/占比	裁判观点	数量/占比	备注
2	股权转让价格/财务状况对股权转让协议的影响	63个/17.12%	1. 是否有权以"欺诈"主张撤销	30个/47.62%	支持	1个①/3.45%	
					不支持	29个②/92.00%	未披露担保、抽逃出资等
			2. 是否有权以"显失公平"主张撤销	17个/26.98%	支持	1个③/5.88%	违约金过高显失公平
					不支持	16个④/94.12%	
			3. 是否有权解除合同	7个/11.11%	支持	2个⑤/28.57%	隐瞒变更注册资本等
					不支持	5个⑥/71.43%	

① 案号为：(2020) 粤03民终3174号。

② 案号为：(2020) 粤03民终7340号、(2019) 粤03民终15546号、(2018) 粤03民终8526号、(2018) 粤03民终18921号、(2015) 深中法商终字第1358号、(2013) 深中法商终字第306号、(2013) 深中法商终字第1916号、(2013) 深中法商终字第1512号、(2013) 深中法商终字第1513号、(2014) 深中法商终字第305号、(2013) 深中法商终字第307号、(2011) 深中法商终字第754号、(2011) 深中法商终字第755号、(2017) 深中法民二终字第545号、(2015) 深中法商终字第860号、(2014) 民终3657号、(2016) 深中法商终字第16475号、(2015) 深中法商终字第232号、(2013) 深中法商终字第1254号、(2015) 深中法游外重字第1号、(2019) 深中法商终字第1018号、(2015) 深中法商终字第2253号、(2013) 深中法商终字第574号、(2018) 粤03民终9586号、(2018) 粤03民终15869号、(2016) 粤03民终18792号、(2015) 粤03民终8104号、(2018) 粤03民终7830号。

③ 案号为：(2013) 深中法商终字第2129号。

④ 案号为：(2020) 粤03民终17350号、(2018) 粤03民终12725号、(2016) 粤03民终3133号、(2015) 深中法商终字第1473号、(2014) 深中法商终字第1358号、(2013) 深中法商终字第1809号、(2017) 深中法商终字第1864号、(2013) 深中法商终字第1865号、(2009) 深中法民二终字第200号、(2016) 粤03民终19498号、(2017) 粤03民终5376号、(2013) 深中法商终字第3657号、(2013) 粤03民终1504号、(2018) 粤03民终17572号、(2018) 粤03民终20873号、(2018) 粤03民终7830号。

⑤ 案号为：(2018) 粤03民终10538号、(2020) 粤03民终8625号、(2019) 粤03民终15560号。

⑥ 案号为：(2014) 深中法商终字第1358号、(2018) 粤03民终15549号、(2020) 粤03民终2974号、(2020) 粤03民终7340号。

续表

序号	类型	数量/占比	焦点问题	数量/占比	裁判观点	数量/占比	备注
3	股权代持关系及代持股转让	66 个/17.93%	4. 阴阳合同价格确认	10 个/15.87%	阴合同	8 个①/80.00%	为方便登记签订阳合同
					阳合同	0 个/0%	
					实际履行	2 个②/20.00%	
			1. 是否存在股权代持关系	39 个/59.09%	有代持协议	24 个③/61.54%	
					无代持协议	28 个④/71.79%	事实上代持关系等

① 案号为：（2019）粤 03 民终 7756 号、（2015）深中法商终字第 546 号、（2015）深中法商终字第 545 号、（2014）深中法商终字第 1385 号、（2019）粤 03 民初 1542 号、（2017）粤 03 民终 8211 号、（2019）粤 03 民终 15634 号、（2014）深中法商终字第 1297 号。

② 案号为：（2014）深中法商终字第 2036 号、（2015）深中法商终字第 1324 号。

③ 案号为：（2011）深中法民二终字第 535 号、（2011）深中法民二终字第 615 号、（2011）……1297 号、（2017）粤 03 民终 3657 号、（2017）粤 03 民终 10371 号、（2017）粤 03 民终 10373 号、（2017）深中法民四终字第 323 号、（2014）深中法商终字第 10428 号、（2017）粤 03 民终 20925 号、（2013）粤 03 民终 20448 号、（2018）粤 03 民终 20851 号、（2016）粤 03 民终 1849 号、（2017）深中法商终字第 1847 号、（2012）粤 03 民终 1387 号、（2012）深中法商终字第 1848 号、（2013）深中法商终字第 1786 号、（2018）粤 03 民终 1385 号、（2013）粤 03 民终 7415 号、（2016）深中法商终字第 21479 号、（2018）粤 03 民初 3238 号、（2013）深中法商终字第 361 号。

④ 案号为：（2018）粤 03 民终 13955 号、（2017）粤 03 民终 14506 号、（2014）深中法商终字第 381 号、（2017）深中法商终字第 5430 号、（2015）深中法外终字第 51 号、（2014）深中法商终字第 706 号、（2016）粤 03 民终 17400 号、（2015）深中法商终字第 1506 号、（2014）深中法商终字第 736 号、（2015）深中法商终字第 215 号、（2015）深中法商终字第 815 号、（2014）深中法商终字第 735 号、（2019）粤 03 民终 1926 号、（2019）粤 03 民终 9342 号、（2019）粤 03 民终 15272 号、（2019）粤 03 民终 15273 号、（2019）粤 03 民终 15274 号、（2019）粤 03 民终 15271 号、（2019）粤 03 民终 9343 号、（2019）深中法民七初字第 9 号、（2019）粤 03 民终 9339 号、（2019）粤 03 民终 9341 号、（2020）粤 03 民终 9537 号、（2018）粤 03 民终 1778 号、（2010）粤 03 民终 9340 号、（2018）粤 03 民终 19873 号、（2018）粤 03 民终 13975 号、（2019）粤 03 民终 15275 号。

续表

序号	类型	数量/占比	焦点问题	数量/占比	裁判观点	数量/占比	备注
			2. 代持中股东资格确认	16个/24.24%	实际出资人	16个②/100%	实际出资目存在代持协议
					名义股东	0个/0%	
			3. 实际出资人转让股权的协议及行为效力	11个/16.67%	有权处分	10个③/90.91%	实际出资人有权转让股权
					经名义股东同意	1个④/9.09%	全体股东认可
					无权处分	0个/0	
			4. 名义股东转让股权的协议及行为效力	3个①/4.55%	有权处分	1个⑤/33.33%	第三人不得主张名义股东无权处分
					经实际出资人同意	1个/33.33%	未经同意给被代理人造成损失应赔偿
					无权处分	1个⑥/33.33%	实际出资人不得对抗第三人

① 案号为：(2017) 粤 03 民终 10373 号、(2017) 粤 03 民终 20448 号、(2012) 深中法商字第 1848 号。

② 案号为：(2013) 深中法商终字第 1387 号、(2012) 深中法商终字第 1849 号、(2014) 深中法商终字第 381 号、(2016) 粤 03 民终 14423 号、(2017) 粤 03 民终 22572 号、(2012) 深中法商终字第 1847 号、(2016) 粤 03 民终 1786 号、(2013) 深中法商终字第 1786 号、(2017) 粤 03 民终 1879 号、(2014) 深中法南初字第 54 号、(2014) 深中法南初字第 55 号、(2017) 粤 03 民终 10374 号、(2017) 粤 03 民终 1880 号、(2018) 粤 03 民终 21479 号、(2018) 粤 03 民初 3238 号、(2017) 粤 03 民初 14506 号。

③ 案号为：(2011) 深中法民二终字第 535 号、(2011) 深中法民四终字第 244 号、(2012) 深中法商终字第 996 号、(2014) 深中法涉外终字第 77 号、(2016) 粤 03 民终 5546 号、(2017) 粤 03 民终 3657 号、(2017) 粤 03 民终 20851 号、(2018) 粤 03 民终 10428 号、(2017) 粤 03 民终 20925 号、(2019) 粤 03 民终 11717 号。

④ 案号为：(2014) 深中法南终字第 1297 号。

⑤ 案号为：(2017) 粤 03 民终 20448 号。

⑥ 案号为：(2012) 深中法南终字第 1848 号。

续表

序号	类型	数量/占比	焦点问题	数量/占比	裁判观点	数量/占比	备注
4	股权回购的法律效力	39 个/10.60%	1. 约定回购	37 个/94.87%			
			(1) 股东之间股权回购协议是否有效	30 个/81.08%	支持	30 个②/100.00%	未违反法律强制性规定
					不支持	0 个	
			(2) 投资者与公司之间股权回购协议是否有效	7 个/20.59%	支持	2 个③/28.57%	
					不支持	5 个④/71.43%	违反《公司法》
			(3) 公司对股东回购提供担保的协议是否有效	2 个/5.88%	支持	1 个⑤/50.00%	符合《公司法》第 16 条
					不支持	1 个⑥/50.00%	不符合《公司法》第 166 条
			2. 法定回购	2 个①/5.88%			

① 案号为:(2013) 深中法商终字第 1864 号、(2019) 粤 03 民终 16917 号。

② 案号为:(2020) 粤 03 民终 17350 号、(2014) 粤 03 民终 8215 号、(2019) 粤 03 民终 25489 号、(2019) 粤 03 民终 27827 号、(2019) 粤 03 民初 4824 号、(2019) 粤 03 民初 4084 号、(2019) 粤 03 民终 5534 号、(2014) 深中法商终字第 2704 号、(2019) 深中法商终字第 556 号、(2019) 粤 03 民终 15634 号、(2019) 粤 03 民终 11594 号、(2018) 粤 03 民终 19052 - 19054 号、(2018) 粤 03 民初 3220 号、(2018) 粤 03 民初 3368 号、(2018) 粤 03 民终 14563 号、(2018) 粤 03 民终 12055 号、(2018) 粤 03 民初 10423 号、(2018) 粤 03 民终 3001 号、(2018) 粤 03 民终 3006 号、(2018) 粤 03 民终 183 号、(2017) 粤 03 民终 2004 号、(2017) 粤 03 民终 989 号、(2017) 粤 03 民终 1659 号、(2013) 深中法商终字第 2129 号、(2014) 深中法商终字第 2248 号、(2018) 深中法商终字第 193 号。

③ 案号为:(2013) 深中法商终字第 1865 号、(2020) 粤 03 民终 16307 号。

④ 案号为:(2013) 深中法商终字第 1604 号、(2013) 深中法商终字第 1603 号、(2013) 深中法商终字第 1043 号、(2018) 粤 03 民终 15899 号、(2018) 粤 03 民终 16883 号。

⑤ 案号为:(2019) 粤 03 民初 4084 号。

⑥ 案号为:(2018) 粤 03 民终 18490 号。

续表

序号	类型	数量/占比	焦点问题	数量/占比	裁判观点	数量/占比	备注
5	章程对股权转让的限制	13个/3.53%	1. 程序限制	5个/38.46%	支持	2个②/40.00%	章程规定符合《公司法》规定等
					不支持	3个③/60.00%	股东会无权决定股东股权转让等
			2. 实体限制	5个/38.46%	支持	4个④/80.00%	章程未违反《公司法》等
					不支持	1个⑤/20.00%	不依据章程而认定行为无效
			3. 其他	3个①/23.08%			股东合意变更章程等
6	同意权与优先购买权问题	20个/5.43%	1. 是否侵害同意权	9个/45.00%	支持	2个⑥/22.22%	未通知真实转让条件等
					不支持	7个⑦/77.78%	股东内部转让股权，股东对转让条件知情或应当知情

① 案号为：(2010) 深中法民二终字第 310 号、(2018) 粤 03 民终 183 号、(2018) 粤 03 民终 18921 号。
② 案号为：(2019) 粤 03 民终 1656 号、(2017) 粤 03 民终 8664 号。
③ 案号为：(2014) 深中法商终字第 1175 号、(2018) 粤 03 民终 13955 号、(2018) 粤 03 民终 17376 号。
④ 案号为：(2009) 深中法民二终字第 200 号、(2015) 深中法商终字第 2357 号、(2014) 深中法商终字第 556 号、(2017) 粤 03 民终 8074 号。
⑤ 案号为：(2017) 粤 03 民终 8999 号。
⑥ 案号为：(2018) 粤 03 民终 18489 号、(2017) 粤 03 民终 8664 号。
⑦ 案号为：(2018) 粤 03 民终 12930 号、(2018) 粤 03 民终 12929 号、(2015) 深中法商终字第 1972 号、(2019) 粤 03 民终 11594 号、(2019) 粤 03 民终 17340 号、(2018) 03 民终 18300 号、(2018) 粤 03 民终 13955 号。

续表

序号	类型	数量/占比	焦点问题	数量/占比	裁判观点	数量/占比	备注
7	股权无权处分与善意取得	15 个/4.08%	2. 是否侵害优先购买权	17 个/85.00%	支持	2 个①/11.76%	未通知股东
					不支持	15 个②/88.24%	股东内部转让股权等
			3. 侵害优先购买权是否导致转让协议无效	6 个/30.00%	支持	1 个③/16.67%	违反法律强制性规定
					不支持	5 个④/83.33%	生效/有效/效力待定
			1. 是否构成无权处分	12 个/80.00%	支持	1 个⑤/8.330%	非股东真实意思表示
					不支持	11 个⑥/91.67%	隐名股东有权处分

① 案号为：(2018) 粤 03 民终 18489 号、(2017) 粤 03 民终 8664 号。

② 案号为：(2018) 粤 03 民终 12930 号、(2018) 粤 03 民终 12929 号、(2018) 深中法南终字第 556 号、(2013) 深中法南终字第 306 号、(2018) 粤 03 民终 18300 号、粤 03 民终 17340 号、(2018) 粤 03 民终 21757 号。

③ 案号为：(2018) 粤 03 民终 18489 号。

④ 案号为：(2019) 粤 03 民终 11717 号、(2016) 粤 03 民终 14056 号、(2019) 粤 03 民终 11594 号、(2018) 粤 03 民终 18489 号、深中法涉外终字第 118、119 号。

⑤ 案号为：(2013) 深中法涉外终字第 118、119 号。

⑥ 案号为：(2019) 粤 03 民终 11717 号、(2012) 粤 03 民终 8999 号、(2016) 粤 03 民终 20448 号、(2017) 粤 03 民终 3162 号、(2012) 深中法涉外初字第 22 号、(2017) 粤 03 民终 8074 号。

续表

序号	类型	数量/占比	焦点问题	数量/占比	裁判观点	数量/占比	备注
8	股权转让协议的成立与效力	56 个/15.22%	2. 无权处分时是否构成善意取得	1 个/6.67%	支持	0 个/0%	
					不支持	1 个①/100%	不存在善意
			3. 无权处分的股权转让协议无效	10 个/66.67%	支持	0 个/0%	不违反法律强制性规定
					不支持	10 个②/100%	
			1. 合同是否成立	11 个/19.64%	支持	0 个	
					不支持		
			(1) 欠缺价格条款	3 个/27.27%	支持	3 个③/100%	对价款未形成合意
					不支持		
			(2) 欠缺书面形式	3 个/27.27%	支持	3 个④/100%	事实上形成股权转让的合意
					不支持	0 个/0%	
			(3) 欠缺审批手续	2 个/18.18%	支持	2 个⑤/100%	成立未生效
					不支持	0 个/0%	

① 案号为：(2013) 深中法涉外终字第 118、119 号。
② 案号为：(2019) 粤 03 民终 11717 号、(2012) 深中法商终字第 996 号、(2018) 粤 03 民终 3803 号、(2018) 粤 03 民终 13955 号、(2017) 粤 03 民终 20925 号、(2017) 粤 03 民终 8999 号、(2017) 粤 03 民终 2202 号、(2016) 粤 03 民终 5546 号、(2017) 粤 03 民终 20821 号、(2015) 深中法商终字第 20820 号。
③ 案号为：(2018) 粤 03 民终 10885 号、(2018) 粤 03 民终 11812 号、(2019) 粤 03 民终 20820 号。
④ 案号为：(2016) 粤 03 民终 9491 号、(2019) 粤 03 民终 14326 号、(2015) 深中法商终字第 2357 号。
⑤ 案号为：(2012) 深中法涉外终字第 149 号、(2012) 深中法涉外终字第 195 号。

续表

序号	类型	数量/占比	焦点问题	数量/占比	裁判观点		数量/占比	备注
9	股权转让合同的解除	56个/15.22%	2. 股权转让协议是否有效	47个/83.93%	支持		44个①/93.62%	违反法定收购的强制性规定（《公司法》第75条）
					不支持		3个②/6.38%	根本违约
			是否有权解除	56个/100%	支持		24个③/42.86%	
					（1）未变更登记		5个④/20.83%	未按约变更登记

① 案号为：(2009) 深中法民二终字第200号、(2010) 深中法民二终字第479号、(2010) 深中法民二终字第310号、(2011) 深中法商终字第535号、(2012) 深中法商终字第996号、(2013) 深中法商终字第305号、(2013) 深中法涉外终字第52号、(2013) 深中法商终字第307号、(2013) 深中法商终字第306号、(2014) 深中法商终字第554号、(2015) 深中法涉外终字第15号、(2012) 深中法商再字第3号、(2014) 深中法涉外终字第100号、(2015) 深中法商终字第1718号、(2015) 深中法商终字第545号、(2015) 粤03民终2357号、(2016) 粤03民终17006号、(2016) 粤03民终14056号、(2017) 粤03民终8999号、(2017) 粤03民终11514号、(2018) 粤03民终6869号、(2017) 粤03民终7830号、(2018) 粤03民终21757号、(2018) 粤03民终3001号、(2017) 粤03民初2004号、(2018) 粤03民终17376号、(2018) 粤03民终6871号、(2018) 粤03民终6873号、(2018) 粤03民终6866号、(2018) 粤03民终6867号、(2018) 粤03民终6868号、(2019) 粤03民终6870号、(2018) 粤03民终18300号、(2016) 粤03民终22866号、(2018) 粤03民终3006号、(2018) 粤03民终17572号、(2018) 粤03民终22907号、(2020) 粤03民终23332号、(2018) 粤03民终23331号、(2018) 粤03民终17663号、(2019) 粤03民终11717号、(2015) 深中法涉外重字第1号。

② 案号为：(2013) 深中法商终字第193号、(2013) 深中法商终字第1603号、(2013) 深中法商终字第1604号。

③ 案号为：(2015) 深中法商终字第1473号、(2014) 深中法商终字第1548号、(2016) 粤03民终4352号、(2017) 粤03民终3657号、(2017) 粤03民初728号、(2017) 粤03民终1036号、(2017) 粤03民终5299号、(2018) 粤03民终6872号、(2018) 粤03民终6869号、(2018) 粤03民终8818号、(2018) 粤03民终6866号、(2018) 粤03民终6867号、(2017) 粤03民终4586号、(2017) 粤03民终4586号、(2018) 粤03民终10717号、(2019) 粤03民终14792号、(2019) 粤03民终27827号、(2018) 粤03民终10538号、(2018) 粤03民终21565号、(2018) 粤03民终22490-22494号、(2020) 粤03民终1421号、15560号、(2011) 深中法民四终字第312号、(2018) 粤03民终1778号、(2018) 粤03民终11164号、(2019) 粤03民终1421号、(2011) 深中法民四终字第312号。

④ 案号为：(2017) 粤03民终8818号、(2017) 粤03民终4586号、(2019) 粤03民终14792号、(2011) 深中法四终字第312号。

续表

序号	类型	数量/占比	焦点问题	数量/占比	裁判观点	数量/占比	备注
					(2) 未支付股权款	2个①/8.33%	未按约支付股权款
					(3) 受让人实际享有不能享有股东权利	3个②/12.50%	出让人（公司）变更主注册资本、经营范围且未变更公司章程、变更登记
					(4) 客观上已无法履行	7个③/29.17%	出让人已不享有股权、股权司法冻结、公司解散、其他股东行使优先购买权
					(5) 未达到合同约定的其他条件	1个④/4.17%	目标公司未按约举牌
					(6) 意定解除	2个⑤/8.33%	

① 案号为：(2015) 深中法商终字第 1473 号、(2018) 粤 03 民终 22490 – 22494 号。
② 案号为：(2018) 粤 03 民终 10538 号、(2018) 粤 03 民终 21565 号、(2020) 粤 03 民终 15560 号。
③ 案号为：(2014) 深中法商终字第 1548 号、(2016) 粤 03 民终 4352 号、(2017) 粤 03 民终 1036 号、(2017) 粤 03 民终 10717 号、(2019) 粤 03 民终 27827 号、(2018) 粤 03 民终 1778 号、(2019) 粤 03 民终 1421 号。
④ 案号为：(2017) 粤 03 民终 5299 号。
⑤ 案号为：(2017) 粤 03 民终 3657 号、(2018) 粤 03 民终 11164 号。

续表

序号	类型	数量/占比	焦点问题	数量/占比	裁判观点	数量/占比	备注
					(7) 不支持	4个①/16.67%	未列明具体原因
					其他	32个②/57.14%	轻微违约等
					(1) 不构成根本违约	13个③/40.63%	合同履行完毕、受让人享有（行使）股权、轻微违约或部分违约、无合同目的无法实现情形
					(2) 不得解除合同	9个④/28.13%	未约定登记事项或未约定履行登记期限

① 案号为：(2018) 粤 03 民终 6872 号、(2018) 粤 03 民终 6869 号、(2018) 粤 03 民终 6866 号、(2018) 粤 03 民终 6867 号。

② 案号为：(2011) 深中法民二终字第 754 号、(2011) 深中法民二终字第 755 号、(2011) 深中法商终字第 843 号、(2012) 563 号、(2012) 深中法涉外初字第 22 号、(2013) 深中法商终字第 1852 号、(2014) 深中法涉外终字第 77 号、(2014) 深中法商终字第 1358 号、(2013) 深中法商再字第 11 号、(2015) 深中法商终字第 2017 号、(2015) 深中法商终字第 1239 号、(2018) 粤 03 民终 15549 号、(2017) 粤 03 民终 22514 号、(2017) 粤 03 民终 17400 号、(2017) 粤 03 民终 1858 号、(2018) 粤 03 民终 13980 号、(2017) 粤 03 民终 8625 号、(2018) 粤 03 民终 15715 号、(2018) 粤 03 民终 10921 号、(2019) 粤 03 民终 23405 号、(2019) 粤 03 民终 12725 号、(2017) 粤 03 民终 2974 号、(2018) 粤 03 民初 1018 号、(2018) 粤 03 民终 10521 号、(2018) 粤 03 民终 9586 号、(2018) 粤 03 民终 19161 号、(2020) 粤 03 民终 7340 号、(2019) 粤 03 民终 20458 号、(2019) 粤 03 民终 8554 号、(2018) 粤 03 民初 2382 号。

③ 案号为：(2011) 深中法民二终字第 754 号、(2015) 深中法商终字第 1239 号、(2018) 粤 03 民终 15549 号、(2018) 粤 03 民终 12725 号、(2017) 粤 03 民初 1018 号、(2018) 粤 03 民终 598 号、(2012) 深中法涉外初字第 22 号、(2019) 粤 03 民终 23405 号、(2019) 粤 03 民终 2974 号、(2020) 粤 03 民初 2382 号。

④ 案号为：(2011) 深中法商终字第 843 号、(2018) 粤 03 民终 22514 号、(2019) 粤 03 民终 10521 号、(2014) 深中法商终字第 563 号、(2018) 粤 03 民终 8554 号、(2013) 深中法商再字第 11 号、(2019) 粤 03 民终 20458 号。
(2017) 粤 03 民终 17400 号、(2019)

续表

序号	类型	数量/占比	焦点问题	数量/占比	裁判观点	数量/占比	备注
					(3) 不能依据约定行使解除权	4个①/12.50%	未约定解除权，未达合同约定的解除条件
					(4) 出让人构成虚假陈述、虚假出资、抽逃出资	2个②/6.25%	受让人未尽合理审查义务，风险自担
					(5) 其他	4个③/12.50%	解除仅针对未履行部分，受让人已登记为股东但享有解除权；时间，市场为稳定为较长时间，市场不得解除、合同成立但未生效不享有法定解除权

① 案号为：(2020) 粤03民终19161号、(2013) 深中法商终字第1852号、(2017) 粤03民终15715号、(2018) 粤03民终10921号。
② 案号为：(2011) 深中法民二终字第755号、(2014) 深中法商终字第1358号。
③ 案号为：(2015) 深中法商终字第2017号、(2017) 粤03民终1858号、(2018) 粤03民终8625号、(2019) 粤03民终9586号。

续表

序号	类型	数量/占比	焦点问题	数量/占比	裁判观点	数量/占比	备注
10.	股权资格	93 个①/25.27%	1. 以形式文件确认股东资格	19 个/20.43%	支持	19 个②/100.00%	登记、股东名册等

① 案号为：(2018) 粤 03 民终 17611 号、(2017) 粤 03 民终 14506 号、(2016) 粤 03 民终 18664 号、(2018) 粤 03 民终 19304 号、(2017) 粤 03 民终 3259 号、(2018) 粤 03 商终 247 号、(2017) 粤 03 民终 793 号、(2018) 粤 03 商终 381 号、(2013) 深中法商终字第 1849 号、(2017) 粤 03 民终 2636 号、(2014) 深中法商终字第 1373 号、(2017) 粤 03 商终 22572 号、(2018) 粤 03 商终 03 民终 24999、25001－25050、25055－25104、25117－25138 号、(2016) 粤 03 民终 14506 号、(2016) 深中法商终字第 1847 号、(2016) 深中法商终字第 361 号、(2018) 深中法商终字第 1848 号、(2013) 深中法涉外终字第 51 号、(2016) 粤 03 民终 22424 号、(2012) 深中法商终字第 23106－23113 号、(2012) 深中法商终字第 1386 号、(2016) 粤 03 民终 23113 号、(2012) 深中法商终字第 1248 号、(2018) 粤 03 民终 18258 号、(2016) 深中法商终字第 17400 号、(2018) 深中法商终字第 17400 号、(2018) 粤 03 民终 18260 号、(2014) 深中法商终字第 706 号、(2013) 深中法商终字第 1506 号、(2018) 粤 03 民终 17608 号、(2014) 深中法商终字第 736 号、(2010) 深中法民七初字第 9 号、(2017) 粤 03 民终 1638 号、(2018) 粤 03 民终 18259 号、(2016) 粤 03 民终 7720 号、(2017) 粤 03 民终 17243 号、(2015) 深中法商终字第 215 号、(2016) 粤 03 商终 1684 号、(2016) 深中法商终字第 1786 号、(2017) 粤 03 民终 22866 号、(2018) 粤 03 商终 24730－24779、24781－24783、25221－25302 号、(2018) 粤 03 民终 17610 号、(2013) 深中法商终字第 1879 号、(2018) 粤 03 商终 1815 号、(2018) 深中法商终字第 815 号、(2018) 粤 03 商终 25139－25220 号、(2013) 深中法商终字第 796 号、(2017) 粤 03 民终 2637 号、(2018) 粤 03 民终 17612 号、(2015) 深中法商终字第 10374 号、(2018) 深中法商终字第 17613 号、(2013) 深中法商终字第 723 号、(2016) 粤 03 民终 1880 号、(2018) 深中法商终字第 24784－24830、24842－24845、25422－24845、25499－25506 号、(2015) 深中法商终字第 2976 号、(2019) 粤 03 民终 20313 号、(2015) 深中法商终字第 1939 号、(2014) 深中法商终字第 735 号、(2019) 粤 03 民终 3803 号、(2019) 粤 03 民终 1038 号、(2018) 粤 03 民终 898 号、(2019) 深中法商终字第 13661 号、(2019) 深中法商终字第 19873 号、(2018) 粤 03 民终 1037 号、(2019) 粤 03 民终 7084 号、(2019) 粤 03 民终 13975 号、(2019) 粤 03 民终 8741 号、(2019) 粤 03 民终 1926 号、(2019) 粤 03 民终 18256 号、(2019) 粤 03 民终 15271 号、(2020) 粤 03 民终 16307 号、(2019) 粤 03 民终 15275 号、(2019) 粤 03 民终 15272 号、(2019) 粤 03 民终 15273 号、(2019) 粤 03 民终 15274 号、(2018) 粤 03 民终 21479 号、(2019) 粤 03 民终 2490 号、(2019) 粤 03 民终 9343 号、(2020) 粤 03 民终 9342 号、(2019) 粤 03 民终 9339 号、(2019) 粤 03 民终 9341 号、(2018) 粤 03 商终 34803 号、(2019) 粤 03 民终 2488 号、(2017) 粤 03 民终 10939 号、(2020) 粤 03 民终 9537 号、(2019) 粤 03 民终 34803 号。

② 案号为：(2018) 粤 03 民终 24999、25001－25050、25055－25104、25117－25138 号、(2012) 深中法商终字第 1812 号、(2016) 深中法商终字第 1847 号、(2014) 深中法商终字第 1373 号、(2012) 深中法涉外终字第 3349 号、(2012) 粤 03 民终 24845－24891、24893－24895、25303－25317、25396－25421、25396－25421、24779、24781－24783、25221－25302 号、(2015) 深中法商终字第 25220 号、(2018) 深中法商终字第 24784－24830、24842－24845、25422－24845、25499－25506 号、(2019) 粤 03 民终 898 号、(2019) 粤 03 民终 1038 号、(2019) 粤 03 民终 8741 号、(2019) 粤 03 民终 7084 号、(2015) 深中法商终字第 723 号、(2019) 粤 03 民终 2488 号、(2019) 粤 03 民终 2490 号、(2019) 粤 03 民终 2489 号。

续表

序号	类型	数量/占比	焦点问题	数量/占比	裁判观点	数量/占比	备注
			2. 以实质主义确定股东资格	70个/75.27%	支持	70个①/100.00%	实际出资等

① 案号为: (2018) 粤 03 民终 17611 号、(2017) 粤 03 民终 14506 号、(2013) 粤 03 民终 18664 号、(2017) 粤 03 民终 247 号、(2017) 粤 03 民终 793 号、(2017) 粤 03 民终 19304 号、(2013) 深中法商终字第 1387 号、(2012) 深中法商终字第 1849 号、(2017) 粤 03 民终 2636 号、(2014) 深中法商终字第 381 号、(2018) 粤 03 民终 18257 号、(2014) 深中法商终字第 1373 号、(2017) 粤 03 民终 22572 号、(2016) 粤 03 民终 7415 号、(2013) 深中法商终字第 1385 号、(2016) 粤 03 民终 22424 号、(2013) 深中法商终字第 361 号、(2018) 粤 03 民终 184 号、(2017) 粤 03 民终 5430 号、(2015) 深中法涉外终字第 51 号、(2013) 深中法涉外终字第 1386 号、(2016) 粤 03 民终 23106-23113 号、(2013) 深中法商终字第 1248 号、(2018) 深中法商终字第 18258 号、(2016) 粤 03 民终 17400 号、(2018) 粤 03 民终 18260 号、(2015) 深中法商终字第 1506 号、(2018) 粤 03 民终 17608 号、(2010) 深中法商终字第七初字第 9 号、(2017) 粤 03 民终 1638 号、(2018) 粤 03 民终 18259 号、(2016) 粤 03 民终 7720 号、(2017) 粤 03 民终 17243 号、(2015) 深中法商终字第 1786 号、(2017) 粤 03 民终字第 215 号、(2016) 粤 03 民终 1684 号、(2018) 粤 03 民终 22866 号、(2018) 粤 03 民终 17609 号、(2013) 深中法商终字第 17612 号、(2017) 粤 03 民终 17610 号、(2017) 粤 03 民终字第 1879 号、(2015) 深中法商终字第 815 号、(2018) 粤 03 民终 17610 号、(2017) 深中法商终字第 796 号、(2017) 粤 03 民终 2637 号、(2018) 粤 03 民终 1880 号、(2016) 粤 03 民终 20313 号、(2015) 深中法商终字第 10374 号、(2018) 粤 03 民终 17613 号、(2013) 深中法商终字第 735 号、(2018) 粤 03 民终 3803 号、(2019) 粤 03 民终 2976 号、(2018) 粤 03 民终 13661 号、(2018) 粤 03 民终 8256 号、(2018) 粤 03 民终字第 1939 号、(2014) 深中法商终字第 1037 号、(2018) 粤 03 民终 13975 号、(2019) 粤 03 民终 1926 号、(2019) 粤 03 民终 15274 号、(2019) 粤 03 民终 15271 号、(2019) 粤 03 民终 9343 号、(2018) 粤 03 民终 19873 号、(2019) 粤 03 民终 15272 号、(2019) 粤 03 民终 15273 号、(2019) 粤 03 民终 9341 号、(2018) 粤 03 民终 21479 号、(2020) 粤 03 民终 10939 号、(2019) 粤 03 民终 15275 号、(2019) 粤 03 民终 9342 号、(2019) 粤 03 民终 9339 号、(2019) 粤 03 民终 9537 号。

以上为股权纠纷中最常见的案件类型，各类型间存在一定交叉。

从上述统计结果看，价格价值背离类纠纷、股权代持类纠纷以及股权回购类纠纷占据全部争议的 40% 左右，表明深圳地区的股权投融资行为活跃；而无权处分类纠纷和侵害同意权和优先购买权类纠纷较少，说明深圳地区的股权转让行为趋于规范；对于股权协议转让的有效性支持率较高，说明深圳市中级人民法院裁判理念较为开放，裁判观点具有一定的引领性和启发性。

（五）《公司法》及其司法解释相关条文的司法适用情况

为了解《公司法》及其司法解释在股权转让案件中的司法适用情况，本课题在深圳市中级人民法院 2009—2020 年 11 月间审理的股权转让和股东资格确认的案件中以"公司法"为关键词在"本院认为"和"裁判依据"中进行检索。剔除重复案例后，共有 122 份判决援引《公司法》及司法解释，占收集案件（682 份）的 17.9%；占样本案件（368 份）比例为 33.15%；其中，直接将"公司法"及其司法解释作为裁判依据的有 53 份，占样本案件比例为 14.40%。说明公司法在司法裁判中的适用性不强。即使适用公司法的案件，绝大多数也同时适用《合同法》。这一统计结果说明应充分重视对股权转让纠纷案件中涉及合同法问题的理解和研究，同时应在公司法修订时强化法律条文的规范性和司法适用性。

在适用公司法进行裁判时，主要涉及的条文（统一按照现行《公司法》序号）及适用次数，如表 1.5.1 所示。

表 1.5.1　《公司法》及其司法解释相关条件的司法适用情况

适用法律（具体条文）	次数	占比
仅表述为《公司法》相关规定，未列具体条文	41	41.36%
《公司法》第 71 条	21	21.18%
《公司法司法解释三》第 24 条	17	17.15%
《公司法司法解释三》第 22 条	9	9.8%
《公司法》第 32 条	6	6.5%
《公司法》第 37 条	5	5.4%
《公司法》第 35 条	4	4.3%
《公司法》第 134 条 《公司法司法解释三》第 21 条 《公司法司法解释四》第 21 条	3	3.3%

适用法律（具体条文）	次数	占比
《公司法》第 3、4、16、23、43、46、74、81、89、99、108、130、137、166、178、2 次；179 条	2	2.2%
《公司法》第 6、11、21、36、63、75、138、141、142、151、177、180 条 《公司法司法解释三》第 1、25 条	1	1.1%

（六）涉港、涉外的股权纠纷案件

本次统计发现此类股权纠纷案件共 15 份，占样本总数的 4.08%。其中有 12 份为"股权转让纠纷"类，其余 3 份为"股东资格纠纷"类。案件涉及合同效力、股东资格、股权代持、侵害优先购买权等问题。① 该统计结果表明，涉港、涉外股权转让与内地股权转让纠纷的差异性不明显，内外资统一法律适用具有社会经济基础。

二、样本分析：裁判要旨与问题发现

本部分样本分析，以股权转让中存在的特殊影响因素为观察点，对深圳市中级人民法院审理股权转让纠纷所涉及的主要争议焦点和裁判观点进行梳理，以供研判。

（一）未变更工商登记对股权转让合同/行为的影响

变更工商登记是股权交易行为中的重要环节，也是股权交易相对于其他交易的特殊性所在。司法实践中，当事人常以未变更登记主张股权转让合同/行为无效，或以未变更登记主张转让方未履行合同致合同目的无法实现而要求解除合同。样本中，此类案件数量为 31 件，占比 8.42%。对此，深圳市中级人民法院形成以下裁判观点：

A. 股权变更登记对合同/行为效力的影响与股权转让的时点判断

【裁判要旨】1. 未变更登记不影响股权转让合同/行为的效力。

【案号】（2013）深中法商再字第 11 号 – 宋某安诉何某等股权转让纠纷再审

---

① 案号为：（2011）深中法民四终字第 312 号、（2011）深中法民四终字第 323 号、（2012）深中法涉外初字第 22 号、（2012）深中法涉外终字第 149 号、（2012）深中法涉外终字第 195 号、（2013）深中法涉外终字第 52 号、（2014）深中法涉外终字第 77 号、（2013）深中法涉外终字第 118、119 号、（2015）深中法涉外终字第 15 号、（2014）深中法涉外终字第 100 号、（2017）粤 03 民终 3349 号、（2015）深中法涉外终字第 51 号、（2017）粤 03 民终 12920 号、（2019）粤 03 民终 11717 号、（2018）粤 03 民终 13661 号。

案等。①

【裁判要旨】2. 股权转让，内部以股东名册为准，外部以公司登记为准，不登记不对抗善意第三人。不得以没有登记为理由认定股权转让无效。

【案号】（2018）粤 03 民终 8317 号 - 陈某林、吕某富股权转让纠纷上诉案。

【裁判要旨】3. 股东名册变更登记与登记机关变更登记不影响股权转让合同的效力；股权转让生效时点以股东名册变更为准。

【案号】（2019）粤 03 民终 8554 号 - 杨某平、高某娣股权转让纠纷上诉案。

B. 合同目的实现与变更工商登记对股权转让合同解除的影响

【裁判要旨】1. 股权变更登记是股权转让合同约定的主要义务，虽然受让方参加过目标公司股东会会议，但没有证据证明其分过红利，转让方不履行变更登记义务导致受让方签订股权转让合同的目的无法实现，受让方有权解除合同。

【案号】（2011）深中法民四终字第 312 号 - 深圳市招商投资发展有限公司与中国创业投资股份有限公司股权转让纠纷上诉案。

【裁判要旨】2. 转让方未按约定变更章程以及工商登记手续，且擅自降低注册资本，导致受让方参与经营管理的合同目的不能实现，可以解除。

【案号】（2018）粤 03 民终 10538 号 - 徐某选、深圳市海川电商咨询有限公司股份转让纠纷上诉案。

【裁判要旨】3. 转让方未按约定办理股权及章程变更手续，也没有证据证明受让方履行股权转让款支付义务后已参加目标公司经营管理并实际享有股东权利，得以解除。

【案号】（2018）粤 03 民终 21565 号 - 李某华、林某霞股份转让纠纷上诉案。

【裁判要旨】4. 股权转让协议签订后，受让人已经履行合同义务，但转让人无法将股权变更至受让人名下或使受让人实质性参与公司管理，股权转让目的无法实现，受让人可以主张解除协议。

【案号】（2017）粤 03 民终 10717 号 - 朱某、孙某萍股权转让纠纷上诉案。

【裁判要旨】5. 转让方负有办理工商变更登记的主要义务，未按照约定履行时应承担违约责任。确定股东资格的标准是公司股东名册的记载，合同约定股权收益归属，不等于使受让方取得了股东资格。在转让方仍控制目标公司的情形下，受让方未取得主要合同权利。

【案号】（2018）粤 03 民终 8411 号 - 昆明兰花演艺（集团）有限公司、广

---

① 同类案件：（2016）粤 03 民终 9491 号 - 欧某明与陈某铭股权转让纠纷上诉案；（2019）粤 03 民终 22514 号 - 邱某芬、赵某军股权转让纠纷上诉案；（2019）粤 03 民终 27146 号 - 黄某琼、霍某海股权转让纠纷上诉案等。

东海印集团股份有限公司股权转让纠纷上诉案。

【裁判要旨】6. 股权转让已经履行，虽然未办理股东变更登记，但不影响受让人享有股东权利，在有证据证明受让人实际出资并参与公司经营的状态下，无权解除合同。

【案号】（2016）粤03民终14056号 – 张某健诉胡某芸等股权转让纠纷上诉案。

【裁判要旨】7. 股权受让人已实际参与公司的经营管理，已实际享有股权和行使股东权利。不能以未变更登记构成根本违约为由要求解除合同。

【案号】（2019）粤03民终20458号 – 陈某、深圳市鑫辞进出口贸易有限公司股权转让纠纷上诉案等。①

【裁判要旨】8. 变更工商登记属于宣示性登记，仅为股权转让的附随义务，并不必然导致合同无法履行或合同目的不能实现，不能以未办理股权变更登记为由解除合同。

【案号】（2018）粤03民终10521号 – 深圳智众合投资咨询合伙企业、朱某伟股权转让纠纷上诉案等。②

【裁判要旨】9. 股权转让协议已经履行，股权已经变更至受让人名下，无法参与公司经营管理并不等同于其受让股权的合同目的不能实现，无权以不能行使股东权利主张合同解除。

【案号】（2019）粤03民终9586号 – 赖某纯、赵某茹股权转让纠纷上诉案。

【裁判要旨】10. 股权转让合同签订后，转让方已向受让方移交公司公章及重要业务合同，应视为受让方已实际控制公司、合同已切实履行；股东变更工商登记仅是附随义务，未办理工商变更登记的，受让方仍应向转让方支付相等于股权转让价款的损失赔偿金。

【案号】（2012）深中法商终字第563号 – 西某英诉汪公股权转让合同纠纷

---

① 同类案件：（2019）粤03民终17340号 – 石某、李某敏股权转让纠纷上诉案；（2019）粤03民终8554号 – 杨某平、高某娣股权转让纠纷上诉案等。

② 同类案件：（2017）粤03民终17400号 – 深圳上步青云投资有限公司、诉李某宝等股权转让纠纷上诉案；（2012）深中法商终字第563号 – 西某英诉汪公股权转让合同纠纷案；（2016）粤03民终9491号 – 欧某明与陈某铭股权转让纠纷上诉案；（2013）深中法商再字第11号 – 宋某安诉何某等股权转让纠纷再审案；（2018）粤03民终8317号 – 陈某林、吕某富股权转让纠纷上诉案；（2018）粤03民终23405号 – 张某某2、胡某某股权转让纠纷上诉案；（2018）粤03民初2382号 – 深圳市开源投资有限公司与陕西帮建置业有限公司、深圳市新地商置地产发展有限公司股份纠纷案；（2020）粤03民终19161号 – 蒋某锦股权转让纠纷上诉案；（2017）粤03民终17400号 – 深圳上步青云投资有限公司、杨某股权转让纠纷上诉案；（2011）深中法民二终字第843号 – 何某某与李某某等股权转让纠纷上诉案；（2013）深中法商终字第1357号 – 潘某与深圳市祥鹰物流有限公司等股权转让合同纠纷上诉案；（2014）深中法涉外终字第77号 – 黄某诚等诉李某宝等股权转让纠纷上诉案等。

上诉案。

【问题发现】

"变更工商登记"（或简称为"变更登记"）在股权转让中具有什么样的法律意义或效力影响是该类纠纷中频率最高的争议焦点之一。总体观察，深圳市中级人民法院对"变更登记"的法律效力的认识，诚如多数判决所肯认的，仅具有对抗效力或公示性效力，而非生效效力，更不作为有效或无效的判断标准。故此，"未办理变更登记"既不影响股权转让合同的效力，也不影响股权转让行为的效力。也就是说，除非股权转让合同另有约定，"未办理变更登记"既不导致股权转让合同无效或可撤销或未生效，也不导致股权转让行为无效，或阻却股权转让行为发生效力。这已经成为深圳市中级人民法院的基本共识。与之相关的另一共识是，"变更登记"通常作为股权转让合同的主要约款，"未办理变更登记"将因未履行该义务而发生违约责任，或其他合同约定的法律效果。

实践中，当事人多根据原《合同法》第 94 条（现《民法典》第 563 条），以"未办理变更登记"导致合同目的落空，主张解除合同。"未办理变更登记"是否构成股权转让合同的法定解除条件？对此深圳市中级人民法院也基本达成共识。虽然早期有判决认为，"办理变更登记"是合同的主要义务，转让方不履行该义务导致受让方签订股权转让合同的目的无法实现，受让方有权解除合同。但是近年来的主流观点认为，变更工商登记属于宣示性登记，并不必然导致合同无法履行或合同目的不能实现，不能以未办理股权变更登记为由解除合同。也有判决支持未办理股权变更登记时合同得以解除。此时多叠加其他因素。如转让方擅自降低注册资本有拒不履行的可能，或者受让方始终未能实际享有并行使股东权利，导致合同目的落空。因此，"未变更工商登记"一般不作为股权转让合同解除的单一决定因素。

关于"实际参与公司管理或实际享有股东权利"对股权转让合同解除的影响，深圳市中级人民法院的主流观点是：如果未办理变更登记，但是受让方已经实际参与公司管理或实际享有股东权利，那么就应该认定合同目的已经实现，受让方无权解除合同；但是如果受让方未实际参与公司管理或实际享有股东权利，那么就应该认定合同目的没有实现，受让方有权解除合同。即使在前述第（2011）深中法民四终字第 312 号中，法院在论述支持解除的理由时，也提及受让方"虽然参加过深圳豪某公司股东会会议，但没有证据证明其分过红利"，表明对受让方是否实际享有股东权利的关注。因此，深圳市中级人民法院的裁判意见表达了对"股东实际享有股东权利"与"合同目的的实现"之间具有一致性的高度认同。但是在广东省高级人民法院对徐某选、深圳市海川电商咨询有限公司股份转让纠纷上诉案的再审裁定中表达了相反的意见，即"即使受让方实际参与公司经营管理和重大决策，已行使了股东权利，亦非阻碍合同解除的充足事由"。此外，在对"实际参与公司管理或分红"与"取得股东权利"二者之间的关系认定方面，深圳市中级人民法院也有分歧，有观点认为虽然参加股东会会议，但是没有证据证明其分过红利，因此有权解除合同〔(2011) 深中法民四终字第 312 号〕；但也有观点认为受让方（妻子）参与实际经营管理和分配经营所得，并不代表受让方取得股权，公司的经营管理权与股东权利并非同一概念〔(2017) 粤 03 民终 12920 号〕。因此引发的问题是：

股权转让合同目的实现的判断标准是什么？即如何判断受让人"实际享有股东权利"，究竟是以参加股东会议，参与公司经营管理、参与分红、实际控制公司等作为认定标准，还是以"股东名册""公司章程""工商登记"的变更记载为判断依据？在所涉的诸多情形不同时具备时，又以何者为核心判断要素？而这个问题的实质指向是：股权变动的判断标准是什么，更深层次的是，股东身份的判断标准是什么？值得进一步研判。

（二）股权转让价格/财务状况对股权转让合同的影响

股权转让价格以及公司财务状况也是引起股权转让合同争议的最常见原因之一，多数案件以财务欺诈、价格显失公平等理由主张撤销或者解除合同。样本中，此类案件数量为 63 件，占比 17.12%。对此，深圳市中级人民法院主要形成以下裁判观点：

A. 以财务欺诈主张撤销合同

【裁判要旨】1. 股东之间转让股权，受让方应了解公司财务状况，以财务报表虚假而受欺诈主张撤销合同且超过撤销权行使期间，不予支持。

【案号】(2015) 深中法商终字第 232 号－李某与梁某友等股权转让纠纷上诉案。

【裁判要旨】2.《股权转让协议》中约定的目标公司注册资本非为当时公司真实的注册资本，但订立后双方变更为协议约定的注册资本，不构成欺诈。

【案号】(2015) 深中法商终字第 1916 号－卓某与徐某股权转让纠纷上诉案。

【裁判要旨】3. 出资情况并非确定转让价格的决定因素，不能以出资不实构成欺诈为由主张撤销合同。

【案号】(2016) 粤 03 民终 16475 号－刘某伶与深圳昊天昊投资有限公司股权转让纠纷上诉案。

【裁判要旨】4. 受让人在进行商业投资前应进行充分调查，在知道或应当知道出资不实时未及时行使撤销权，无权主张撤销。

【案号】(2019) 粤 03 民终 9586 号－赖某纯、赵某茹股权转让纠纷上诉案。

【裁判要旨】5. 受让人应对远高于公司注册资本金额的受让价格尽合理注意

义务，在无明确承诺公司盈利能力的条件下，不能以此为欺诈主张撤销合同。

【案号】（2013）深中法商终字第 1254 号，1512－1513 号－孟某某等诉陈某某等股权转让合同纠纷案（串案）。

【裁判要旨】6. 股权在股东内部转让时，双方股东对公司的经营状况及出资情况应为知悉，且出资不实不影响股权转让协议的效力。

【案号】（2019）粤 03 民终 15 号－张某文、缪某股权转让纠纷上诉案。

【裁判要旨】7. 迟延交付租金滞纳金尚不能构成对其内、外部经营情况产生重大影响的重要事实，不足以产生影响意思表示的效果，不能以此主张撤销合同。

【案号】（2018）粤 03 民终 15869 号－深圳市膳庭餐饮管理服务有限公司、刘某股权转让纠纷上诉案。

【裁判要旨】8. 股权内部转让时，受让人不能以股权价值大幅度减损，公司经营困难、转让方出资不实等原因主张合同目的无法实现，请求解除合同。

【案号】（2018）粤 03 民终 12725 号－林某万、练某锋股权转让纠纷上诉案。

【裁判要旨】9. 在受让人已取得核心资产并开始经营管理公司条件下，公司财物移交等问题不影响《协议书》的合法有效，受让方无权以抽逃出资请求撤销合同。

【案号】（2018）粤 03 民终 8526 号－冯某荣与贾某铮、深圳市长白山商贸有限公司股权转让纠纷上诉案。

【裁判要旨】10. 虚构公司出资和持股等情形欺诈受让人的股权转让协议可撤销。

【案号】（2020）粤 03 民终 3174 号－林某军、谢某成股权转让纠纷上诉案。

B. 以股权转让价格显失公平主张撤销或解除合同

【裁判要旨】1. 股权转让协议签订生效后，不能以转让方（退出）未承担公司亏损或实际交易价格超过意向价格而显失公平为由，主张撤销。

【案号】（2016）粤 03 民终 3133 号－冯某根、周某富与马某祥股权转让纠纷上诉案。

【裁判要旨】2. 股权内部转让时，受让人参与公司运营，不能以公司亏损为由，主张股权转让协议显失公平。

【案号】（2016）粤 03 民终 19498 号－李某与艾某红股权转让纠纷上诉案。

【裁判要旨】3. 股权的实际价值或者公司资产现值非确定股权交易价格的唯一依据，公司发展潜力或预期发展价值等或可成为考量因素，受让方基于商业判断签订股权转让合同，应自担价格风险，无权主张显失公平而撤销合同。

【案号】（2013）深中法商终字第 1809 号 – 严某诉刘某新等股权转让纠纷上诉案等。①

【裁判要旨】4. 受让人以远低于注册资本的价格受让股权，应推定其知道或应当知道实际经营情况；股权转让价格未过分低于转让方的实际出资额，不存在显失公平，不能主张解除合同。

【案号】（2014）深中法商终字第 1358 号 – 徐某卿与金某股权转让纠纷上诉案。

C. 以未披露财务状况主张解除合同

【裁判要旨】1. 股权转让交易时出让人均需要对目标公司交易之前的债务、对外担保及其他潜在可能严重影响经营的情况，进行充分客观的披露，否则应承担相应的违约责任。是否构成根本违约进而导致合同解除需根据具体情况判断。

【案号】（2019）粤 03 民终 2974 号 – 贺某义、严某球股权转让上诉案。

【裁判要旨】2. 受让方的尽职调查不免除转让方的信息披露义务，企业名称权对股权价值产生重大影响，是股权购买和股权价格的决定性因素。在股权实际过户的条件下，可以通过损害补偿的方式解决。

【案号】（2019）粤 03 民终 8825 号 – 占某水、吴某胜股份转让纠纷上诉案。

D. 阴阳合同的价格确定及其他

【裁判要旨】1. 涉及阴阳合同时，依股权实际价值和实际履行确定真实意思表示

【案号】（2015）深中法商终字第 1324 号 – 陈某方与黎某容等股权转让纠纷上诉案等。②

【裁判要旨】2. 阴阳合同股权转让款金额认定不能违背常理。

【案号】（2019）粤 03 民终 7756 号 – 马某甜、李某股权转让纠纷上诉案。

【问题发现】

"股权价格、价值或公司的财务经营状况"对股权转让协议的效力影响是该类纠纷中另一高频焦点。总体观察，深圳市中级人民法院对此态度高度一致：原则上不支持受让人以交易价格与股权价值存在重大差距、经营亏损或资本不充实

---

① 同类案件：（2013）深中法商终字第 1864 号 – 盈信投资集团股份有限公司与陈某股权转让纠纷上诉案；（2018）粤 03 民终 20873 号 – 叶某星、潘某生股权转让纠纷上诉案等。

② 同类案件：（2014）深中法商终字第 1385 号 – 李某伟与赵某股权转让纠纷上诉案；（2015）深中法商终字第 546 号 – 姜某花与深圳市中恒泰贸易有限公司股权转让纠纷上诉案；（2017）粤 03 民终 8211 号 – 刘某钦等诉丁莉等股权转让纠纷上诉案；（2019）粤 03 民初 1542 号 – 马某强、陈某明与黄兵股权转让纠纷案；（2018）粤 03 民终 10885、11812 号 – 陈某等、深圳墨麟科技股份有限公司股份转让纠纷上诉案等。

等资本或资产类原因主张存在欺诈或显失公平而请求撤销或解除合同。理由是：第一，股权交易是一项典型的商事交易，受让人作为商事交易主体应当在股权交易中尽审慎注意义务并进行商业判断，自行承担交易价格和公司经营上的商业风险。第二，股权转让时公司股权的实际价值或者公司资产现值并非确定股权交易价格的唯一依据，当事人出于对公司发展潜力或预期发展价值等因素的考量，确定的股权转让价格可能会高于公司股权实际价值，并不构成显失公平。第三，出资瑕疵与股权转让属不同性质的法律关系，应分案解决。而在阴阳合同的情形下，一般依股权的实际价值和生活常理确定履行依据。

值得注意的是，虽然深圳市中级人民法院的主流裁判观点课以受让方较重的注意义务，但是在晚近的判决中，也有观点认为，受让方的谨慎交易义务应建立在转让方履行信息披露义务的基础上，即受让方是在转让方信息披露的范围内进行交易审查，是否构成欺诈或根本违约，则视具体的恶意或过错程度确定。如果确实存在虚构事实，则得以存在欺诈撤销合同。但是从维持公司稳定的角度，应尽量维持股权转让协议的效力，并通过损失补偿的方式促进股权转让协议的履行，而不是解除。由此引发的问题是：

在股权价格与以公司整体财务经营状况和发展潜力为基础的股权价值严重背离时，如何分配交易风险，并采取何种方式——撤销、解除、补偿——对受让方进行救济？而在公司的主要资产价值表现为知识产权等无形资产时，该类问题尤为凸显。

（三）股权代持中代持关系的确认及股权转让相关问题

股权代持以及代持股转让亦是引起股权转让合同争议的最常见原因之一。此类型案件涉及的问题主要包括：股权代持关系是否存在的判断依据、股权的实际归属、隐名股东的显名化、实际出资人签订的股权转让合同效力、名义股东签订的股权转让合同效力等。样本中，此类案件数量为 66 个，占比 17.93%。对此，深圳市中级人民法院主要形成以下裁判意见：

A. 股权代持关系的判断及股东资格确认

【裁判要旨】1. 在缺乏证据证明存在代持协议的条件下，仅凭受让方未支付股权转让款，转让方亦催讨的事实，不能证明代持关系存在。

【案号】（2020）粤 03 民终 9537 号 - 李某、南京深乾投资有限公司股东资格确认纠纷上诉案。

【裁判要旨】2. 转账凭证仅能客观证明款项的流转情况，不能证明存在股权代持的意思表示，形成股权代持关系。

【案号】（2018）粤 03 民终 19873 号 - 魏某、深圳市图创科技有限公司股东资格确认纠纷上诉案等。①

【裁判要旨】3. 虽没有书面股权代持协议，但基于股权转让协议、出资证明书、股东协议书、股东会决议等，亦可证明存在代持关系。

【案号】（2018）粤03民终10428号－郑某玲与谭某、原审被告深圳市居里居外家居发展有限公司股权转让纠纷上诉案等。②

【裁判要旨】4. 在缺少明确的股权代持协议或其他法律根据的情形下，股东资格取得不以是否实际缴纳出资以及出资款项是否来源于本人为判断依据。

【案号】（2015）深中法商终字第815号－王某与郑某华股东资格确认纠纷上诉案等。③

【裁判要旨】5. 在原告仅提供了案外人出具的代持确认函的情况下，对于隐名股东的认定主要依据其是否已经依法向公司出资或者认缴出资。

【案号】（2018）粤03民终3803号－杨某杰、深圳市君诚贸易有限公司股权转让纠纷上诉案。

【裁判要旨】6. 实际出资人即使取得出资证明书，曾经参加过股东会会议，但因未显示于工商登记或股东名册，后续其他受让人受让股权时无须征求其同意；在公司发生增资扩股时，仍需经其他股东过半数同意才能请求公司将其显名。

【案号】（2017）粤03民终10374号－深圳市金研微科技有限公司、李某股东资格确认纠纷上诉案等。

【裁判要旨】7. 如果其他股东已知晓隐名股东系实际出资人，隐名股东亦参与公司经营管理且其他股东长期以来并未提出异议，应视为其他股东认可其股东资格。

【案号】（2017）粤03民终20925号－黄某锦、深圳市庞源投资集团有限公司股东资格确认纠纷号上诉案。

【裁判要旨】8. 转让人与受让人签订股权转让协议同时签订《委托持股协议》，性质是让与担保。在转让人仍为名义股东的条件下，目标公司并非真正意义上一人公司，转让人无权请求目标公司承担连带责任。

【案号】（2018）粤03民初3238号－深圳市裕和世纪投资有限公司与彭某

---

① 同类案件：（2018）粤03民终13975号－陈某某与深圳市金某某购物广场有限公司、深圳市志谦信息咨询有限公司股东资格确认纠纷上诉案；（2019）粤03民终1926号－邹某、夏某亮股东资格确认纠纷上诉案等。

② 同类案件：（2017）粤03民终10374号－深圳市金研微科技有限公司、李某股东资格确认纠纷上诉案等。

③ 同类案件：（2017）粤03民终14506号－深圳市康达尔（集团）运输有限公司、深圳市先达泰运输有限公司股东资格确认纠纷上诉案等。

股权转让纠纷案。

【裁判要旨】9. 隐名股东未经工商登记注册而主张行使股东权利，不予支持。

【案号】（2017）粤 03 民终 20925 号 – 黄某、庞某嵘股权转让纠纷上诉案。

B. 实际出资人签订的股权转让合同及股权转让行为的效力判断

【裁判要旨】1. 实际出资人享有目标公司股权实质意义上的处分权，但不能对抗善意第三人；在无善意第三人的情形下，基于名义股东同意的股权处分，认定为有权处分，受让人无权请求解除。

【案号】（2012）深中法商终字第 996 号 – 李某英诉卫某等股权转让纠纷上诉案。

【裁判要旨】2. 实际出资人经名义股东认可处分股权，股权转让行为有效。

【案号】（2014）深中法商终字第 1297 号 – 深圳市伍贰零娱乐有限公司等诉檀某股权转让合同纠纷上诉案等。①

【裁判要旨】3. 股权代持中隐名股东之间转让股权，视为股东内部转让股权，其他股东不享有优先购买权。

【案号】（2018）粤 03 民终 18921 号 – 毛某学、王某股份转让纠纷上诉案。

C. 名义股东签订的股权转让合同及股权转让行为的效力判断

【裁判要旨】1. 股东资格以登记记载为准，名义股东签订的股权转让合同有效。

【案号】（2013）深中法涉外终字第 52 号（台资）– 深圳市超越机械设备有限公司等诉靳某丽等股权转让纠纷上诉案等。②

【裁判要旨】2. 名义股东转让股权，是否合法有效，关键看是否以合法、合理价格转让，实际出资人是否知悉，以及第三人是否属于善意取得等因素考察；实际出资人知悉股权转让事实而未提出异议时，名义股东处分股权的行为属于有权处分行为，股权转让有效。

【案号】（2017）粤 03 民终 20925 号 – 黄某、庞某嵘股权转让纠纷上诉案。

【裁判要旨】3. 转让人系公司登记股东，即使系代他人持股，在无其他权利人主张权利的情形下，受让人无权主张转让人无权处分。

【案号】（2017）粤 03 民终 20448 号 – 程某才与段某新股权转让纠纷上诉案。

---

① 同类案件：（2013）深中法商终字第 1907 号 – 林某雄等诉潘某绍等股权转让纠纷上诉案；（2014）深中法涉外终字第 77 号 – 黄某诚等诉李某宝等股权转让纠纷上诉案等。

② 同类案件：（2018）粤 03 民终 13955 号 – 深圳市宝安通发实业有限公司、赵某进股权转让纠纷上诉案等。

【裁判要旨】4. 名义股东未经隐名股东同意签订股权转让合同有效，因此给隐名股东造成的损失，应予赔偿。

【案号】（2017）粤 03 民终 10373 号 – 张某廷、查某股权转让纠纷上诉案。

【问题发现】

因股权代持发生的纠纷在深圳市中级人民法院审理的案件中占比较高。总体观察，深圳市中级人民法院在对股权代持关系的认定和实际出资人显名化问题上，裁判观点较为统一，认为：股权代持关系应以股权代持协议或其他能够承载股权代持意思表示的法律文件加以证明；若无此种代持合意，则仅凭资金来源与实际出资的事实，无法认定股权代持关系。实际出资人主张股东权利应履行显名化程序。但是深圳市中级人民法院并未明确界定隐名股东的显名化程序对其股东资格确认的具体影响，即究竟是隐名股东实际参与经营而其他股东未提出异议，还是仅经过其他股东过半数同意，又或必须将其姓名或名称记载于股东名册或公司章程，抑或必须完成工商变更登记方能取得股东资格，值得进一步研判。

在对隐名股东（实际出资人）的股东资格确认问题上，深圳市中级人民法院的裁判观点存有分歧。有裁判意见认为，如果公司其他股东已知晓隐名股东的存在、隐名股东亦参与公司经营管理且其他股东长期以来并未提出异议，则隐名股东有权要求确认其股东资格。但是也有裁判意见认为，即使实际出资人曾经参加股东会会议，但未在工商登记信息中体现，也未记载于公司章程或股东名册中，在公司增资扩股并发生股东变更后，未经其他股东过半数同意，无权要求确认其股东资格。由此引发在公司成员不断调整变动过程中，实际出资人的资格确认问题。

关于代持股的转让问题，深圳市中级人民法院的裁判观点比较模糊。（1）在涉及实际出资人转让股权时，多数观点认为实际出资人的股权转让行为只有在名义股东同意或者认可时，方为有权处分。这一观点与前述观点——"实际出资人并非公司股东，不享有股东权利"——具有逻辑一致性。但是也有个别裁判观点在承认实际出资人享有实质意义上的股权处分权的前提下，认为实际出资人在名义股东同意的基础上实施的股权转让行为为有权处分，则呈现逻辑悖反。而将名义股东与其他隐名股东签订的股权转让协议转归于隐名股东之间的股权转让行为，并适用股东之间股权转让的规则，实质表达了对隐名股东具有股东资格或地位的承认，既构成与前述观点的对立，同时也引发了对隐名股东股东地位进一步研判的必要。与之相应，（2）在涉及名义股东转让股权时，多数观点认为名义股东签订的股权转让合同有效，股权转让行为系有权处分。这一观点与前述主流观点具有逻辑一致性，但是与《公司法司法解释三》第 25 条的规定相悖。也有观点基于《公司法司法解释三》第 25 条的规定认为，名义股东的股权转让行为的效力判断应当以实际出资人是否知悉，受让人是否善意为前提，在实际出资人推定同意的条件下，名义股东的股权转让行为有效。这实质承认实际出资人享有股权处分权。还有观点认为名义股东未经隐名出资人同意签订股权转让合同有效，但应当对因此给隐名出资人造成的损失承担责任。

因此，代持股转让所引发的核心问题，表面看是股权转让效力问题，或是否构成无权处分问题，本质则是股东资格或地位的确认问题，即究竟是实际出资人具有股东资格享有股东权利，还是名义股东具有股东资格享有股东权利？需要通过理论研判提供确切结论。

（四）股权回购的法律效力问题

股权回购在广义上包括股东对已转让股权的回购以及公司对自身股权的回购。股权回购在实践中具有重要的融资担保价值，尤其在对赌协议中大量应用，纠纷较多，主要涉及的是不同类型回购协议的效力及履行。样本中，此类案件数量为 39 个，占比 10.60% 。对于该问题，深圳市中级人民法院主要形成以下裁判意见：

A. 约定回购的法律效力

【裁判要旨】1. 战略投资人与目标公司股东签订的股权回购条款有效。

【案号】（2014）深中法商终字第 2704 号 - 李某跃与湖南中科粤湘创业投资合伙企业（有限合伙）股权转让纠纷上诉案等。①

【裁判要旨】2. 风险投资股权回购模式中，为确保投资人的退出和收益，实际控制人或大股东承诺回购风险投资人股权的约定，在没有法律禁止性规定的情况下为有效。

【案号】（2017）粤 03 民终 1659 号 - 余某、刘某山股权转让纠纷纠纷上诉案等。②

【裁判要旨】3. 股权转让协议约定在发生特定条件时，转让方将从受让方处购回已转让的股权，该约定在无违反强制性规定的情形下有效。

【案号】（2013）深中法商终字第 2129 - 安徽康辉药业有限公司诉深圳市南

---

① 同类案件：（2017）粤 03 民初 2004 号——云南长扬创业投资合伙企业（有限合伙）与黄某葛明股权转让纠纷案；（2017）粤 03 民初 989 号 - 深圳市创新投资集团有限公司、安徽红土创业投资有限公司等与周某生等股权转让纠纷；（2018）粤 03 民终 14563 号 - 深圳市一体投资控股集团有限公司、汇祥镒泰（天津）投资合伙企业合伙协议纠纷、股权转让纠纷上诉案；（2019）粤 03 民终 11594 号 - 深圳市丰泰瑞达实业有限公司、卢某股权转让纠纷上诉案；（2018）粤 03 民初 547 号 - 深圳市创新投资集团有限公司与袁某武股权转让纠纷案；（2019）粤 03 民终 25489 号 - 上海疆鼎投资管理中心、深圳市博利昌数控设备有限公司股权转让纠纷上诉案；（2019）粤 03 民初 1145 号 - 深圳平安天煜股权投资基金合伙企业与余某、上海英翼通讯科技有限公司股权转让纠纷案等。

② 同类案件：（2019）粤 03 民初 4824、4932 号 - 广州力鼎凯得股权投资基金合伙企业（有限合伙）等诉西藏浩泽商贸有限公司、深圳市比克电池有限公司、李某前、魏某菊股权转让纠纷案等。

方盈金投资有限公司等股权转让纠纷上诉案等。①

【裁判要旨】4. 股东之间约定返还某个股东的出资并办理股份转让应视为股东之间有效的股权转让协议，而非公司回购。

【案号】（2010）深中法民二终字第 304 号 – 上诉人王 A 与被上诉人黄某某、刘某某股权转让纠纷上诉案。

【裁判要旨】5. 作为转让方公司的法定代表人虽然未在公司与投资方签订的《股份回购协议》上以个人名义签字，但是其对股份回购协议约定由其承担回购义务系明知，应当承担回购义务。

【案号】（2019）粤 03 民终 2616 号 – 深圳市道奇斯实业发展有限公司、深圳宏博昌荣网络科技有限公司股权转让纠纷上诉案。

【裁判要旨】6. 并非以实际享有相应的公司股权为目的，而系为保障债权实现通过股权转让协议以涉案股权为担保财产设置让与担保的行为，应属合法有效。债权人有权在主债权实现或股权转让协议约定的条件成就时主张债务人（转让人）回购股权。

【案号】（2020）粤 03 民终 8215 号 – 深圳市联合利丰投资有限公司与黄某海、董某祥股权转让纠纷上诉案。

【裁判要旨】7. 虽然名为《退股协议书》，但协议签订主体为股东，所涉款项为股权转让款而非投资款，支付义务人应为受让人，而非目标公司。股权转让款由其价值确定，与投资风险无关。

【案号】（2019）粤 03 民终 16383 号 – 刘某城、方某鸿股权转让纠纷上诉案。

【裁判要旨】8. 目标公司采取股东之间股权转让的形式退还股东投资款，转让人在已经收到目标公司退款的条件下，无权向受让人主张履行股权转让协议。

【案号】（2010）深中法民二终字第 1846 号 – 上诉人杨某清与被上诉人黄某明股权转让合同纠纷上诉案。

【裁判要旨】9. 由目标公司支付股权转让价款，将导致公司回购本公司股份，违反公司法相关规定，该约定无效。

【案号】（2013）深中法商终字第 1603 – 1604 号—张某等与涂某纯，深圳市威捷机电技术有限公司股权转让纠纷上诉案。

① 同类案件：（2013）深中法商终字第 983 号 – 深圳市华测检测技术股份有限公司、韩某与安某洲、徐某、余某豹、陈某峰股权转让纠纷上诉案；（2014）深中法商终字第 2248 号 – 惠州市美地房产开发有限公司与深圳市尚衡华松投资企业（有限合伙）等股权转让纠纷上诉案；（2018）粤 03 民初 3368 – 3369 号 – 深圳平安大华汇通财富管理有限公司与凯迪生态环境科技股份有限公司股权转让纠纷案；（2018）粤 03 民终 12055 号 – 余某、余某股权转让纠纷上诉案等。

【裁判要旨】10. 公司与股东约定回购股权，因不符合法定条件，该股权回购协议无效。

【案号】（2013）深中法商终字第 193 号 – 深圳市极水环境技术有限公司与叶某股权转让合同纠纷上诉案。

【裁判要旨】11. 对赌协议中关于"目标公司同意根据公司法第 16 条的规定为原股东履行回购义务承担连带保证责任"的约定，因该协议系由其他股东全体签署而有效。

【案号】（2019）粤 03 民初 4084 号 – 深圳市创新投资集团有限公司、内蒙古红土高新创业投资有限公司等与王某峰等股权转让纠纷案。

【裁判要旨】12. 股权转让协议约定公司为受让人提供股权转让款支付担保，实质构成股东抽回出资，有违公司法禁止性规定，该约定无效，公司不承担责任。

【案号】（2018）粤 03 民终 18490 号 – 许某、顾某波股权转让纠纷上诉案。

【裁判要旨】13. 对赌协议中，投资人与目标公司及股东约定的股权回购条款均为有效；目标公司根据约定对股东回购承担连带责任以证明完成依法履行减资程序和符合利润分配条件为前提。

【案号】（2020）粤 03 民终 17350 号 – 深圳市华狄投资有限公司、尹某清与宋某敏、深圳市世纪天源环保技术有限公司股权转让纠纷上诉案。

【裁判要旨】14. 增资方有权按约定要求目标公司股东回购股权。增资方主张目标公司承担未披露其对外担保事实的违约责任，实质上属于投资方请求目标公司承担金钱补偿义务，出资方未举证证明目标公司存在可分配利润，该主张违反关于"股东不得抽逃出资"的规定。

【案号】（2018）粤 03 民初 3220 号 – 宁波梅山保税港区弘某某互联投资合伙企业与蒋某某、何某某股权转让纠纷上诉案。

【裁判要旨】15. 股份有限公司与股东签订股权回购协议，如履行减资程序，合同有效

【案号】（2013）深中法商终字第 1864 – 1865 号 – 盈信投资集团股份有限公司与陈某等股权转让纠纷上诉案（串案）。

【裁判要旨】16. 股份有限公司股东与公司之间签订股份回购条款，不符合《公司法》第 142 条规定的，无效。

【案号】（2018）粤 03 民终 16883 号 – 孔某景、深圳广易投资担保股份有限公司股权转让纠纷上诉案。

B. 法定回购

【裁判要旨】1. 不符合异议股东回购请求权的法定适用条件，无权请求公司

回购股权。

【案号】（2019）粤03民终16917号－马某峰、深圳市加能科技发展有限公司股份转让纠纷上诉案。

【问题发现】

股权回购类案件根据回购发生的依据主要分为约定回购与法定回购。约定回购所引发的纠纷远远多于法定回购。约定回购包括对赌性股权回购（基于典型的对赌协议进行的股权回购，或其他因风险投资或融资需要进行的股权回购）、章定股权回购（公司章程或其他公司内部文件规定的股权回购），以及基于其他协议约定的股权回购。从统计情况看，深圳市中级人民法院尚未审理涉及有限公司章定股权回购的案件，但有2例股份有限公司章定回购案件。根据股权回购的对象，股权回购类案件可以分为目标公司原股东购回股权和目标公司回购股权。前者本质上是战略投资者或其他原股权受让人与目标公司股东之间的股权转让，通常是股权的内部转让；后者则是由公司充当股权受让人，回购自己的股权以使战略投资者或其他股权受让人退出公司。

对于原股东回购股权，深圳市中级人民法院的裁判观点比较一致：第一，此类回购协议在无违反其他法律强制性规定的情形下为有效；第二，因是股权内部转让，故无需取得其他股东过半数同意或行使优先购买权；第三，回购价格根据当事人的自由意志确定，属商业风险承担范畴。

对于约定的公司回购或实质上发生公司回购效果的股权回购担保的法律效果，深圳市中级人民法院经历了裁判观点的转变。早期有裁判观点承认名为股权转让协议，实为退股协议（股权回购协议）的效力。但在苏州工业园区海富投资有限公司与甘肃世恒有色资源再利用有限公司、香港迪亚有限公司、陆某增资纠纷案后发生转变，认为目标公司支付股权转让款构成公司法禁止的公司回购股权情形，不具备法定回购条件的股权回购协议（包括有限公司和股份有限公司）无效。

在涉及对赌协议中目标公司为股东履行回购义务提供连带保证责任的问题上，深圳市中级人民法院认为实质构成股东抽逃出资，有违公司法禁止性规定，该约定无效。但如果该协议根据《公司法》第16条的规定，经过被担保股东之外的其他股东全体签字同意，即可认定满足公司为股东提供担保的程序性要求，该协议为有效。对对赌协议中投资人与目标公司之间的回购协议，亦遵循《全国法院民商事审判工作会议纪要》（2019年12月23日，简称"九民纪要"）的裁判思想，认为协议有效，但是只有在证明目标公司完成依法履行减资程序和符合利润分配条件时才能请求目标公司履行回购义务。而对对赌协议中约定"目标公司承担信息披露义务，并在未履行该义务时承担违约责任"，深圳市中级人民法院认为这实质上属于目标公司承担金钱补偿义务，在出资方未举证证明目标公司存在可分配利润的条件下，该主张违反关于"股东不得抽逃出资"的规定。

深圳市中级人民法院关于公司回购股权的裁判观点，引发以下问题：第一，"公司回购股权导致返还出资"与"股东抽逃出资"之间的区别与联系。《公司法》第 35 条有关"禁止股东抽逃出资"的规定，究竟是公司回购股权协议效力的影响因素还是协议履行效力的影响因素？第二，公司回购股权是否只能通过减资程序证明合法性，《公司法》第 142 条所规定的"转让"或"注销"等方法是否具有适用的可能性，或者如何具备适用的可能性？第三，公司能否对股东回购股权提供股权转让款的支付担保？如何认定此种约定的效力？第四，"目标公司违反信息披露义务承担违约责任"与"公司违反业绩承诺对股东承担金钱补偿义务"是否构成本质一致，进而须适用相同的责任承担条件？值得进一步研判。

（五）章程对股权转让的限制

因公司章程对股权转让问题"另有规定"而发生的纠纷，并不常见。样本中，此类案件数量为 13 个，占比 3.53%。深圳市中级人民法院总体承认公司章程的自治效力，但亦有例外，并主要形成以下裁判意见：

【裁判要旨】1. 章程约定限制股权转让条款，当转让双方构成公司的全部股东时，股权转让协议对转让条件的规定应视为对该限制条款的变更。

【案号】（2010）深中法民二终字第 310 号 - 上诉人左某某与被上诉人祝某某及原审第三人郝 A 股权转让合同纠纷上诉案。

【裁判要旨】2. 章程约定"股权受让必须经董事会同意方为有效"应被认定为生效条件，在目标公司对股权转让协议做见证并持续向受让人分红的条件下，应当视为公司认可该股权转让行为，符合公司章程规定。

【案号】（2019）粤 03 民终 1656 号 - 钟某灵与陈某坚、深圳市沙井沙头股份合作公司、钟某祥股权转让纠纷上诉案。

【裁判要旨】3. 股东之间转让股权以无须其他股东同意为原则，公司章程在无明确的相反规定的情形下，且不能通过其他条款体现限制股东之间转让股权的价值取向及制度安排时，股东之间转让（回购）股权无须其他股东过半数同意。

【案号】（2018）粤 03 民终 183 号 - 蔡某、温州高某某汇益投资合伙企业股权转让纠纷上诉案。

【裁判要旨】4. 董事会无权修改公司章程有关股权转让优先购买权的相关规定。

【案号】（2014）深中法商终字第 556 号 - 温某贤，深圳市名磊物业发展有限公司工会，黄某有与公司有关的纠纷。

【裁判要旨】5. 股权转让属于股东对自身财产权益的处分，不属于股东会决议范畴,股东会无权决定股东的股权转让事宜。公司章程规定,"股东会对股东转让出资作出决议",股东会依此决议撤销股权转让,剥夺了股东的固有权利,撤销无效。

【案号】(2014)深中法商终字第1175号–赵某与樊某等股权转让纠纷上诉案。

【裁判要旨】6. 股份公司《公司章程》及《内部持股规定》关于"人走股留"的规定合法有效,公司持股会根据该规定回购股份行为合法有效。

【案号】(2018)粤03民终19052–19054号–魏某花、钟某浓股权转让纠纷上诉案(串案)等。①

【问题发现】

综合考察,深圳市中级人民法院的司法实践既尊重章程自治,亦不苟守教条,而是试图从章程自治目的的角度对章程条款进行解释适用。有限公司章程是股东合意的产物,如果股权在股东之间转让,且转让双方即为公司全部之股东,则该双方之间的股权转让协议即可视为对章程条款的修改,不支持任何一方以违反章程条款主张合同效力瑕疵。公司章程可以对股权转让做不同于公司法的安排,董事会无权通过决议方式修改章程条款内容。如果股权转让协议加盖公司印章且向受让人持续分红,则视为以行为表达公司同意转让的意思,符合立法和章程条款本意。公司章程可以对股权转让设置公司董事会同意程序,但是该程序仅构成股权转让协议的生效要件,不作为效力判断条件。

章程作为公司合同具有自治效力。由此引发两个问题:(1)章程条款的效力判断;(2)违反章程条款的股权转让行为的效力判断。就第一个问题,深圳市中级人民法院对章程针对股权转让的程序性限制,以及"人走股留"等实体性限制,倾向于认定有效;但对股权内部转让中其他股东享有同意权或优先购买权的效力持否定倾向,对"股东会对股权转让出资作出决议"认定无效。因此,章程条款效力判断的依据值得进一步研判。就第二个问题,深圳市中级人民法院将公司章程董事会同意视为程序性限制条件,并作为股权转让协议的生效要件,能否作为效力影响的一般性判断结论?值得探究。

(六)同意权与优先购买权相关问题

同意权与优先购买权在股权转让中具有重要地位,但所涉争议数量不如预期。实践中对于是否存在侵害同意权、优先购买权的情形,以及优先购买权对股权转让协议产生的效力影响等存在争议。样本中,此类案件数量为20个,占比

---

① 同类案件:(2020)粤03民终16307号–倪某怀、深圳市翔盈股份有限公司股东资格确认纠纷上诉案等。

5.43%。深圳市中级人民法院对此主要形成以下裁判观点：

A. 侵害同意权的判断

【裁判要旨】1. 股东之间转让股权（回购）不以其他股东过半数同意为原则。

【案号】（2018）粤 03 民终 183 号 - 蔡伦、温州高某某汇益投资合伙企业股权转让纠纷上诉案。

【裁判要旨】2. 有限公司股东之间转让股权，不需要征求其他股东的意见，即便其他股东持反对意见，也不影响其回购的合法性。

【案号】（2019）粤 03 民终 5534 号 - 王某人、深圳甲云天朗投资有限公司股份转让（回购）纠纷上诉案。

【裁判要旨】3. 股东对外转让股权，其他股东不同意转让又不同意以同等条件购买的，视为同意转让并放弃优先购买权。

【案号】（2013）深中法涉外终字第 52 号 - 深圳市超越机械设备有限公司等诉靳某丽等股权转让纠纷上诉案。

B. 侵害优先购买权的判断

【裁判要旨】1. 有限责任公司股东内部转让，不适用优先购买权规则。

【案号】（2013）深中法商终字第 983 号 - 深圳市华测检测技术股份有限公司、韩某与安某洲、徐某、余某豹、陈某峰股权转让纠纷上诉案等。①

【裁判要旨】2. 股东向股东以外的人转让股权，其他股东主张行使优先购买权应在知道或应当知道同等条件的 30 日内进行，超过 30 天，不予支持。

【案号】（2018）粤 03 民终 12929 - 12930 号 - 深圳华益润生医药投资有限公司、中国信达资产管理股份有限公司深圳市分公司等股权转让纠纷上诉案（串案）。

【裁判要旨】3. 股东会决议并非股权转让的必要程序；转让人履行书面通知义务，其他股东虽然回函表明不同意转让，但至案件审理时未明确表示同意受让，应视为放弃优先购买权。

【案号】（2018）粤 03 民终 13955 号 - 深圳市宝安通发实业有限公司、赵某进股权转让纠纷上诉案等。②

【裁判要旨】4. 股权转让中受让人系目标公司股东的大股东，应推定目标公

---

① 同类案件：（2013）深中法商终字第 305 号 - 潘某轩等诉陈某兴股权转让纠纷上诉案；（2013）深中法商终字第 306 - 307 号 - 陈某辉等诉陈某兴股权转让纠纷上诉案；（2018）粤 03 民终 18921 号 - 毛某学、王某股份转让纠纷上诉案等。

② 同类案件：（2013）深中法涉外终字第 52 号 - 深圳市超越机械设备有限公司等诉靳某丽等股权转让纠纷上诉案等。

司股东了解并知悉该转让行为，在其未及时提出异议并主张优先购买权时，视为放弃优先购买权。

【案号】（2015）深中法商终字第 1972 号 – 沈某某与韩某某股权转让纠纷上诉案。

C. 优先购买权对股权转让合同效力的影响

【裁判要旨】1. 股权转让协议需经其他股东同意并且放弃优先购买权方能生效并履行；受让方对其他股东是否放弃优先购买权负有注意义务。其他股东未放弃优先购买权的情形下，股权转让协议不生效，受让方不能据此主张违约责任。

【案号】（2015）深中法商终字第 2897 号 – 九九实业股份有限公司诉深圳市天悦投资发展有限公司等股权转让纠纷上诉案。

【裁判要旨】2. 未放弃优先购买权，股权转让协议系效力待定状态；但基于夫妻公司的相关事实，推定案涉协议不存在侵害其他股东优先购买权而无效的情形，为有效。

【案号】（2016）粤 03 民终 14056 号 – 张某健诉胡某芸等股权转让纠纷上诉案。

【裁判要旨】3. 对赌协议回购条款中股权转让的约定即使侵犯了其他股东的优先购买权，也属于效力待定的条款，并非当然无效。有限责任公司的股东主张优先购买转让股权的，应当在收到通知后，在通知指定期限内提出购买请求。在指定期限内没有明确表示的，视为放弃优先购买权。

【案号】（2019）粤 03 民终 11594 号 – 深圳市丰泰瑞达实业有限公司、卢某股权转让纠纷上诉案。

【裁判要旨】4. 股东签订股权转让协议后，即使涉及股东会签名伪造，但在起诉后，其他股东也未提出异议，并主张优先购买权的，不能主张股权转让协议无效。

【案号】（2018）粤 03 民终 18300 – 葛某、杨某股权转让纠纷上诉案。

【裁判要旨】5. 股权对外转让时，股权转让通知中载明的条件并非真实的同等条件，侵害其他股东优先购买权，股权转让协议无效。其他股东有权以受让方实际履行的条件主张行使优先购买权。

【案号】（2018）粤 03 民终 18489 号 – 深圳市新通宝运输有限公司、深圳市安道运输集团有限公司股权转让纠纷上诉案。

【裁判要旨】6. 违反《公司法》第 71 条未经其他股东同意或行使优先购买权不导致合同无效。

【案号】（2019）粤 03 民终 11717 号 – 蔡某平、黄某良股份转让纠纷上诉案。

【问题发现】

总体观察，在涉及同意权和优先购买权的案件中，深圳市中级人民法院在下列问题上形成较为统一的意见，即：股东之间转让股权，不存在侵害其他股东同意权或优先购买权的可能；除非章程明确规定股权内部转让需要经其他股东同意，没有规定或规定不明确都视为不需要其他股东过半数同意。股权外部转让时，需经其他股东过半数同意，但并非必须通过股东会决议程序取得同意，未经股东会决议不构成侵害同意权的情形。其他股东不同意时，应购买股权，不同意也不购买时，视为放弃优先购买权；其他股东对股权转让已经知悉或推定知悉的，如不及时表示异议或主张优先购买权，视为放弃优先购买权，不构成对优先购买权的侵害。其他股东主张行使优先购买权应在知道或应当知道同等条件的30 日内进行，超过 30 天的，丧失优先购买权。深圳市中级人民法院的上述判决部分反映了同意权与优先购买权边界的模糊性。由此引发的问题是同意权是否具有独立存在的必要性。

但是对优先购买权对股权转让协议的效力影响问题，深圳市中级人民法院的观点存在较大分歧。有观点认为"经其他股东同意并放弃优先购买权"是股权转让协议的生效要件，其他股东未放弃优先购买权，股权转让协议不生效；有的观点认为，"未放弃优先购买权"导致股权转让协议效力待定；有观点认为侵害其他股东优先购买权，股权转让协议无效；还有观点认为未经其他股东同意或放弃优先购买权，不导致无效，可认定为有效。

由此引发的问题就是"未经其他股东同意或放弃优先购买权"究竟对股权转让协议产生何种效力影响？事实上，《公司法司法解释四》第 21 条仅规定其他股东不能在不行使优先购买权的条件下单纯主张确认股权转让协议和股权转让行为的效力，却没有明确规定在其他股东行使优先购买权的情形下，如何认定股权转让协议的效力。而这一点对于股权转让双方当事人的权利义务确定具有重要意义。

此外，关于其他股东行使优先购买权的时间，深圳市中级人民法院认为应当在通知指定期限内行使，逾期视为放弃。但是根据《公司法司法解释四》第 19 条的规定，这一行使时间显然首先由公司章程确定。只有公司章程没有规定或规定不明时才适用通知指定期限，且不少于 30 天。这里引发的问题是，是否有必要比较章定期限与通知指定期限之间哪一个更符合其他股东行使优先购买权的期限利益？

（七）股权的无权处分与善意取得

在股权转让纠纷中，当事人主张无权处分的案件较多，如前述股权代持情形下名义股东或实际出资人对股权的处分，或者一股二卖，或者目标公司处分股东的股权等，但真正被认定为无权处分的案件相对较少。样本中，此类案件数量为 15 个，占比 4.08%。此处统计主要指涉及代持以外的情形，深圳市中级人民法院主要形成以下裁判意见：

【裁判要旨】1. 在缺乏取得股权的合法根据时，对该股权的转让构成无权处分；第三人与无权处分人的法定代表人与控股股东是同一人时，不构成善意取得。

【案号】（2013）深中法涉外终字第 118 – 119 号 – 深圳杨影贸易有限公司诉深圳市钩帝进出口贸易有限公司等股权转让合同纠纷上诉案。

【裁判要旨】2. 转让方虽然未在股权转让协议上签字，但事后表示同意的，不影响股权转让协议效力。

【案号】（2018）粤 03 民终 8526 号 – 冯某荣与贾某铮、深圳市长白山商贸有限公司股权转让纠纷上诉案。

【裁判要旨】3. 目标公司处分股东的股权系无处分权，但经股东签字确认后产生追认效力，该合同有效。

【案号】（2015）深中法商终字第 545 号 – 林某哲与深圳市中恒泰贸易有限公司股权转让纠纷上诉案等。①

【裁判要旨】4. 目标公司承认转让方股东资格的前提下，其股权转让不构成无权处分，合同有效，不支持解除。

【案号】（2012）深中法涉外初字第 22 号 – 中山泓华股权投资管理中心（有限合伙）等诉嘉和建设有限公司股权转让纠纷案。

【问题发现】

深圳市中级人民法院对股权无权处分的主张，在多数情况下持否定的态度。在涉及"无权"的认定时，形成以下裁判意见：1. 若以目标公司的名义处分股东股权，如果股东在股权转让协议上签字，不构成无权处分；2. 股权即使存在来源瑕疵，如果目标公司承认股东资格，也不支持无权处分；3. 登记作为股东资格确认的对抗要件，具有股东资格的证明作用，如果无其他权利人主张权利瑕疵，不支持无权处分。而在存在无权处分的情形下，受让人能否取得股权，则视是否满足善意取得条件而定。受让人与转让之间存在特殊关联关系的，原则上认为不满足"善意"要求，不支持善意取得。由此引发"善意"判断标准问题，也就是受让人注意义务（审查义务）或信赖合理性的边界：究竟是信赖工商登

① 同类案件：（2012）深中法涉外终字第 149 号 – 梁某珊等诉深圳市伟业泰实业发展有限公司等股权转让纠纷上诉案；（2017）粤 03 民终 2202 号—陈某生诉深圳市得利猫科技有限公司等股权转让纠纷上诉案；（2017）粤 03 民终 20821 号 – 杨某斌、深圳众众创科技有限公司股权转让纠纷上诉案；（2019）粤 03 民再 140 号 – 杨某新、吴某浦股权转让纠纷再审案等。

记，还是股东名册，抑或是进行更进一步实质性探查，方能完成"善意"的证明，需要研判。

（八）股权转让合同的成立与效力相关问题

股权转让合同的成立与效力纠纷是股权转让案件的重要类型，亦构成所有协议转让案件的一般性前提。样本中，仅以争议焦点计算，此类案件数量为 56 个，占比 15.22% 。实践中影响股权转让合同成立和效力的因素较多，凡涉及合同主体瑕疵、标的瑕疵的，或与股权价值风险、代持、回购、侵害同意权或优先购买权等有关的，前有涉及，此不赘述，其余主要裁判意见如下：

A. 股权转让合同成立

【裁判要旨】1. 股权转让协议中未明确约定股权转让的具体价格，之后也未能就价格达成合意的，为合同主要条款缺失，导致合同不成立。

【案号】（2019）粤 03 民终 20820 号 – 袁某波、洪某股权转让纠纷上诉案等。①

【裁判要旨】2. 股东会决议记载股东转让的合意的，标的、数量及价款明确，可以视为股权转让协议成立。但股东会决议无权撤销股权转让协议。

【案号】（2014）深中法商终字第 1175 号 – 赵某与樊某等股权转让纠纷上诉案等。②

【裁判要旨】3. 股东会决议未明确转让股权的具体数量、价款等事项，应认定未形成股权转让的合意。

【案号】（2013）深中法商终字第 1603 – 1604 号—张某与涂某纯，深圳市威捷机电技术有限公司股权转让纠纷上诉案。

【裁判要旨】4. 双方未签订股权转让协议，但均确认或有证据证明支付款项系购买股权，合同有效成立，在受让方无法实现合同目的时，有权请求返还。

【案号】（2016）粤 03 民终 13775 号 – 邹某军与尚某股权转让纠纷上诉案等。③

【裁判要旨】5. 未明确约定转让份额及价款的股权转让意向书，因当事人的履行行为符合认定合同成立的条件，涉港股权转让未经批准不影响合同成立。

【案号】（2017）粤 03 民终 12920 号 – 申某雨、曹某镇股权转让纠纷上诉案。

【裁判要旨】6. 未签订股权转让协议，因实际交接并经营，存在事实上的股

---

① 同类案件：（2018）粤 03 民终 14077 号 – 王某龙、郑某选股权转让纠纷上诉案等。
② 同类案件：（2018）粤 03 民终 23405 号 – 张某某 2、胡某某股权转让纠纷上诉案等。
③ 同类案件：（2019）粤 03 民终 34161 号 – 吴某林、胡某股权转让纠纷上诉案等。

权转让关系。并因交接回转，而解除合同，受让方有权请求返还股价款，具体数额视过错确定。

【案号】（2019）粤 03 民终 14326 号 – 田某、戴某清股权转让纠纷上诉案。

【裁判要旨】7. 股权转让协议未明确约定股权转让方，系欠缺合同必要条款，合同不成立。

【案号】（2018）粤 03 民终 15899 号 – 深圳前海中金众鼎资本管理有限公司、景墙股份转让纠纷上诉案。

【裁判要旨】8. 股东会决议依其内容仅成立退股协议，并不当然在股东之间成立股权转让协议。

【案号】（2015）深中法商终字第 414 号 – 张某海与罗某股权转让纠纷上诉案。

【裁判要旨】9. 目标公司股东会决议仅就是否同意股权转让事项作出决议，该决议不能作为股权转让协议发生效力。

【案号】（2019）粤 03 民终 2571 号 – 深圳市美合源实业有限公司、徐某明股权转让纠纷上诉案。

【裁判要旨】10. 转让方以自己是法定代表人主张股权转让协议主体为公司，不予支持。

【案号】（2018）粤 03 民终 20068 号 – 刘某勇、肖某股权转让纠纷上诉案。

【裁判要旨】11. 股权转让协议中虽然没有受让人签字，但受让人没有表示异议并且还在股权变更登记程序中予以配合，可以认定具有授权或追认的高度盖然性。

【案号】（2020）粤 03 民终 17663 号 – 张某然、刘某锋与饶某莲股权转让纠纷上诉案。

【裁判要旨】12. 作为公司管理者的控制股东以未在《股权转让协议》及相关股东会决议、工商变更登记上签名确认为由主张股权转让行为不能对其发生法律效力，不予支持。

【案号】（2020）粤 03 民终 3031 号 – 王某忠、黄某军股权转让纠纷上诉案。

【裁判要旨】13. 目标公司股东未全部在目标公司与受让方签订的股权收购协议上签名不影响股权收购协议效力。

【案号】（2018）粤 03 民终 19043 号 – 深圳市宝源升贸易有限公司、文某荣股份转让纠纷上诉案。

B. 股权转让协议的生效

【裁判要旨】1. 涉外/港（澳台）地区股权转让协议，未经批准不生效。

【案号】（2012）深中法涉外终字第 149 号 – 梁某珊等诉深圳市伟业泰实业

发展有限公司等股权转让纠纷案等。①

C. 股权转让协议效力：有效；无效；可撤销

【裁判要旨】1. 双方对于转让标的性质理解有误不影响转让协议效力。

【案号】（2018）粤 03 民终 23331 - 23332 号王某安、许某星股权转让纠纷案（串案）。

【裁判要旨】2. 承债式股权转让中，涉及国有股权转让的，未经评估不影响条款有效性。

【案号】（2012）深中法商再字第 3 号 - 深圳市城市建设开发（集团）公司诉安徽省合肥振兴实业公司等股权转让合同纠纷再审案。

【裁判要旨】3. 当事人使用假名时，如对方知情且无其他欺诈行为时，合同有效。

【案号】（2015）深中法涉外终字第 15 号 - 耿某与姚某良股权转让纠纷上诉案。

【裁判要旨】4. 目标公司涉及虚报注册资本的行政处罚以及相关诉讼，不导致合同无效；有效的合同在受让人已经获得实际履行利益的情况下不能以目的落空解除。

【案号】（2015）深中法商终字第 1239 号 - 林某芝、张某保与傅某俐、高某江、陈某武、张某寅股权转让纠纷上诉案。

【裁判要旨】5. 公司参与签订股权转让协议，不影响协议效力，但公司并非合同相对人，当事人请求目标公司承担连带责任缺乏合同约定或者法律规定的依据，不予支持。股权出让方未按照合同约定完成工商变更登记流程，构成违约。基于转让方同意，合同可以解除。

【案号】（2019）粤 03 民终 14792 号 - 许某君、深圳市亿德家族管理咨询有限公司股权转让纠纷上诉案。

【裁判要旨】6. 违反公司章程并不当然导致股权转让协议无效。

【案号】（2017）粤 03 民终 8999 号 - 巫某荣、巫某俊与陈某良股权转让纠纷上诉案。

【问题发现】

综合考察，深圳市中级人民法院对股权转让协议成立和效力认定都相对宽松。对于股权转让合同成立的认定依据主要集中在是否存在意思表示的合致、意思表示的形式以及意思表示的内容。就意思合致而言，须为转让方与受让方的合意，而非目标公司的意思。目标公司不是其股权转让的适格主体，目标公司形成

---

① 同类案件：（2017）粤 03 民终 12920 号 - 申某雨、曹某镇股权转让纠纷上诉案等。

退股决议或者同意转让决议，均不构成股东之间转让股权的合意。就意思表示的形式看，不以签订书面形式的股权转让协议为要件，未签订股权转让协议但通过行为默示推定，或者通过股东会决议的形式，都可以认定合意的存在，使股权转让协议得以成立。就意思表示内容看，须在股权转让的数量和价格上达成合意，缺乏价格因素的股权转让协议不成立，但如果已经实际履行，可按照实际履行确定股权转让协议成立。但是对股权收购协议，深圳市中级人民法院似乎有不同态度，认为股东未全部在《股权收购协议》上签名不影响《股权收购协议》的效力，尽管该案实际存在全体股东各自签订的股权转让协议，但是对于《收购协议》的性质认识，是否与股权转让协议有本质不同，仍有待研判。此外，单纯的口头协议，能否作为股权转让协议的成立形式仍需考量。

对于股权转让协议的效力问题，深圳市中级人民法院的裁判意见基本趋于一致：1. 涉外以及港澳台地区股权转让中的批准程序系股权转让协议的生效要件，而非有效要件，亦不影响合同成立。但该观点随着《外商投资法》的颁行应予调整；2. 国有股权转让中的评估，仅作为履行条件，不影响合同有效性；3. 转让方即使使用假名签订合同或者双方对转让标的性质认识有误，在无其他欺诈行为时，协议仍为有效；4. 目标公司存在的涉诉行为不构成合同无效的条件。5. 公司在股权转让协议中签字不影响股权转让协议的效力，在没有特别约定条件下也不承担股权转让协议中的连带付款责任。

（九）股权转让合同解除相关问题

在股权转让纠纷中，当事人在合同不能依约履行时多主张解除合同，此类争议较多。样本中，以争议焦点计，此类案件数量为56个，占比15.22%。虽然当事人提出的解除理由各异，但深圳市中级人民法院在认定时相对严格，除前述所涉情形外，主要形成以下裁判意见：

A. 合同解除的条件

【裁判要旨】1. 股东签订协议转让公司投资设立的非法人企业的股权，可以通过转让公司股权的方式履行；但公司因法定事由已经解散的，该协议无法履行，合同目的不能实现，受让人有权解除。

【案号】（2014）深中法商终字第1548号－深圳市新宝通交通运输有限公司等诉邱某瑛等股权转让纠纷上诉案。

【裁判要旨】2. 转让方将已转让但未变更登记股权又转让他人，致使转让协议目的无法实现，根本违约，合同解除。

【案号】（2016）粤03民终4352号—周某与陈某桥股权转让纠纷上诉案。

【裁判要旨】3. 虽然股权转让协议的受让人违约在先，但转让人将股权转让他人，导致股权变更的合同目的无法实现，受让人有权解除合同。

【案号】（2017）粤 03 民终 1036 号 – 卓某思、王某中与韩某平、邓某以及原审第三人陈某余、甘肃宏伟建设集团有限公司股权转让合同纠纷案民事二审上诉案。

【裁判要旨】4. 转让人签订股权转让协议时尚未取得股东资格，在登记为股东后未按照约定将股权变更至受让人名下，且其他股东不放弃优先购买权，受让人获得股权的合同目的不能实现，有权解除合同。

【案号】（2018）粤 03 民终 1778 号 – 甘某宝、谢某生股权转让纠纷上诉案。

【裁判要旨】5. 股权出让方不持有标的股权，也不持有该标的股权所属公司股权，故构成根本违约，受让方有权解除合同。受让方妻子参与实际经营管理和分配经营所得，并不代表受让方取得股权，公司的经营管理权与股东权利并非同一概念。作为股权受让方，在签订股权转让意向书时对转让方是否持有标的股权未能尽到审查义务，存在过错，故主张的利息损失不予支持。

【案号】（2017）粤 03 民终 12920 号 – 申某雨、曹某镇股权转让纠纷上诉案。

【裁判要旨】6. 转让方未将受让方变更登记为目标公司股东，而是登记为目标公司股东的股东、间接持有目标公司的股权，系对股权转让协议的重大变更，在受让方未明确表示同意的情形下，构成根本违约，受让方有权解除合同。

【案号】（2018）粤 03 民终 15905 号 – 刘某兵与张某新股权转让纠纷上诉案。

【裁判要旨】7. 双方当事人签订股权转让协议，但股权受让方既未实际持有股权，又未享有股东权益，股权转让方经营范围又发生根本变更，致使股权受让方成为股东的合同目的无法实现，有权请求解除合同。

【案号】（2020）粤 03 民终 15560 号 – 深圳市倍美电子商务有限公司、苏雅尔股权转让纠纷上诉案。

【裁判要旨】8. 转让方在股权转让协议中约定的持股数量与工商登记信息显示的数量存在重大差异，导致受让方客观无法持有相应股权，且未按照约定履行工商变更登记义务，擅自变更公司注册资本，受让方有权解除合同。

【案号】（2018）粤 03 民终 10538 号 – 徐某选、深圳市海川电商咨询有限公司股份转让纠纷上诉案。①

【裁判要旨】9. 股权转让协议履行后目标公司破产，导致受让方合同目的无法实现，受让方有权请求解除合同。如果受让方在签订合同前已经了解并参与公司经营管理，合同解除不具有溯及力。

---

① 该案经广东省高院再审［（2019）粤民申 8228 号］，再审裁判意见认为：受让方实际参与公司经营管理和重大决策，已行使了股东权利，并非阻碍合同解除的充足事由。

【案号】（2018）粤 03 民终 8625 号 - 周某锋、李某舟股份转让纠纷上诉案。

【裁判要旨】10. 转让方因其他股东主张优先购买权请求解除股权转让合同，得予支持。

【案号】（2019）粤 03 民终 1421 号 - 任某照、周某股份转让纠纷上诉案。

【裁判要旨】11. 受让人应自行承担股权价值风险，经催告后不支付股权转让款，转让方有权请求解除合同。

【案号】（2019）粤 03 民终 4231 号 - 深圳前海明珠投资管理有限公司、深圳市福生生态农业科技有限公司股权转让纠纷上诉案等。①

【裁判要旨】12＊. 股份公司，未办理变更登记，转让人将股权质押，导致受让人不能对抗质押权人，股权转让合同无法履行，合同解除。

【案号】（2015）深中法商终字第 2357 号 - 钟某清与傅某元股权转让纠纷上诉案。

【裁判要旨】13＊. 股份有限公司拟转让股份在新三板挂牌后可以因转让限制解除而履行，未依约履行变更登记手续系违约，继而导致公司股票被多轮司法查封冻结，导致合同无法履行，合同目的无法实现。受让方有权解除合同并主张违约责任。

【案号】（2019）粤 03 民终 27827 号 - 陈某豪、陈某风、李某灿股权转让纠纷上诉案。

B. 不支持解除的情形

【裁判要旨】1. 未生效合同无需解除。

【案号】（2015）深中法商终字第 2017 号 - 李某、许某兴、许某云与股权转让纠纷上诉案。

【裁判要旨】2. 转让方与受让方各自按照合同约定部分履行义务，仅受让方迟延支付股价款，不构成合同目的无法实现，不支持解除合同。

【案号】（2017）粤 03 民初 1018 号 - 深圳键桥资产管理有限公司与广东濛子垭农业投资有限公司股权转让纠纷案。

【裁判要旨】3. 股权转让合同受让人在已经获得股权项下的经营管理权及财产利益的条件下，合同目的已经实现，无权主张解除合同。

【案号】（2018）粤 03 民终 18490 号 - 许某、顾某波股权转让纠纷上诉案。

【裁判要旨】4. 股权转让合同受让人应事前进行尽职调查，慎重决定交易。因受让人原因未办理工商变更登记、明知股权认缴期限未届至而受让股权，或受

---

① 同类案件：（2019）粤 03 民终 6376 号 - 深圳前海明珠投资管理有限公司、深圳市福生生态农业科技有限公司股份转让纠纷上诉案（反诉）。

让代持股权而无隐名股东主张权利，公司涉嫌偷漏税、未取得消防合格证等行政违法行为均非导致合同目的无法实现的原因，受让人无权解除或撤销合同。

【案号】（2019）粤 03 民终 15546 号 – 王某、深圳市辛辛向荣投资医疗管理有限公司股权转让纠纷上诉案等。①

【裁判要旨】5. 股权转让合同部分履行，转让方未履行配合过户或其他合同义务，受让方在未足额支付股权转让款的情形下无权以根本违约请求解除合同。

【案号】（2019）粤 03 民终 10971 号 – 袁某兴、曹某桥股权转让纠纷上诉案。

【裁判要旨】6. 股权转让协议的主合同权利义务与业绩承诺的法律关系不同，在转让方已经履行股权交付义务时，受让方不能以未完成业绩承诺主张解除。

【案号】（2020）粤 03 民终 8552 号 – 广东文化长城集团股份有限公司、新余邦得投资合伙企业合伙协议纠纷、股权转让纠纷上诉案。

【裁判要旨】7. 尽管股权转让协议有约定，但轻微逾期支付股权价款，不支持解除。

【案号】（2018）粤 03 民终 598 号 – 李某光、彭某君股权转让纠纷上诉案。

【裁判要旨】8. 转让合同双方当事人可以约定合同解除的条件，但从股权转让合同履行情况看，应综合考虑交易的稳定性，促进履行。

【案号】（2017）粤 03 民终 1858 号 – 吴某龙、何某仙股权转让纠纷上诉案。

【问题发现】

综合考察，深圳市中级人民法院对于股权转让合同解除的法定条件的认定，基本标准是"合同目的不能实现"，这里主要是指转让方不能将股权"变动"给受让方，而非受让方不能支付股权转让价款。就股权能否"变动"的判断标准而言，深圳市中级人民法院主要采取实质主义标准，而非采取形式主义标准。也就是说，如果受让方已经实际享有股东权利（管理权、分红权等），即使未履行股权变更登记手续或者存在其他合同履行中的瑕疵也不必然导致股权转让合同目的的落空，无权解除合同；而在目标公司破产或终止营业，或转让方一股二卖或根本不持有标的股权，或者其他股东主张优先购买权，或者被抵押或司法冻结，而使受让方根本丧失实际享有股东权利的可能的，无论转让方还是受让方都有权主张解除合同。

司法实践中，深圳市中院的几个裁判观点值得注意：第一，对于股权转让协议解除的溯及力问题，深圳市中级人民法院认为如果受让方在签订合同前已经了

---

① 同类案件：（2020）粤 03 民终 7340 号 – 黄某发与曾某量股权转让纠纷上诉案等。

解并参与公司经营管理，股权转让协议履行后目标公司破产，导致受让方合同目的无法实现，受让方有权请求解除合同，但该解除不具有溯及力。第二，从促进履行的角度对约定解除在适用时进行司法矫正，认为尽管股权转让协议有明确约定，但轻微逾期支付股权价款，不支持解除；或者，从股权转让合同履行情况看，存在双方已经履行了大部分权利义务且受让方已经实际控制并经营相关目标公司等实际情况，应综合考虑交易的稳定性，不支持解除。第三，受让方对"合同目的不能实现"应负担相应责任，认为作为股权受让方，在签订股权转让意向书时对转让方是否持有标的股权未能尽到审查义务，存在过错，应自负部分损失。

由此引发的问题是：（1）如何理解"合同目的不能实现"：转让方在何种情况下以受让方未履行付款义务而主张解除合同能够得到支持；受让方在取得股权之外是否不存在主张解除的理由？（2）约定解除条件应否受到司法干预，司法干预当事人意思自治的边界在哪里？（3）股权转让协议解除时有无溯及力的判断标准是什么，受让方审查义务的合理边界在哪里？值得进一步探究。

（十）股东资格确认的特殊问题

在股权转让案件中，常涉及股东资格确认问题，或者相反，股东资格确认纠纷常因股权转让而发生；对股东资格进行准确判断对解决股权转让纠纷具有重要基础意义。样本中，此类案件数量最多，为93个，占比25.27%。此处仅对涉及股东资格确认的特殊问题进行总结，深圳市中级人民法院主要形成以下裁判意见：

A. 股东资格确认或丧失的特殊情形

【裁判要旨】1. 借名登记股东与冒名登记股东不同，因知道或应当知道其名义被借用，不得以并非公司时任股东而请求确认其不承担相应的股东责任。知道与否以高度盖然性为证明标准。

【案号】（2019）粤03民终34803号－陈某与深圳文华泰富基金管理有限公司股东资格确认纠纷上诉案等。[①]

【裁判要旨】2. 公司内部发生股东资格争议，应侧重审查投资的事实。公司章程、验资报告以及工商登记具有股东资格证明效力。单以在公司文件上代签字不能产生否定成为股东的意思表示的法律效果。

【案号】（2019）粤03民终13802号－朱某2、周某股东资格确认纠纷上诉案等。

---

① 同类案件：（2018）粤03民终21714号－陆某、深圳彩福至臻科技有限公司股东资格确认纠纷上诉案等。

【裁判要旨】3. 国有股权转让协议已经批复同意，公司股东会决议从未否认受让方股东身份，受让方没有变更工商登记不影响股东资格取得。公司部分资产由股东买断经营及股东离开公司的事实，并不影响其在公司的股东资格。

【案号】（2018）粤03民终18256号 – 杨某与深圳市龙岗医药有限公司股东资格确认纠纷上诉案等。①

【裁判要旨】4. 暂停分红实质上等同于取消股东资格。

【案号】（2019）粤03民终1037 – 1038号 – 深圳市大新实业股份有限公司、梁某英等股东资格确认纠纷上诉案（串案）。

B. 与股份合作公司改制相关的股东资格确认

【裁判要旨】1. 农村集体经济组织进行股份合作公司改制时，根据相关法规和章程规定，以《股权证书》或"股东名册"确定股东资格；不因"出嫁、出外工作、就业或在外地居住而丧失原始股东资格，不论其户口是否迁出居委会，均继续拥有股权。股东资格确认不受时效限制。

【案号】（2018）粤03民终13661号 – 吴某娇、深圳市常源实业股份有限公司股东资格确认纠纷上诉案等。②

【裁判要旨】2. 农村集体经济组织进行股份合作公司改制时，根据相关法规和章程规定，应在限定期限缴纳股权金，未有正当理由未按期缴纳的，不具有股东资格；无过错而未按期缴纳的，不丧失股东资格，但无权请求分红。

【案号】（2019）粤03民终2976号 – 冯某福、深圳市大鹏下沙股份合作公司股东资格确认纠纷上诉案等。③

【裁判要旨】3. 合作股的继承由章程确定，合作股股东名册不能作为确认合作股股东的唯一依据，股东名册是否变更不影响股权转让的效力。

【案号】（2017）粤03民终8074号 – 陈某培、陈某清股权转让纠纷上诉案。

【裁判要旨】4. 股份合作公司中外嫁女的股东资格应当得到平等确认，继承人根据公司章程有权请求确认股东资格。

【案号】（2017）粤03民终19304号 – 周某汉、深圳市大冲实业股份有限公司股东资格确认纠纷上诉案。

C. 员工持股会代持时员工的股东资格确认

【裁判要旨】1. 员工股份是一种未登记在册、严格限制流通的有别于公司普

---

① 同类案件：（2018）粤03民终18257 – 18260号构成串案（共5件）等。

② 同类案件：（2019）粤03民终898号 – 吴某英、深圳市常源实业股份有限公司股东资格确认纠纷上诉案。（2019）粤03民终7084号 – 深圳市沙井坌岗股份合作公司、深圳市沙井坌四腾飞股份合作公司股东资格确认纠纷上诉案等。

③ 同类案件：（2019）粤03民终8741号 – 陈某雄、陈某国股东资格确认纠纷上诉案等。

通股东的特殊股份，不受公司法约束。

【案号】（2018）粤 03 民终 19052 – 19054 号 – 魏某花、钟某浓股权转让纠纷上诉案（串案）的等。①

【裁判要旨】2. 结合员工仅参与分红并且从未以股权参与公司决策，员工"股权"实际上为分红权，不为公司法意义上的股权。

【案号】（2013）深中法商终字 1385、1387 号 – 深圳市核达中远通电源技术有限公司等与陈某等股东资格确认纠纷上诉案（串案）等。②

【裁判要旨】3. 在持股章程已明确规定持股职工个人不作为公司股东的情况下，持股员工不得以其享有股权部分权能为由主张其享有股东权利。按照持股会章程规定并受持股会全体会员委托的代持股人，与被持股职工个人之间不存在股权代持关系，不具备被确认为股东的条件。

【案号】（2019）粤 03 民终 15271 – 15275 号 – 刘某、深圳市鹤韵投资有限公司股东资格确认纠纷上诉案（串案）等。③

【裁判要旨】4. 非员工持股会代持股情形下，员工在满足《委托持股协议书》所约定的条件时，有权主张股权并请求显名。

【案号】（2013）深中法商终字第 247 号 – 深圳市慧视通科技股份有限公司诉曾某红等股东资格确认纠纷上诉案。

【问题发现】

综合观察，深圳市中级人民法院对于股东资格的判断强调主体意思和实际出资。深圳市中级人民法院区别借名股东和冒名股东的重要标准是该股东是否知道或应当知道其名义被使用。借名股东在知情同意的情形下，应推定为该股东有成为股东的意思表示，故不能否定其股东身份以排除责任。冒名股东则正好相反。在国有股权转让协议被批复同意的情形下，也即意味着受让人有意愿成为公司股东的同时公司也同意接受受让人为其股东，因此尽管没有变更工商登记，也不影响股东资格认定。同时，深圳市中级人民法院也将实际出资作为公司内部发生股东资格纠纷的判断依据，认为在股东内部发生的股东资格争议，应侧重审查投资的事实。相应的，股东资格与分红权具有密切联系，暂停分红实质上等同于取消

---

① 同类案件：（2014）深中法商终字第 706 – 刘某华等诉中国平安保险（集团）股份有限公司股东资格确认纠纷上诉案等。

② 同类案件：（2013）深中法商终字第 361 号 – 彭某安等诉深圳市安泰创新科技有限公司股东资格确认纠纷上诉；（2017）粤 03 民终 1638 号 – 李某与胡某伟深圳市悦动天下科技有限公司股东资格确认纠纷上诉；（2018）粤 03 民终 18664 号 – 刘某霞与深圳市中新赛克科技股份有限公司、凌某胜股东资格确认纠纷上诉案等。

③ 同类案件：（2019）粤 03 民终 9339 – 9343 号 – 罗某等、深圳市鹤韵投资有限公司股东资格确认纠纷上诉案（串案）等。

股东资格。由此引发的问题是，当意思表示与实际出资不一致时该如何判断股东资格？如股权代持或隐名股东的情形。

此外，深圳市中级人民法院在对待股东出资证明、公司章程、工商登记等形式文件时，认为均是确认股东资格的重要依据，最终依据哪一标准确认股东资格主要取决于争议当事人的不同而有所区别。相关举证责任，对公司、其他股东和公司债权人的要求应当有所区别。那么由此引发的问题是，出资证明、公司章程、股东名册、工商登记都各自在什么范围内承担股东资格确认的功能？以及公司、其他股东和公司债权人的证明责任的区别性如何体现？

深圳市城市化过程中出现了大量股份合作公司，它们是在原计划经济时代的农村生产队、生产大队基础上逐步改造和发展而来的合作经济组织，公司资本划分为等额股份，并采用股权证的形式，一般设置有集体股、合作股、募集股。对于此类公司的股东资格确认问题具有一定的独特性。深圳市中级人民法院的基本观点是根据相关的法律法规和公司章程确定股东资格，一旦被确认为合作股股东，则不因出嫁、外出工作、居住或户口迁徙而丧失股东资格，该股东资格根据公司章程规定可以继承，未变更股东名册不影响股权转让的效力。股东名册是股东资格的证明但不是股东资格取得的要件。

员工持股会是股份有限公司进行员工持股激励时常采用的形式。深圳市中级人民法院对于员工代持股的态度比较统一，在员工持股会作为登记股东的情形下，不承认员工是公司法意义上的股东，但是承认员工具有分红权。在非由员工持股会代持的情形下，员工的法律地位与一般股权代持无异。员工若非经登记并参与公司决策，仅凭分红，不确认为股东；若公司同意或推定同意其持股且曾经承认其以股东身份参与公司决策，即使未登记为股东，亦可以认为其具有股东资格，有权请求公司协助其显名。由此引发的问题是员工持股会的运作机制以及员工在员工持股会的法律地位问题。但这已超出本书研究的范围。

深圳市中级人民法院案件索引

1. （2009）深中法民二终字第 200 号 - 刘某与徐某股权转让合同纠纷上诉案
2. （2010）深中法民二终字第 479 号 - 上诉人林某与被上诉人何某股权转让合同纠纷案
3. （2010）深中法民一终字第 1526 号 - 洪某某与彭某某股权转让纠纷上诉案
4. （2010）深中法民二终字第 310 号 - 上诉人左某某与被上诉人祝某某及原审第三人郝 A 股权转让合同纠纷案
5. （2010）深中法民二终字第 304 号 - 上诉人王 A 与被上诉人黄某某、刘某某股权转让纠纷案
6. （2010）深中法民二终字第 1846 号 - 上诉人杨某清与被上诉人黄某明股权转让合同纠纷案
7. （2010）深中法民七初字第 9 号 - 汉 XX 有限责任公司诉成 XX 投资有限公司股东资格确认纠纷案
8. （2011）深中法民二终字第 754 号 - 郭某锋与深圳市泰某实业有限公司等股权转让纠纷上诉案
9. （2011）深中法民二终字第 755 号 - 深圳市名某实业发展有限公司与深圳市泰某实业有限公司股权转让纠纷上诉案
10. （2011）深中法民二终字第 1176 号 - 上诉人夏某某为与被上诉人黄某、江某某、深圳市祥××电路有限公司股权转让纠纷案
11. （2011）深中法民四终字第 312 号 - 深圳市招商投资发展有限公司与中国创业投资股份有限公司股权转让纠纷上诉案
12. （2011）深中法民二终字第 535 号 - 易某某与朱某某股权转让合同纠纷上诉案
13. （2011）深中法民二终字第 615 号 - 李某与李某等股权转让纠纷上诉案
14. （2011）深中法民四终字第 323 号 - 谷某红与魏某昌等股权转让纠纷上

有限公司股权转让纠纷二审民事判决书

34.（2013）深中法商终字第 1604 号 – 陈某新与涂某纯、深圳市威捷机电技术有限公司股权转让纠纷二审民事判决书

35.（2013）深中法商终字第 1504 号 – 张某茹等与李某凯股权转让纠纷上诉案

36.（2013）深中法商终字第 305 号 – 潘某轩等诉陈某兴股权转让纠纷案

37.（2013）深中法商终字第 306 号 – 陈某辉等诉陈某兴股权转让纠纷案

38.（2013）深中法商终字第 307 号 – 陈某祥等诉陈某兴股权转让纠纷案

39.（2013）深中法商终字第 1123 号 – 胡某辉与薛某记股权转让合同纠纷上诉案

40.（2013）深中法商终字第 1357 号 – 潘某与深圳市祥鹰物流有限公司等股权转让合同纠纷上诉案

41.（2013）深中法商终字第 1852 号 – 郑某云等与林某淋股权转让纠纷上诉案

42.（2013）深中法商终字第 1864 号 – 盈信投资集团股份有限公司与陈辛股权转让纠纷上诉案

43.（2013）深中法商终字第 1865 号 – 盈信投资集团股份有限公司与曾茂华股权转让纠纷上诉案

44.（2013）深中法商终字第 1254 号 – 孟某某等诉陈某某等股权转让合同纠纷案

45.（2013）深中法商终字第 1512 号 – 孟某莎等诉张某妹股权转让合同纠纷案

46.（2013）深中法商终字第 1513 号 – 孟某莎等诉陈某贤股权转让合同纠纷案

47.（2013）深中法涉外终字第 118、119 号 – 深圳杨影贸易有限公司诉深圳市钩帝进出口贸易有限公司等股权转让合同纠纷案

48.（2013）深中法商终字第 2237 号 – 范某明等诉苏某森等股权转让纠纷案

49.（2013）深中法商终字第 1907 号 – 林某雄等诉潘某绍等股权转让纠纷案

50.（2013）深中法商再字第 11 号 – 宋某安诉何某等股权转让纠纷再审案

51.（2013）深中法商终字第 2134 号 – 郑某霞等诉深圳市斐声电子科技有限公司股权转让纠纷案

52.（2013）深中法商终字第 2253 号 – 陈某淼与黄某桂等股权转让纠纷上诉案

53.（2013）深中法商终字第 247 号 – 深圳市慧视通科技股份有限公司诉曾永红等股东资格确认纠纷案

54.（2013）深中法商终字 1385 号 – 深圳市核达中远通电源技术有限公司等与陈盛股东资格确认纠纷上诉案

55.（2013）深中法商终字 1386 号 – 深圳市核达中远通电源技术有限公司等与罗少贵股东资格确认纠纷上诉案

56.（2013）深中法商终字 1387 号 – 深圳市核达中远通电源技术有限公司等与顾云将股东资格确认纠纷上诉案

57.（2013）深中法商终字第 361 号 – 彭某安等诉深圳市安泰创新科技有限公司股东资格确认纠纷案

58.（2013）深中法商终字第 1248 号 – 杨某儒与富奥汽车零部件股份有限公司股东资格确认纠纷上诉案

59.（2013）深中法商终字第 1786 号 – 朱某华等与深圳市中和房地产开发有限公司股东资格确认纠纷上诉案

60.（2013）深中法商终字第 796 号 – 杨某芳等诉杨某等股东资格确认纠纷案

61.（2014）深中法商终字第 554 号 – 占某军与唐某鹏股权转让合同纠纷上诉案

62.（2014）深中法商终字第 754 号 – 沈某容与史某平股权转让合同纠纷上诉案

63.（2014）深中法涉外终字第 77 号 – 黄某诚等诉李某宝等股权转让纠纷案

64.（2014）深中法商终字第 1462 号 – 深圳市葵涌镇投资管理有限公司等诉深圳市东方新干线网络信息有限公司等股权转让纠纷案

65.（2014）深中法商终字第 1297 号 – 深圳市伍贰零娱乐有限公司等诉檀某股权转让合同纠纷案

66.（2014）深中法商终字第 1358 号 – 徐某卿与金某股权转让纠纷上诉案

67.（2014）深中法商终字第 1175 号 – 赵某与樊某等股权转让纠纷上诉案

68.（2014）深中法商终字第 2017 号 – 黄某与林某霞股权转让纠纷上诉案

69.（2014）深中法商终字第 2116 号 – 范某林诉卢某海等股权转让纠纷案

70.（2014）深中法商终字第 2704 号 – 李某跃与湖南中科粤湘创业投资合伙企业（有限合伙）股权转让纠纷案

71.（2014）深中法商终字第 1741 号 – 王某富与石某光股权转让纠纷案

72.（2014）深中法涉外终字第 100 号 – 大中华国际集团（中国）有限公司等诉林某庭等股权转让合同纠纷案

73.（2014）深中法商终字第 2036 号 – 冯某民、冯某与深圳市国邦投资担保有限公司、深圳市炬星运输实业有限公司股权转让纠纷二审民事判决书

74.（2014）深中法商终字第 2592 号 – 陈某雄与罗某股权转让纠纷案

75.（2014）深中法商终字第 1018 号 – 齐某与深圳盛某装饰工程有限公司、刘某、孙某股权转让纠纷二审民事判决书

76.（2014）深中法商终字第 556 号 – 温某贤、深圳市名磊物业发展有限公司工会、黄挺有与与公司有关的纠纷二审民事判决书

77.（2014）深中法商终字第 1548 号 – 深圳市新宝通交通运输有限公司等诉邱明瑛等股权转让纠纷案

78.（2014）深中法商终字第 2331 号 – 王某锋、寇某丽与陈某宣、吴某霞股权转让纠纷二审民事判决书

79.（2014）深中法商终字第 2248 号 – 惠州市美地房产开发有限公司与深圳市尚衡华松投资企业（有限合伙）等股权转让纠纷上诉案

80.（2014）深中法商终字第 2372 号 – 李某东与唐某波等股权转让纠纷上诉案

81.（2014）深中法商终字第 1385 号 – 李某伟与赵某股权转让纠纷二审民事判决书

82.（2014）深中法商终字第 2055 号 – 王某华与夏某红股权转让纠纷二审民事判决书

83.（2014）深中法商终字第 381 号 – 深圳市春秋新语文化传播有限公司等诉易某平等股东资格确认纠纷案

84.（2014）深中法商终字第 1373 号 – 深圳市世纪易方网络科技有限公司等诉甘某辉股东资格确认纠纷案

85.（2014）深中法商终字第 706 号 – 刘某华等诉中国平安保险（集团）股份有限公司股东资格确认纠纷案

86.（2014）深中法商终字第 735 号 – 孙某与中国平安保险（集团）股份有限公司等股东资格确认纠纷上诉案

87.（2014）深中法商终字第 736 号 – 张某珍与中国平安保险（集团）股份有限公司等股东资格确认纠纷上诉案

88.（2014）深中法商初字第 54 号 – 上海宝恒能源材料股份有限公司等诉上海恒慧股权投资有限公司股东资格确认纠纷案

89.（2014）深中法商初字第 55 号 – 上海宝恒能源材料股份有限公司与深圳市联华企业发展有限公司、京安时代投资控股有限公司股东资格确认纠纷一审民事判决书

90.（2015）深中法商终字第 1129 号 – 深圳融发投资有限公司、深圳市雅豪园投资有限公司与深圳市东方置地集团有限公司、广东华榕投资有限公司股权转让纠纷二审民事判决书

91.（2015）深中法商终字第 2017 号 – 李某、许某兴、许某云与股权转让纠

纷案

112.（2015）深中法商终字第 215 号 – 林某与康某领等股东资格确认纠纷上诉案

113.（2015）深中法商终字第 815 号 – 王某与郑某华股东资格确认纠纷案

114.（2015）深中法商终字第 723 号 – 深圳市巨银诚信投资发展有限公司与深圳市量泉实业发展有限公司、黄某、张某明股权质权纠纷案

115.（2015）深中法商终字第 1939 号 – 赵某与深圳市松记钮扣制品有限公司、唐某松股东资格确认纠纷案

116.（2015）深中法涉外重字第 1 号 – 东方资源有限公司、孙某与李某裕、众业天成投资集团（香港）有限公司等股权转让纠纷重审民事判决书

117.（2016）粤 03 民终 4352 号 – 周某与陈某桥股权转让纠纷上诉案

118.（2016）粤 03 民终 9491 号 – 欧某明与陈某铭股权转让纠纷案

119.（2016）粤 03 民终 9138 号 – 杨某福与沈某霞等股权转让纠纷上诉案

120.（2016）粤 03 民终 17006 号 – 杨某林与邹某太股权转让合同纠纷上诉案

121.（2016）粤 03 民终 3133 号 – 冯某根、周某富与马某祥股权转让纠纷案

122.（2016）粤 03 民终 14056 号 – 张某健诉胡某芸等股权转让纠纷案

123.（2016）粤 03 民终字 5546 号 – 陈某福、徐某芬与徐某政股权转让纠纷二审民事判决书

124.（2016）粤 03 民终 19498 号 – 李某与艾某红股权转让纠纷上诉案

125.（2016）粤 03 民终 18792 号 – 罗某秀等与朱某梅等股权转让纠纷上诉案

126.（2016）粤 03 民终 4574 号 – 雷 X 股权转让纠纷二审民事判决书

127.（2016）粤 03 民终 13775 号 – 邹某军与尚某股权转让纠纷上诉案

128.（2016）粤 03 民终 16475 号 – 刘某伶与深圳昊天昊投资有限公司股权转让纠纷上诉案

129.（2016）粤 03 民终 3259 号 – 广东兴冠工程有限公司等诉深圳市粤鑫源投资有限公司股东资格确认纠纷案

130.（2016）粤 03 民终 14423 号 – 包某等诉深圳市航盛电子股份有限公司股东资格确认纠纷案

131.（2016）粤 03 民终 7415 号 – 陈某祥与冯某东股东资格确认纠纷上诉案

132.（2016）粤 03 民终 22424 号 – 黄某明诉池石前等公司股东资格确认纠纷案

133.（2016）粤 03 民终 23106 – 23113 号 – 谭某与深圳市永佳诚租赁有限公司、深圳市永佳诚租赁有限公司工会基层委员会股东资格确认纠纷案

134.（2016）粤 03 民终 17400 号 – 王某鸣等诉深圳市华儒科技有限公司股

153. （2017）粤 03 民终 21757 号 – 谢某祖、周某珠股权转让纠纷二审民事判决书

154. （2017）粤 03 民终 10401 号 – 深圳市荔源基业投资发展有限公司、罗某股权转让纠纷二审民事判决书

155. （2017）粤 03 民终 20851 号 – 汪某与李某松股权转让纠纷上诉案

156. （2017）粤 03 民终 22558 号 – 深圳市东亚友联投资有限公司、万某名股权转让纠纷二审民事判决书

157. （2017）粤 03 民初 2004 号 – 云南长扬创业投资合伙企业（有限合伙）与黄某葛某股权转让纠纷一审民事判决书

158. （2017）粤 03 民终 8664 号 – 胡某诉巫某、桂某强、孟某宏及原审第三人黄某生、戚某箴、付某英股权转让纠纷二审民事判决书

159. （2017）粤 03 民终 1858 号 – 吴某龙、何某仙股权转让纠纷二审民事判决书

160. （2017）粤 03 民终 20821 号 – 杨某斌、深圳众众创科技有限公司股权转让纠纷二审民事判决书

161. （2017）粤 03 民终 18125 号 – 上诉人刘某刚与赖某萍、深圳市汇鑫智诚发展企业（有限合伙）股权转让纠纷二审民事判决书

162. （2017）粤 03 民终 1659 号 – 余某、刘某山股权转让纠纷、买卖合同纠纷二审民事判决书

163. （2017）粤 03 民终 6163 号 – 郑某玲与谭某、原审被告深圳市居里居外家居发展有限公司股权转让纠纷二审判决书

164. （2017）粤 03 民终 19553 号 – 杜某林与陈某震股权转让合同纠纷上诉案

165. （2017）粤 03 民终 9140 号 – 林某金、陈某树股权转让纠纷二审民事判决书

166. （2017）粤 03 民终 4586 号 – XX 与石某股权转让纠纷二审民事判决书

167. （2017）粤 03 民终 10717 号 – 朱某、孙某萍股权转让纠纷二审民事判决书

168. （2017）粤 03 民初 989 号 – 深圳市创新投资集团有限公司、安徽红土创业投资有限公司等与周窑生等股权转让纠纷一审民事判决书

169. （2017）粤 03 民终 20925 号 – 黄某、庞某嵘股权转让纠纷二审民事判决书

170. （2017）粤 03 民终 20448 号 – 程某才与段某新股权转让纠纷二审判决书

171. （2017）粤 03 民终 20671 号 – 刘某名诉罗某燕、原审第三人张某股权

转让纠纷二审民事判决书

172.（2017）粤 03 民终 14536 号 – 深圳市知亦行软件服务有限责任公司、张少勇股权转让纠纷二审民事判决书

173.（2017）粤 03 民终 21169 号 – 刘某维、赵某股权转让纠纷二审民事判决书

174.（2017）粤 03 民终 3162 号 – 深圳市豪邦物流有限公司、李某海股权转让纠纷二审民事判决书

175.（2017）粤 03 民终 15715 号 – 张某政、朱某民股权转让纠纷二审民事判决书

176.（2017）粤 03 民终 17741 号 – 聂某社、秦某股权转让纠纷民事二审上诉案

177.（2017）粤 03 民终 14506 号 – 深圳市康达尔（集团）运输有限公司、深圳市先达泰运输有限公司股东资格确认纠纷案

178.（2017）粤 03 民终 793 号 – 吴某华与大行科技（深圳）有限公司股东资格确认纠纷上诉案

179.（2017）粤 03 民终 19304 号 – 周某汉、深圳市大冲实业股份有限公司股东资格确认纠纷二审民事判决书

180.（2017）粤 03 民终 2636 号 – 张某与新妈咪商贸股东资格确认纠纷二审判决书

181.（2017）粤 03 民终 22572 号 – 段某与深圳市银岭投资股份有限公司股东资格确认纠纷二审民事判决书

182.（2017）粤 03 民终 3349 号 – 石某桑与深圳市裕民股份有限公司股东资格确认纠纷民事二审上诉案

183.（2017）粤 03 民终 5430 号 – 刘某、华某秋股东资格确认纠纷二审民事判决书

184.（2017）粤 03 民终 1638 号 – 李某与胡某伟深圳市悦动天下科技有限公司股东资格确认纠纷二审民事判决书

185.（2017）粤 03 民终 17243 号 – 施某锐、深圳市普拉司克实业有限公司股东资格确认纠纷二审民事判决书

186.（2017）粤 03 民终 2637 号 – 张某与鑫新宝商贸股东资格确认纠纷二审判决书

187.（2017）粤 03 民终 10374 号 – 深圳市金研微科技有限公司、李某股东资格确认纠纷二审民事判决书

188.（2017）粤 03 民终 1879 号 – 黄某燕与深圳市上围实业股份合作公司股东资格确认纠纷案

189.（2017）粤 03 民终 1880 号 – 黄某通等诉深圳市上围实业股份合作公司股东资格确认纠纷案

190.（2017）粤 03 民终 12920 号 – 申某雨、曹某镇股权转让纠纷二审民事判决书

191.（2017）粤 03 民初 1018 号 – 深圳键桥资产管理有限公司与广东濛子垭农业投资有限公司股权转让纠纷一审民事判决书

192.（2017）粤 03 民终 8074 号 – 陈某培、陈某清股权转让纠纷二审民事判决书

193.（2018）粤 03 民终 15549 号 – 刘某、祁某雀股权转让纠纷二审民事判决书

194.（2018）粤 03 民终 13955 号 – 深圳市宝安通发实业有限公司、赵某进股权转让纠纷二审民事判决书

195.（2018）粤 03 民终 12055 号 – 余某、余某股权转让纠纷二审民事判决书

196.（2018）粤 03 民终 2968 号 – 辛某、赵某辉股权转让纠纷二审民事判决书

197.（2018）粤 03 民终 11514 号 – 黄某威、汪某股权转让纠纷二审民事判决书

198.（2018）粤 03 民终 10423 号 – 阳某云、胡某贡股权转让纠纷二审民事判决书

199.（2018）粤 03 民终 3001 号 – 深圳市富励合新材料有限公司、李某新诉殷某股权转让纠纷二审民事判决书

200.（2018）粤 03 民终 3006 号 – 深圳市富励合新材料有限公司、兰某某诉兰某某股权转让纠纷二审民事判决书

201.（2018）粤 03 民终 16312 号 – 夏某良、陈某恒股权转让纠纷二审民事判决书

202.（2018）粤 03 民终 17376 号 – 陈某祥、苏某萍与陈某培股权转让纠纷二审民事判决书

203.（2018）粤 03 民终 6866 号 – 石墨烯产业股权投资基金（深圳）有限公司、杨敏兰股权转让纠纷二审民事判决书

204.（2018）粤 03 民终 6867 号 – 石墨烯产业股权投资基金（深圳）有限公司、金福明股权转让纠纷二审民事判决书

205.（2018）粤 03 民终 6868 号 – 石墨烯产业股权投资基金（深圳）有限公司、丁某兴股权转让纠纷二审民事判决书

206.（2018）粤 03 民终 6869 号 – 石墨烯产业股权投资基金（深圳）有限公

司、江永兴股权转让纠纷二审民事判决书

207. （2018）粤 03 民终 6870 号 - 石墨烯产业股权投资基金（深圳）有限公司、陈某股权转让纠纷二审民事判决书

208. （2018）粤 03 民终 6871 号 - 石墨烯产业股权投资基金（深圳）有限公司、陈某珍股权转让纠纷二审民事判决书

209. （2018）粤 03 民终 6872 号 - 石墨烯产业股权投资基金（深圳）有限公司、陈某敏股权转让纠纷二审民事判决书

210. （2018）粤 03 民终 6873 号 - 石墨烯产业股权投资基金（深圳）有限公司、唐某焕股权转让纠纷二审民事判决书

211. （2018）粤 03 民终 5463 号 - 王某阳、文某股权转让纠纷二审民事判决书

212. （2018）粤 03 民终 7830 号 - 王某文、赵某与周某江合同纠纷二审民事判决书

213. （2018）粤 03 民终 10376 号 - 李某伟与陈某军股权转让纠纷二审判决书

214. （2018）粤 03 民终 1778 号 - 甘某宝、谢某生股权转让纠纷二审民事判决书

215. （2018）粤 03 民终 8818 号 - 深圳市美森星餐饮文化有限公司、李某婷股权转让纠纷二审民事判决书

216. （2018）粤 03 民终 13980 号 - 深圳市慧爱教育科技有限公司、深圳市百日学通教育科技有限公司股权转让纠纷二审民事判决书

217. （2018）粤 03 民终 15233 号 - 栗某娟、火星兄弟网络科技有限公司股权转让纠纷二审民事判决书

218. （2018）粤 03 民终 2813 号 - 陈某岩与董某红、梅某股权转让纠纷二审民事判决书

219. （2018）粤 03 民终 8104 号 - 张某勇、林某岸股权转让纠纷二审民事判决书

220. （2018）粤 03 民终 10523 号 - 王某谋、黄某芝股权转让纠纷二审民事判决书

221. （2018）粤 03 民终 10428 号 - 郑某玲与谭某、原审被告深圳市居里居外家居发展有限公司股权转让纠纷二审判决书

222. （2018）粤 03 民终 21530 号 - 张某平、李某娥股权转让纠纷二审民事判决书

223. （2018）粤 03 民终 4913 号 - 林某勇与朱某东常连股权转让纠纷二审民事判决书

224. （2018）粤 03 民终 183 号 – 蔡某、温州高某某汇益投资合伙企业股权转让纠纷二审民事判决书

225. （2018）粤 03 民终 11473 号 – 徐某锡、金某东股权转让纠纷二审民事判决书

226. （2018）粤 03 民终 1609 号 – 郑某冲、高某胜股权转让纠纷二审民事判决书

227. （2018）粤 03 民终 11164 号 – 深圳市四鼎华悦科技有限公司股权转让纠纷二审民事判决书

228. （2018）粤 03 民终 14077 号 – 王某龙、郑某选股权转让纠纷二审民事判决书

229. （2018）粤 03 民终 16124 号 – 刘某、刘某奇股权转让纠纷二审民事判决书

230. （2018）粤 03 民终 327 号 – 陈某成、深圳市丰达凯莱投资有限公司股权转让纠纷二审民事判决书

231. （2018）粤 03 民终 14563 号 – 深圳市一体投资控股集团有限公司、汇祥镒泰（天津）投资合伙企业合伙协议纠纷、股权转让纠纷、买卖合同纠纷二审民事判决书

232. （2018）粤 03 民初 3368 号 – 深圳平安大华汇通财富管理有限公司与凯迪生态环境科技股份有限公司股权转让纠纷一审民事判决书

233. （2018）粤 03 民初 3369 号 – 深圳平安大华汇通财富管理有限公司与凯迪生态环境科技股份有限公司股权转让纠纷一审民事判决书

234. （2018）粤 03 民终 17572 号 – 赵某欣、南某波股权转让纠纷二审民事判决书

235. （2018）粤 03 民终 22907 号 – 陈某杰、黄某光股权转让纠纷二审民事判决书

236. （2018）粤 03 民终 10921 号 – 深圳市芭田生态工程股份有限公司、曾某贵股权转让纠纷二审民事判决书

237. （2018）粤 03 民终 21767 号 – 臧某、深圳市罗奇环保科技有限公司股权转让纠纷二审民事判决书

238. （2018）粤 03 民终 19052 – 19054 号 – 魏某花、钟某浓股权转让纠纷二审民事判决书

239. （2018）粤 03 民终 18300 号 – 葛某、杨某股权转让纠纷二审民事判决书

240. （2018）粤 03 民终 24730 – 24779、24781 – 24783、25221 – 25302 号 – 深圳市江翔实业发展有限公司、许某海股东资格确认纠纷二审民事判决书

241. （2018）粤 03 民终 24784 - 24830、24842 - 24845、25422 - 25495、25499 - 25506 号 - 深圳市江翔实业发展有限公司、何某骏股东资格确认纠纷二审民事判决书

242. （2018）粤 03 民终 24845 - 24891、24893 - 24895、25303 - 25317、25396 - 25421 号 - 深圳市江翔实业发展有限公司、邓某盈股东资格确认纠纷二审民事判决书

243. （2018）粤 03 民终 24999、25001 - 25050、25055 - 25104、25117 - 25138 号 - 江翔公司与邓某姑等 123 人股东资格确认纠纷民事判决书

244. （2018）粤 03 民终 25139 - 25220 号 - 深圳市江翔实业发展有限公司与王某鹏股东资格确认纠纷二审民事判决书

245. （2018）粤 03 民终 184 号 - 鲁某、深圳市万利互联网金融服务有限公司股东资格确认纠纷二审民事判决书

246. （2018）粤 03 民终 18257 号 - 杨某、涂某股东资格确认纠纷二审民事判决书

247. （2018）粤 03 民终 18258 号 - 杨某、李某股东资格确认纠纷二审民事判决书

248. （2018）粤 03 民终 18259 号 - 杨某、林某股东资格确认纠纷二审民事判决书

249. （2018）粤 03 民终 18260 号 - 杨某、张某股东资格确认纠纷二审民事判决书

250. （2018）粤 03 民终 17608 号 - 王某晶、深圳市中新赛克科技股份有限公司股东资格确认纠纷二审民事判决书

251. （2018）粤 03 民终 17609 号 - 尹某、深圳市中新赛克科技股份有限公司股东资格确认纠纷二审民事判决书

252. （2018）粤 03 民终 17610 号 - 李某、深圳市中新赛克科技股份有限公司股东资格确认纠纷二审民事判决书

253. （2018）粤 03 民终 17611 号 - 黄某成、深圳市中新赛克科技股份有限公司股东资格确认纠纷案

254. （2018）粤 03 民终 17612 号 - 秦某林、深圳市中新赛克科技股份有限公司股东资格确认纠纷二审民事判决书

255. （2018）粤 03 民终 17613 号 - 张某、深圳市中新赛克科技股份有限公司股东资格确认纠纷二审民事判决书

256. （2018）粤 03 民终 18664 号 - 刘某霞与深圳市中新赛克科技股份有限公司、凌东胜股东资格确认纠纷二审民事判决书

257. （2018）粤 03 民终 11872 号 - 林某卿、黄某善股东资格确认纠纷二审

民事判决书

258.（2018）粤 03 民终 7548 号 – 罗某与王某军股权转让合同纠纷二审判决书

259.（2018）粤 03 民初 3220 号 – 宁波梅山保税港区弘某某互联投资合伙企业与蒋某某、何某某股权转让纠纷一审民事判决书

260.（2018）粤 03 民初 3238 号 – 深圳市裕和世纪投资有限公司与彭海股权转让纠纷一审民事判决书

261.（2018）粤 03 民终 12929 号 – 深圳华益润生医药投资有限公司、国银金融租赁股份有限公司股权转让纠纷二审民事判决书

262.（2018）粤 03 民终 12930 号 – 深圳华益润生医药投资有限公司、中国信达资产管理股份有限公司深圳市分公司股权转让纠纷二审民事判决书

263.（2018）粤 03 民终 8411 号 – 昆明兰花演艺（集团）有限公司、广东海印集团股份有限公司股权转让纠纷二审民事判决书

264.（2018）粤 03 民终 15905 号 – 刘某兵与张某新股权转让纠纷一案二审民事判决书

265.（2018）粤 03 民终 12725 号 – 林某万、练某锋股权转让纠纷二审民事判决书

266.（2018）粤 03 民终 10885 号 – 陈某、深圳墨麟科技股份有限公司股权转让纠纷上诉案

267.（2018）粤 03 民终 11812 号 – 陈某、深圳墨麟科技股份有限公司股份转让纠纷上诉案

268.（2018）粤 03 民终 8526 号 – 冯某荣与贾某铮、深圳市长白山商贸有限公司二审民事判决书

269.（2018）粤 03 民终 10538 号 – 徐某选、深圳市海川电商咨询有限公司股权转让纠纷二审民事判决书

270.（2018）粤 03 民终 8625 号 – 周某峰、李某舟股权转让纠纷二审民事判决书

271.（2018）粤 03 民终 18921 号 – 毛某学、王某股权转让纠纷二审民事判决书

272.（2018）粤 03 民终 15899 号 – 深圳前海中金众鼎资本管理有限公司、景某股权转让纠纷二审民事判决书

273.（2018）粤 03 民终 21565 号 – 李某华、林某霞股权转让纠纷二审民事判决书

274.（2018）粤 03 民终 19043 号 – 深圳市宝源升贸易有限公司、文某荣股权转让纠纷二审民事判决书

275.（2018）粤 03 民初 2382 号－深圳市开源投资有限公司与陕西帮建置业有限公司、深圳市新地商置地产发展有限公司股权转让纠纷一审民事判决书

276.（2018）粤 03 民终 23405 号－张某某 2、胡某某股权转让纠纷二审民事判决书

277.（2018）粤 03 民终 18490 号－许某、顾某波股权转让纠纷二审民事判决书

278.（2018）粤 03 民终 18489 号－深圳市新通宝运输有限公司、深圳市安道运输集团有限公司股权转让纠纷二审民事判决书

279.（2018）粤 03 民终 15869 号－深圳市膳庭餐饮管理服务有限公司、刘某股权转让纠纷二审民事判决书

280.（2018）粤 03 民终 16883 号－孔某景、深圳广易投资担保股份有限公司股权转让纠纷二审民事判决书

281.（2018）粤 03 民终 3803 号－杨某杰、深圳市君诚贸易有限公司股权转让纠纷二审民事判决书

282.（2018）粤 03 民终 10521 号－深圳智众合投资咨询合伙企业、朱某伟股权转让纠纷二审民事判决书

283.（2018）粤 03 民终 8317 号－陈某林、吕某富股权转让纠纷二审民事判决书

284.（2018）粤 03 民终 22490－22494 号－北京东方龙济投资发展有限公司与深圳龙岗区对外经济发展有限公司股权转让纠纷二审民事判决书

285.（2018）粤 03 民终 23331 号－王某安、许某星股权转让纠纷二审民事判决书

286.（2018）粤 03 民终 23332 号－王某安、张某股权转让纠纷二审民事判决书

287.（2018）粤 03 民终 20564 号－毛某才、朱某若股权转让纠纷二审民事判决书

288.（2018）粤 03 民终 20068 号－刘某勇、肖某股权转让纠纷二审民事判决书

289.（2018）粤 03 民终 20873 号－叶某星、潘某生股权转让纠纷二审民事判决书

290.（2018）粤 03 民终 598 号－李某光、彭某君股权转让纠纷二审民事判决书

291.（2018）粤 03 民终 21714 号－陆某、深圳彩福至臻科技有限公司股东资格确认纠纷二审民事判决书

292.（2018）粤 03 民终 13661 号－吴某娇、深圳市常源实业股份有限公司

股东资格确认纠纷二审民事判决书

293.（2018）粤03民终19873号 – 魏某、深圳市图创科技有限公司股东资格确认纠纷二审民事判决书

294.（2018）粤03民终13975号 – 陈某某与深圳市金某某购物广场有限公司、深圳市志谦信息咨询有限公司股东资格确认纠纷一案二审民事判决书

295.（2018）粤03民终18256号 – 杨某与深圳市龙岗医药有限公司股东资格确认纠纷二审民事判决书

296.（2018）粤03民终21479号 – 黄某锦、深圳市庞源投资集团有限公司股东资格确认纠纷二审民事判决书

297.（2018）粤03民终9234号 – 杨某、刘某股权转让纠纷二审民事判决书

298.（2019）粤03民终1656号 – 钟某灵与陈某坚、深圳市沙井沙头股份合作公司、钟某祥股权转让纠纷民事判决书

299.（2019）粤03民终14792号 – 许某君、深圳市亿德家族管理咨询有限公司股权转让纠纷二审民事判决书

300.（2019）粤03民终27827号 – 陈某豪、陈某风、李某灿股权转让纠纷一案民事判决书

301.（2019）粤03民终25489号 – 上海疆鼎投资管理中心、深圳市博利昌数控设备有限公司股权转让纠纷二审民事判决书

302.（2019）粤03民终14326号 – 田某、戴某清股权转让纠纷二审民事判决书

303.（2019）粤03民终16383号 – 刘某城、方某鸿股权转让纠纷一案民事判决书

304.（2019）粤03民终22514号 – 邱某芬、赵某军股权转让纠纷二审民事判决书

305.（2019）粤03民终27146号 – 黄某琼、霍某海股权转让纠纷二审民事判决书

306.（2019）粤03民终5712号 – 赵某庆、刘某平股权转让纠纷二审民事判决书

307.（2019）粤03民终15546号 – 王某、深圳市辛辛向荣投资医疗管理有限公司股权转让纠纷二审民事判决书

308.（2019）粤03民终2616号 – 深圳市道奇斯实业发展有限公司、深圳宏博昌荣网络科技有限公司股权转让纠纷二审民事判决书

309.（2019）粤03民终7756号 – 马某甜、李某股权转让纠纷二审民事判决书

310.（2019）粤03民终5534号 – 王某人、深圳甲云天朗投资有限公司股权

转让纠纷二审民事判决书

311.（2019）粤 03 民终 1421 号 – 任某照、周某股份转让纠纷上诉案

312.（2019）粤 03 民终 4231 号 – 深圳前海明珠投资管理有限公司、深圳市福生生态农业科技有限公司股权转让纠纷二审民事判决书

313.（2019）粤 03 民终 6376 号 – 深圳前海明珠投资管理有限公司、深圳市福生生态农业科技有限公司股权转让纠纷二审民事判决书

314.（2019）粤 03 民终 16917 号 – 马某峰、深圳市加能科技发展有限公司股权转让纠纷二审民事判决书

315.（2019）粤 03 民终 8825 号 – 占某水等与深圳市洲明科技股份有限公司股权转让纠纷上诉案

316.（2019）粤 03 民终 11594 号 – 深圳市丰泰瑞达实业有限公司、卢某股权转让纠纷二审民事判决书

317.（2019）粤 03 民终 10971 号 – 袁某兴、曹某桥股权转让纠纷二审民事判决书

318.（2019）粤 03 民终 17340 号 – 石某、李某敏股权转让纠纷二审民事判决书

319.（2019）粤 03 民终 9586 号 – 赖某纯、赵某茹股权转让纠纷二审民事判决书

320.（2019）粤 03 民终 15 号 – 张某文、缪某股权转让纠纷二审民事判决书

321.（2019）粤 03 民终 2974 号 – 贺某义、严某球股权转让纠纷二审民事判决书

322.（2019）粤 03 民终 2571 号 – 深圳市美合源实业有限公司、徐某明股权转让纠纷二审民事判决书

323.（2019）粤 03 民初 4084 号 – 深圳市创新投资集团有限公司、内蒙古红土高新创业投资有限公司等与王某峰等股权转让纠纷一审民事判决书

324.（2019）粤 03 民终 20820 号 – 袁某波、洪某股权转让纠纷二审民事判决书

325.（2019）粤 03 民初 1542 号 – 马某强、陈某明等与黄兵股权转让纠纷一审民事判决书

326.（2019）粤 03 民终 20458 号 – 陈某、深圳市鑫辞进出口贸易有限公司股权转让纠纷二审民事判决书

327.（2019）粤 03 民终 34161 号 – 吴某林、胡某股权转让纠纷二审民事判决书

328.（2019）粤 03 民终 8554 号 – 杨某平、高某娣股权转让纠纷二审民事判决书

329. （2019）粤 03 民再 140 号 – 杨某新、吴某浦股权转让纠纷再审民事判决书

330. （2019）粤 03 民初 1145 号 – 深圳平安天煜股权投资基金合伙企业与余慧、上海英翼通讯科技有限公司股权转让纠纷一审民事判决书

331. （2019）粤 03 民终 11717 号 – 蔡某平、黄某良股权转让纠纷上诉案

332. （2019）粤 03 民初 4824 号 – 广州力鼎凯得股权投资基金合伙企业（有限合伙）诉西藏浩泽商贸有限公司、深圳市比克电池有限公司、李某前、魏某菊股权转让纠纷一案一审民事判决书

333. （2019）粤 03 民初 4932 号 – 宁波梅山保税港区汇颖创业投资管理合伙企业（有限合伙）诉西藏浩泽商贸有限公司等及第三人深圳市比克动力电池有限公司股权转让纠纷一审民事判决书

334. （2019）粤 03 民终 13802 号 – 朱某 2、周某股东资格确认纠纷二审民事判决书

335. （2019）粤 03 民终 2976 号 – 冯某福、深圳市大鹏下沙股份合作公司股东资格确认纠纷二审民事判决书

336. （2019）粤 03 民终 1037 号 – 深圳市大新实业股份有限公司、梁某英股东资格确认纠纷二审民事判决书

337. （2019）粤 03 民终 1038 号 – 深圳市大新实业股份有限公司、陈某婷股东资格确认纠纷二审民事判决书

338. （2019）粤 03 民终 8741 号 – 陈某雄、陈某国股东资格确认纠纷二审民事判决书

339. （2019）粤 03 民终 1926 号 – 邹某、夏某亮股东资格确认纠纷二审民事判决书

340. （2019）粤 03 民终 7084 号 – 深圳市沙井坐岗股份合作公司、深圳市沙井坐四腾飞股份合作公司股东资格确认纠纷二审民事判决书

341. （2019）粤 03 民终 9339 号 – 罗某、深圳市鹤韵投资有限公司股东资格确认纠纷二审民事判决书

342. （2019）粤 03 民终 9340 号 – 石某明、深圳市鹤韵投资有限公司股东资格确认纠纷二审民事判决书

343. （2019）粤 03 民终 9341 号 – 肖某、深圳市鹤韵投资有限公司股东资格确认纠纷二审民事判决书

344. （2019）粤 03 民终 9342 号 – 骆某、深圳市鹤韵投资有限公司股东资格确认纠纷二审民事判决书

345. （2019）粤 03 民终 9343 号 – 谌某红、深圳市鹤韵投资有限公司股东资格确认纠纷二审民事判决书

决书

364.（2020）粤 03 民终 3174 号 - 林某军、谢某成股权转让纠纷二审民事判决书

365.（2020）粤 03 民终 3031 号 - 王某忠、黄某军股权转让纠纷二审民事判决书

366.（2020）粤 03 民终 16307 号 - 倪某怀、深圳市翔盈股份有限公司股东资格确认纠纷二审民事判决书

367.（2020）粤 03 民终 10939 号 - 范某肖、深圳中外汇俱乐部股权投资管理有限公司股东资格确认纠纷二审民事判决书

368.（2020）粤 03 民终 9537 号 - 李某、南京深乾投资有限公司股东资格确认纠纷二审民事判决书

其他案件索引

14. （2014）温鹿商初字第 564 号 - 谷某芳与温州华威软件产业园公司、吴宁林等确认合同有效纠纷案

15. （2014）陕民二申字第 00215 号 - 宋某军与西安市大华餐饮有限公司股东资格确认纠纷案

16. （2014）民二终字第 121 号 - 石某华与新疆信友能源投资有限公司、奇台县富凯矿业开发有限公司股权转让纠纷案

17. （2014）民申字第 1184 号 - 周某奇与江苏火炬创业投资有限公司等股权转让纠纷案

18. （2014）大民四初字第 00004 号 - 姜某与蔡某鹏等股权转让纠纷案

19. （2014）大民三初字第 00080 号 - 曲某与大连城市发展有限公司，戴某、张某红、何某、王某、刘某群、姚某君、王某华股东资格确认、请求变更公司登记纠纷案

20. （2014）民二终字第 205 号 - 西藏国能矿业发展有限公司与薛某懿、薛某蛟等股权转让纠纷上诉案

21. （2014）大民三终字第 490 号 - 大连麦花食品集团有限公司因与唐某股东会、董事会决议效力纠纷案

22. （2015）浙商提字第 51 号 - 赵某芳、孟某娜与吴某昌、吴某灿股权转让纠纷案

23. （2015）常商终字第 617 号 - 王某与黄某荣股权转让纠纷上诉案

24. （2015）延中民一终字第 00880 号 - 延安市房产管理办公室与艾某军公司登记纠纷上诉案

25. （2015）民再字第 2 号 - 刘某书、石某春等与新疆盈科投资集团有限公司股权转让纠纷案

26. （2016）浙民申 33 号 - 翁某华与浙江稠城建筑工程有限公司民间借贷纠纷案

27. （2016）苏民再 418 号 - 王某与黄某荣股权转让纠纷再审案

28. （2016）苏 09 民初 15 号 - 深圳茂业（集团）股份有限公司与盐城市国有资产投资集团有限公司股权转让纠纷案

29. （2016）最高法院民终 455 号 - 符某文、海口同山商贸有限公司与王某耀、海南欣达实业有限公司等股权转让纠纷上诉案

30. （2016）最高院民申 3132 号 - 王某歧与刘某苹、詹某才等申诉、申请民事裁定书

31. （2016）鲁民终 711 号 - 汪某平与夏某明股权转让纠纷案

32. （2016）沪 01 民终 5964 号 - 瑞骋（上海）实业发展有限公司与郭东浩股权转让纠纷案

33. （2016）吉 08 民初 20 号 – 韩某志与刘某海、吉林博德房地产开发有限公司及张文辰股权转让纠纷案

34. （2016）最高法民终 673 号 – 钟某忠与山东金岭矿业股份公司股权转让纠纷案

35. （2017）最高院民终 529 号 – 福建伟杰投资有限公司、福州天策实业有限公司营业信托纠纷案

36. （2017）最高院民申 2454 号 – 杨某国与林某坤股权转让纠纷案

37. （2017）浙民申 2665 号 – 邓某娟与刘某股权转让纠纷再审案

38. （2017）最高法民申 1333 号 – 北京华阳鸿基旅游投资有限公司与刘某骅股权转让纠纷再审案

39. （2018）京 01 民终 4559 号 – 王某梅等与李某深股权转让纠纷上诉案

40. （2018）最高法民再 23 号 – 中建三局第二建设工程有限责任公司与福建新华夏建工有限公司买卖合同纠纷案

41. （2018）最高法民再 325 号 – 新乡市汇通投资有限公司与韩冬案外人执行异议之诉再审案

42. （2019）最高法民再 46 号 – 廆某伟与刘某再审案

43. （2019）最高法民申 2978 号 – 林某青与林某全案外人执行异议之诉再审案

参考文献

一、著作类

（一）中文著作

1. 赵旭东．公司法学［M］．北京：高等教育出版社，2006.

2. 施天涛．公司法论［M］．第二版．北京：法律出版社，2006/2015.

3. 叶林．公司法研究［M］．北京：中国人民大学出版社，2008.

4. 叶林，等．公司法原理与案例教程［M］．北京：中国人民大学出版社，2010.

5. 柯芳枝．公司法论［M］．北京：中国政法大学出版社，2004.

6. 李建伟．公司法学［M］．第三版．北京：中国人民大学出版社，2015.

7. 王保树．商法［M］．北京：法律出版社，2005.

8. 江平，方流芳主编．新编公司法教程［M］．北京：法律出版社，2003.

9. 冯果．公司法要义［M］．武汉：武汉大学出版社，2012.

10. 蒋大兴．公司法的展开与评判［M］．北京：法律出版社，2001.

11. 王泽鉴．民法实例研习：民法总则［M］．台北：三民书局，1996.

12. 王泽鉴．民法总则［M］．北京：中国政法大学出版社，2001.

13. 王泽鉴．民法学说与判解研究：第一册［M］．北京：中国政法大学出版社，1998.

14. 马俊驹，余延满．民法原论［M］．第四版．北京：法律出版社，2010.

15. 王轶．民法原理与民法学方法［M］．北京：法律出版社，2009.

16. 谢怀栻．外国民商法精要［M］．增补版．北京：法律出版社，2006.

17. 梅慎实．现代公司法人治理结构与运作［M］．北京：中国法制出版社，2001.

18. 崔建远．合同法学［M］．北京：法律出版社，2015.

19. 王利明，杨立新，等．民法学［M］．第二版．北京：法律出版社，2008.

20. 王利明，崔建远．合同法新论：总则［M］．北京：中国政法大学出版社，2000.

21. 王利明．合同法研究：第 1 卷［M］．北京：中国人民大学出版社，2002.

22. 王利明．物权法论［M］．北京：中国政法大学出版社，1998.

23. 杜万华．最高人民法院公司法司法解释（四）理解与适用［M］．北京：人民法院出版社，2017.

24. 杜万华．合同法精解与案例评析：上册［M］．北京：法律出版社，1999.

25. 林诚二．民法债编总论［M］．北京：中国人民大学出版社，2003.

26. 孙宪忠．中国物权法总论［M］．北京：法律出版社，2003.

27. 翟云岭．新合同法论［M］．大连：大连海事大学出版社，2000.

28. 黄立．民法总则［M］．北京：中国政法大学出版社，2002.

29. 董安生．民事法律行为［M］．北京：法律出版社，2002.

30. 史尚宽．民法总则释义［M］．台北：正大印书馆，1973.

31. 郑冠宇．民法总则［M］．台北：瑞兴图书股份有限公司，2014.

32. 邱聪智．新订民法债编通则：上册［M］．北京：中国人民大学出版社，2003.

33. 梁宇贤．商事法论［M］．北京：中国人民大学出版社，2003.

34. 张国建．商事法论［M］．台北：三民书局，1981.

35. 傅穹．重思公司资本制原理［M］．北京：法律出版社，2004.

36. 葛伟军．英国公司法原理与判例［M］．北京：中国法制出版社，2007.

37. 梅夏英，高圣平．物权法教程［M］．北京：中国人民大学出版社，2007.

38. 刘俊海．股份有限公司股东权的保护［M］．北京：法律出版社，2004.

39. 刘俊海．新公司法的制度创新：立法争点与解释难点［M］．北京：法律出版社，2006.

40. 刘俊海．现代公司法［M］．北京：法律出版社，2011.

41. 沈贵明．股东资格研究［M］．北京：北京大学出版社，2011.

42. 陈彦晶．有限责任公司股权转让限制制度研究［M］．北京：法律出版社，2017.

43. 白慧林．股权转让热点问题：规则与实践的考量［M］．北京：法律出版社，2014.

44. 杨信. 有限责任公司股权转让限制问题研究［M］. 北京：中国社科出版社，2017.

45. 王军. 中国公司法［M］. 北京：高等教育出版社，2015.

46. 刘贵祥. 合同效力研究［M］. 北京：人民法院出版社，2012.

47. 蔡立东，等. 团体法制的中国逻辑［M］. 北京：法律出版社，2018.

48. 林少伟. 英国现代公司法［M］. 北京：中国法制出版社，2015.

49. 朱锦清. 公司法前沿问题研究［M］. 杭州：浙江大学出版社，2014.

50. 虞政平. 公司法案例教学：下册［M］. 北京：人民法院出版社，2012.

51. 邓峰. 普通公司法［M］. 北京：中国人民大学出版社，2009.

52. 费孝通. 乡土中国与生育政策［M］. 北京：北京大学出版社，2010.

53. 奚晓明. 股权转让纠纷［M］. 北京：法律出版社，2008.

54. 北京仲裁委员会. 股权转让案例精读［M］. 北京：商务印刷出版社，2017.

（二）中文译著

1. 托马斯·莱塞尔，吕迪格·法伊尔. 德国资合公司法［M］. 高旭军，等译. 北京：法律出版社，2005/2019.

2. C. W. 卡纳里斯. 德国商法［M］. 杨继，译. 北京：法律出版社，2006.

3. 格茨·怀克，克里斯蒂娜·温德比西勒. 德国公司法［M］. 殷盛，译. 北京：法律出版社，2010.

4. 丹尼斯·吉南. 公司法［M］. 朱羿锟，译. 北京：法律出版社，2005.

5. 保罗·戴维斯. 英国公司法精要［M］. 樊云慧，译. 北京：法律出版社，2007.

6. 保罗·戴维斯，莎拉. 沃辛顿. 现代公司法原理［M］. 第九版. 罗培新，译. 北京：法律出版社，2016.

7. 汉密尔顿. 美国公司法概要［M］. 北京：法律出版社，1999.

8. 弗兰克·伊斯特布鲁克，等. 公司法的经济结构［M］. 罗培新，译. 北京：北京大学出版社，2005.

9. 弗兰克·伊斯特布鲁特，等. 公司法的逻辑［C］. 黄辉，译. 北京：法律出版社，2019.

10. 布莱恩·R. 柴芬斯. 公司法：理论、结构与运作［M］. 林华伟，魏敏，译. 北京：法律出版社，2001.

11. 近藤光男. 最新日本公司法［M］. 梁爽，译. 北京：法律出版社，2016.

12. 埃尔温·多伊奇，汉斯·于尔根·阿伦斯. 德国侵权法［M］. 第 5 版.

叶名怡，温大军，译．北京：中国人民大学出版社，2016.

13. 曼弗雷德·沃尔夫．物权法［M］．陈华彬，译．北京：法律出版社，2002.

14. 维尔纳·弗卢梅．法律行为论［M］．迟颖，译．北京：法律出版社，2013.

15. 卡尔·拉伦茨．德国民法通论（上册）［M］．王晓晔，等译．北京：法律出版社，2003.

16. 法国商法典［M］．罗结珍，译．北京大学出版社，2015.

17. 德国商事公司法［M］．胡晓静，杨代熊，译．北京：法律出版社，2014.

18. 布莱恩·H. 比克斯．牛津法律理论词典［Z］．邱昭继，等译．北京：法律出版社，2007.

19. 王保树主编．最新日本公司法［Z］．于敏，杨东，译．北京：法律出版社，2006.

二、期刊论文类

（一）中文类期刊

1. 李军．私法自治的基本内涵［J］．法学论坛，2004，（6）.
2. 叶林．公司股东出资义务研究［J］．河南社会科学，2008，（7）.
3. 叶林．公司在股权转让中的法律地位［J］．当代法学，2013，27（2）.
4. 叶林．私法权利的转型——一个团体法观察的视角［J］．法学家，2010，（4）.
5. 王保树，杨继．论股份有限公司控制股东的义务与责任［J］．法学，2002，（2）.
6. 朱慈蕴，郑博恩．论控制股东的义务［J］．政治与法律，2002，（2）.
7. 朱慈蕴．公司章程两分法论——公司章程自治与他治理念的融合［J］．当代法学，2006，（5）.
8. 李建伟．瑕疵出资股东的股东权利及其限制的分类研究：规范、解释与实证［J］．求是，2012，39（1）.
9. 李建伟．有限责任公司股权变动模式研究——以公司受通知与认可的程序构建为中心［J］．暨南学报：哲学社会科学版，2012，34（12）.
10. 李建伟．公司认可生效主义股权变动模式——以股权变动中的公司意思为中心［J］．法律科学，2021，39（3）.
11. 罗培新．抑制股权转让代理成本的法律构造［J］．中国社会科学，

2013，（7）.

12. 王涌. 股权如何善意取得？——关于《公司法》司法解释三第 28 条的疑问 [J]. 暨南学报：哲学社会科学版，2012，34（12）.

13. 范健. 论股东资格认定的判断标准 [J]. 南京大学法律评论，2006，秋季号.

14. 张开平. 有限责任公司设立人的出资义务与责任分析 [J]. 中国社会科研院研究生报，1998，（3）.

15. 胡晓静. 股权转让中的股东资格确认——基于股权权属与股东资格的区分 [J]. 当代法学，2016，30（2）.

16. 胡晓静. 有限责任公司股东资格确认标准的思考 [J]. 国家检察官学院学报，2012，20（3）.

17. 刘凯湘. 论股东权的性质与内容 [J]. 北京商学院学报，1998，（4）.

18. 刘凯湘. 股东资格认定规则的反思与重构 [J]. 国家检察官学院学报，2019，27（1）.

19. 江平，孔祥俊. 论股权 [J]. 中国法学，1994，（1）.

20. 王平. 也论股权 [J]. 法学评论，2000，（4）.

21. 崔建远. 合同解释语境中的印章及其意义 [J]. 清华法学，2018，12（4）.

22. 崔建远. 论外观主义的运用边界 [J]. 清华法学，2019，13（5）.

23. 傅曦林. 试论股权变动的统一公示 [J]. 学术论坛，2009，32（6）.

24. 葛云松. 物权行为：传说中的不死鸟——《物权法》上的物权变动模式研究 [J]. 华东政法大学学报，2007，（6）.

25. 杨代雄. 物权变动规范模式分析框架的重构——兼论我国《物权法》中物权变动规范模式的解读 [J]. 当代法学，2009，23（1）.

26. 徐式媛，李志刚. 股权变动模式法律问题研究 [J]. 北京工商大学学报：社会科学版，2014，29（4）.

27. 赵万一，王兰. 有限公司股权继承法律问题研究 [J]. 华东政法大学学报，2006，（2）.

28. 赵万一，吴明许. 论有限公司出资转让的条件 [J]. 法学论坛，2004，（5）.

29. 楼建波. 论有限公司股东的股权继承与股东资格继承 [J]. 当代法学，2007，（5）.

30. 赵旭东. 股权优先购买权的性质和效力 [J]. 当代法学，2013，27（5）.

31. 赵旭东，衣小慧. 股东优先购买权中转让股东"反悔权"的证成与构建

[J]. 国家检察官学院学报，2021，29（2）.

32. 蒋大兴. 股东优先购买权行使中被忽略的价格形成机制［J］. 法学，2012，（6）.

33. 蒋大兴. 公司组织意思表示之特殊构造——不完全代表/代理与公司内部决议之外部效力［J］. 比较法研究，2020，（3）.

34. 高永周. 有限公司股东优先购买权的产权逻辑［J］. 南京大学学报：哲学社会科学版，2015，52（3）.

35. 高永周. 认而不缴何以生成股东权利？［J］. 私法研究，2016，20（2）.

36. 张其鉴. 我国股权转让限制模式的立法溯源与偏差校正——兼评《公司法司法解释（四）》第 16 - 22 条［J］. 现代法学，2018，40（4）.

37. 张艳，马强. 股权转让的法律问题——公司法 72 条适用之探讨［J］. 法治论丛，2008，（3）.

38. 马强. 有限责任公司股东资格认定及相关纠纷处理［J］. 法律适用，2010，（12）.

39. 罗福生，邓梅君. 侵害股东优先购买权的股权转让协议无效［J］. 人民司法，2014，（24）.

40. 刘俊海. 论有限责任公司股权转让合同的效力［J］. 法学家，2007，（6）.

41. 曹兴权. 股东优先购买权对股权转让合同效力的影响［J］. 国家检察官学院学报，2012，20（5）.

42. 吴建斌. 上海外滩"地王"案的二维解析［J］. 法学，2013，（7）.

43. 吴建斌，赵屹. 公司设限股权转让效力新解——基于江苏公司纠纷案件裁判的法律经济学分析［J］. 南京大学法律评论，2009，春季卷.

44. 彭冰. 股东优先购买权与间接收购的利益衡量——上海外滩地王案分析［J］. 清华法学，2016，10（1）.

45. 郑彧. 股东优先购买权"穿透效力"的适用与限制［J］. 中国法学，2015，（5）.

46. 钱玉林. 公司章程对股权转让限制的效力［J］. 法学，2012，（10）.

47. 钱玉林. 股权转让行为的属性及其规范［J］. 中国法学，2021，（1）.

48. 汤欣. 论公司法的性格——强行法抑或任意法？［J］. 中国法学，2001，（1）.

49. 王军. 实践重塑规则：有限公司股权转让限制规范检讨［J］. 中国政法大学学报，2017，（6）.

50. 蒋华胜. 有限责任公司股权转让法律制度研究——基于我国《公司法》第 71 条规范之解释［J］. 政治与法律，2017，（10）.

51. 范黎红. 公司章程"侵权条款"的司法认定及救济 以"强制离职股东转让股权"之章程条款为例〔J〕. 法律适用, 2009, (1).

52. 方嘉麟. 论资本三原则理论体系之内在矛盾〔J〕. 政大法学评论, 1998, (59).

53. 苏艳靖. 有限公司章程无权禁止或强制股权转让〔J〕. 襄樊职业技术学院学报, 2009, 8 (4).

54. 冯占省, 尚连杰. 论股权转让中的章程自治——"法治"与"自治"关系的视角〔J〕. 河南商业高等专科学校学报, 2010, 23 (1).

55. 郭富青. 论股权善意取得的依据与法律适用〔J〕. 甘肃政法学院学报, 2013, (4).

56. 唐青林, 李舒, 张德荣. 规避侵犯股东优先购买权的五种招数〔Z/OL〕.〔2020 - 02 - 11〕网络资源: 公司法权威解读。

57. 陈彦晶. 有限责任公司股权善意取得质疑〔J〕. 青海社会科学, 2011, (3).

58. 张双根. 股权善意取得之质疑——基于解释论的分析〔J〕. 法学家, 2016, (1).

59. 张双根. 论有限责任公司股东资格的认定——以股东名册制度的建构为中心〔J〕. 华东政法大学学报, 2014, (5).

60. 张双根. 德国法上股权善意取得制度之评析〔J〕. 环球法律评论, 2014, 36 (2).

61. 张双根. 论股权让与的意思主义构成〔J〕. 中外法学, 2019, 31 (6).

62. 税兵. 在表象与事实之间: 股东资格确定的模式选择〔J〕. 法学杂志, 2010, 31 (1).

63. 姚明斌. 有限公司股权善意取得的法律构成〔J〕. 政治与法律, 2012, (8).

64. 虞政平. 股东资格的法律确认〔J〕. 法律适用, 2003, (8).

65. 于海涌. 论善意取得制度与公示公信制度的适用规则〔J〕. 学术研究, 2003, (2).

66. 丁晓春. 权利外观原则及其类型研究〔J〕. 安徽大学学报: 哲学社会科学版, 2009, 33 (5).

67. 常鹏翱. 善意取得仅仅适用于动产物权吗? 一种功能主义的视角〔J〕. 中外法学, 2006, (6).

68. 常鹏翱. 论优先购买权的法律效力〔J〕. 中外法学, 2014, 26 (2).

69. 丁春艳. 论私法中的优先购买权〔J〕. 北大法律评论, 2005, (1).

70. 王利明. 不动产善意取得的构成要件研究〔J〕. 政治与法律, 2008,

（10）．

71. 叶金强．物权法第 106 条解释论之基础［J］．法学研究，2010，32（6）．

72. 程啸．论不动产登记簿公信力与动产善意取得的区分［J］．中外法学，2010，22（4）．

73. 程啸．论不动产善意取得之构成要件——《中华人民共和国物权法》第 106 条释义［J］．法商研究，2010，27（5）．

74. 孙鹏．民法上信赖保护制度及其法的构成——在静的安全与交易安全之间［J］．西南民族大学学报：人文社科版，2005，（7）．

75. 巴晶焱．审理股权转让案件相关问题的调查——涉及工商登记中交叉问题的研究［J］．法律适用，2009，（4）．

76. 傅鼎生．不动产善意取得应排除冒名处分之适用［J］．法学，2011，（12）．

77. 戴永盛．论不动产冒名处分的法律适用［J］．法学，2014，（7）．

78. 石一峰．再论冒名处分不动产的私法适用——类推适用的视角［J］．现代法学，2017，39（3）．

79. 石一峰．非权利人转让股权的处置规则［J］．法商研究，2016，33（1）．

80. 石一峰．私法中善意认定的规则体系［J］．法学研究，2020，42（4）．

81. 郭明龙．不动产"冒名处分"中善意第三人权益之保护——兼与王利明教授、傅鼎生教授商榷［J］．武汉理工大学学报：社会科学版，2012，25（5）．

82. 金印．冒名处分他人不动产的私法效力［J］．法商研究，2014，31（5）．

83. 冉克平．论冒名处分不动产的私法效果［J］．中国法学，2015，（1）．

84. 吴高臣．团体法的基本原则研究［J］．法学杂志，2017，38（1）．

85. 杨光．系列性权利组合：有限责任公司股东优先购买权性质新探［J］．北京科技大学学报：社会科学版，2014，30（2）．

86. 葛伟军．股东优先购买权的新近发展与规则解析：兼议《公司法司法解释四》［J］．中国政法大学学报，2018，（4）．

87. 楼秋然．股权转让限制措施的合法性审查问题研究——以指导案例 96 号为切入点［J］．政治与法律，2019，（2）．

88. 丁国民，连浩琼．区分原则下损害股东优先购买权合同效力问题研究［J］．北京化工大学学报：社会科学版，2018，（3）．

89. 吴飞飞．论公司章程的决议属性及其效力认定规则［J］．法制与社会发展，2016，22（1）．

90. 吴飞飞. 公司章程"排除"公司法：立法表达与司法检视 [J]. 北方法学, 2014, 8 (4).

91. 吴飞飞. 侵犯优先购买权的股权转让合同"有效说"之反思 [J]. 法律科学, 2021, 39 (1).

92. 张笑滔. 股权善意取得之修正——以《公司法》司法解释（三）为例 [J]. 政法论坛, 2013, 31 (6).

93. 吴敏勇, 张桂龙. 论股权多重转让中的善意取得规则的修正适用 [J]. 浙江大学学报：人文社科版, 2017, 47 (4).

94. 朱晓娟, 姚篮. 论中国有限公司股权善意取得的一般结构 [J]. 北京航空航天大学学报：社会科学版, 2013, 26 (5).

95. 余佳楠. 我国有限公司股权善意取得制度的缺陷与建构——基于权利外观原理的视角 [J]. 清华法学, 2015, 9 (4).

96. 谭津龙. 中国有限公司股权善意取得的质疑——基于《公司法解释三》及其扩大适用 [J]. 重庆大学学报：社会科学版, 2019, 25 (4).

97. 王丽美. 股权善意取得制度的合理性及适用性分析 [J]. 中国政法大学学报, 2014, (3).

98. 傅穹, 尹航. 利益平衡视野下的股权善意取得 [J]. 净月学刊, 2016, (1).

99. 季卫东. 法律程序的意义——对中国法制建设的另一种思考 [J]. 中国社会科学, 1993, (1).

100. 龚浩川.《公司法》程序转向论——以股东（大）会制度完善为例 [J]. 法制与社会发展, 2021, 27 (2).

101. 曾祥生, 苏沂琦. 论隐名股东资格认定法律制度之重构 [J]. 江西社会科学, 2019, 39 (1).

102. 汪青松. 财产权规则与外观法理的冲突与协调——基于股权转让纠纷司法裁判的实证视角 [J]. 东北师大学报：哲学社会科学版, 2014, (2).

103. 许中缘. 论《公司法》第 42 条但书条款的规范解释 [J]. 现代法学, 2021, 43 (2).

104. 肖海军. 瑕疵出资股权转让的法律效力 [J]. 政法论坛, 2013, 31 (2).

105. 王毓莹. 公司担保规则的演进与发展 [J]. 法律适用, 2021, (3).

106. 于莹. 股权转让自由与信赖保护的角力——以股东优先购买权中转让股东反悔为视角 [J]. 法制与社会发展, 2020, 26 (2).

107. 赵磊. 股东优先购买权的性质与效力——兼评《公司法司法解释四》第 20 条 [J]. 法学家, 2021, (1).

108. 陈甦. 司法解释的建构理念分析——以商事司法解释为例 [J]. 法学研究, 2012, 34（2）.

109. 张雅辉. 论商法外观主义对其民法理论基础的超越 [J]. 中国政法大学学报, 2019,（6）.

110. 王延川. 执行程序中权利外观优先保护之检讨——以名义股东股权被执行为例 [J]. 法学杂志, 2015, 36（3）.

111. 林一. 侵权债权人在破产程序中受偿地位之重塑理由 [J]. 法学, 2010,（11）.

112. 林懿欣, 魏国君. 有限公司股权无权处分辨识——兼析商法上的外观主义 [A] // 王保树. 中国商法年刊. 北京：法律出版社, 2013.

113. 施天涛. 商事法律行为初论 [J]. 法律科学, 2021, 39（1）.

114. 谢海霞. 对赌协议的法律性质探析 [J]. 法学杂志, 2010, 31（1）.

115. 潘林. "对赌协议第一案"的法律经济学分析 [J]. 法制与社会发展, 2014, 20（4）.

116. 刘燕. 对赌协议与公司法资本管制：美国实践及其启示 [J]. 环球法律评论, 2016, 38（3）.

117. 刘燕. 重构"禁止抽逃出资"规则的公司法理基础 [J]. 中国法学, 2015,（4）.

118. 王若楠.《九民纪要》之"对赌协议"裁判路径思考——基于"资产信用"的共识 [A] // 上海法学研究：第24卷. 2019.

119. 郑青. 外观主义制度与禁反言制度在商法中的适用——以德国和美国公司设立瑕疵问题为视角 [A] // 王保树. 商事法论集：第16卷. 北京：法律出版社, 2009.

120. 王利明. 善意取得制度若干问题研究——从一起冒名顶替行为说起 [A] // 王利明. 判解研究：第2辑. 北京：人民法院出版社, 2009.

121. 邵万雷. 德国资合公司法中的小股东保护 [A] // 梁慧星. 民商法论丛：第12卷. 北京：法律出版社, 1999.

122. 刘贵祥. 社会公共利益与合同效力 [A] // 刘贵祥. 合同效力研究. 北京：人民法院出版社, 2012.

123. 潘勇锋. 商法外观主义与隐名出资法律问题研究 [A] // 奚晓明. 商事审判指导：第4辑. 北京：人民法院出版社, 2010.

124. 李井杓. 韩国商法上的表见责任制度之研究 [A] // 王保树. 商事法论集：第3卷. 北京：法律出版社, 1999.

（二）外文类

1. Jean J. du Plessis ect. German Corporate Governance in International and

European Context［J］. Springer – Verlag GmbH Germany，2017.

2. Melvin Aron Eisenberg. The Structure of Corporation Law［J］. 89 COLUM. L. REV. 1461，1989.

3. Jeffrey N. The Gordon. Mandatory Structure of Corporate Law［J］. 89 COLUM. L. REV. 1549，1989.

三、网络文献

1. 韩光明. 论作为法律概念的"意思表示"［EB/OL］.［2018 – 12 – 01］http：//www. civillaw. com. cn/article/default. asp？id = 30514.

2. 冯果，艾传涛. 控制股东诚信义务及民事责任制度研究［EB/OL］.［2019 – 10 – 12］http：//old. civillaw. com. cn/article/default. asp？id = 8975.

3. 方绪平，邵国荣. 异议股东股份回购请求权的立法完善与司法对策［EB/OL］.［2018 – 05 – 21］http：//www. chinacourt. org/public/detail. php？id = 241099.

4. 薛国岳，李学泉. 有限公司章程中强制转让条款的效力分析［EB/OL］.［2018 – 11 – 23］https：//www. chinacourt. org/article/detail/2011/12/id/981. shtml.

5. 傅穹. 公司股份回购与回赎规则［EB/OL］.［2019 – 12 – 14］http：//old. civillaw. com. cn/article/default. asp？id = 19132.

6. 邹海林. 股东向股东以外的人转让出资行为辨析［N/OL］. 人民法院报，2003 – 06 – 20［2019 – 11 – 12］. https：//www. chinacourt. org/article/detail/2003/06/id/64711. shtml.